〈녹색법학총서〉

기후변화와 법학의 과제

김 성 수 편저

신 조 사

발 간 사

2009년 법학교육체제를 법학전문대학원으로 전환하면서 연세대학교는 기존의 법학연구소를 법학연구원으로 확대 · 개편하는 한편, 2009년부터 인문사회과학분야 협동연구를 촉진하기 위한 한국연구재단 중점연구소지원사업을 수행하게 되었다. 특히, 중점연구소지원사업을 수행함에 있어 법학연구원은 당시 시대적 의제로 떠오른 저탄소 녹색성장의 문제를 법학적 관점에서 조명하여 주제의 의미와 내용, 실현방법론의 탐구에 중점을 두었다.

이처럼 저탄소와 녹색성장, 지속가능한 발전이라는 패러다임에 대한 연구를 진행함에 있어 기존의 법학적 관점에서 접근하기 어려운 난제들이 산재해 있었다. 이에 따라 함께 연구를 수행하신 연세대학교 법학전문대학원 교수님들과 법학연구원에 임용된 연구교수님들 그리고 연구에 참여한 석 · 박사과정 대학원생들에 이르기까지 모두가 수많은 도전과 시행착오를 거쳐야 했다. 그 과정에서 법학연구원 녹색성장법학사업단은 정기적인 전문가초청세미나와 자체 연구논문발표회, 매년 수차례 국내외 연구자와 함께 개최한 국내 및 국제학술대회를 통해 저탄소와 녹색성장, 지속가능한 발전의 개념적 접근방법은 물론 국내외 환경법제와 기후변화 대응 그리고 에너지법에 이르기까지 방대한 주제에 대한 법적 분석을 시도하였고, 법학연구의 지평을 넓혀 왔다.

그러한 노력의 결실로 법학연구원은 지난 2009년부터 2012년까지 중점연구지원사업 1단계 3년 간의 연구결과를 2012년 6월「지속가능성과 법학의 과제」 녹색법학연구총서를 발간한 바 있다. 지난 총서는 법학연구원이 중점연구지원사업 연구 수행 중 연세대학교 법학전문대학원 여러 교수님들과 법학연구원 연구교수님들이 발표한 지속가능성에 관한 논문들을 엮어서 하나의 단행본으로 펴낸 것이었다.

이번에 발간하는「기후변화와 법학의 과제」는 2012년 9월 이후, 법학연구원이 중점연구지원사업 2단계 사업을 수행하게 된 이후 연구진들이 발표한 연구결과물 가운데 기후변화 적응 및 완화와 관련하여 논의되고 있는 다양한 법학적 이슈들을 다룬 논문들을 중심으로 하고 있다.

기후변화 문제는 굳이 설명하지 않더라노 현재 지구상 모든 인류가 겪고 있고, 또한 함께 풀어나가야 할 공통의 과제이다. 지난 1992년, 유엔기후변화협약(UN Framework Convention on Climate Change)이 체결된 이후, 20여 년이 흐른 지금까지 국제사회는 기후변화 문제의 해결 또는 그 영향을 최소화하기 위해 다양한 분야에 걸쳐 과학적 · 기술적 연구와 더불어 법 · 정책적 대응방안을 연구하여 왔다. 그 중심에는 언제나 "어떻게 하면 경제발전을 지속하면서 탄소배출을 줄일 것인가?", "이상기후의 증가, 빈번하게 발생하는 가뭄과 홍수, 해수면 상승 등 기후변화로 인한 전지구적인 환경변화에 어떻게 하면 능동적으로 대처하고 그 피해를 최소화할 수 있을 것인가?", "현재 논의되고 있는 기후변화 대응 법 · 정책들은 과연 적절한 것인가?"와 같은 의문들이 자리하고 있다.

이 책은 그러한 의문들에 대한 본질적 해법을 제시하지는 못하더라도 기후변화로 인한 직 · 간접적인 문제들과 환경문제, 그리고 형평에 이르기까지 법학적 관점에서 기후변화라는 인류의 공통 과제에 어떻게 대처해야 하는가에 대한 종합적이고 다양한 시각들을 제시하고자 한다. 산을 오르는 데 있어 수많은 길이 있듯이 이 책에 담긴 다양한 관점의 연구들이 융합하여 향후 기후변화 문제에 대한 법학 연구의 방향성을 선도하고 속도를 더할 수 있을 것으로 여겨진다.

이 책은 누구 한 사람의 노력만으로는 이루어질 수 없었을 것이다. 법학연구원 부원장으로서 행정업무와 궂은 일을 도맡아주신 김종철 교수님을 비롯하여 매회 전문가세미나마다 참석하여 논의의 폭과 깊이를 더해주신 이덕연 교수님, 학과 일로 부득이 2단계 연구에 함께 하지 못했지만, 늘 관심과 애정을 기울여주신 최진수 교수님, 연구에 누구보다도 열정적이었던 이중교 교수님과 낯선 주제임에도 흔쾌히 연구에 동참해주신 김홍기 교수님, 그리고 환경법 연구의 권위자로 한양대학교 법학전문대학원에 재직하면서 연구에 참여해주신 김홍균 교수님이 계셨기에 오늘의 연구결과를 만들어낼 수 있었다고 생각된다.

또한 법학연구원을 총괄 관리하고 있는 장욱 박사님, 국제학술대회 등 대외협력을 담당하고 있는 조현진 박사님, 전문가세미나 섭외 및 조직을 담당한 윤익준 박사님, 그리고 국내학술대회 등 법학연구원 내 실무를 담당하고 있는 강일신 박사님과 같이 어려운 환경 속에서도 헌신적인 연구노력을 기울여준 연구교수님들과 법학연구원 석 · 박사과정 대학원생들이 있어 이 책을 발간할 수 있었다. 마지막으로 이 책을 발간하기까지 함께 해주신 모든 분들과 단행본의 출판을 허락해주신 신조사 이명재 사장님, 세심하게 편집과 교정을 맡아주신 이종은 부장님에게 깊은 감사의 말씀을 전한다.

2014년 6월

연세대학교 법학연구원장

서 문

이 책은 2009년 이후, 한국연구재단 중점연구소지원사업으로 연세대학교 법학연구원이 수행한 "지속가능한 저탄소 녹색성장사회로 발전을 위한 법적 기반 구축"과제의 참여 교수님들과 법학연구원 연구교수님들이 그 동안 연구한 결과물들을 엮은 것이다. "기후변화(Climate Change)"라는 주제에 대한 법학적 논의의 폭을 넓히고, 의미 있는 시론을 제시함과 더불어 한국연구재단의 중점연구소지원사업의 성과를 대외적으로 알리고 또 향후 연구에 시금석이 되도록 함을 목적으로 한다.

기후변화는 산업혁명 이후, 화석연료를 기반으로 한 물질적 풍요의 부작용이며, 1970년대 이후, '성장의 한계'에 대한 우려를 극복하기 위한 지속가능한 발전의 패러다임 달성에 있어 가장 큰 장애물이 되고 있다. 최근의 과학적 연구와 증거를 토대로 한 IPCC(기후변화에 관한 정부간 패널) 보고서는 현재의 세계 평균 기온과 해수 온도의 증가, 해수면 상승 등을 통해 지구 기후체계의 온난화가 명백하고, 이로 인해 인류사회는 심각한 영향을 받을 것으로 예측하고 있다. 즉, 현재의 온실가스 배출량을 감소시키지 않으면 기후변화로 인해 생태계 전반에 돌이킬 수 없는 부정적 결과가 초래됨은 물론 인류사회에 있어서도 중대한 생존의 위협을 야기할 것으로 전망되고 있다.

국제사회는 이러한 기후변화 문제에 대응하기 위해 1992년 유엔기후변화협약(UNFCCC)을 채택하였으며, 이후 지난 20여 년 간의 국제적인 공조체제는 경제 · 사회적 측면뿐만 아니라 법적인 측면에서도 양적 · 질적으로 주목할 만한 발전을 이룩하고 있다. 그럼에도 불구하고 기후변화 문제의 원인과 해법을 둘러싼 논의들은 복잡하고 다양하기 때문에 고전적인 학문분야인 경제학과 정치학, 사회학적 연구는 물론 전통적인 법이론들에 따른 규제 - 환경기준 및 배출허용기준, 세금, 인허가 등 - 방법과 이에 대한 연구는 뚜렷한 한계를 지니고 있다.

우리나라의 경우, 2010년「저탄소 녹색성장 기본법」제정을 통해 기후변화 대응을 위한 환경과 재정 · 경제적 논의를 연계하여 국가의 기조정책으로 다루었음에도 불구하고 환경과 경세의 관계, 현세대와 미래세대 간 그리고 세대 내의 형평(정의)의 문제를 적절히 다루지 못함으로써 근본적인 문제 해결을 위한 방향성을 제시하지 못했다.

이러한 현실에서 기후변화와 관련하여 법학분야에서 다루어야 할 현실적인 과제들은 무수히 많을 것이다. 특히 온실가스 배출량 감축을 위한 배출권거래제도(Emission Trading System)를 중심으로 한 논의를 비롯하여 탄소세 등 조세제도, 대기와 생물다양성 등 환경법 전반과 나아가 인권과 정의에 이르기까지 점차 새로운 이슈들이 국내외에서 활발히 논의되고 있으며, 이 책은 이러한 논의들을 통해 기후변화 문제에 있어서 법학의 과제를 탐구하고자 한다.

이 책은 모두 5장으로 구성되어 있다.

제1장은 기후변화 대응을 위한 배출권거래제 구현과 관련된 논의들을 다루고 있다. 먼저, 2015년 시행될 온실가스 배출권거래제도에 관한 법률안상의 온실가스 배출권의 법적 성격과 할당의 법적 과제를 다루었다(제1절). 법리적으로나 입법정책적으로 법학자 및 실무자들에 상당한 난제를 부여하고 있는 배출권거래제도와 관련하여 배출권의 할당과 거래의 법적 근거, 배출권과 헌법상 기본권과의 관계 및 할당방법에 대한 비교법적 논의들을 통해 기후변화 대응 과제에 대해 본질적 측면에서의 충분한 연구의 필요성을 강조하였다. 다음으로 배출권거래제도를 중심으로 한 기후변화의 국내법적 시행조치와 WTO체제를 다루었다(제2절). 기후변화 대응조치가 세계무역기구(WTO) 규범과 충돌할 가능성이 있는지와 관련하여 배출권의 무상할당이 WTO 부속협정인 보조금·상계조치협정에 위반하는지, 배출권 구입 요건이 GATT협정에 위반하는지 분석하고, 이러한 분석을 토대로 WTO체제와 조화할 수 있는 배출권거래제도의 설계 요소 및 방안을 논의하였다. 이어서 EU 입법례와의 비교법적 고찰을 중심으로 배출권거래에 대한 부가가치세 과세에 관한 연구를 다루었다(제3절). 배출권거래제도 시행을 앞둔 시점에서 배출권거래 시 발생되는 법인세, 부가가치세 등의 과세문제에 대하여 배출권거래에 대한 부가가치세제의 내용, 평가 및 그 대안을 EU의 배출권거래 관련 부가가치세제와 비교법적으로 고찰하였다.

제2장은 기후변화 대응에 있어서 배출권거래제와 더불어 중요하게 다루어지는 탄소세의 법적 설계에 대한 논의들을 다루고 있다. 먼저, 기후변화 대응에 있어 탄소세의 준비와 설계(제1절)에서는 현행 에너지관련 세제와 그 문제점의 검토를 토대로 탄소세 도입 시 고려요소와 탄소 배출로 인한 경제적·환경적 부작용을 줄이기 위한 책임 담보를 위한 탄소세제의 설계에 관한 담론을 제시하였다. 다음으로 탄소세 과세의 헌법적 정당성 및 허용성에 대한 소고(제2절)

에서는 실정 조세법규의 해석과 적용에 치중해 온 조세법학의 관점에서 헌법이론적 · 헌법철학적 관점에서 탄소세의 헌법적 정당화 근거와 헌법적 허용성의 기준에 관한 담론을 다룸으로써 기후변화 대응을 위한 법학 연구에 있어 탄소세 과세의 입법론적 문제를 검토하였다.

제3장은 기후변화 대응에 있어 기업의 역할과 관련한 논의들을 다루었다. 먼저, 상 · 하수도 산업 구조개편에 관한 입법정책적 과제를 다루었다(제1절). 지방 상 · 하수도 구조 개편에 대한 정부의 정책방향에 대한 법적 검토와 민영화 등 다른 대안의 검토를 통해 기후변화와 밀접한 관련이 있는 물관리 제도 및 법체계 변화의 필요성을 논의하였다. 다음으로 날씨파생상품의 도입 및 운용방안에 관한 연구(제2절)에서는 날씨파생상품의 개념과 날씨보험의 비교 · 검토, 주요 국가의 날씨파생상품 규제체계 등을 분석함으로써 날씨파생상품의 국내 도입 및 운용방안에 대해 제시하였다. 이어서 기후변화 관련 이사의 책임에 대한 소고(제3절)는 기후변화로 인한 기업환경의 변화, 경영판단의 원칙을 비롯한 이사의 의무 및 책임에 대한 논의를 통해 기후변화 관련 의사결정 및 위험관리에 있어 이사의 책임 강화에 관한 담론을 담고 있다.

제4장은 기후변화 적응 향상을 위한 전제로서의 환경정의를 논의하였다. 오늘날 기후변화 문제는 경제적 또는 환경적 문제뿐만 아니라 인권의 영역에까지 연계되어 논의되고 있다. 이에 환경정의 개념의 외연과 내포: 헌법해석론 및 환경법적 함의(제1절)에서는 환경 및 환경정의 개념을 언어철학 및 법학방법론상의 반성을 통해 재구성 및 변용함으로써 환경정의와 환경적 정의의 개념을 구별하고, 생태철학 및 심층생태주의와 윤리, 환경법상 환경정의 이념 및 개념의 법제 및 사법적 수용과 실천의 현황을 검토하였다. 나아가 헌법해석의 관점으로서 환경정의를 대입한 일종의 시론으로 우리 헌법상 '인간의 존엄성'에 대한 생태철학적 해석론을 제시하였다. 다음으로 환경정의의 관점에서 본 환경책임법에 대한 소고(제2절)에서는 환경손해 및 환경책임법제의 정립과 이를 둘러싼 국제적 입법 동향을 분석하고, 환경정의의 관점에서 환경책임법적 쟁점을 검토함으로써 환경책임법 제정에 있어서의 주요과제를 제시하였다.

제5장은 기후변화 법학의 개별영역으로 기후변화 적응 · 완화를 위한 환경행정과 법 · 정책적 과제를 다루었다. 먼저, 환경계획재량의 통제규범으로서의 형량명령(제1절)에서는 환경계획에서의 형량명령과 계획재량의 문제를 검토한 후, 환경계획에서 형량명령을 통한 환경분쟁해결을 위한 제언을 담고 있다. 다음으로 국내 습지의 현명한 이용을 위한 법적 과제(제2절)에서는 습지의 현명한 이

용을 위한 입법·정책적 논의들을 통해 지속가능한 발전의 개념요소로서의 지속가능한 이용의 관점에서 보전과 이용의 조화를 논의하였다.

2014년 6월

편저자 **김성수**

차 례

제1장 기후변화 대응을 위한 배출권거래제의 구현

제 2 장 기후변화 대응을 위한 탄소세의 법적 설계

제 3 장 기후변화 대응에 있어 기업의 역할

제 1 장

기후변화 대응을 위한 배출권거래제의 구현

제1절 '온실가스 배출권거래제도에 관한 법률안'상의 온실가스 배출권의 법적 성격과 할당의 법적 과제*

김 성 수**

Ⅰ. 문제의 제기 — 온실가스 배출권에 대한 국제적 배경과 우리나라의 법적 대응

기후변화에 따르는 온실효과, 이에 대응하는 저탄소 사회와 녹색성장전략은 이제 더 이상 생소한 용어가 아니며, 어떻게 보면 다소 진부한 느낌마저 주는 우리 사회의 화두로서 등장하였다. 경제와 환경의 조화로운 발전을 위하여 저탄소(低炭素) 녹색성장에 필요한 기반을 조성하고 녹색기술과 녹색산업을 새로운 성장동력으로 활용함으로써 국민경제의 발전을 도모하며 저탄소사회 구현을 통하여 국민의 삶의 질을 높이고 국제사회에서 책임을 다하는 성숙한 선진 일류국가로 도약하는 데 이바지함을 목적으로 하기 위하여 제정된 '저탄소 녹색성장 기본법'(이하 '기본법'이라 한다)은 후술하는 바와 같이 이른바 시장메커니즘을 활용하여 기본법의 목적을 달성하기 위하여 온실가스 배출권이라는 입법전략을 도입하였다. 그런데 기후변화로부터 시작하여 온실가스 배출권이라는 제도가 도입되기까지는 상당한 시간이 소요되었으며, 이는 우리나라만의 자발적인 노력과 전략이라기보다는 국제적으로 여러 나라들의 지루한 힘겨루기의 산물이라고 할 수 있다. 국제사회가 기후변화 문제에 대하여 의미 있는 공조작업을 시작한 것은 1979년 스위스 제네바에서 세계기후학회(World Meteorological Organization: WMO)가 국제회의를 개최하면서부터라고 할 수 있다. 1988년 UN 총회는 기후변화가 전체 인류에 지대한 영향과 결과를 미칠 수 있다는 사실을 인식하고, 인류사회가 이 문제에 대하여 보다 적극적으로 대처할 것을 주문하였다.[1] 이러한 일련의 노력은 1992년 브라질의 리우에서 UN 기후변화협약

---

* 이 논문은 「토지공법연구」 제52집(2011)에 발표된 논문을 수정 · 보완한 것임.

** 연세대학교 법학전문대학원 교수

1) Giesbert/Hilf, Handel mit Emissionszertifikaten – Regelungsrahmen für einen künftigen Markt, 2002, 방주 52.

(United Nations Framework Convention on Climate Change: UNFCCC)으로 그 결실을 맺게 되었으며, 동협약은 1994년 3월 21일 발효되었다.[2] 그 후 UN 기후변화협약을 보다 구체화하기 위하여 1997년 일본의 교토에서 교토의정서가 채택되었으며, 그 동안 동의정서는 여러 나라 간의 첨예한 이해관계가 대립되어 난항을 거듭하다가 2005년 2월 16일부터 효력을 발생하였다.[3]

교토의정서의 부속서1 국가들은 2008년부터 2012년 사이에 1990년 대비 5%의 온실가스 감축의무를 부담하는 것에 비하여 한국은 동의정서에 의하여 개발도상국으로 분류되어 이러한 감축의무를 부담하지 않는다. 다시 말하자면 한국은 이론적으로 기존에 배출하던 양만큼 온실가스를 배출할 수 있음은 물론 그 양을 증가시킬 수도 있다. 유감스럽게도 한국은 현재 OECD 국가 중에서 6번째로 많은 온실가스를 배출하며, 10번째의 이산화탄소 배출국이라는 오명을 가지고 있다.[4] 하지만, 국제사회의 일반적인 예측과 한국 자체의 계획에 따라서 한국은 2013년부터 교토의정서 부속서1 국가에 포함되어 단계적으로 온실가스를 감축할 것이라는 전망이 우세하다. 그러나 한국은 온실가스의 감축과 이를 통하여 기후변화 문제에 보다 적극적으로 대처하고 있는 국제사회의 다각적인 노력을 고려하고 그의 책임 있는 일원으로서 문제해결에 동참하기 위해서 지난 수년 간 그에 상응하는 법적인 정비를 꾸준하게 진행하여 왔다. 온실가스와 기후변화 문제와 관련하여 주목할 수 있는 입법적 조치들은 주로 시장메커니즘을 활용하여 문제의 해결에 집중하였다.

이러한 일련의 입법적 정비와 관련하여 가장 중요하고 기본적인 의미를 갖는 것이 2010년 4월 14일부터 시행에 들어간 기본법이다.[5] 기본법 제46조 제1항과 제3항에 따라서 정부는 시장기능을 활용하여 효율적으로 국가의 온실가스 감축목표를 달성하기 위하여 온실가스 배출권을 거래하는 제도를 운영할

---

2) Lars, Periodenubergreifende Zuteilungsregeln im Emissionshandelssystem, 2009, p. 27 이하; Muhlbauer, Emissionshandel – System und offentlich-rechtlicher Rechtsschutz, 2008, p. 32 이하; Hoffmann, Herausforderung Klimaschutz, 2007, p. 50 이하.

3) 교토의정서 제25조 제1항에 의하면 의정서 효력발생요건으로 부속서 1 국가 중 55% 이상, 의정서를 채택한 모든 국가의 50% 이상의 동의라는 이른바 이중동의조항에 따르는 동의절차를 요구하였다. Hoffmann, op. cit., p. 52; Zenke/Fuhr/Bornkamm, CO2-Handel aktuell, 2009, p. 5.

4) 최문희, "탄소배출권 거래의 금융법상 쟁점", 녹색성장과 법적기반구축학술대회(연세대학교 법학연구원 글로벌 비지니스와 법센터), 2010. 6, 33면.

5) 한국에서 녹색성장이라는 개념은 '모든 사람들의 복리를 위한 환경적으로 지속가능한 경제성장'이라는 의미로 사용되고 있다(www.greengrowth.org).

수 있으며, 이와 같은 제도를 실시할 경우 기후변화 관련 국제협상을 고려하여야 하고, 국제경쟁력이 현저하게 약화될 우려가 있는 관리업체에 대하여는 필요한 조치를 강구할 수 있다. 또한 기본법은 제46조 제4항에서 이러한 제도의 실시를 위한 배출허용량의 할당방법, 등록·관리방법 및 거래소 설치 · 운영 등은 따로 법률로 정하도록 규정하여, 배출허용량의 할당이나 거래 등에 대하여는 별도의 후속입법이 예정되었다. 이에 따라서 정부는 2010년 11월 17일 '온실가스 배출권거래제도에 관한 법률안'(이하 '법률안'이라 한다)을 입법예고하였다. 입법예고된 법률안에 대해서는 관련되는 쟁점과 관련하여 논하겠지만 정부와 국회는 기후변화와 온실가스의 감축을 위한 배출권거래제도라는 비교적 생소한 입법적 과제에 직면하게 된 것이다. 물론 우리나라에서는 이미 지난 2005년 제정된 '수도권 대기환경개선에 관한 특별법'에 의하여 총량관리제를 도입하고 이를 위한 할당과 배출권거래제도를 시행하고 있으나, 규모나 내용면에 있어서는 온실가스에 대한 배출권과는 비교하기 어렵다.

온실가스 배출권의 거래에 대해서는 법률안이 입법예고 되었으나 위 법률안이 가지고 있는 기술적인 측면들(예를 들어 할당, 거래, 양도, 인증, 측정, 검증 등)을 고려하여 입법권을 가진 국회가 어느 정도까지 직접적으로 법률을 통하여 규율하여야 하는 것인지 문제가 우선 제기될 수 있다. 다시 말하자면, 법률안이 가지고 있는 규율대상의 특성으로 인하여 상당 부분 정부가 위임입법을 통하여 규율할 필요성이 크다는 점을 고려한다면 그러한 위임의 한계가 구체적으로 어느 정도인지 논의가 필요하다는 것이다. 이 문제는 법률안에 나타난 내용을 바탕으로 그에 대한 평가가 내려져야 할 것이다.

둘째, 법률안 제16조는 할당대상업체가 인증을 받아 이미 사용하여 그 효력이 소멸한 온실가스 배출량에 해당하는 배출권을 정부에 제출할 의무를 부과하고 제출의무에 위반 또는 미달한 경우 그에 대하여 과태료 또는 과징금을 부과하고 있다(법률안 제31조, 제33조 제1호). 그런데 이러한 제출의무는 환경법체계에서 전통적인 질서법상의 의무이행수단으로서 할당대상업체인 시장참여자의 재산권 또는 직업의 자유를 제한하는 것이다. 다시 말하자면, 배출권의 제출의무는 이미 사업활동을 하고 있는 할당대상업체에게는 재산권을 제한하는 조치로서 헌법 제23조 제1항 제2문에 따라 재산권의 내용과 한계규정으로서의 의미를 가지며, 신규로 할당받을 대상입체(법률안은 이들을 '신규진입자'라고 지칭하고 있다)에게는 헌법 제15조에 보장된 직업수행의 자유를 제한하는 규정이다. 따라서 할당 그 자체는 대상 업체가 온실가스를 배출할 수 있는 權原을 창설하는 것으로서 수익적 행정처분으로서의 성격을 가질 수 있지만, 사용한 배출권을 제출할 의무는 원래 대상업체가 기존에는 아무런 제한 없이 온실가스를 배출할 수 있는 권리 내지 영업의 자유 등을 제한하는 측면이 분명히 존재한다. 경제행정법, 환경법적으로 보면 수익적 행정과 침해적 행정작용에 혼재되고 있는 영역이라고 볼 수 있는 것이다. 따라서 법률안의 제출의무가 재산권이나 영업의 자유를 과도하게 제한하는 경우에는 기본권에 대한 침해 문제를 발생시킬 수 있으며, 실제로 할당대상업체들은 그러한 주장을 제기할 가능성이 크다. 따라서 과잉금지의 원칙 등 심사기준에 따라서 법률안의 제출의무에 대해 평가하는 것이 필요하다.

셋째, 배출권의 할당과 관련하여 가장 어렵고 중요한 문제 중의 하나는 할당의 방법을 어떻게 정할 것인가, 다시 말하자면 대상업체에게 배출권을 무상 혹은 경매 등 유상으로 할당할 것인가를 법률적으로 결정하는 것이다. 할당방법을 결정하는 것은 법적인 문제인 동시에 할당대상업체의 현황, 배출권제도의 정착 여부, 국가 전체의 경제적 상황 및 온실가스규제에 대한 국제적인 기준 등을 고려하여야 하는 고도의 정책적 함의가 포함되어있다. 법률안은 법률안 시행 이후 5년 간의 1차 계획기간 중에는 무상할당비율을 100분의 90 이상, 제2차 계획기간 중에는 제1차 계획기간에 대한 평가를 토대로 무상할당비율을 대통령령으로 정하며, 제3차 할당계획기간부터는 모두 경매방식에 의한 유상할당을 예정하고 있다. 이는 대체로 독일 등 선진국의 할당방식과 유사한데, 이와 관련하여 정책적으로 바람직한 방안이 무엇인지 검토한다.

마지막으로 넷째, 법률안이 규정하는 바에 따라서 일부 또는 전부의 유상할당이 이루어지는 경우에 할당대상업체의 입장에서 보면 기존에 무상으로 온실가스를 배출할 수 있던 것에 비하여 재산권이나 직업의 자유를 제한하는 일종의 신종 금전납부의무를 부과하는 것이다. 따라서 그 법적 성격이 국가가 관리하는 희소한 자원인 대기의 사용에 대한 대가인지 아니면 부담금관리기본법이나 헌법재판소의 결정에 나타나는 부담금 내지 특별부담금에 해당하는 것으로서 그 법률적·헌법적 정당화 요건을 갖추고 있는 것인지 검토할 필요가 있다. 본 연구에서는 위에서 언급한 법적 쟁점을 대상으로 법률안의 내용과 문제점 및 배출권의 법적 성격에 대해 논의하고자 한다. 물론 법률안 제3장에서는 배출권의 거래에 대해서 규정하고 있어서 이와 관련된 법적 쟁점이 중요한 고찰대상이기는 하지만 배출권거래에 대한 사법적 측면은 제외하고 그와 관련된 헌법 또는 행정법적인 문제에 국한하여 검토하기로 한다.

Ⅱ. 할당과 거래 등의 법적 근거

1. 본질성이론

이미 언급한 바와 같이 기본법 제46조 제4항은 배출권거래제도의 실시를 위한 배출허용량의 할당방법, 등록·관리방법 및 거래소 설치·운영 등은 따로 법률로 정하며, 이에 따라서 법률안이 입법예고 되었다. 그런데 법률안에서는 위 규정에서 요구하는 사항 이외에 특히 배출대상업체를 비롯하여 배출권 거래시장의 신규참여자 등 이해관계 있는 제3자의 기본권 실현을 위하여 중요하고 본질적인 사항들은 법률안에서 직접 규정하는 것이 필요하다. 이른바 의회유보 또는 본질사항유보는 일반적인 법률유보원칙이 특별한 의미와 내용으로 표현된 형태로 보고 있으며, 국가행정작용 중에서 공익과 개인의 기본권 실현과 관련하여 직접적인 연관성이 없거나 단순히 기술적인 문제 등은 법률적인 근거가 요구되지 않는다는 것이다. 우선 본질사항유보는 법적 근거가 필요한 행정작용의 범위를 결정함에 있어서 당해 행정작용의 법적 효과와는 관계없이 그러한 행정작용이 관련되는 국민의 기본권 실현을 위하여 본질적이며 중요한 사안이라면 반드시 법적 근거, 즉 법률유보를 요구한다. 바꾸어 말한다면 본질사항유보는 우선 법률유보의 횡적인 범위를 결정함에 있어서 그 기준을 기본권과의 관련성 속에서 찾고 있기 때문에 본질사항유보의 횡적인 측면을 기본권관련유보(grundrechtsrelevanter Vorbehalt)라고 부를 수 있을 것이다.[6)]

그러나 본질사항유보는 기본권관련유보라는 횡적 측면과 동시에 입법부와 행정부 간에 입법권능을 배분하는 종적인 측면을 포함하고 있음을 간과할 수 없다. 본질사항유보는 법률로서 규율하는 사안이 공동체와 개인에게 근본적이며 중요한가의 여부에 따라서 의회입법의 필요성을 결정하는 것이므로 그 이외의 사항은 행정부의 위임입법에 의한 위임의 대상이 될 수 있다. 그러므로 본질사항유보는 법률과 위임입법의 규율사항을 구분하는 원리로서 그 중요성이 크며, 이러한 의미에서 종적 의미의 본질사항유보는 의회유보와 같은 의미로 사용된다. 본질성이론 내지 본질사항유보에 따라서 법률안이 직접 규율하여야 하는 사항으로는 기본법 제46조 제4항에 규정하는 대상을 포함하여 무엇보다 기존의 할당대상업체 또는 신규진입자의 재산권이나 직업의 자유 등을 실현하기 위해서 중요한 의미를 갖는 배출권의 할당, 제출, 등록, 보고, 검증 및 인증 등과 관련된 규정들이다. 물론 이와 같은 사항들에 대한 법적인 근거가

6) 김성수, 일반행정법, 제5판, 홍문사, 2009, 42면.

마련되었다고 하여도 법률안이 헌법 제75조와 의회유보에 따라서 당해 규정들에 대한 위임밀도의 준수, 즉 포괄위임금지의 원칙을 위반하고 있는지 여부를 검토할 필요가 있다.

2. 법률안에 대한 검토

본질성이론에 의하면 특정 법률규정이 수범자에게 권리 제한적 효과를 가지는 경우에는 특히 의회유보적 관점이 중요한 의미를 갖는다. 또한 법률안의 경우 온실가스에 대한 총량제의 실시에 따라서 배출권을 획득하려는 다수의 대상업체 상호간은 물론 신규진입자들 간의 극심한 경쟁관계가 예상되기 때문에 이들 간에는 전형적인 경원자관계가 형성되고 특정 대상업체에 배출권을 할당하는 경우에는 다른 경쟁자들의 권리를 침해하게 경우가 흔히 발생할 수 있다. 따라서 할당은 할당대상자들은 물론 할당을 받지 못하는 다른 경쟁자들의 기본권 실현에 본질적이고 중대한 사안에 해당하기 때문에 할당과 관련된 조항들은 최대한 국회가 법률로서 규율할 것이 요구되며, 포괄적인 위임이 금지되는 것으로 보아야 한다. 할당과 더불어 이미 사용한 배출권을 제출하는 의무 역시 할당과 표리의 관계에 있는 것으로서 대상자의 직업수행의 자유 및 재산권에 대한 제한을 의미할 수 있으므로 역시 의회유보 내지 종적 의미에서 위임입법의 한계를 엄격하게 준수하여야 한다. 이에 비하여 배출권 거래 및 거래소의 설립과 지정 등의 경우에는 거래에 참여하는 자에 대하여 참여의 제한, 방법 등과 관련하여 영업의 자유나 재산권 등(특히 유상할당의 경우에)에 대하여 다양한 형태의 기본권 제한행위가 가능하지만 이는 배출권거래가 가지고 있는 기술적인 측면과 더불어 이를 통한 온실가스의 감축이라는 고양된 공익을 실현하기 위한 것으로서 입법자의 형성권이 광범위하게 인정될 수 있는 분야라고 할 수 있다. 따라서 이 경우의 의회유보 또는 포괄적 위임금지 여부를 심사함에 있어서는 입법자의 합리적인 재량권행사 여부에 국한될 가능성이 크다.[7)]

---

7) 헌법재판소는 규율대상의 성격과 관련하여 의회유보원칙과 포괄적 위임의 허용 여부가 차별적으로 적용되는 이른바 2중 기준이 존재할 수 있음을 여러 차례 결정을 통하여 밝힌 바 있다. “사회현상의 복잡다기화와 국회의 전문적 · 기술적 능력의 한계 및 시간적 적응능력의 한계로 인하여 조세부과에 관련된 모든 법규를 예외 없이 형식적 의미의 법률에 의하여 규정한다는 것은 사실상 불가능할 뿐만 아니라 실제에 적합하지도 아니하기 때문에, 경제현실의 변화나 전문적인 기술의 발달에 즉시 대응하여야 할 필요 등 부득이한 사정이 있는 경우에는 법률로 규정하여야 할 사항에 관하여 국회 제정의 형식적인 법률보다 더 탄력성이 있는 행정입법에 위임함이 허용된다고 할 것이다(헌재 1996. 6. 26. 선고 93헌바2 결정, 판례집 8-1, 525, 532 참조). 헌법은 제75조에서 “대통령은 법률에서 구체적으로 범위를 정하여 위임받은 사항 ……에 관하여 대통령령을 발할 수 있다.”고 규정함으로써 위임

법률안은 제2장에서 배출권의 할당, 제3장에서 배출권의 거래, 제4장에서 배출권의 보고 · 검증 및 인증에 대하여 규정하고 있다. 그런데 법률안이 할당대상 사업자의 지정(제7조), 할당의 방법(제8조), 할당의 신청(제9조) 및 할당처분(제10조), 할당의 취소(제11조), 거래참여자의 범위(제12조), 배출권거래의 방법 및 양도 등의 효력(제13조), 배출권의 이월 및 차입(제14조), 배출권의 제출(제16조), 배출권의 보고 및 검증(제20조), 배출권의 인증(제22조) 등과 관련하여 할당대상자인 사업자 내지 그와 경쟁관계에 있는 신규진입자 등 제3자의 직업의 자유나 재산권 등 기본권 실현을 위하여 중요한 사항에 대해서는 대부분 법률로서 직접 규정하고 있다. 그러나 법안은 위 사항과 관련한 구체적인 절차나 방법 등 주로 기술적인 문제에 대해서는 대통령령에 위임하는 방식을 취하고 있는데, 이는 본질사항유보나 헌법 제75조에 따르는 포괄위임금지에 비추어 헌법적으로 문제가 될 여지는 없는 것으로 보인다.

다만, 법률안 제8조는 할당방법과 관련하여 제1차 계획기간 중에는 무상할당 비율을 90% 이상, 제3차 계획기간부터는 모두 경매방식으로 할당하는데 비하여 제2차 계획기간 중 무상할당비율은 국제적 동향과 제1차 계획기간에 대한 평가를 토대로 대통령령으로 정하도록 위임하였다. 그런데 후술하는 바와 같이 할당방식은 관련 산업계 전체는 물론 온실가스를 배출하는 개별 사업자의 직업의 자유나 재산권에 막대한 영향을 미치는 중요한 사안이기 때문에 구체적인 기준이나 비율을 법률에 직접 규정하는 것이 필요하다.

입법의 근거를 마련함과 동시에 위임은 '구체적으로 범위를 정하여' 하도록 하여 그 한계를 제시하고 있다. 이와 같이 입법을 위임할 경우에는 법률에 미리 대통령령으로 규정될 내용 및 범위의 기본사항을 구체적으로 규정하여 둠으로써 행정권에 의한 자의적인 법률의 해석과 집행을 방지하고 의회입법과 법치주의의 원칙을 달성하고자 하는 헌법 제75조의 입법취지에 비추어 볼 때, '구체적으로 범위를 정하여'라 함은 법률에 대통령령 등 하위 법규에 규정될 내용 및 범위의 기본사항이 가능한 한 구체적이고도 명확하게 규정되어 있어서 누구라도 당해 법률 그 자체로부터 대통령령 등에 규정될 내용의 대강을 예측할 수 있어야 함을 의미한다 할 것이고, 그 예측가능성의 유무는 당해 특정조항 하나만을 가지고 판단할 것은 아니라 관련 법조항 전체를 유기적 · 체계적으로 종합 판단하여야 하며, 또 각 대상법률의 성질에 따라 구체적 · 개별적으로 검토하여야 한다. 그리고 이와 같은 위임의 구체성 · 명확성의 요구 정도는 그 규율대상의 종류와 성격에 따라 달라질 것이지만 특히 처벌법규나 조세법규와 같이 국민의 기본권을 직접적으로 제한하거나 침해할 소지가 있는 법규에서는 구체성 · 명확성의 요구가 강화되어 그 위임의 요건과 범위가 일반적인 급부행정의 경우보다 더 엄격하게 제한적으로 규정되어야 하는 반면, 규율대상이 지극히 다양하거나 수시로 변화하는 성질의 것일 때에는 위임의 구체성 · 명확성의 요건이 완화되어야 할 것이다(헌재 2006. 4. 27. 선고 2005헌바69 결정, 판례집18-1상, 561, 568-569면; 헌재 2006. 11. 30. 결정 2006헌바36 결정 등, 판례집18-2, 488, 506면 등 참조).

Ⅲ. 배출권과 헌법상 기본권과의 관계

1. 국내 문헌상의 논의

(1) 배출권의 재산권성

우리나라에서는 입법 예고된 법률안이나 기본법에서 규정한 배출권의 법적 성격, 더 나아가 배출권이 헌법상 보장된 재산권의 보호범위에 속하는 것인가의 문제에 대하여 본격적인 논의가 이루어지지 못하였다. 그 이유는 기본법이 제정되고 기본법 제46조에서 배출권의 도입과 거래를 예정하는 규정을 두고 있었지만 배출권거래를 위한 법률안이 신속하게 예고되고 입법화되는 과정을 밟지 못하였기 때문에 기존의 배출권에 대한 학문적 연구는 주로 이 제도를 먼저 도입한 외국의 사례를 중심으로 하는 비교법적인 검토에 머무른 것이다.[8] 기존의 문헌연구에 따르면 공법적 측면에서 배출권은 헌법상 보장된 재산권 내지 적어도 개별 법률에 의하여 할당대상업체가 온실가스를 배출할 수 있는 주관적인 권리를 보장하고 있다는 점에 대해서는 일정한 합의가 성립하고 있는 것으로 볼 수 있다.[9]

이와 같이 배출권에 대하여 헌법상 재산권 내지 법률상의 주관적 권리성을 인정하고 있는 가장 큰 이유는 배출권이 시장에서 거래의 대상이 됨으로써 일정한 재산적 가치가 인정될 수 있기 때문이다. 국가가 기후변화에 대응하는 중요한 정책적 수단으로 도입한 배출권은 우선 이산화탄소를 중심으로 하며, 이후에 다른 온실가스도 포함시키며 점차 그 외연을 확대해갈 수 있다는 점을 고려할 때 초기에 도입하는 배출권이 시장에서 어떠한 저항이나 심리적인 부담 없이 원활하게 거래되는 것이 국가의 입장에서 보면 중요한 문제이다.

이러한 측면에서 보면 온실가스 배출권 또는 배출자격이라는 것은 국가가 관련 법률을 통하여 재산권으로서의 성격을 의도하는 것으로서 다분히 의제적인 측면이 있음을 부인할 수 없으며, 그렇기 때문에 그 자체가 원래부터 헌법상 재산권으로 보호되는 다른 일반적인 개인의 재산과는 그 성격상 구별된다. 온실가스 배출권이 우리 헌법 제23조 제1항에서 규정하는 재산권으로서의 성격을

---

8) 특히 사법상 배출권의 법적 성격에 대한 논의는 최경진, "배출권의 법적 성질", 비교사법 제17권 제1호, 2010, 415면 이하.

9) 김태호, "독일의 기후변화 대응 법체계", 기후변화와 법의 지배, 박영사, 2010, 195면; 전종익, "탄소배출권의 헌법적 성격과 거래제도", 동서, 257면 이하. 전 교수는 배출권이 법률에 의하여 설정되는 것이라도 하여도 설정된 이후 개별적으로 인정된 배출권은 재산적 가치가 있는 것으로서 헌법상 재산권으로 인정될 수 있는 것으로 보고 있다. 258면.

가지기 위해서는 헌법재판소의 많은 결정례들이 밝히고 있는 바와 같이 사적 유용성과 그에 대한 원칙적인 처분권을 포함하는 재산적 가치 있는 구체적인 권리로서 인정받아야 한다. 이와 같은 측면에서 본다면 비록 배출권 내지 배출자격이 기본법이나 입법 예고된 법률안과 같이 형식적 의미의 법률에 의하여 인정되는 권리라고 하여도 사적 유용성과 처분권이라는 재산권으로서의 요소를 충족하고 있는 경우에는 헌법상 재산권으로서의 성격을 부여받는데 지장을 초래하는 것은 아니다. 만약 국가가 법률을 통하여 배출권의 요건을 규정하고 이를 충족하는 개별 대상업체에게 주관적 권리로서 귀속시켰음에도 불구하고 국가 스스로 그 재산권적 성격을 부인하거나 배출권이 거래되는 시장에서 참여자들이 그 권리성을 인정하지 않는 경우에는 배출권과 그 거래제도가 원활하게 정착되기는 어렵다. 특히 배출권을 할당받는 대상자가 이를 위하여 스스로 일정한 비용을 지출한 경우에는 재산권으로서의 성격이 보다 공고화된다. 여기에서 할당대상자가 일정한 비용을 지출한다는 의미는 배출권을 할당하기 위한 방식을 의미하는 것으로서 무상할당이 아닌 시장에서의 매매방식 또는 경매 등을 통하여 이를 획득하는 것을 의미한다.

그러나 배출권이 대상업체에게 무상할당(이른바 grandfathering 방식)되는 경우에는 재산권으로서의 성격이 희박하기 때문에 할당 이후 할당처분을 취소 또는 철회하거나 할당한 배출권 자체를 무상으로 박탈하는 경우에도 헌법 제23조 제3항에 의한 재산권에 대한 수용은 아니기 때문에 그에 대한 보상이 이루어진다고 보기 어렵다. 한편 온실가스 배출권을 헌법상 보장된 재산권으로 인정하려는 견해에 대해서는 이른바 공공재인 대기에 대하여 개인에게 배타적인 권리를 설정하는 것이라는 이유에서 상당한 비판이 제기되는 것도 사실이다. 특히 이러한 배타적인 이용권을 설정하고 여기에 더하여 사적 효용성과 원칙적인 처분권을 인정하는 것은 '환경에 대한 오염권'을 국가가 재산권으로 보호하는 근본적인 모순에 직면한다는 것이다.[10)]

(2) 배출권과 직업의 자유 등

일반적으로 배출권에 대한 총량규제와 할당처분은 원래 개인이 아무런 제한 없이 대기 중에 온실가스를 배출할 수 있는 자유를 제한하는 측면을 가지고 있다. 여기에서 할당처분 등을 통하여 제한되는 개인의 기본권으로는 일반적 행동자유권 내지 행복추구권, 거주이전의 자유와 더불어 배출권 할당과 가장 밀접한 관련을 가지는 직업의 자유를 언급할 수 있다. 그 이유는 인간의 생존이

10) 전종익, 앞의 책, 156면.

나 생산활동에는 필연적으로 이산화탄소를 포함하는 온실가스를 배출하는 것이므로 총량규제 등을 통하여 이를 규제하는 것이 정당한 것인지, 그 범위와 한계는 어디까지인지 등과 관련하여 법적인 문제가 제기된다. 우리 헌법 제37조 제2항에 의하여 국민의 모든 자유와 권리는 국가안전보장 · 질서유지 또는 공공복리를 위하여 필요한 경우에 한하여 법률로서 제한할 수 있으며, 조리상 한 개인의 기본권 행사가 타인의 기본권을 침해하는 경우에는 국가가 이를 규제하거나 일정한 한계를 설정할 수 있다. 다만, 이 경우에도 과잉금지의 원칙을 준수하여 사업자가 자신의 영업활동을 계속할 수 있는 최소한도의 배출권은 어떠한 경우에도 규제의 대상이 될 수 없다.

다만, 우리 헌법 제35조 제1항에 의하면 모든 국민은 건강하고 쾌적한 환경에서 생활할 권리를 환경권으로서 가진다는 점을 고려한다면 지구의 기후변화에 상당한 영향을 미치는 온실가스를 배출하여 환경을 침해할 수 있는 배출권을 독립적인 권리로 인정하는 것은 상당한 자기모순일 수 있다.[11] 또한 헌법상 환경권과 독립한 기본권으로서의 배출권이 충돌하는 경우에는 당연히 환경권이 우선하는 것으로 보아야 한다. 이와 같이 배출권을 헌법상 독립한 권리 내지 기본권으로서 인정하는 것은 법리적으로나 현실적으로 어려운 점이 있다. 따라서 온실가스배출권은 직업의 자유, 그 중에서도 직업수행이나 영업의 자유의 내용에 포함되는 것으로 볼 수 있으며, 위에서 언급한 바와 같이 할당에 대한 법률안 규정이 온실가스 배출을 통한 직업의 자유수행을 과도하게 제한하는 경우에는 위헌의 문제가 발생할 수 있다.

2. 사 견

(1) 배출권은 그 자체로서 헌법상 재산권으로서 보호받기 어렵다

법률안이 규정하고 있는 온실가스 배출권 내지 배출자격은 배출 대상업체가 소유한 생산시설이나 배출시설과 분리하여 독립하여 그 자체로서 헌법 제23조 제1항에 의한 재산권에 해당하는가에 대해서는 의문이 제기될 수 있다. 다만, 이미 언급한 바와 같이 우리나라 문헌상의 다수 견해는 배출권이 발생되는 공법적인 과정이나 시장에서 거래의 대상이 되는 사법적 측면을 고려할 때 헌법상 재산권 내지 적어도 개별 법률에 의하여 발생하는 공법상 또는 사법상의 권리라는 점을 인정하고 있다. 그러나 이와 같은 다수 견해는 배출권이 법

11) 同旨, 김홍균, "수도권대기질 개선을 위한 총량관리제 - 배출권거래제도를 중심으로", 저스티스, 제91호, 2006, 151면 이하.

률안에 규정된 할당처분이라는 정부의 행정행위를 통하여 발생하는 공법상의 지위 내지 자격이라는 점을 간과하고 있다는 점을 지적할 수 있다. 다시 말하자면 법률안에 의하면 온실가스 배출권을 확보하려는 할당대상업체는 할당계획기간의 시작 전에 검증기관의 검증을 받은 직전연도 명세서와 배출권 배분신청서를 작성하여 대통령령이 정하는 바에 따라 전자적 방식으로 정부에 신청하고(제9조 제1항), 정부는 배출권의 신청을 받은 경우 제5조의 할당계획, 제8조에 따른 할당의 방법 및 기타 대통령령이 정하는 바에 따라 할당대상업체에게 계획기간의 총 배출권과 이행연도별 배출권을 할당한다(제10조 제1항).

독일의 경우에는 할당처분 이전에 사업자가 온실가스를 배출하기 위한 별도의 배출허가를 관할 행정청으로부터 받도록 하는 법적 체계가 구축되어 있으나, 우리나라의 경우에는 온실가스는 대기환경보전법상 대기오염물질[12]에 해당하지 아니하여 대기환경보전법에 의한 별도의 배출허가를 필요로 하지 않는다. 그러므로 법률안에 따라 정부가 대상업체에게 배출권을 할당하는 행위는 온실가스에 대한 배출허가와 할당처분을 일원화한 결합된 행정처분이라고 할 수 있다. 그런데 온실가스 배출허가와 할당처분을 분리하여 고찰하던 아니면 일원화된 결합처분으로 보던 관계없이 배출허가와 할당처분의 법적 성격은 의심의 여지 없이 강학상 행정행위이며 행정심판법과 행정소송법에 의한 행정처분으로서 항고소송의 대상이 된다. 또한 정부가 대상업체에게 할당처분을 함에 있어서는 다수의 경쟁관계에 있는 대상업체들의 신청을 전제로 하므로 이들 간에는 전형적인 경원자관계가 성립하기 때문에 정부가 신청에 대한 거부처분을 행하는 대상업체에게 할당처분을 다툴 수 있는 법률상 이익을 인정하는 등 권리보호의 측면을 소홀히 할 수 없다.

---

12) 제2조 규정된 대기오염물질은 다음과 같다. 1. 입자상물질, 2. 브롬 및 그 화합물, 3. 알루미늄 및 그 화합물, 4. 바나듐 및 그 화합물, 5. 망간화합물, 6. 철 및 그 화합물, 7. 아연 및 그 화합물, 8. 셀렌 및 그 화합물, 9. 안티몬 및 그 화합물, 10. 주석 및 그 화합물, 11. 텔루륨 및 그 화합물, 12. 바륨 및 그 화합물, 13. 일산화탄소, 14. 암모니아, 15. 질소산화물, 16. 황산화물, 17. 황화수소, 18. 황화메틸, 19. 이황화메틸, 20. 메르캅탄류, 21. 아민류, 22. 사염화탄소, 23. 이황화탄소, 24. 탄화수소, 25. 인 및 그 화합물, 26. 붕소화합물, 27. 아닐린, 28. 벤젠, 29. 스틸렌, 30. 아크롤레인, 31. 카드뮴 및 그 화합물, 32. 시안화물, 33. 납 및 그 화합물, 34. 크롬 및 그 화합물, 35. 비소 및 그 화합물, 36. 수은 및 그 화합물, 37. 구리 및 그 화합물, 38. 염소 및 그 화합물, 39. 불소화물, 40. 석면, 41. 니켈 및 그 화합물, 42. 염화비닐, 43. 다이옥신, 44. 페놀 및 그 화합물, 45. 베릴륨 및 그 화합물, 46. 프로필렌옥사이드, 47. 폴리염화비페닐, 48. 클로로포름, 49. 포름알데히드, 50. 아세트알데히드, 51. 벤지딘, 52. 1,3-부타디엔, 53. 다환 방향족 탄화수소류, 54. 에틸렌옥사이드, 55. 디클로로메탄, 56. 테트라클로로에틸렌, 57. 1,2-디클로로에탄, 58. 에틸벤젠, 59. 트리클로로에틸렌, 60. 아크릴로니트릴, 61. 히드라진.

그런데 문제가 되는 것은 일반적으로 할당처분과 같은 행정처분에 의하여 발생하는 자격 내지 권능은 법률이 행정청에게 특정인의 이익을 위하여 일정한 법률상의 힘을 부여하는 주관적 권리와는 달리 직접적으로 재산적 가치가 있는 권리라고 보기 어려운 측면이 있다. 예를 들어 헌법재판소는 지난 2010년 4월 29일 체육시설법상 사업계획승인이라는 행정처분을 통하여 발생하는 자격 내지 법적 지위가 다음과 같은 이유에서 헌법상 보호되는 재산권이 아니라고 보고 있다. "사적 유용성과 원칙적 처분권이 재산권의 징표라고 본다면, 재산가치는 그와 같은 사적 유용성과 원칙적 처분권 등 재산성이 인정될 만한 가치가 있는 것을 의미하는 것이다. 그런데 골프장 사업계획승인은 골프장 영업을 할 수 있게 하는 행정처분에 불과한 바, 그 처분은 해당 체육시설이 법령에서 정한 시설기준을 갖출 수 있는지를 비롯한 제반 사업수행능력에 대한 승인에 해당하므로, 여기에 어떠한 재산적 가치가 내포되어 있다고 보기 어렵고, 나아가 공법상 수급권과는 달리 그 처분을 통해 어떠한 재산적 가치를 설정하거나 부여하고자 하는 행정주체의 의사가 표현되어 있다고 보기도 곤란하다. 그렇다면, 사업계획승인권 자체에는 헌법상 재산권으로 인정되기 위해 필요한 필수적인 요건들이 결여되어 있다고 할 것이다. 그렇다면, 이상의 내용과 같이 이 사건에서 청구인이 주장하는 사업계획승인에 대한 권리는 헌법상 재산권으로 보호되기 어려우므로, 사업계획승인권이 골프장 필수시설의 경락과 함께 경락인에게 승계됨을 규정하고 있는 이 사건 법률조항은 재산권을 제한하는 규정이라 할 수 없다.[13]

일반적으로 개인의 특정한 권리를 헌법상 보호되는 재산권으로 인정하기 위해서는 자신의 비용과 노력에 의한 기여분이 필요하다는 요건을 충족하여야 한다면 위에서 언급한 바와 같이 자신의 노력과는 무관하게(할당을 받기 위한 신청 정도를 자신의 기여분으로 보기는 어려울 것이다) 국가가 행정절차와 행정처분을 통하여 부여한 공법상의 지위로서의 배출권은 헌법 제23조 제1항에서 말하는 재산권으로서 보호받기는 어려울 것이다. 또한 헌법상 재산권으로 보호받기 위한 요건으로서의 사적 유용성과 그에 대한 원칙적인 처분성을 고려할 때 할당대상업체가 잉여 배출권을 처분하는 것은 가능하지만 할당처분으로부터 발생한 권능 내지 법적 지위 자체를 거래의 대상으로 할 수는 없기 때문에 그러한 권능이나 지위는 재산권의 보호객체라고 할 수 없다. 다만, 할당처분에 의하여 발생한 온실가스 배출권, 권능 내지 자격은 헌법상 직업의 자유, 특히 직업수

13) 헌재 2010. 4. 29. 선고 2007헌바40 결정.

행의 자유나 영업의 자유의 보호대상은 될 수 있을 것으로 보인다. 독일의 경우에도 연방최고법원은 국가가 부여한 택시면허는 관할 행정청이 행정절차와 행정처분에 따라 특정인에게 부여한 법적 지위에 불과하기 때문에 그 자체로서는 재산적 가치가 있는 권리가 아니며 결과적으로 기본법 제14조 제1항에 의한 재산권으로 보호받는 것은 아니라는 견해를 제시하고 있다.[14)]

이와 같은 점들을 고려하여 볼 때 법안이 규정하고 있는 배출권은 일정한 범위에서 온실가스를 배출할 수 있는 권능 내지 법적 지위를 인정한 것에 불과한 것으로서 헌법 제23조 제1항 상의 재산권으로서 보호받기 어려우며, 할당대상업체가 재산권으로 보유한 시설이나 지적 재산권 등을 사용하는 일종의 재산사용권 일부의 내용을 이루는 것으로 볼 수 있다. 이러한 의미에서 정부가 할당한 배출권은 헌법 제23조 제1항 제2문에 의한 재산권의 내용규정에 해당하는 것으로서 이를 형성하고 제한함에 있어서 입법자는 광범위한 입법재량권을 가지고 있다고 할 수 있다. 이에 따라서 입법자는 헌법 제37조 제2항에 따라 잉여 배출권을 거래하는 제도를 도입함에 있어서도 거래행위에 대한 각종의 규제를 통하여 할당대상업체의 직업의 자유를 상당한 정도로 제한할 수 있다. 그러나 입법자는 할당처분이라는 재산권의 내용형성과 거래에 대한 규제 등을 규율함에 있어서는 당연히 과잉금지의 원칙을 준수하여야 한다. 특히 기존에 조업활동을 위하여 불가피하게 일정한 양의 온실가스를 배출할 수 밖에 없었던 중소규모의 할당대상업체의 직업의 자유를 보장하기 위하여 일정량을 우선할당할 수 있는 예외적 수혜조항의 필요성도 진지하게 검토하여야한다.[15)]

(2) 유상으로 취득한 배출권과 그 거래

할당처분이라는 정부의 행정처분에 의하여 부여된 온실가스의 배출자격 내지 권능 그 자체가 헌법 제23조 제1항에서 규정하는 재산권의 보호범위에 속하지 않는다는 일반론은 할당대상업체가 배출권을 취득하기 위하여 일정한 비용을 투입하는 경우에는 그 수정이 불가피하다. 즉 할당대상업체가 자신의 비용으로 배출권을 시장에서 매수하거나 경매절차를 통하여 경락받은 경우에는 그 배출권에 재산적 가치가 있는 것이므로 헌법상 재산권으로 보호하는 것이 가능해진다. 예를 들어 국가가 행정처분 등을 통하여 특정인에게 일정한 법률

14) BGHZ 108, 364 (371).

15) 그러나 법률안에서는 이와 같이 배출권에 대한 할당에 있어서 특히 중소규모의 상업자를 배려하는 조항을 발견할 수 없는데, 이는 입법적 불비로서 향후 입법 시에 보완이 요구된다.

상 지위나 권능을 설정하여 순수하게 국가의 재정으로 사회보장적 급부를 지급하는 경우에는 재산권적 성격을 인정할 수 없으나, 이러한 사회보장적 급부행위에 수급권자의 기여분이 포함되어 있는 경우에는 그에 상응하는 재산권적 성격을 인정할 수 있는 것과 같은 논리이다.[16)]

온실가스 배출권의 할당을 받기 위하여 대상업체가 자신의 비용을 투하하는 경우로는 위에서 언급한 배출권의 매수 또는 경락과 같은 방법 외에도 자신이 소유하고 있는 생산시설 중에서 온실가스를 배출하는 부분에 대하여 이를 저감할 수 있도록 기술개발을 위한 투자를 행하거나 조업활동을 축소하여 온실가스의 배출을 저감시키는 경우 등의 노력을 하는 것들을 들 수 있다. 또한 할당대상업체가 위와 같은 노력이나 투자 등 비용과 시간을 투입하지 않고 단순하게 할당처분을 통하여 무상으로 배출권을 취득한 경우에도 법안이 규정하고 있는 바와 같이 배출권 등록부의 계정에 등록하여 거래참여자가 되는 경우에는 할당처분으로 발생하는 배출권능과는 다른 법적 지위를 인정할 수 있다. 다시 말해서 할당처분이라는 행정처분을 통하여 온실가스를 배출할 수 있는 법적 지위만을 인정받은 단계에서 더 나아가 이제 등록부에 등록절차를 마치고 시장에서 완전한 거래의 대상이 되는 경우에는 배출 대상업체가 배출권에 대하여 완전한 사적 유용성과 처분가능성을 가진 권리를 유상으로 양도하는 것이므로 이 경우에는 헌법상 재산권으로서 보호받을 수 있다.[17)]

법률안은 할당처분 단계에서 배출권을 소유하는 자를 할당대상업체라고 부르는데 비하여 이 단계에서는 거래참여자라는 용어를 사용하고 있다. 배출권거래참여자가 보유한 배출권은 법안 제18조에 따라서 설립되는 배출권거래소 등을 통해 양도 또는 양수의 방법으로 거래할 수 있다(제13조 제1항). 거래단계에 이른 배출권은 시장참여자가 자신의 책임 하에 사적 효용을 실현하기 위하여 양도 또는 양수하는 것이므로 헌법상 재산권으로서의 요건을 모두 갖춘 것으로 볼 수 있으며, 다른 재산권과 마찬가지로 수익과 처분의 대상이 된다. 결국 배출권거래제도를 통하여 재산권의 대상이 되는 사법상의 또 다른 권리가 성립하는 것이다.[18)]

16) 헌재 2003. 9. 25 선고 2001헌마93 결정("보험료라고 볼 수 있는 공무원의 기여금의 납부가 법률에 의하여 강제되는 특성을 가지고 있으며, 특히 공무원연금법상 퇴직연금수급권은 경제적 가치 있는 권리로서 헌법 제23조에 의하여 보장되는 재산권으로서의 성격을 가진다").

17) Burgi, Emissionszertifikate als Eigentum im Sinne von Art. 14 Grundgesetz, RdE 2004, S. 34; Wieland, GG-Kommentar (hrsg. von Dreier), Art. 14 Rn. 56.

18) Mehrbrey, Verfassungsrechtliche Grenzen eines Marktes handelbarer Emissionsrechte,

Ⅳ. 할당방법과 부담금의 법적 성격

1. 독일의 경우

(1) 무상할당인가 유상할당인가?

온실가스배출권을 무상으로 할당할 것인가 아니면 매매나 경매 등 유상으로 배분할 것인가의 문제를 놓고 독일에서는 지난 수년 간 커다란 논쟁이 이루어졌다.[19] 할당방법과 관련하여 유럽연합 차원에서 회원국에게 일정한 지침을 준 것은 유럽의회준칙 2003/87과 배출권거래를 위한 2003년 10월 13일 유럽평의회준칙이다. 이와 같은 준칙들은 유럽연합 환경법에 일대 체제변화를 예고한 것이었으며, 배출권거래제도의 조직, 할당기준 및 방법에 대하여 대강을 정하고 있다는 점에서 큰 의미를 가지고 있다. 이에 따라 독일에서는 할당법이 배출권 할당의 방법을 세 단계로 구축하였다. 우선 첫 단계인 2005~2007년에는 최고 5%의 유상할당을 예정하였으나 실제로는 무상할당의 방법을 택하였으며, 2단계인 2008~2012년까지는 최고 10%까지 매매 등을 통한 유상할당을, 2013년부터는 경매를 통한 전면적인 유상할당을 규정하였다. 물론 할당법은 유상할당의 경우 가격을 고정하지는 않았으며, 배출권이 거래되는 시장상황에 따라서 자연스럽게 가격형성을 유도하여 이른바 시장메커니즘을 활용한 온실가스 배출저감효과를 극대화하고자 하였다.[20]

일반적으로 법학자들은 무상할당을 선호하는 반면에 경제학자들은 배출권거래제도가 가지는 시장기능에 착안하여 유상할당이 이루어지는 경우에 한하여 온실가스배출저감을 통하여 기후변화에 적극적으로 대처할 수 있음을 강조하였다. 경제학자들은 무상할당방법이 배출권거래시장의 규모를 축소시키고 시장참여자들의 도덕적 해이를 유발시켜서 배출권거래제도의 비효율성과 시장기

2003, S. 52f.

19) Voßkuhle, in: Hendler, (Hrsg.), Rechtsfragen der Einf hrung von Emissionszertifikaten, Energierecht zwischen Umweltschutz und Wettbewerb; Burgi, Verfassungswidrigkeit einer entgeltlichen Zuteilung von Emissionszertifikaten, S. 61.; Rebentisch, Rechtsfragen der kostenlosen Zuteilung von Berechtigungen im Rahmen des Emissionshandelsrechts, NVwZ, 2006, S. 747ff., 753ff.; Sacksofsky, Versteigerung von Zertifikaten im Emissionshandel, Führ/Wahl/von Wilmowsky (Hrsg.), Umweltrecht und Umweltwissenschaft, Festschrift für Eckard Rehbinder, S. 607.

20) Dulce, Die Zulässigkeit der (teilweisen)Versteigerung von Emissionsberechtigungen aus europarechtlicher Sicht, NVwZ 2009, S. 623.

능의 와해를 불러올 것이라고 비판하였다. 그러므로 무상할당은 배출권거래제도의 제도적 의의를 몰각시키고 온실가스를 무절제하게 배출하는 사업자에게 불로의 이득을 창출하는 결과를 야기할 것이라는 점을 경고하고 있다. 반면에 무상할당을 주장하는 법학자들은 기존에 아무런 제한 없이 온실가스를 배출할 수 있었던 사업자들에게 총량규제를 통하여 지극히 제한된 범위 안에서 온실가스를 배출할 수 있는 권리만을 부여하는 것만으로도 사업자의 재산권이나 직업의 자유를 상당한 정도로 제한하는 것으로 보고 있다. 그런데 여기에 더하여 온실가스 배출권을 유상으로 할당하는 경우에는 특히 중소 영세사업자에게는 기대가능한 것이 아니므로 수인한도를 넘는 것이며, 이는 결과적으로 재산권이나 직업의 자유를 과도하게 제한하여 위헌의 문제를 야기할 수 있다고 보고 있다.

2. 우리나라의 입법적 과제

(1) 단계적 유상할당

배출권거래와 관련하여 배출권 할당을 무상으로 할 것인지 아니면 경매 등 유상할당의 방식을 취할 것인지의 여부는 특히 배출권거래의 초기에 상당히 예민하고 중요한 문제이며, 궁극적으로 배출권거래를 통한 온실가스의 저감이라는 정책 및 입법목적을 달성하는데 상당한 영향을 미친다. 이미 언급한 바와 같이 주로 경제학자들을 중심으로 국가가 관리하는 일종의 공공재로서 대기에 배출되는 온실가스의 배출을 저감시키기 위하여 배출권거래제도를 활용하는 것이 일반화된 것이라면 우리나라에서는 이미 거래제도의 도입 초기부터 유상으로 배출권을 할당하는 것이 가능하고 또한 바람직한 측면이 있다. 아직까지 우리나라에는 교토의정서를 포함하여 온실가스의 저감에 대한 국제법적 의무는 부과되고 있지는 않지만, 한국이 이른바 녹색성장을 표방하며 이 분야에서 세계적으로 선도적인 역할을 수행하겠다는 의욕을 보이고 있는 점을 고려한다면 일단 배출권거래제도를 도입한 이상 처음부터 매매나 경매와 같은 유상할당의 방법을 취하는 것이 전혀 불가능해 보이지는 않는다.

물론 우리나라에서는 이미 '수도권 대기환경 개선에 관한 특별법'에서 배출권거래제도를 도입하고는 있으나 아직 본격적으로 이 제도가 정착된 상태는 아니기 때문에 법적인 측면에서는 물론 정치적 · 정책적인 차원에서도 배출권거래는 여전히 새로운 영역이라고 할 수 있다. 따라서 특히 새로운 제도의 시행으로 인하여 경제적으로 타격을 받을 수 있는 중소규모의 사업자들에 대한 배려를 위하여 특히 시행 초기에 부작용을 최소화 할 수 있는 방안을 찾는 것이 중요하다. 그러므로 독일의 경우와 같이 최초 3년이나 5년 간 등 제도 시행의 초기에는 무상으로 배출권을 할당하는 방안이 바람직한 것으로 보이며, 후술하는 바와 같이 법률안도 이러한 점을 고려하여 초기에는 무상할당원칙을, 점차적으로 유상할당 비율을 늘려나가는 방안을 제시하고 있다.

이와 같은 점진적인 유상할당방안을 통하여 충격을 가장 많이 받게 될 중소기업이 새로운 제도의 시행으로 인한 구조적인 변화를 수용하도록 지원하고 장기적으로 온실가스의 저감을 위한 투자환경을 조성하는데 유리한 입지를 확보할 수 있도록 입법적인 배려가 요청된다. 그럼에도 불구하고 한국이 2013년 이후 교토의정서의 부속서1 국가에 포함되는 경우에는 국제협약을 준수한다는 차원에서 유상할당이 속도를 낼 가능성도 크다. 이와 관련하여 법률안은 5년 단위의 배출권 거래제도의 계획기간 중 제1차 계획기간 중에는 무상할당 비율을 전체 할당량의 100분의 90 이상으로 하며, 제2차 계획기간은 국제적 동향과 제1차 계획기간에 대한 평가를 토대로 무상할당 비율을 대통령령으로 정하도록 하고, 제3차 할당계획기간부터는 모두 경매방식에 의한 유상할당을 하도록 규정하고 있다(제8조 제1항). 이러한 점진적 유상할당 방식은 제도의 시행으로 인한 충격을 완화하는 방식으로 보이며, 다만 이미 언급한 바와 같이 제2차 계획기간의 경우에도 유상할당 비율의 기준이나 비율의 대강을 법률로서 직접 규정하는 것이 바람직하다.

(2) 대기의 사용에 대한 대가인가 혹은 특별부담금인가

1) 대기사용료

위에서 언급한 바와 같이 배출권거래제도 도입 초기에는 무상할당이 이루어진다고 하더라도 점차적으로 유상할당이 늘어나는 것을 피하기 어려운 상황에서 만약 배출권이 유상으로 할당되는 경우 할당대상자가 지급하는 비용에 대해서는 적지 않은 법적인 문제가 발생할 수 있다. 다시 말하자면, 기존에 할당대상 사업자는 아무런 비용을 지불하지 않고 온실가스를 배출할 수 있었으나 할당에 대하여 일정한 비용을 부담하는 경우 그 비용부담의 법적 성격이 어떠한 것인가에 대해 정부가 그 정당성과 적법성에 대하여 일정한 답을 주어야 한다는 것이다. 이러한 비용부담은 물론 조세를 포함하여 사용료와 수수료, 특별부담금 등 이른바 공과금법상 어느 하나로서 헌법적인 정당성을 갖추는 경우에 한하여 정부가 납부의무자에게 그 납부를 요구할 수 있다. 할당 대상 사업자가 온실가스 배출에 대하여 지불하는 비용의 법적 성격으로 우선 생각해 볼 수 있는 것은 '대기'라는 국가가 관리하는 (자연)공물의 사용에 대한 반대급부로서 지불하는 일종의 사용료로서의 성격이다. 즉 국가는 온실가스의 대량 방출로 인하여 기후변화에 미치는 부정적인 영향을 방지하기 위하여 공물인 대기를 관리하는 것이 필요하고, 이를 위하여 공공재정을 투입한다. 그런데 온실가스의 저감과 대기의 질적인 관리의 필요성에도 불구하고 특정한 사업자에게 이를 "오염시킬 수 있는 권리"를 부여하고 이러한 권리를 할당 받은 사업자는 온실가스를 배출함으로써 사업활동을 보장받는다는 점에서 일정한 혜택을 누리는 것이므로 공물의 이용관계(할당처분을 통한 허가사용으로서 특별사용)에 사용료를 납부하여야 한다는 논리이다.[21]

그러나 이러한 견해에 대해서는 모든 사람들에게 접근이 가능하고 깨끗한 공기를 호흡할 수 있는 국민의 환경권에 대립되는 오염권을 인정하는 것이 법리적인 면에서는 물론 윤리적으로도 문제가 될 수 있다는 점에서 비판이 제기된다. 또한 대기가 과연 국가가 설치하여 관리하고 국민의 일반적인 이용관계에 공여하는 공물인지, 이용관계를 설정하기 이전에 공용지정행위(Widmung)가 이루어진 것인지 등이 법적으로 문제될 수 있다.

2) (특별)부담금

위에서 언급한 바와 같이 배출권을 유상으로 할당하는 경우 대상자가 지불하는 비용을 대기에 대한 사용료 개념으로 파악하는데 어려움이 있다면 다음으로 우리나라 헌법재판소와 독일연방헌법재판소가 판례를 통하여 발전시킨 부담금 내지 특별부담금으로서 헌법적 정당화 요건을 구비하고 있는지 검토할 필요가 있다. 우리나라의 경우 부담금의 양산으로 인한 국민과 기업의 부담을 완화시키기 위하여 제정한 부담금관리기본법이라는 실정법이 존재하기 때문에 독일 연방헌법재판소의 판례와 다소 차이점이 있으나[22] 대체로 양국의 헌법재판소는 특별부담금에 대하여 중요한 부분에서 유사한 견해를 제시하고 있다. 대다수의 부담금 내지 특별부담금의 경우 재정수입을 목적으로 하는 재정목적 부담금과는 달리 일정한 사회정책적 · 경제정책적 목적을 실현하기 위하여 납부의무자들의 행태를 유도 · 조정하는 이른바 유도목적 부담금으로 분류할 수 있다. 전자의 경우에는 특히 국민이 일반적으로 납부하는 조세와 경쟁관계에 서게 되고 부과권자는 조세저항을 회피하기 위하여 위장된 조세로서 부과하는

21) Sacksofsky, 앞의 글, 606면.

22) 우리나라 헌재의 부담금의 심사기준에 대한 상세한 분석은 이대근, "부담금의 헌법적 정당화 요건 - 헌법재판소 판례에 나타난 심사기준의 분석 -", 헌법논총, 제20집, 2009, 321면 이하.

경우가 많이 있기 때문에 납부의무자인 국민의 재산권은 물론 납부의무자들을 다른 국민에 비하여 합리적인 근거 없이 차별할 위험성도 상존한다. 따라서 양국의 헌법재판소는 특히 재정목적 부담금의 경우에는 과잉금지의 원칙과 함께 부담금에 대한 엄격한 합헌성 심사기준으로서 납부의무자들의 집단적 동질성, 부담금 사용의 집단적 효용성, 부담금 부과목적에 대한 납부의무자들의 집단적 책임성과 객관적 근접성의 요건을 충족하는 경우에 한하여 합헌으로 판단하고 있다. 다만, 양국의 헌법재판소는 유도목적 부담금의 경우에는 집단적 동질성과 집단적 효용성의 요건을 절대적으로 요구하지 않으며, 다만 이러한 요건을 갖추는 경우에는 부담금의 헌법적 정당성이 보다 제고될 수 있음을 밝히고 있다.[23)]

배출권의 유상할당의 경우 할당대상자는 가능한 한 자신에게 할당된 배출권을 절약하여 이를 거래소에서 양도함으로써 경제적 이익을 창출할 유인이 존재하며, 바로 이 점에서 거래제도의 목적이 있는 것이기 때문에 이를 유도목적의 부담금으로 볼 여지가 크다. 특별부담금의 헌법적 정당화 요건을 고려해 볼 때 유상할당의 경우 비용부담자들이 사회적으로 다른 집단과 성격상 구별될 수 있는 집단적 동질성이 있어야 하며, 배출권의 유상할당을 통하여 실현하려는 목적, 즉 가격기능과 시장원리에 기반을 둔 비용효과적인 방식으로 온실가스 감축을 추진하고 국내 탄소시장을 활성화하는 목적에 비추어 우리 사회의 다른 집단에 비하여 보다 근접해 있음으로써 객관적 근접성과 집단적 책임성 요건을 충족하며, 마지막으로 유상할당을 통하여 염출된 재원을 비용부담자들의 집단적 이익을 위하여 사용하여야 한다는 집단적 효용성의 요건을 충족하여야 한다. 다만, 이미 언급한 바와 같이 배출권에 대한 유상할당제도가 시장원리를 적극 반영하여 온실가스의 배출을 저감시키려는 유도적 목적을 지향하는 경우에는 집단적 효용성과 집단적 동질성 요건을 절대적으로 고집할 필요는 없다.

우선 집단적 동질성 요건에 대하여 보건대, 국가로부터 유상할당을 받는 대상자들은 공통적으로 자신들의 조업활동을 위하여 온실가스를 배출하는 사업자라는 점에서 이해관계를 가지고 있다. 이렇게 볼 때 할당대상자들인 사업자들은 그들의 직업 활동을 위해서는 필연적으로 온실가스를 배출할 수밖에 없다는 점에서 우리 사회의 현실적 여건을 고려하여 볼 때 공통의 이해관계를 가지는 자들이라고 할 수 있으며, 이러한 의미에서 우리 사회의 다른 집단과 구별

23) 헌재 2009. 4. 30. 선고 2006헌마603 결정; 헌재 2008. 11. 27. 선고 2007헌마860 결정.

되는 특징을 구비하고, 특히 상호간에 배출권을 거래하는 상대방이라는 점에서 법적으로 특별하게 區劃된 영역에서 활동하는 자들이다. 그러므로 배출권 할당대상자들과 배출권 거래에 참여하는 자들은 집단적 동질성의 요건을 갖춘 것으로 판단할 수 있다. 둘째, 비용부담의 목적과 비용부담의무자 간의 객관적 관련성에 대하여 검토하면, 기후변화에 대응하기 위한 조치 중의 하나인 배출권 거래제도는 온실가스 배출로 인하여 기후변화가 야기되고, 이것이 거꾸로 배출권을 할당받고 조업활동 중인 사업자에게 직접적으로 부정적인 영향을 미친다는 점에서 비용부담의 목적에 대해 우리 사회의 다른 누구보다도 비용부담자들이 객관적으로 보다 근접해 있다는 사실을 부인할 수 없다. 셋째, 객관적 근접성과 표리의 관계에 있는 것으로서 집단적 책임성의 요건과 관련하여 보면, 유상할당의 경우 일정한 비용을 지불하고 이를 할당받은 사업자는 자신의 조업활동 중 가능한 최소한도로 온실가스를 배출하여야 하는 유인을 갖게 되며, 배출권거래제도를 통하여 온실가스의 저감과 기후변화에 대한 능동적인 대처라는 목적에 대하여 우리사회의 어느 개인이나 집단보다도 특별한 책임을 지고 있다.

마지막으로 넷째, 유상할당을 통하여 조성된 재원이 할당대상자들의 집단적인 이익을 위하여 사용되는가에 대하여 보면, 법률안은 제28조에서 저탄소녹색기금을 설치하고 기금재원의 하나로서 배출권 경매 수익금을 예정하고 있다.[24] 기금은 반드시 유상할당대상자인 사업자의 집단적인 이익을 위해서만 사용되는 것은 아니지만, 기금의 조성이나 대상 사업에 대하여 오로지 할당대상자만이 전적으로 재원을 염출하는 것은 아니기 때문에 자신의 책임범위를 벗어나는 사업에 대하여는 비용을 면제받는다는 측면이 있기 때문에 역으로 일정 부분 집단적인 이익을 보호받고 있다고 볼 여지도 있다. 따라서 비용의 일부가 비용부담자의 집단적 이익을 위하여 사용된다는 점에서(특히 배출시설의 온실가스 감축설비에 대한 지원) 집단적 효용성의 요건도 충족한 것으로 평가할 수 있다. 이미 언급한 바와 같이 배출권거래제도는 시장메커니즘을 이용하여

24) 법안 제28조 제1항에 따라서 정부는 온실가스 감축, 에너지 절약 및 저탄소 녹색산업의 진흥을 위하여 저탄소녹색기금을 설치한다. 또한 기금은 다음의 사업을 위하여 사용한다. 1. 배출시설의 온실가스 감축설비에 대한 지원, 2. 신재생에너지 등의 연구개발 사업에 대한 지원, 3. 저탄소 녹색산업의 조사 · 연구 · 홍보에 관한 지원, 4. 배출권거래소의 운영 또는 설립에 대한 지원, 5. 그 밖에 대통령령으로 정하는 저탄소 녹색성장 촉진과 관련한 중요한 사업(제2항) 그리고 기금의 재원은 배출권의 경매 수익금, 배출권거래소의 수익금, 배출권을 거래하거나 배출권 등록부의 열람 또는 그 사본의 발급을 청구하는 경우에 부과하는 수수료 등으로 조성한다.

온실가스를 배출하는 사업자들에게 그 저감효과를 유도하고 기후변화에 적극적으로 대처하는 목적을 수행하는 것이기 때문에 유상할당제도에 수반되는 비용은 일종의 유도적 부담금으로서의 성격을 가지고 있다. 따라서 위에서 언급한 합헌성 심사기준에 비추어 볼 때 집단적 효용성의 요건을 보다 완화해서 적용한다면 유상할당에 소요되는 비용은 유도적 부담금으로 그 성격을 규정하기에 무리가 없는 것으로 보이며, 일부 사업자의 집단적 이익을 위하여 사용되는 부분으로 인하여 그 헌법적 정당성이 보다 제고될 수 있다.

V. 맺는 말

법률안은 온실가스 배출권과 관련한 핵심적인 문제인 배출권의 할당과 거래에 대하여 할당대상 사업자의 지정, 할당의 방법, 할당의 신청 및 할당처분, 할당의 취소, 거래참여자의 범위, 배출권거래의 방법 및 양도 등의 효력, 배출권의 이월 및 차입, 배출권의 제출, 배출권의 보고 및 검증, 배출권의 인증 등에 대하여 광범위한 내용을 규정하고 있다. 그러나 온실가스에 대한 총량제를 정하고 배출권을 필요로 하는 경쟁관계의 다수 사업자에게 할당하는 것은 법적인 측면에서 상당히 어렵고 예민한 문제이다. 할당과정에서는 다수의 신청자가 속출하여 실제로 할당에 대한 거부처분을 받는 경원자는 할당처분에 대하여 불복하여 그 취소나 무효확인을 구하는 항고소송을 제기함은 물론 본안소송과 함께 그에 대한 집행정지 등을 구할 가능성이 크다. 이런 상황에서 법원은 할당신청의 거부처분에 대한 처분성의 인정 여부는 물론 거부처분에 대한 집행정지의 적법성을 인정할 것인지 결정하게 된다. 또한 이미 언급한 바와 같이 할당처분을 통하여 성립한 배출권 자체를 공법상의 권리로 인정할 것인지, 아니면 할당처분 단계를 지나서 실제로 배출권 등록부에 등록하여 양도의 대상이 되는 단계에 이르게 되어서야 비로소 배출권을 권리 내지 재산권을 볼 수 있을 것인지는 단순히 법리상의 논쟁을 넘어서서 정부가 일단 할당된 배출권을 재조정하거나 회수하는 경우 등에 법적인 문제를 제기할 수 있다. 더 나아가 배출권의 무상 또는 유상할당의 입법적 과제를 포함하여 유상할당 시에 중소 사업자를 보호하는 규정을 구체적으로 어떻게 입법적으로 실현할 것인가의 문제와 더불어 유상할당의 비용을 (특별)부담금의 법리로 설명할 수 있을 것인지 해명이 필요하다. 배출권거래제도는 경제적 이익을 추구하는 관련 업계에는 일종의 블루오션인지는 모르지만 법학자나 실무가에게는 법리적·입법정책적으로 난제를 부여하고 있으며, 만족할 만한 수준의 설명을 요구하고 있다.

이러한 과제에 대한 충분하고 철저한 연구가 선행되지 않는다면 시장기제를 통하여 온실가스를 감축하고 기후변화에 대하여 대응한다는 배출권거래 본래의 제도적 취지는 퇴색하고 인간의 경제적 탐욕이 또 다른 경제위기를 부를 수 있음을 명심해야 할 것이다.

제 2 절 기후변화의 국내법적 시행조치와 WTO체제: 배출권거래제도를 중심으로*

김홍균**

I. 들어가는 말

교토의정서 체제가 2012년 종료됨에 따라 그 후속체제, 이른바 '포스트-교토 체제'를 마련하기 위해 국제사회는 다각적인 노력을 기울이고 있으며, 각국은 그 대응책 마련에 부심하고 있다. 교토의정서상 온실가스 감축의무국들은 물론이고 우리나라와 같이 온실가스 감축의무가 없는 국가들도 기후변화 대응을 위한 다양한 기후변화 대응정책 및 입법을 추진하고 있다. 그 대표적인 것이 배출권거래제도의 도입이다. 유럽연합(EU),[1] 호주, 뉴질랜드 등은 이미 배출권 거래제도를 도입하고 있으며, 미국,[2] 캐나다, 일본,[3] 중국, 인도 등은 배출권 거래제도의 도입 여부를 저울질하고 있다. 우리나라는 2010년 1월 「저탄소 녹색성장 기본법」을 제정하여 배출권거래제도의 도입 근거를 마련하였으며, 우여곡절 끝에 2012년 5월 2일 「온실가스 배출권의 할당 및 거래에 관한 법률」이 국회를 통과하였고, 5월 8일 대통령이 서명·공포함으로써 발효를 앞두고 있

---

* 이 논문은 Nomos 제31호(2012. 12)에 게재된 것을 번역하고 약간의 가필·수정을 한 것임.

** 한양대학교 법학전문대학원 교수

1) 유럽연합은 2003년 "온실가스배출권거래지침(Directive 2003/87/EC)"을 마련하고 각 회원국별로 관련 법 또는 규정을 통해 배출권거래제도를 구축하도록 하고 있다.

2) 미국은 현재 연방 차원에서 온실가스규제를 추진하고 있지는 않다. 다만 몇 개 주정부가 모여서 지역적인 형태(예컨대, Regional Greenhouse Gas Initiative: RGGI)나 주정부 단위(캘리포니아)로 온실가스규제를 추진하고 있다.

3) 일본은 1990년 "지구온난화방지행동계획"을 수립하는 등 일찍부터 온실가스 배출량을 1990년 수준에서 안정화하는 것을 목표로 다양한 대책을 마련하고, 1998년에는 「지구온난화대책의 추진에 관한 법률」을 제정하여 배출권거래에 관한 근거를 제공하고 있다. 배출권거래제도와 관련해서는 환경성이 주관하여 2005년부터 "자주참가형의 국내배출권거래제도(JVETS)"가 실시되고 있으며, 2008년 10월부터는 지구온난화대책추진본부의 주관으로 JVETS를 포함한 "배출량 거래 국내통합시장의 시행(試行)적 실시"가 전면적으로 시행되고 있다. 동경도는 2010년부터 대규모 사업수를 중심으로 온실가스배출총량삭감의무 부과와 함께 본격적인 배출권거래제도를 시행하고 있다. 문상덕, "일본의 온실가스 배출권거래제도의 현황과 전망", 기후변화와 법의 지배, 박영사, 2010. 8, 209면 이하 참조. 이러한 제도들은 동경도를 제외하고는 자주적·자발적인 것이며 국가적인 차원에서 의무적인 배출권거래제도는 시행되지 않고 있으며, 그 도입 시기도 정해지지 않은 상태이다.

다.[4)]

문제는 이러한 제도의 도입이 자국 산업을 위축할 수 있기 때문에 각국이 그 도입을 꺼리고 있다는 것이다. 배출권거래제도 관련법 추진을 위해 정부가 의욕적인 출발을 하였음에도 불구하고 기업체의 거센 반대로 법 제정이 지연되고 본격적인 시행이 2015년으로 미루어진 것이 이를 잘 반증하고 있다. 여기에는 배출권거래제도와 같은 일방적 조치가 자국 생산자에게 비용을 부담시키고 상응하는 제한을 취하지 않는 다른 국가의 유사 산업이나 기업에 비해 경쟁력에서 상대적으로 불리한 위치에 서게 한다는 우려가 깔려 있다. 문제를 더욱 복잡하게 만드는 것은 그 경쟁력의 저하가 환경에도 부정적인 영향을 끼칠 수 있다는 것이다. 즉 경쟁력의 저하가 심각할 경우 국내 기업은 사업을 포기하거나 온실가스 배출 비용이 부과되지 않는 다른 국가(개도국)로 이전하여 생산을 하게 되는데 이러한 경우 온실가스의 배출은 줄지 않고 단순히 다른 국가로 이동하거나 전체적으로 온실가스 배출량이 증가하는 이른바, '탄소유출(carbon leakage)'이 발생하는 것이다.[5)] 탄소유출이 발생하는 경우 흔히 개도국은 선진국에서보다 낮은 기술과 생산방식을 사용하고, 여기에 더 많은 화석연료를 사용함으로써 선진국에서 같은 양의 제품을 생산했을 때보다 더 많은 온실가스를 배출할 수 있기 때문에 배출권거래제도 등을 통한 환경이익은 그만큼 줄어들게 된다.

경쟁력 저하와 탄소유출이라는 부정적 효과를 상쇄하기 위하여 각국이 흔히 고려하는 조치가 국내 특정 기업에 배출권을 무상으로 할당하는 것[6)]과 수입제

4) 2010년 11월 "온실가스 배출권거래제도에 관한 법률안"이 입법예고되고, 2011년 2월 수정안까지 마련되었으나 산업계의 반발로 그 입법이 보류된 바 있다. 그 후 정부는 "온실가스 배출권의 할당 및 거래에 관한 법률안"을 마련하여 국회에 제출하였고, 국회는 기후변화특별위원회를 구성하여 이를 심의하였다. 특위의 심의를 거치는 과정에 배출권거래제도의 본격 시행이 2015년으로 미루어지고, 최소 2020년까지(1 · 2차 계획기간)는 전체 배출권의 95% 이상을 무상으로 배분하도록 하는 등의 수정이 이루어졌으며, 결국 지난 2012년 5월 2일 18대 국회의 마지막 본회의에서 동 법률이 통과되었다.

5) James Windon, "The Allocation of Free Emissions Units and the WTO Subsidies Agreement", Geo. J. Int'l L., Vol. 41, 2009, p. 193; Paul-Erik Veel, "Carbon Tariffs and the WTO: An Evaluation of Feasible Policies", J Int'l Econ. L. Vol. 12, 2009, pp. 751-752; Kevin M. Dempsey, "The Intersection of Climate Change Policy and International Trade Law: Potential Conflicts and Solutions", 2009 WL 2974774, 2009, p. 3.

6) 무상 할당은 EU 배출권거래제도와 미국 산성비 프로그램 등에서 활용되고 있다. 특히 EU 배출권거래제도 하에서는 단계별로 무상할당의 범위가 정해져 있는데, 1단계(2005년부터 2007년)에는 95%, 2단계(2008년부터 2012년)에는 90%의 무상할당이 예정되어 있으며, 3단계(2013년 이후)에서는 경매 방식의 유상할당이 기본이 된다. 황형준, "EU 및 영국의

품에 대하여 그 제품의 생산과정에서 배출된 온실가스의 양에 해당하는 배출권을 구입해서 제출하도록 하는 조치[7] 등이다. 이러한 조치들은 의무 이행을 위한 효율적인 수단으로 활용될 수 있으나 자국산업의 보호도 고려하고 있어 WTO체제와 충돌할 소지가 있다. 또한 차별적으로 적용될 가능성을 배제할 수 없어 비차별을 주된 원칙으로 하는 GATT 규정을 위반할 수 있으며, 자유로운 국제무역에 '무역장벽'으로 작용할 가능성이 있다. 자국의 경쟁력 저하를 막기 위해 동원되는 조치가 GATT 예외 규정에 의해 정당화될 수 있는지도 쟁점이다. 그 결과 국가 간 심각한 통상분쟁이 발생할 수 있으며 상대국으로부터 보복조치를 당할 수도 있다. 특히 우리나라와 같이 에너지다소비형 산업구조를 가지고 있고 대외무역의존도가 높은 국가는 비록 온실가스 감축의무 대상국에 속하지 않더라도 다른 국가의 기후변화 대응조치에서 자유로울 수 없다. 이는 거꾸로 우리나라의 대응조치가 다른 국가에 영향을 미칠 수 있다는 것을 의미하는 것이기도 하다.

현재 우리나라가 추진하려고 하는 배출권거래제도는 국제통상적 문제는 크게 고려하지 아니하고 설계되었다고 할 수 있다. 수입제품에 대하여 생산과정에서 배출된 온실가스의 양에 해당하는 배출권을 구입하도록 하는 것과 같은 경쟁력 제고를 위한 조치는 미처 고려하지 않고 있다. 그러나 한-미, 한-EU 자유무역협정(FTA) 등이 발효되면서[8] 이러한 문제를 소홀히 할 경우에는 자칫 불필요한 통상분쟁이 초래될 수 있다. 가뜩이나 기후변화의 대응에 취약한 우리나라 산업구조는 더욱 경쟁력을 잃을 가능성이 크다. 그러나 경쟁력 저하만을 생각한다면 자국 산업보호에만 신경쓴다는 오해를 살 수 있으며, 탄소유출 문제로 환경이익을 놓칠 수 있다. 여기에서 경쟁력 제고와 탄소유출의 방지라

배출권거래제도", 기후변화와 법의 지배, 박영사, 2010. 8, 113면. 독일은 각 단계에 따라 제정된 배출권할당법(ZuG)에 따라 배출권 할당이 이루어지고 있다. 이에 따라 1단계 기간인 2005년부터 2007년에는 무상할당이 이루어졌으며, 현재는 2단계 기간인 2008년부터 2012년에 적용되는 배출권할당법(ZuG 2012)에 따라 10%에 대해서 경매제가 시행되고 있으며, 3단계에 들어서면 100% 경매제가 시행될 예정이다. 김태호, "독일의 기후변화 대응 법체계", 기후변화와 법의 지배, 박영사, 2010. 8, 202 내지 205면. 미국 산성비 프로그램 하에서 개별 오염원의 구체적인 배출권량은 각 오염원의 과거의 실제 배출량과 연료 사용량에 기초하여 할당된다. CAA §403(a).

7) 2008년 미국 의회에 제출된 리버만 워너 법안(Lieberman-Warner Climate Security Act of 2008)은 일정한 수입 상품에 대하여 그 생산과정에서 배출된 온실가스의 양에 해당하는 국제예비할당량(international reserve allowances)을 구입해서 제출하도록 하고 있다. Climate Security Act §6006(c).

8) 한-미 FTA가 2012. 3. 15. 발효되면서 우리나라는 45개국과 8건의 FTA를 발효한 국가가 되었다. "한미FTA 발효", 문화일보 2012. 3. 15. 기사.

는 두 마리 토끼를 어떻게 쫓을 것인가 고민이 시작된다.

이러한 인식 하에 이 글에서는 각국의 기후변화 대응조치가 WTO 규범과 충돌할 가능성이 있는지에 대해 온실가스 감축조치로서 배출권거래제도를 중심으로 검토하고자 한다. 그 중에서도 배출권거래제도의 시행 시 흔히 고려하는 배출권의 무상할당과 국제통상법적으로 문제가 많은 수입제품에 대하여 생산과정에서 배출된 온실가스의 양에 해당하는 배출권을 구입하도록 하는 조치(배출권 구입 요건)를 다루기로 한다. 구체적으로 배출권의 무상할당이 WTO 부속협정 중 보조금·상계조치협정에 위반하는지, 배출권 구입 요건이 GATT협정에 위반하는지를 GATT/WTO 패널의 결정과 함께 차례대로 살펴본 후 이러한 분석에 기초하여 결론적으로 WTO체제와 조화할 수 있는 배출권거래제도의 설계를 위한 요소 및 방안을 제시하고자 한다. 이 때 유럽연합이 단계별로 무상할당의 범위를 정하여 배출권거래제도를 도입하고 있는 사례와 미국이 국제경쟁력 약화를 상쇄하기 위해서 미국에 수입되는 제품에 대하여 온실가스 배출권을 제출하도록 한 입법 시도는 좋은 분석의 틀을 제공하고 있다.

Ⅱ. 배출권 할당과 SCM협정 위반 여하

1. 의 의

배출권거래제도를 도입·실시하기 위해서는 그 전제로 오염원별로 배출권의 할당이 이루어지는데, 그 할당의 방법으로는 무상할당(grandfathering), 경매, 사회적·경제적·정치적 정책에 기초한 분배 등의 방법 등이 고려될 수 있다. 이러한 할당은 의도하였던 의도하지 않았던 특정 그룹을 다른 그룹보다 선호하는 결과를 초래하게 된다. 예컨대, 무상할당은 신규오염원이 시장에 진입하기 위해서는 배출권을 구매하여야 한다는 점에서 기존오염원을, 경매는 경매에 참여할 수 없는, 즉 자금이 부족한 자는 온실가스를 배출할 수 없다는 점에서 자금이 충분한 자를, 어떤 사회적·경제적·정치적 분배는 그러한 요소를 갖추지 못한 자를 배제한다는 점에서 이러한 요소에 부합하는 자를 우선하게 된다. 여기에서 어느 당사국은 다른 국가의 할당 시스템이 보조금에 해당한다고 주장할 가능성이 있다. 양국의 할당 시스템이 유사하더라도 규율하는 방식이 달라 결과적으로 다른 할당이 이루어진 경우 해당국은 다른 국가의 할당 시스템이 보조금을 구성한다고 주장할 가능성이 있다. 또한 할당받은 배출권을 초과하여 배출한 사업자에 대해 엄격한 규제조치를 부과하는 국가는 다른 국가의 상대적으로 완화된 규제조치가 보조금에 해당한다고 주장할 가능성이 있다.

할당이 경매 등의 방법으로 시장기능에 따라 형성된 가격으로 배출권의 구입이 이루어진다면 큰 국제통상법적 문제는 발생하지 않을 것이다. 그러나 흔히 배출권거래제도의 도입 초기에 기존오염원의 저항을 무마하거나 기업의 경제적 부담을 경감하기 위하여 배출권을 무상 또는 저가로 할당한다면 이는 WTO체제 하에서 다른 국가의 제소 또는 상계조치의 대상이 될 수 있는 보조금으로 볼 수 있는 여지가 있어 첨예한 통상마찰을 야기할 수 있다. 특히 WTO 부속협정 중 보조금 · 상계조치협정(SCM협정)의 위반 여하가 문제된다.

2. SCM협정

SCM협정상 ① 정부 또는 공공기관의 재정적 기여(financial contribution)[9] 또는 GATT 제16조에 따른 소득 또는 가격지지가 존재하고,[10] ② 이로 인하여 혜택(benefit)이 부여되는 경우 보조금이 존재하는 것으로 간주된다.[11] 이러한 보조금에 특정성이 존재하는 경우 상계조치가 가능하다.

SCM협정은 3가지 유형의 보조금을 설정하고 있다: ① 금지(prohibited)보조금(제3조), ② 조치가능(actionable)보조금(제5조), ③ 허용(non-actionable)보조금(제8조). 그 첫 번째 유형인 금지보조금에 대해서 동 협정은 농업협정에 규정된 경우를 제외하고, 법률상 또는 사실상 수출 실적(export performance)에 따라 지급되는 보조금과 수입품 대신 국내 상품의 사용을 조건으로 지급되는 보조금은 금지된다고 규정하고 있다.[12] 금지보조금은 특정성이 있는 것으로 간주된다.[13] 그 결과 이러한 종류의 보조금은 일반적으로 적용되었는지 또는 특정산업에 적용되었는지 여부와 관계없이 금지된다. 따라서 기업들이 탄소배출 수

9) 여기서 재정적 기여는 ① 자금의 직접이전(예컨대, 무상지원, 대출 및 지분 참여) 또는 잠재적인 자금 또는 채무부담의 직접이전(예컨대, 대출보증)을 수반하는 경우, ② 정부가 받아야 할 세입을 포기하거나 징수하지 않는 경우(예컨대, 조세징수유예 또는 세액공제), ③ 일반적인 사회간접자본 이외의 상품 또는 서비스를 제공하거나 상품을 구매한 경우, ④ 자금공여기관에 대하여 출연하거나 민간기관으로 하여금 재정적인 기여를 하도록 위임하거나 지시하며(entrust or direct), 이러한 관행이 일반적으로 정부가 행하는 관행과 실질적으로 다르지 아니한 경우를 포괄한다. The Agreement on Subsidies and Countervailing Measures, http://www.wto.org/english/docs_e/legal_e/24-scm_01_e.htm, §1.1(a)(1) 참조.

10) Ibid., §1.1(a).

11) Ibid., §1.1(b).

12) Ibid., §3.1.

13) Ibid., §2.3.

준이 높은 외국의 제품보다 탄소배출 수준이 낮은 국내 동종 제품을 사용하도록 지급되는 보조금은 금지된다고 이해된다.[14)]

SCM협정상 앞의 보조금 요건, 즉 정부 또는 공공기관의 재정적 기여로 인하여 혜택이 부여되는 경우를 충족하고, 어떤 기업·산업 또는 산업군에 특정성이 있을 경우 조치가능보조금이 존재하는 것으로 간주된다. SCM협정 제5조는 어떤 회원국도 제1조 제1항 및 제2항에 언급된 보조금의 사용을 통하여 다른 회원국의 이익에 ① 다른 회원국의 국내 산업에 대한 피해(injury), ② 다른 회원국이 직접적 또는 간접적으로 향유하는 혜택, 특히 협정 제2조에 따른 양허 혜택의 무효화(nullification) 또는 침해(impairment), ③ 다른 회원국의 이익에 대한 심각한 손상(serious prejudice)과 같은 부정적 효과(adverse effect)를 초래해서는 아니 된다고 규정하고 있다.[15)]

3. 무상할당이 조치가능보조금인가?

배출권의 무상할당은 금지보조금이 아니다. 법률상 또는 사실상 수출 실적에 따르거나 수입품 대신 국내 상품의 사용을 조건으로 지급되는 것이 아니기 때문이다. 그러나 배출권의 무상할당은 조치가능보조금을 구성할 가능성이 있다. SCM협정은 재정적 기여의 한 경우로 "정부가 받아야 할 세입을 포기하거나 징수하지 않는 경우"를 들고 있는바, 배출권이 정부에 의해 경매를 통해 판매된다고 할 경우 무상할당을 특정 기업에 부여하는 것은 정부가 받아야 할 수입을 포기한 것으로 볼 수 있기 때문이다.[16)]

또한 무상으로 취득한 배출권을 거래시장에서 현금을 받고 매도할 수 있다면 이러한 배출권은 취득자에게 경제적 이익을 공여한 것으로 볼 수 있다. 즉 무상할당을 통한 재정적 기여는 무상할당을 부여받는 산업에 이익을 공여하는 결과를 초래한다. 경제적 가치가 있는 배출권(특히 잉여분)은 판매할 수 있으므로 이는 생산된 제품 가격에 영향을 미칠 수 있다.[17)]

---

14) 에너지경제연구원, 기후변화협약 및 교토의정서 대응전략 연구, 산업자원부, 2003. 5, 639면.

15) SCM협정, §5.

16) 여기에 대해서는 배출권의 할당이 배출권 단위의 거래 가능성과 그로 인한 재정적 가치의 가변성 때문에 배출권의 할당을 SCM협정상 보조금의 요건에 해당하는 '재정적 기여'의 분배로 볼 수 없어 보조금으로 볼 수 없다는 견해가 있다. Annie Petsonk, "The Kyoto Protocol and the WTO: Integrating Greenhouse Gas Emissions Allowance Trading into the Global Marketplace", Duke Envtl. L. & Pol'y F., Vol. 10, 1999, p. 209.

17) 무상할당이 SCM협정상 재정지원에 해당된다는 견해는 이재형, 기후변화 국제논의의 무역영향 분석 및 대응방안 연구, 2009. 2, 121면.

재정적 기여는 거래를 왜곡하는바, 무상할당은 배출권거래시장을 왜곡한다. 효율적인 배출권거래제도 하에서 해당 기업은 시장에서 배출권을 구입하지 않기 위하여 탄소를 적게 배출하는 기술에 투자할 유인이 있으나 무상할당을 할 경우에는 이러한 유인이 사라지게 된다. 무상할당은 할당받은 기업에 예기치 않은 이익(windfall profits)을 안길 뿐이다. 결국 무상할당을 받은 기업은 그렇지 못한 기업(예컨대, 시장진입을 위해 시장에서 배출권을 구입해야 하는 기업을 생각해 보라)에 비해 우호적인 취급을 받는 셈이다. 특히 신규 시장진입자가 배출권을 유상으로 구매해야 한다면 배출권의 무상할당은 국내기업 사이의 경쟁조건을 왜곡하게 된다.[18] 무상할당은 시장가치를 반영하지 않기 때문에 배출권거래시장을 왜곡하고 있다. 시장가치를 반영하지 않는다는 것은 외국 기업에 비하여 국내 기업을 우호적으로 취급한다는 것을 의미한다. 무상할당은 흔히 시장가치를 대표하지 아니하고 과거 배출실적에 기초하여 배출권을 할당하기 때문에 과거에 많은 배출을 한 원인자에게 더 많은 배출권을 부여하는 결과를 초래하고, 그 결과 현재 지위나 상황을 고착화한다. 더욱이 무상할당이 특정 산업분야에 국한될 경우 그 분야의 배출감축 의무는 다른 분야에 비해 감소된다고 할 수 있다. 또한 특정산업분야에서의 보다 에너지 효율적인 기술에 대한 투자 요인을 감소 또는 지연시킨다. 이는 환경을 보호하기 위하여 기업이 보다 효율적인 기술을 적용하도록 유도하지 않고 비효율적인 기술을 도입한 것에 더 많은 배출권을 부여하는 결과가 초래된다.

배출권 할당이 SCM협정상의 재정적 기여가 존재하고 이로 인하여 혜택이 공여되었다고 할 수 있다면 다음으로 특정성이 문제된다.[19] 무상할당과 관련한 특정성의 문제는 무상할당이 일반적으로 모든 산업 또는 기업이 접근할 수 있는 방법으로 할당되는지에 달려있다. 무상할당이 법률에서 명시적으로 특정 기업이나 산업으로 제한될 경우 소수의 목표 기업·산업을 지원하기 위한 프로그램으로 채택되었다고 볼 수 있기 때문에 그 프로그램은 법률상의 특정성이 인정된다.[20] 그러나 SCM협정은 수혜요건 및 금액을 규율하는 "객관적인 기준"을 설정하고 수혜요건이 자동적이며 이러한 기준과 조건이 엄격히 준수되는 경우 특정성이 존재하지 않는 것으로 보기 때문에[21] 이러한 제한적인 경우에는

---

18) 이재형, 앞의 글, 121면.

19) SCM협정은 특정성이 있는 경우 금지보조금과 조치가능보조금과 관련해서 협정에서 정하고 있는 규율을 받게 된다. SCM협정, §1.2.

20) 예컨대, 유럽연합 "온실가스배출권거래지침"에 따르면 1단계(2005년부터 2007년), 2단계(2008년부터 2012년)에서는 6개 산업(전력, 정유, 시멘트, 제지, 철강, 세라믹)을 대상으로 정해진 범위의 무상할당이 이루어진다.

특정성이 부인될 가능성도 있다.

특정성을 판단하기 위해서는 소수의 이용자, 지배적 이용자, 불균형적 수혜자 그리고 정부의 재량행사방식 등을 고려하여야 한다.[22] 그러므로 명시적이지 않고 외견상 특정성이 없더라도 무상할당 계획을 소수의 에너지 집약산업(예컨대, 철강산업)으로 제한하여 사용하거나 이들 산업에 압도적, 불균형적으로 많이 사용하는 경우 등에는 사실상 특정성이 있는 보조금으로 간주될 수 있다.[23] 이러한 특정성 요건이 충족될 경우 무상할당은 조치가능보조금을 구성할 수 있다. 한편 배출량 한도를 초과한 기업에 대한 과태료 등이 규정되어 있는 경우 이를 위반한 오염원에 대하여 정부가 과태료 등을 부과하지 않거나 과태료 미납에 대한 제재를 하지 않는다면 특정성 있는 보조금으로 SCM협정에 위반될 소지가 있다.[24] 그러나 여기에서 주의할 것은 단순히 조치가능보조금에 해당한다고 하여 보조금이 제공된 제품에 대하여 상계조치나 보복조치가 허용된다는 것을 의미하지는 않는다는 점이다. SCM협정에 의하면 금지보조금에 해당하거나 다른 당사국의 이익에 부정적 효과(다른 당사국의 국내 산업에 대한 피해, 다른 당사국의 이익에 대한 심각한 손상 등)를 초래한다고 할 경우에 비로소 이러한 조치가 가능하게 된다.[25] 무상할당은 한계비용이나 수요와 같은 시장의 힘이 작동하지 않는 상태에서 자국의 특정산업 제품의 가격을 크게 낮추는 효과를 갖는데, 이는 다른 당사국에는 해당되지 않는 것이다. 무상할당을 부여받지 않은 외국의 기업은 배출권을 구입하기 위하여 비용을 지불해야 하고, 그만큼 강한 규제부담을 지게 되기 때문에 자국의 무상할당은 다른 당사국의 이익에 부정적 효과를 초래한다고 할 수 있다. 무상할당은 기업의 가격과 생산량 결정에 영향을 미치고 거래를 왜곡시키기 때문에 다른 당사국의 산업에 피해를 초래한다. 또한 특정산업이 감수해야 하는 운영 손실을 보전해줌으로써 이러한 이익을 향유할 수 없는 다른 당사국으로서는 심각한 이익 손상을 입었다고 할 수 있다. 또한 다른 당사국은 자국의 수출이 줄어든다는 이유로 심각한 손상을 입었다고 주장할 가능성이 있다. 결국 SCM협정은 무상할당을 받은 회사가 수출한 제품으로 인해 받은 피해에 대하여 상대방 국가의 상계조치와 보복조치를 허용할 가능성이 있다.

---

21) SCM협정, §2.1(b).
22) 특정성 요건과 관련한 사실상의 기준에 대하여는 SCM협정, §2.1(c) 참조.
23) James Windon, op. cit., p. 215.
24) 이재형, 앞의 책, 121 내지 122면.
25) SCM협정, §5.

4. 소 결

기본적으로 무상할당은 배출권거래시장의 왜곡을 초래함으로서 배출권거래제도의 목적 · 취지를 반감시키며, 보조금 논란을 야기한다. SCM협정은 무상할당이 보조금 요건인 재정적 기여에 해당하는지, 그리고 상계조치나 무역보복조치의 요건인 다른 당사국의 이익에 부정적 효과를 초래한다고 할 수 있는지 등에 대하여 명확한 기준이나 지침을 제시하고 있지 않다. 보조금 논란을 차단하기 위해서는 특정성이 부인될 수 있도록 설계되어야 하며, 무상할당은 가능한 한 일회적 · 한시적으로 사용하고 대신 시장의 힘이 작동하는 경매제도를 도입하여 배출권거래제도의 효율성을 극대화할 필요가 있다.

무역보복조치는 오히려 무상할당을 부여받는 산업에 대한 위협을 증가시킬 가능성이 있다. 이에 무상할당이 허용보조금으로 인정될 수 있도록 다각적인 노력을 경주할 필요가 있다. 해당 조치가 SCM협정 제8조에 규정된 일정한 기준을 충족할 경우 허용보조금으로 인정될 수 있다. 이 중 주목을 끄는 것이 기업에 대한 보다 많은 제약과 재정적 부담을 초래하는 법 및(또는) 규정에 의하여 부과된 새로운 환경요건에 기존시설의 적응을 촉진하기 위한 지원으로서 일회적인 비반복적 조치일 경우 허용보조금으로 본다는 규정이다.[26] 이에 따르면 무상할당은 새로운 환경규제에 기존시설의 적응을 촉진하기 위한 지원으로 볼 여지가 있다. 다만 무상할당이 일회적인 것으로 그치지 않고 여러 단계에 걸쳐 지속적으로 이루어질 경우 일회적인 비반복적인 조치로 볼 수 없기 때문에 허용보조금으로 볼 수 없다는 반론이 제기될 수 있다.[27] 결국 무상할당이 초창기단계에서 일회적으로 사용된다면 허용보조금으로 인정될 가능성도 열려 있는 것이다.

SCM협정에 따르면 회복하기 어려운 손상을 야기하는 것과 같이 자기 나라의

---

26) SCM협정, §8.1(c).

27) 참고적으로 EU 배출권거래제도 하에서는 단계별로 무상할당의 범위가 다르게 정해져서 수회에 걸쳐 무상할당이 예정되어 있다. 우리나라 「온실가스 배출권의 할당 및 거래에 관한 법률」은 산업계의 부담 완화 차원에서 배출권의 무상할당을 고려하고 있다. 이에 따르면 무상할당 비율은 국내 산업의 국제경쟁력에 미치는 영향, 국제적 동향, 직전 계획기간에 대한 평가 등을 토대로 대통령령으로 정한다(제12조 제3항). 또한 무역집약도가 대통령령으로 정하는 기준보다 높거나 법 시행에 따른 온실가스 감축으로 인한 생산비용이 대통령령으로 정하는 기준 이상으로 발생하는 업종에 속하는 할당대상업체에 대해서는 배출권의 전부를 무상으로 할당할 수 있다(동조 제4항). 다만 제1차 계획기간(2015~2017)과 2차 계획기간(2018~2020)에는 무상할당 비율을 해당 계획기간에 할당되는 배출권 총수의 95% 이상으로 하도록 하고 있다(부칙 제2조 제2항).

국내 산업에 심각한 부정적 효과를 초래한다고 믿을 만한 이유가 있는 회원국은 이러한 보조금을 지급 또는 유지하고 있는 회원국에게 협의를 요청할 수 있는바,[28] 다른 회원국은 협의라는 이름 하에 무상할당이 자국 산업에 심각한 부정적 효과를 초래한다는 일방적인 주장으로 일관할 가능성도 있지만 신의성실에 기초한 협의 노력을 통해 국가 간 분쟁을 방지할 필요가 있다.

한편, 기후변화에 대응하기 위하여 배출권거래제도의 도입을 조장하는 것이 중요하고 이를 위해서는 합법적인 배출권거래제도에 부합하게 무상할당을 일정 부분 허용할 필요가 있으며, 유럽연합 등 여러 국가들이 이미 이를 도입·시행하고 있다는 점에서 WTO체제 하에서 회원국들 간 무상할당에 대하여 상호이해와 협상이 이루어질 필요가 있다. 배출권의 할당을 보조금으로 보는 것은 자칫 오염원 규제를 위해 취하는 국가의 주권적 결정인 환경규제가 보조금 논쟁에 휘말릴 수 있다는 점[29]에서 당사국들은 무상할당이 허용보조금에 해당한다거나 다른 국가적, 사회적 이익(예컨대, 기후변화방지, 온실가스 감축)을 위해 보조금이 활용될 수 있다고 합의할 수 있을 것이다.

Ⅲ. 배출권거래제도와 WTO체제

1. 의 의

배출권거래제도는 기본적으로 사업자에게 오염부하량을 할당하고, 사업자로 하여금 할당받은 오염부하량(배출권) 중 일정부분을 매매 또는 거래할 수 있도록 허가하는 것이다. 이에 따르면 기업은 인정된 배출권 이하로 배출량을 감소하거나 배출량을 증가할 필요가 있는 경우 다른 기업으로부터 부족분의 배출권을 구입하여야 한다. 이러한 규제로 인해 배출권거래제도를 시행하는 국가의 기업은 시행하지 않는 국가와 비교하였을 때 기업 경쟁력이 떨어질 가능성이 있다. 이러한 가능성은 교토의정서에의 가입 및 감축의무 준수에 대한 유인을 떨어뜨린다. 이에 온실가스 감축의무에 대한 유인을 제공하기 위해서라도 이러한 경쟁력의 열세를 해소·완화해 줄 필요가 있다. 국내 기업이 당면한 것과 같은 수준의 기준 및 규제를 외국 기업에게 요구하는 것이 그 좋은 예이다.

---

28) SCM협정, §9.

29) 배출권 할당은 국제 규제체제에 맞게 국가책임을 할당하는 국가의 주권사항으로서 이를 보조금으로 본다면 환경규제를 위한 국가 및 국제체제가 전반적으로 SCM협정의 규율을 받게 될 것이므로 WTO 패널이 배출권 할당을 보조금으로 판단하지 않을 것이라는 견해가 있다. Annie Petsonk, op. cit., p. 209.

구체적으로 배출권을 취득하지 않을 경우(배출권이 과거의 배출량수준에 기초하여 무상으로 할당되는 경우에는 사실상 외국 제품 제조자가 배출권을 취득하기는 힘들 것이다) 국내 시장에의 접근을 금지 · 축소하는 방법을 생각해 볼 수 있다. 최근 미국에서 제안되고 있는 리버만 워너 법안(Lieberman-Warner Climate Security Act of 2008)[30]을 포함한 대부분의 법안은 경쟁력 저하와 탄소유출 문제를 해결하기 위한 고심책으로 미국에 '상응하는 조치(comparable action)'를 취하지 않은 국가로부터 탄소(또는 에너지) 집약적인 제품을 수입할 경우 수입업자에게 국내 제조업자에게 요구하는 것과 유사한 배출권을 구입할 것을 요구하고 있다.[31] 여기에서 수입제품에 대해 부과된 이러한 조치(배출권 구입 요건)가 WTO 체제에 부합하는지 문제가 될 수 있다. 이러한 규제가 없는 국가에서 생산된 제품이 규제가 있는 국가에서 생산된 제품과 '동종 제품'으로 볼 수 있는지 논란이 있을 수 있는데, '동종 제품'으로 이해할 경우에는 GATT상의 내국민대우, 최혜국대우의무가 부과된다. 또한 이러한 제한이 그 제한을 적용받는 제품의 수입품의 양을 심각하게 감소시킨다면 수량제한금지의무를 위반할 가능성도 있다. 원칙적으로 수입제품의 제조 과정에서 배출된 온실가스의 양에 기초하여 이루어지는 이러한 조치는 공정 및 생산방법(Processes and Production Methods: PPMs) 규제로 GATT의 비차별금지의 원칙에 반할 수 있다. 내국민대우원칙이나 최혜국대우원칙상 세금이나 다른 규제 목적으로 공정 및 생산방법에 기초하여 차별적으로 규제하는 것은 허용되지 않기 때문이다.

배출권 구입 요건은 현재까지 경쟁력 저하와 탄소유출 문제를 막는 가장 일반적이고 구체적인 일방적 무역조치로 거론되고 있기 때문에 이러한 국경조치가 WTO 규범과 충돌되는지 여부를 살펴보는 것은 중요한 의미가 있다고 생각된다. 배출권거래제도를 도입하려는 국가는 이러한 조치를 쉽게 포기하지 않을 것이다. 미국 의회에 제출된 배출된 배출권거래 관련 법안이 경쟁력 저하와 탄소유출 문제를 해결하기 위하여 유사한 내용의 국경조치를 포함하고 있다는

30) 이 법안은 일명 2008년 기후보안법이라고 불리는데, 상원의원 조셉 리버만(Joseph Lieberman)과 존 워너(John William Warner)가 2007년에 처음 제안한 후, 2008년에 수정제안하였고, 같은 해 상원의원 Boxer가 수정안에 대하여 일부 수정하였다. 이 법안이 주목을 그는 이유는 강력하고 구체적인 일방적 무역조치를 담고 있으며, 현재 상원까지 올라온 유일한 법안이기 때문이다.

31) Climate Security Act §6006(c). 법안의 적용 대상국가는 WTO 회원국이다. Ibid. §6001(6). 다만 미국이 온실가스 감축을 위해 취한 조치에 '상응하는 조치(comparable action)'를 취한 국가, 전 세계 온실가스 배출량의 0.5% 이하를 배출하는 국가, 유엔이 정한 극빈국(least developed developing countries) 등은 대상국에서 제외된다. Ibid., §6001(2), §6006(b)(2), §6006(c)(4).

점이 이를 뒷받침하고 있다.[32)]

2. 배출권 구입 요건과 GATT 원칙

(1) 공정 및 생산방법의 규제

GATT 제1조(최혜국대우원칙)와 제3조(내국민대우원칙)가 적용되는지 여부를 판단하는 데 발생하는 어려운 문제는 해당 조치가 제품의 규제인가 아니면 공정 및 생산방법의 규제인가이다. 가령 1톤의 철강을 재활용된 금속을 원료로 그리고 원자력으로 발생한 전기를 이용하여 생산한 경우와 원광석을 원료로 하고 석탄을 에너지원으로 한 용광로에서 생산한 경우를 생각해 보자. 전자의 경우는 후자에 비해 온실가스 배출량이 적다고 할 수 있다. 그러나 세관 당국의 입장에서 볼 때는 동일한 철강 제품으로 보인다. 온실가스 배출량의 차이를 밝히기 위해서는 다양한 생산 공정과 해당 시설에서 사용된 에너지원을 살펴보아야 할 것이다. 같은 국가 내의 다른 시설들은 사용되는 기술과 에너지원에 따라 다양한 온실가스를 배출할 것이고 그 배출 수준은 천차만별일 것이다.

내국민대우원칙이나 최혜국대우원칙은 동종 '제품'에 적용되는 조치만을 다루는 개념이다. 공정 및 생산방법의 규제는 제품의 판매를 직접 규율하지 않고 제품 자체에 영향을 끼치지 않기 때문에 제품 자체에 적용되는 것으로 볼 수 없다. 1991년 참치-돌고래 사건 I에서 패널은 미국의 수입금지조치가 참치 자체(product as such)가 아닌 참치를 어획한 공정(process)에 적용되었기 때문에 GATT 제3조가 다루는 국내 규정을 구성하지 않는다고 판단하면서 이를 확인하였다.[33)] 즉 문제의 해양포유동물법(MMPA) 규정은 참치 자체에 대해서는 영향을 미칠 수 없는 포획방법에 관련된 것이기 때문에 미국 어선이 포획한 참치와 멕시코 선단이 포획한 참치는 '동종 제품'이며, 결국 멕시코 참치에 대한 수입금지조치에 내국민대우의무가 적용되어 미국의 금수조치는 이를 위반하였다는 것이다(참치-돌고래 사건 I). 패널 결정에 따르면 공정 및 생산방법을

---

32) 2008년 미국 의회에 제출된 Clean Energy and Security Act, Climate Market Auction Trust and Trade Emissions Reduction System Act, Investing in Climate Action and Protection Act 등 모든 배출권거래 관련 법안이 경쟁력 저하와 탄소유출 문제를 해결하기 위한 국경조치를 포함하고 있다. Ryan Vanden Brink, "Competitiveness Border Adjustments in U.S. Climate Change Proposals Violate GATT: Suggestions to Utilize GATT's Environmental Exceptions", Colo J. Int'l Envtl. L. & Pol'y, Vol. 21, 2010, pp. 95-101.

33) GATT, United States-Restrictions on Imports of Tuna, 30 I. L. M. 1594 (1991)(**참치-돌고래 사건 I**), §5.14.

다루는 국내 규제는 수입제품에 부과될 수 없게 된다. 문제는 실제에서 제품과 공정 및 생산방법 간의 구별이 어렵다는 것이다. 이는 당사국들로 하여금 분쟁의 소지를 제공하고 있다.

리버만 워너 법안은 미국에 수출하는 국가가 미국과 상응하는 탄소감축조치를 취하지 않을 경우 동 수출상품의 생산과정에서 배출된 탄소의 양에 해당하는 탄소배출권을 미국에 제출하도록 하고 있다.[34] 이는 수입제품에 포함된 온실가스 배출량에 기초한 것이기 때문에 공정 및 생산방법의 규제라고 할 수 있다. 이를 앞의 예에 적용하여 볼 경우에는 온실가스 배출량이 적은 전자에 해당하는 철강 제품의 수입자는 후자에 해당하는 제품에 비해 보다 적은 배출권을 구입하면 된다는 결론에 도달한다. 같이 전자의 경우에 해당하더라도 국가에 따라 다르게 취급될 수 있다. 예컨대, 배출권거래제도를 도입하고 있지 않은 중국은 배출권거래제도를 도입하고 있는 독일과 중국의 동종 제품을 차별한다면서 불만을 제기할 가능성이 있다. 리버만 워너 법안의 배출권 구입 요건은 배출권거래제도를 도입 · 시행하고 있는 국가를 미국이 온실가스 감축을 위해 취한 조치에 '상응하는 조치(comparable action)'를 취한 국가로 보아 구입요건을 면제할 가능성이 많기 때문이다. '상응하는 조치'의 기준이 명확하지 않거나 구체적이지 않을 경우에는 불필요한 분쟁도 발생할 수 있다. 흔히 개도국에서 제조된 제품은 동종 제품이라고 하더라도 제조과정에서 더 많은 온실가스를 배출할 가능성이 많고, 그 결과 더 많은 배출권을 구입해야 하기 때문에 개도국은 비차별원칙을 위반한다고 불만을 제기할 가능성이 많은 것이다.[35]

최혜국대우원칙과 내국민대우원칙은 동종 제품 간의 차별을 금지하고 있다. 제품 간에 제품의 속성 · 성격 · 질, 최종 용도(end-use), 소비자의 기호와 습관, 관세 분류(tariff classification) 등이 동일한 경우 동종 제품으로 인정된다.[36] 공정 및 생산방법은 제품에 영향을 미치지 않기 때문에 동종 제품은 공정 및 생산방법에 기초하여 구별될 수 없다. 결국 GATT 비차별원칙은 공정 및 생산방법에 따른 차별을 허용하고 있지 않는 셈이다. 온실가스는 수입제품의 제조과정에서 배출된다. 그 배출량은 제품의 속성 · 성격 · 질, 최종 용도, 관세 분류 등에 반영되지 않는다. 그러나 소비자의 기호에 영향을 미칠 수는 있을 것이

---

34) Climate Security Act §6006(c).

35) 변진석, "미국 기후변화 법안의 국경조치와 국제통상법: 리버만 워너 법안의 WTO법 위반과 예외적용의 가능성분석", 환경법연구, 제32권 제3호, 2010. 11, 275면.

36) WTO, EC-Measures Affecting Asbestos and Asbestos-Containing Products, WT/DS135/AB/R; 40 I. L. M. 2001, p. 1193(**EC 석면 사건** 항소기구 결정), §101.

다. 소비자의 기호가 다르면 동종성이 부인될 가능성도 제기된다. 이와 관련하여 EC 석면 사건에서 항소기구는 온석면(溫石綿) 섬유(chrysotile fibre)는 발암성 물질로서 그 대체제인 PCG 섬유보다 위해성이 높기 때문에 온석면 섬유와 PCG 섬유는 물리적으로 다르다는 점을 지적한 바 있다.[37] 그러나 WTO 패널은 소비자가 온실가스 배출량이 적은 제품을 선호할 가능성이 있어도 다른 요소를 쉽게 무시할 수 없을 것이다. 이는 공정 및 생산방법의 일종인 배출권 구입요건이 동종 제품을 차별하기 위하여 사용될 수 없다는 것을 의미한다.

(2) 최혜국대우원칙 위반

배출권 구입의무가 교토의정서상 감축의무가 없는 일부 국가(예컨대, 중국)에만 부과되고 온실가스를 줄이기 위해 '상응하는 조치'를 취하고 있다는 근거로 다른 국가(예컨대, 배출권거래제도를 도입하고 있는 EU)에 부과하지 않을 경우에는 GATT 제1조상의 이른바 최혜국대우원칙 위반 여하가 문제될 수 있다. WTO 회원국 간의 비차별을 중요한 원칙으로 하고 있는데, EU 제품을 구입의무로부터 면제하고 중국으로부터 수입되는 제품에 대하여 구입의무를 부과함으로써 차별하고 있기 때문이다. 또한 온실가스 배출량이 적은 국가, 극빈국 등을 규제 대상국에서 제외할 경우[38]에도 마찬가지의 문제가 발생할 수 있다. 다른 국가들간의 동종 제품을 차별하고 있기 때문이다. 이러한 예외는 모든 WTO 회원국으로 확대되지 않기 때문에 최혜국대우원칙을 위반하는 것이다.[39]

(3) 내국민대우원칙 위반

GATT 내국민대우원칙 위반 여하를 판단하기 위해서는 수입업자에게 국내

---

37) Ibid. § 126, §131. **EC 석면 사건** 항소기구는 온석면(溫石綿) 섬유(chrysotile fibre)와 그 대체제인 PCG 섬유가 인간의 건강에 미치는 위해성이 다르다면서 그 동종성을 부인하였는데, 이에 따르면 위해성의 정도도 동종성 여하를 판단하는 중요한 기준이 된다. 공정 및 생산방법은 소비자의 기호에 크게 영향을 미치기 때문에 패널은 소비자가 공정 및 생산방법에 기초하여 제품 차별을 할 경우 제품간의 동종성을 부인할 가능성이 있다. Andrew Green, "Climate Change, Regulatory Policy and the WTO", J. Int'l Econ. L., Vol. 8, 2005, p. 160. 그러나 석면의 건강에 미치는 영향이 공정 및 생산방법이 아닌 제품 자체와 관련이 있기 때문에 **EC 석면 사건**에서 문제가 된 조치는 제품의 제조 과정에서 배출되는 탄소의 양에 기초한 조치와 구별될 수 있다는 견해가 있다. Bradly J. Condon, "Climate Change and Unsolved Issues in WTO Law", J. Int'l Econ. L., Vol. 12, 2009, p. 907.

38) 리버만 워너 법안은 전 세계 온실가스 배출량의 0.5% 이하를 배출하는 국가, 유엔이 정한 극빈국(least developed developing countries) 등을 규제 대상국에서 제외하고 있다. Climate Security Act §6006(b)(2), §6006(c)(4).

39) Paul-Erik Veel, op. cit., p. 785.

제조업자에게 요구하는 것과 유사한 배출권을 구입할 것을 요구하는 조치를 어떻게 이해해야 할 것인지가 문제 해결의 관건이 되고 있다.

흔히 내국민대우원칙이라고 알려지고 있는 GATT 제3조는 당사국으로 하여금 제품의 국내 판매, 청약, 구입, 운반, 분배, 사용 등에 영향을 미치는 내국세, 내국부과금, 법, 규정, 요건 등을 국산제품의 보호를 위하여 수입제품 또는 국산제품에 적용하지 말 것을 규정하고 있다.[40] 당사국으로부터 수입되는 제품은 동종 국산제품보다 불리하지 않게(no less favourable) 대우되어야 하며, 수입제품에 부과되는 내국세 및 내국부과금은 동종 국산제품에 대하여 직 · 간접적으로 적용되는 내국세 및 내국부과금을 초과하여서는 아니 된다.[41]

판매를 위해 제공되는 제품이 국내에서 시행되는 배출권거래제도나 그에 상응하는 온실가스 감축 프로그램에 참여할 것을 요구하는 것은 그것이 제품의 가격과 구입 가능성 등에 영향을 미칠 수 있으므로 국내 판매, 청약 등에 영향을 미치는 요건이라고 할 수 있다. 이는 그 요건이 수입제품을 동종 국산제품보다 불리하게 취급할 경우 내국민대우원칙을 위반할 수 있음을 의미한다.

국내 규제와 국경조치 간의 상이는 내국민대우원칙의 위반 가능성을 제기한다. 수입제품은 거기에 포함된 온실가스 배출을 해결하기 위한 시장메커니즘의 유연성이 부인되기 때문에 동종 국산제품보다 불리하게 취급되고 있다. 해당 조치를 취하는 국가는 유연한 시장메커니즘(배출권거래제도)을 이용하여 국내 제품 그 자체에 포함된 온실가스 배출량을 규제하지 않으면서도 실제 배출량 수준을 낮출 수 있다. 이에 반해 국경조치는 외국 기업의 시장메커니즘의 유연성을 부인하고 국경에서 수입제품에 포함된 온실가스 배출량을 강하게 고려하도록 하고 있다. 이러한 조치는 국내 판매에 영향을 미치는 방법으로 수입제품을 구별하고 국내 제품을 보다 유리하게 취급하고 있기 때문에 결국 내국민대우원칙을 위반하는 것이다.

배출권 구입을 요구하는 경우 구체적으로 구입해야 하는 배출권의 양을 어떻게 정해야 하는가? 국내 시설에 대하여는 실제 배출량에 기초하여 배출권을 구입하도록 하는 것이 가능할 것이다. 이에 반해 다른 국가의 시설에 대해서는 그 배출량을 알 수 없기 때문에 문제가 쉽지 않을 것이다. 이 때 수입국은 해당 제품별로 '평균 배출량 수준'을 정하고 그에 따라 국외 시설에게 배출권의 구입을 요구하는 방법을 생각해 볼 수 있을 것이다. 이러한 경우 같은 국가에 소재하는 시설이라도 보다 효율적으로 운영하고 탄소를 적게 배출하는 시설은

40) GATT, 3조 제1항.

41) Ibid., 제3조 제2항 · 제4항.

탄소를 많이 배출하는 시설에 비해 상대적으로 불이익을 받을 수 있다. 그 동안 효율적 운영을 통해 탄소 배출을 적게 해왔음에도 그렇지 않은 시설과 같은 대우를 받는 꼴이 되기 때문이다. 이러한 불공평은 보다 효율적으로 운영하는 외국 기업이 자신의 제품이 동종 수입국 제품보다 불리하게 대우되어 내국민대우원칙을 위반하였다는 불만을 제기하게 만들 수 있다. 결국 이러한 조치는 GATT 제20조에 해당되어야 WTO 규범을 위반하지 않게 될 것이다.

리버만 워너 법안과 같이 자국에 '상응하는 조치'를 취하지 않은 국가로부터 탄소(또는 에너지) 집약적인 제품을 수입할 경우 수입업자에게 국내 제조업자에게 요구하는 것과 유사한 배출권을 구입할 것을 요구하는 경우, 이러한 조치가 WTO 규범과 일치하는지가 쟁점으로 떠오르게 된다. 여기에서 배출권 구입의무 여하를 판단하는 '상응하는 조치'라는 개념은 보기에 따라 상당히 광범위하고 모호한 개념이다. 어느 국가는 다른 국가가 해당 분야에서 경쟁력이 감소할 수 있다는 우려를 불식시키지 않은 채 전반적인 온실가스 배출량을 줄일 수 있는 다양한 방법을 선택할 수 있을 것이다. 예컨대 A 국가가 자국 제조업체가 배출하는 배출량을 상쇄하는 방법으로 위험에 처한 삼림을 보전하기 위한 조치를 취하였다고 생각해 보자. 그러한 조치가 B국이 취하는 조치(배출권거래제도)에 '상응하는 조치'에 해당할 수 있는가? 환경적인 측면에서 볼 경우 전반적인 온실가스의 배출량 감소는 '상응하는 조치'에 해당한다고 볼 수 있을 것이다. 그러나 A국은 많은 양의 탄소를 계속해서 배출할 수 있도록 허용하는 체제이고 A국에서 조업하는 해당 업체는 온실가스 감축을 위해 많은 비용이 드는 B국에서 조업하는 업체에 비해 여전히 경쟁력의 우위를 누릴 수 있기 때문에 B국이 우려하는 경쟁력의 저하 문제는 해소되지 않을 것이다. 그 결과 B국의 업체는 불공평함을 호소할 것이다. 이에 '상응하는 조치'를 좁게 해석할 경우에는 상대국이 내국민대우원칙 위반을 제기할 가능성이 있다. 그렇다고 이러한 문제를 해결하기 위해 유연성을 부여하는 것은 그만큼 제도의 효용성을 해치게 될 것이다.

수입제품에 대하여 국내에서 시행되는 프로그램과 유사한 배출권거래제도나 온실가스 감축 효과가 유사한 프로그램을 선택하도록 하는 것은 수입제품을 동종 국산제품과 동일하게 취급하는 것이라고 일응 판단할 수 있다. 그러나 선택한 프로그램이 국내 프로그램과 사실상 동일하지 아니할 경우(예컨대, 더 엄격한 경우를 생각해 보라)는 문제가 달라질 수 있다. 해당 제품의 수입자는 내국민대우원칙 위반을 호소할지 모른다.

3. GATT 예외

배출권 구입 요건은 공정 및 생산방법을 이용하여 동종 제품을 차별하는 것이기 때문에 내국민대우원칙과 최혜국대우원칙을 위반하고 있다. 그 범위와 적용 또한 GATT 비차별원칙을 위반할 가능성이 많다. WTO 규범은 국가나 경제적 활동을 하는 기업 등에게 배출권거래제도로부터 발생할 수 있는 경쟁력 저하와 탄소유출 문제를 GATT 규정에 부합하면서 어떻게 해결해야 하는지에 대하여 명쾌한 지침을 주고 있지 않다. 이러한 문제를 극복하기 위해서는 GATT 예외 규정에 주목하여 그 허용 범위 내에서 제도를 설계하는 것이 하나의 방법이 될 것이다. 배출권 구입 요건과 관련하여 내국민대우원칙 등을 위반하였다고 하더라도 GATT 제20조에 해당한다면 그러한 조치는 정당화되기 때문이다. 결국 제20조에 해당하는지 여하가 핵심 관건으로 등장하게 되는 것이다. 배출권 구입 요건이 예외적으로 정당화된다면 공정 및 생산방법 그리고 제품 제조 과정에서 배출되는 온실가스에 기초하여 제품을 구별할 수 있는 길이 열리게 된다. 그러나 뒤에서 살펴보는 바와 같이 GATT 예외규정을 충족하는 것이 쉬운 일은 아니다.

제소국은 사안에 따라 해당 조치를 정당화하는 근거로 제20조(b)와 (g)를 선택적으로 또는 모두 주장할 수 있는데, 제20조(b)는 국내 문제(예컨대, 내국민의 건강보호)에, 제20조(g)는 월경 또는 국제 문제(예컨대, 오존층의 보호, 경계왕래어족의 보전)에 보다 적합하다고 할 수 있다.[42] 기후변화는 국내 문제와 국제 문제를 모두 내포하고 있기 때문에 제20조(b), (g)가 모두 적용될 수 있다.[43] 그러나 제20조(b)보다는 제20조(g)의 요건을 충족하는 것이 상대적으로 쉽기 때문에 정당화 근거로 제20조(g)가 보다 빈번히 활용될 것으로 예상된다.

(1) 제20조(b)의 '필요성' 요건

제20조(b)는 해당 조치가 인간이나 동식물의 생명 또는 건강을 보호하기 위하여 '필요한(necessary)' 조치일 것을 요구하고 있는데, 특히 '필요성(necessity)' 요건의 해석과 관련하여 크게 다투어지고 있다. 해당 배출권 구입 요건이 온실가스의 감축, 탄소유출의 방지, 기후변화의 완화 등을 목적으로 할 경우에는 기후변화로 인한 위해로부터 인간이나 동식물의 생명 또는 건강을 보호하기 위한 조치로 볼 수 있을 것이다. 그러나 그 조치가 경쟁력 저하를 해결하기 위

42) Bradly J. Condon, Environmental Sovereignty and the WTO, Transnational Publishers, 2006, p. 135.

43) Bradly J. Condon, op. cit., p. 920,

한 수단으로 이용될 경우에는 제20조(b) 예외를 충족하지 못할 수 있다.

1990년 태국 담배 사건에서 패널은 대체적인 조치(alternative measure)를 취하는 것이 합리적으로 예상되는 경우에는 해당 조치가 제20조(b)에서 말하는 필요한 조치로써 정당화될 수 없다고 판단하였다. 패널은 GATT 규정에 합치되는 조치를 취할 수 없을 경우, 해당 당사국은 합리적으로 취할 수 있는 조치들 중에서 다른 GATT 규정에 대한 불합치를 최소화하는 조치를 취하여야 한다고 지적하였다.[44] 참치-돌고래 사건 I에서 패널은 미국이 관련 국제협정의 체결 등과 같은 GATT에 부합되는 모든 대체적인 조치를 사용하지 않았기(not exhausted all options) 때문에 미국의 수입금지조치는 '필요성' 요건을 충족하지 못한다고 결정하였다.[45] 1994년 참치-돌고래 사건 Ⅱ에서 패널은 해당 조치가 다른 국가들로 하여금 그들의 정책을 변경하도록 하고, 그러한 변경이 이루어져야만 효과적이라면 그러한 조치는 제20조(b)상의 '필요한'이라는 요건을 충족할 수 없다고 보았다.[46] 1996년 개질 휘발유 사건 패널과 2001년 EC 석면 사건 항소기구는 '필요성' 요건과 관련해서 해당 법령상의 금지에 대한 '합리적으로 이용 가능한' 대안(reasonably available alternative)이 없기 때문에 제20조(b)상의 필요성 요건을 충족한다고 강조하였다.[47]

이러한 패널 결정에 비추어 볼 때 온실가스의 감축이 국제적인 목표라면 국제협정의 체결은 '합리적으로 이용 가능한' 대체적인 조치가 될 수 있기 때문에 해당 무역규제조치를 시행하기 전에 협상 노력을 기울여야 한다. 그러나 그 조치가 무역 상대국의 온실가스 배출 정책의 변경을 목적으로 하고 있다면 필요성 요건을 충족할 수 없게 된다.

필요하다는 것은 필수불가결하다는 것과 다르다.[48] 해당 조치의 '필요성'은 이익형량에 기초한다. 필요성 분석은 여러 요소의 형량을 요구한다. 이익형량 과정은 EC 석면 사건에서도 검토되었다.[49] 패널은 '필요성' 분석을 위해 이른

---

44) GATT, Thailand-Restrictions on Importation of and Internal Taxes on Cigarettes, 37S/200 (1990)(**태국 담배 사건**), §74.

45) **참치-돌고래 사건** I(각주 33), §5.28.

46) GATT, United States-Restrictions on Imports of Tuna, 33 I. L. M. 842 (1994)(**참치-돌고래 사건** Ⅱ), §5.39.

47) WTO, United States-Standards for Reformulated and Conventional Gasoline Treatment of Imported Gasoline and Like Products of National Origin, 35 I. L. M. 274 (1996)(**개질 휘발유 사건**), §6.24. **EC 석면 사건** 항소기구 결정(각주 36), §175.

48) WTO, Brazil - Measures Affecting Imports of Retreaded Tyres, WT/DS332/AB/R (2007)(**브라질 타이어 사건** 항소기구 결정), §210.

49) **EC 석면 사건** 항소기구 결정(각주 36), §§170~172.

바, 2000년 한국 쇠고기 사건에서 제시한 기준을 원용하면서 해당 조치가 추구하는 목표는 석면에 의해 발생되는 생명 위협, 건강 위해의 제거, 감소를 통한 인간의 생명과 건강의 보전이며, 추구되는 가치는 최고도로 중요하다고 강조하였다.[50] 앞서 한국 쇠고기 사건에서는 '필요성'은 여러 요소를 형량하는 과정을 포함한다고 지적하면서 그 요소로 준수 수단의 해당 조치에 대한 기여도, 해당 조치에 의해 보호되는 공동 이익 또는 가치, 해당 조치의 수출 · 입에 미치는 영향 등을 들었다.[51]

브라질 타이어 사건에서 항소기구는 필요한 조치인지 여하를 판단함에 있어서 ① 해당 조치에 의해 보호되는 이익이나 가치의 중요성, ② 해당 조치의 목적을 달성함에 있어 기여도의 정도, ③ 해당 조치의 무역 제한성 등을 고려하여야 한다고 지적하였다.[52] 기여도 요소와 관련하여 패널은 해당 조치가 광범위한 정책의 중요한 구성부분(key component)으로서 그 목적의 달성에 실질적인(material) 기여를 하여야 한다고 지적하였다.[53] 그 결과 목적에 한계적인(marginal) 또는 중요하지 않은(insignificant) 기여를 하는 조치는 필요한 조치로 보기 어렵다.[54] 이에 따르면 배출권 구입 요건은 기여도 요소를 충족한다고 할 수 있다. 배출권거래제도가 온실가스 감축을 목표로 하고 있고, 배출권 구입 요건이 온실가스를 배출하는 다수의 생산자에 외부비용을 내부화함으로써 온실가스의 감축에 중요한 기여를 한다는 점에서 온실가스 감축, 기후변화의 완화라는 환경정책의 목표 달성에 실질적으로 기여한다고 판단할 수 있기 때문이다.[55] 외국 수입업자에게 부담을 지우는 것이 단순히 배출의 이동이 아니

---

50) Ibid., §172.

51) WTO, Korea—Measures Affecting Imports of Fresh, Chilled and Frozen Beef, WT/DS161/AB/R, WT/DS169/AB/R(2000)(**한국 쇠고기 사건** 항소기구 결정), §164. **한국 쇠고기 사건**에서 항소기구는 대안이 합리적으로 이용 가능한지를 결정하기 위한 이익형량 과정에서 고려해야 하는 한 측면은 대안이 추구하는 목적의 실현에 기여하는 정도라고 강조하였다. 나아가 추구되는 공동이익 또는 가치가 중요할수록, 이러한 목적을 달성하기 위하여 취해진 필요한(necessary) 조치로써 받아들이기 쉽다고 지적하였다. 또 한 측면은 해당 조치가 국제통상에 미치는 제한적 영향의 정도인데, 항소기구는 해당 조치가 수입되는 제품에 미치는 영향이 적을수록 강력하고 광범위하게 제한적인 영향을 미치는 조치에 비해 필요한 조치로 인정되기 쉽다고 지적하였다. Ibid., §163.

52) **브라질 타이어 사건** 항소기구 결정(각주 48), §156, §178.

53) Ibid., §210.

54) Ibid., §150.

55) Elias Leake Quinn, "The Solitary Attempt: International Trade Law and the Insulation of Domestic Greenhouse Gas Trading Schemes from Foreign Emissions Credit Markets", U. Dolo. L. Rev., Vol. 80, 2009, p. 231.

라 실질적인 배출 감소를 보장한다는 점에서 정책의 중요 구성부분을 이룬다고도 할 수 있다.[56] 그러나 그 조치가 경쟁력 저하 문제를 해결하는 것을 주된 목적으로 하고 있으며, 모든 국가로부터의 수입을 규제할 수 없기 때문에 탄소유출 문제를 막는 데 효과적이지 못하다는 입장에서는 제20조(b)의 예외 요건을 충족하지 못하다는 반론도 제기될 수 있을 것이다.

그 조치가 무역 제한적인가는 기여도 요소보다 더 어려운 문제를 제기한다. 무역 제한적인지를 판단하기 위해서는 다른 대체 수단과의 비교평가가 필요하다. 대체 수단이 국경 조치(배출권 구입 요건)보다 덜 무역 제한적이고, 미국으로 하여금 목표로 한 보호 수준과 동일한 수준을 달성할 수 있도록 하고, 합리적으로 이용 가능한(reasonably available) 경우[57] 배출권 구입 요건은 더 이상 필요성 요건을 충족할 수 없게 된다. 문제는 가장 무역 제한적이지 않다고 할 수 있는 국제협상은 별론으로 하고 다른 대체수단(예컨대, 탄소세, 수입세, 보조금 등)과의 비교평가가 쉽지 않다는 것이다.

(2) 제20조(g)의 '관련성' 요건

제20조(g)에 해당하기 위해서는 해당 조치가 ① "유한 자연자원(exhaustible natural resources)"의 보전에 관련되어야 하고, ② 유한 자연자원의 보전과 "관련이 있고(relating to)", ③ 국내 생산 또는 소비에 대한 제한과 결부되어(in conjunction with) 실시되어야 한다.

첫 번째 요건은 기후가 유한 자연자원에 해당하는가의 물음과 관련이 있다. WTO 패널은 생물자원인 고기,[58] 돌고래,[59] 바다거북[60]뿐만 아니라 비생물자원인 깨끗한 공기(clean air)[61] 등을 폭넓게 유한 자연자원으로 보고 있다. 새우·바다거북 사건에서 항소기구는 "WTO 협정의 전문은 (…) 명백히 '지속가능한 개발'을 그 목적으로 인정하고 있다"고 선언한 바 있다.[62] 온실가스 배출은 국

---

56) Ibid., p. 233.

57) **브라질 타이어 사건** 항소기구 결정(각주 48), §156.

58) GATT, United States–Prohibition of Imports of Tuna and Tuna Products from Canada, 29S/91 (1982)(**캐나다-미국 간 참치분쟁 사건**), §4.9; GATT, Canada–Measures Affecting Exports of Unprocessed Herring and Salmon, 35S/98 (1989)(**캐나다 청어·연어 사건**), §4.4.

59) **참치-돌고래 사건 Ⅱ**(각주 46), §5.13.

60) WTO, United States–Import Prohibition of Certain Shrimp and Shrimp Products, 38 I. L. M. 118 (1999)(**새우-바다거북 사건** 항소기구 결정), §134.

61) **개질 휘발유 사건**(각주 47), §6.37.

62) **새우-바다거북 사건** 항소기구 결정(각주 60), §129.

제사회에서 환경보호와 지속가능한 개발과 관련이 있는 중요한 관심사항으로서 광범위하게 인식되고 있다. 이와 같이 WTO 패널이 그 개념을 폭넓게 이해한다면 지구의 현재 기후는 유한 자연자원으로 인정될 가능성이 많아 보인다. 설령 WTO 패널이 지구의 기후 자체를 유한 자연자원으로 보지 않는다고 하더라도 기후변화에 의해 야기되는 다른 자원, 예컨대, 연안지역, 빙하, 해수면, 종, 생물다양성 등은 유한 자연자원으로 인정될 것이다.

두 번째 요건은 배출권거래제도와 배출권 구입 요건이 기후변화의 보전과 관련이 있는가 또는 "주된 목적으로(primarily aimed at)" 하여야 하는가의 문제이다. GATT 패널은 유한 자연자원의 보전과 관련하기 위해서는 해당 조치는 보전을 "주된 목적으로(primarily aimed at)" 하여야 한다고 판단하였다.[63] 참치-돌고래 사건 I[64]과 참치-돌고래 사건Ⅱ[65]패널도 이러한 해석에 동의하였다. 특히 참치-돌고래 사건Ⅱ에서 패널은 "주된 목적으로"는 해당 조치의 목적뿐만 아니라 자연자원의 보전에 대한 영향도 살펴보아야 한다고 강조하였다.[66] 관련하고 있다는 것을 "주된 목적으로" 하고 있다고 해석하는 것이 지나치게 엄격한 해석이라는 것을 의식해서인지 1999년 새우-바다거북 사건에서는 관련성 요건을 "해당 목적과 합리적으로 관련이 있는"이라고 넓게 해석하고 있다.[67] 1996년 개질 휘발유 사건에서 항소기구는 해당 조치가 우연히(incidentally) 또는 비의도적으로(inadvertently) 유한 자연자원을 보전할 목적이 아닌, 유한 자연자원의 보전과 '본질적인 관계(substantial relationship)'가 있다면 자연자원의 보전과 관련이 있다고 판단하였다.[68]

이러한 일련의 해석은 배출권 구입 요건을 전체적으로 고려하고, 본질적인 관계성을 판단함에 있어 단순히 수입에 미치는 영향보다는 유한 자연자원인 기후의 보전과의 관련성에 주목하게 만든다. 배출권거래제도와 여기에서 파생되는 배출권 구입 요건이 기후변화의 방지를 위해 중요하다는 점에서 이러한 조치는 제20조(g)의 요건을 충족할 것으로 판단된다. 배출권 구입 요건이 온실

---

63) **캐나다 청어 · 연어 사건**(각주 58), §4.6.

64) **참치-돌고래 사건** I(각주 33), §5.33.

65) **참치-돌고래 사건 Ⅱ**(각주 46), §5.22.

66) Ibid., §5.22.

67) **새우-바다거북 사건** 항소기구 결정(각주 60), §141. 이러한 입장에서는 수단이 목적에 비하여 그 범위가 불균형적으로 광범위한지 또는 목적과 밀접한 관련이 있는지에 주목하게 된다. Ibid.

68) WTO, United States-Standards for Reformulated and Conventional Gasoline, 35 I. L. M. 603 (1996)(**개질 휘발유 사건** 항소기구 결정), p. 623.

가스를 증가시키고 기후에 해를 끼치는 결과를 초래하는 탄소유출을 감소하려고 하고, 궁극적으로 기후의 보호를 그 목적으로 하고 있기 때문에 배출권 구입 요건은 유한 자연자원의 보전과 합리적으로 관련이 있거나 본질적인 관계가 있다고 할 수 있다. 비록 그것이 탄소유출의 방지에 효과적이지 못하다고 하더라도 해당 조치의 효과성 여하는 제20조(g) 요건의 충족을 방해하지 않는다.

일정한 국가를 규제대상에서 제외하는 조치는 그 제외가 "명백히 그리고 직접적으로(clearly and directly)" 자연자원의 보전이라는 정책 목표와 관련이 있는 경우에 허용된다.[69] 예컨대, 리버만 워너 법안에서 미국이 온실가스 감축을 위해 취한 조치에 '상응하는 조치'(comparable action)를 취한 국가를 제외하는 것은 제20조(g)에 의해 허용될 가능성이 많다. 이러한 제외는 외국의 온실가스를 배출하는 자(오염자)의 비용을 상승시켜 그로 하여금 온실가스를 줄이도록 유인하며, 온실가스의 배출에 대하여 부과금을 부과하지 않는 국가로 이전하여 그곳에서 온실가스를 배출하는 이른바 '탄소유출' 문제를 막을 수 있기 때문에 온실가스 감축과 탄소유출의 방지라는 환경정책 목표와 명백히 그리고 직접적으로 관련이 있다고 할 수 있기 때문이다. 그러나 온실가스 배출량이 적은 국가와 극빈국을 대상국에서 제외하는 조치는 온실가스 배출량의 감소와 탄소유출의 방지라는 정책 목표에 명백히 그리고 직접적으로 관련이 없다고 보인다. 이들 소량 배출국과 극빈국이 탄소유출의 가능성이 없다는 것을 의미하지 않을 뿐만 아니라 이러한 예외를 인정함으로써 탄소유출이 증가할 가능성이 있기 때문이다. 미국 기업은 외국에 나가 제품 제조를 하고(즉 더 많은 탄소 배출을 하고) 그 제품을 다시 미국으로 수출할 가능성이 있는 것이다. 이러한 가능성은 미국이 자국 산업의 경쟁력 저하 문제에 더 관심이 있다는 것을 반증하는 것이다. 비록 해당 조치의 효과성 여하가 보전 목표와의 관련성 여하를 결정하는 데 관련이 없다고 하지만 이러한 예외를 두는 것은 탄소유출 가능성을 높이고 미국이 제20조(g)에 의거하여 정당성을 확보하는 것을 어렵게 할 것이다.

마지막 요건은 배출권 구입 요건이 국내 생산 또는 소비에 대한 제한과 결부되어(in conjunction with) 실시되는가의 물음과 관련이 있다. 개질 휘발유 사건 항소기구는 해당 조치가 국내 생산 또는 소비에 대한 제한과 "함께(together with)" 이루어져야 한다는 의미로 해석되어야 하며,[70] 이 규정을 해석함에 있어서 보전이라는 이름으로 유한 자연자원의 생산 또는 소비에 대한 제한을 함

69) **새우-바다거북 사건** 항소기구 결정(각주 60), §138.
70) **개질 휘발유 사건** 항소기구 결정(각주 68), p. 624.

에 있어서, 동일 내지 동등성(identical)이 아닌, "공평성(even-handedness)"이 요구된다고 보았다.[71] 이러한 해석에 따를 경우 국내와 외국 기업 모두에게 배출권 구입을 요구하는 경우 이 요건은 충족된다고 보인다. 그러나 국내 기업에게는 무상할당을 하는 반면 외국 기업 또는 수입업자에게는 배출권 구입을 요구하는 경우에는 불공평성 문제가 발생할 수 있을 것이다. 충분한 배출권이 자유롭게 무상으로 국내 기업에게 부여되는 반면 수입업자에게는 그렇지 못한 경우 국내 생산에 상응하는 제한이 적용되지 않아 해당 조치가 국내 생산 또는 소비에 대한 제한과 "함께(together with)" 이루어지지 않는다는 논란이 제기될 수 있을 것이다.

결론적으로 포괄적인 국내 온실가스규제 조치와 함께 이루어지는 온실가스 감축과 탄소유출 방지라는 정책 목표와 관련이 있는 배출권 구입 요건은 제20조(g)에 의해 정당성을 확보할 가능성이 많다.[72] 그러나 탄소유출 문제를 저해하는 예외 규정은 유한 자연자원의 보전과의 관련성이 부인되어 그만큼 정당성의 확보가 저해될 가능성이 있다. 이상에서 살펴본 것은 합법성 요건에 관한 것이고 그 합법성 요건을 통과하였다고 하더라도 적용 요건에 맞지 않으면 정당성이 없게 된다. 여기에서 적용 요건을 정하고 있는 GATT 제20조 모두(冒頭) 조항(chapeau)의 해석, 적용방법이 문제된다.

(3) 제20조 모두(冒頭) 조항(chapeau)

위 세 가지 요건이 충족되더라도 배출권 구입 요건은 제20조 모두 조항, 즉 "조치가 동일한 조건 하에 있는 국가 간에 자의적(arbitrary)이거나 부당한 차별(unjustifiable discrimination)의 수단 또는 국제무역에 대한 위장된 제한(disguised restriction)의 수단을 구성하는 방법으로 적용되지 아니 하여야 한다"는 규정을 준수하여야 한다. 이 규정을 해석함에 있어서 WTO 패널 항소기구는 자의적이고 부당한 차별의 기준으로 해당 조치의 엄격성(rigidity)과 비유연성(inflexibility),[73] 당사국이 협상을 시도하지 않은 점 등을 들었다.[74] 위장된 제한을 판단하는 중요한 기준으로는 '공개성'이 제시되고 있다.[75]

---

71) Ibid., p. 625.

72) Slayde Hawkins, "Skirting Protectionism: A GHG-Based Trade Restriction under the WTO", Geo. Int'l Envtl. L. Rev., Vol. 20, 2008, p. 446; Paul-Erik Veel(각주 5), pp. 777-778; 변진석(각주 35), pp. 297-298.

73) **새우-바다거북 사건** 항소기구 결정(각주 60), §177.

74) Ibid., §166.

75) (**캐나다-미국 간 참치분쟁 사건**(각주 58), §4.8.

모두 조항은 해당 조치의 적법 요건이라기보다는 적용 요건이기 때문에 배출권 구입 요건 자체가 이 모두 조항에 저촉된다고 보기는 어려울 것이다. 다만 그 요건을 적용함에 있어서 자의적이고 부당한 차별이 이루어질 경우 문제될 수 있다. 여기서 또 하나 어려운 문제가 발생하는 데, 동일한 조건 하에 있지 않다는 이유로 차별하는 경우이다. 개도국의 특수한 상황을 고려하여 극빈국을 규제대상으로 하지 않는 경우인데, 극빈국에는 포함되지 않지만 온실가스를 많이 배출하는 개도국(예컨대, 중국, 인도 등)은 그러한 차별에 불만을 호소할 가능성이 많다. 조치 당사국은 그 조치가 이른바 '공동의 그러나 차별화된 책임의 원칙'[76]을 적용하는 것으로 정당하다고 주장하지만 이들 개도국들은 배출권 제출을 가장 많이 해야 하는 결과가 초래된다면서 국제무역에 대한 위장된 제한의 수단을 구성한다고 주장할 가능성이 있다.

자의적이고 부당한 차별이 존재하다고 하기 위해서는 그 차별이 우연히 또는 불가피하게 이루어지는 것이 아니라 예견가능한 것이어야 한다.[77] 구입해야 하는 배출권의 가격이 국내 배출권 가격과 다르게 산정될 경우 수입제품과 국산제품 간의 차별이 예견가능하다. 외국과 먼저 충분한 협상을 시도한 후에 해당 조치를 시행하는 것은 자의적이고 부당한 차별이라는 비난을 피할 수 있을 것이다. 패널은 협상의 타결까지는 요구하지 않으나 신의성실하고 심각하게 협상을 시도할 것을 요구하고 있다.[78] 협상을 통한 문제 해결은 국제 분쟁을 줄일 수 있고, 일방적인 국가 조치로부터 야기되는 분쟁해결에 고유한 불확실성을 피할 수 있게 해준다. 또한 해당 조치에 유연성을 부여할 경우 모두 조항의 위배 문제는 감소할 것이다. 효과성에서 '상응하는 조치'를 넓게 인정할 경우 수출국의 유연성은 증가할 것이다. 규제조치가 외국이 처한 특별한 조건을 고려할수록 자의적이고 부당한 차별이라는 비난은 감소할 것이다. 심리 및 반론기회의 제공, 심사 및 이의절차의 제공, 승인 · 거부 등에 대한 서면통보 등을 통해 절차의 투명성과 공정성, 적법한 절차의 보장, 예측가능성을 향상하는 것은 모두 조항의 적용 요건을 충족하기 위해 필요한 조치가 된다.[79]

---

76) "공동의 그러나 차별화된 책임의 원칙(Principle of Common but Differentiated Responsibility)"은 모든 국가가 환경을 보호하기 위한 공동의(common) 책임이 있지만, 각국의 경제적 · 기술적 상황 등을 고려하여, 각국이 차별화된(differentiated) 책임을 부담하여야 한다는 것을 의미한다. 리우선언 원칙 7 참조. 특히 교토의정서는 선진국에게만 온실가스 감축의무를 부과함으로써 개도국들을 특별히 고려하고 있다.

77) **개질 휘발유 사건** 항소기구 결정(각주 68), p. 632.

78) **새우-바다거북 사건** 항소기구 결정(각주 60), §172.

79) WTO 항소기구는 확인 절차의 투명성과 예측가능성이 없이 심리 및 반론기회의 미제공, 승

한편, 브라질 타이어 사건에서 항소기구는 부당한 차별인지 여부를 판단함에 있어서 차별의 효과(effect)가 아니라 그 원인(cause or rationale)에 초점이 맞추어져야 한다고 강조하였다.[80] 이에 따르면 해당 조치의 원인이 정책 목표와 합리적인 관련성을 갖고 있는지가 중요한 쟁점이 될 전망이다. 이러한 점을 고려할 때 배출권거래제도 등의 각종 조치가 성공하기 위해서는 국내 산업의 보호가 아닌 인간과 환경의 보호라는 진정한 목적을 가지고 있어야 한다.

(4) 소 결

공정 및 생산방법에 기초한 배출권 구입 요건은 GATT 비차별원칙에 위배될 가능성이 많다. 그 결과 이러한 국경조치는 GATT 제20조 예외 규정에 해당할 경우에 비로소 정당화될 수 있다. 그 요건의 충족이 쉬운 것이 아니지만 해당 조치가 기후변화를 방지하기 위하여 탄소유출을 방지하는 것을 주된 목적으로 할 경우 제20조(b) 또는 (g)에 의해 정당화될 수 있을 것이다. 그러나 여기에서 끝이 나지 않는다. 그 적용방법이 자의적이고 부당한 차별을 이룰 경우 문제가 될 수 있기 때문이다. 패널은 GATT 모두 조항의 해석과 관련하여 비엄격성, 유연성, 투명성, 공정성, 적법한 절차, 협상의 중요성 등을 강조하고 있다.[81] 이를 위해서 배출권 구입 요건은 엄격하지 않고, 유연하며, 투명성과 공정성 그리고 적법한 절차를 거치며, 적용 전에 해당 조치국은 다른 국가와 진지한 협상의 노력을 기울여야 할 것이다.

Ⅳ. 맺는 말

한-미, 한-EU FTA 체결로 이들 국가의 환경정책에 대한 관심이 한층 고조되고 있다. 이들 국가의 높은 환경기준은 대외무역의존도가 높고 에너지 집약의 산업구조를 지닌 우리나라에 높은 비용부담을 초래하면서 경제성장 및 산업에 악영향을 끼칠 것으로 전망된다. '포스트-교토체제'를 마련하기 위해 분주한 국제사회는 우리나라에 온실가스 감축의무를 지우기 위해 강한 압박을

인·거부 등에 대한 서면통보절차의 미비, 심사 및 항소의 제한 등으로 자의적 차별을 초래하였다고 판단하였다. **새우-바다거북 사건** 항소 기구 결정(각주 60), §180.

80) **브라질 타이어 사건** 항소기구 결정(각주 48), §§229-230.

81) **새우-바다거북 항소 사건**에서는 구체적으로 자의적인 차별의 기준으로 해당 조치의 엄격성(rigidity), 비유연성(inflexibility), 비투명성, 불공정성, 부적법한 절차(undue process) 등을 들었으며, 부당한 차별의 기준으로 당사국이 협상을 시도하지 않은 점 등을 들었다. **새우-바다거북 사건** 항소기구 결정(각주 60), §166, §177, §180, §181.

가하고 있다. 이러한 주변상황은 우리나라로 하여금 기후변화 대응을 위한 다양한 기후변화 대응정책 및 입법을 추진하도록 하고 있다. 우리나라는 2010년 1월 「저탄소 녹생성장 기본법」이라는 기후변화 대응법을 만들고 배출권거래제도의 도입 근거(제48조)를 두기에 이르렀다. 이에 근거하여 2012년 5월 2일 「온실가스 배출권의 할당 및 거래에 관한 법률」이 국회를 통과하였다. 법 제정이 지연된 이유는 현재 적은 국가만이 배출권거래제도를 도입하고 있으며, 기업에 큰 부담을 줄 수 있다는 인식에 기인하는 바가 크다.

배출권거래제도 등 기후변화 대응정책의 선택이 불가피한 상황에서 배출권거래제도를 도입 · 시행하기 위해서는 그 제도가 효율적으로 운영될 수 있도록 정치한 설계가 필요하다. 「온실가스 배출권의 할당 및 거래에 관한 법률」에는 우리나라 산업의 경쟁력 저하를 해결하기 위한 조치를 발견하기 힘들고 국제통상법적 분쟁을 막기 위한 장치는 미흡한 것으로 파악되고 있다. 이러한 점에서 배출권의 할당(특히 무상 할당), 배출권 구입 요건 등은 충분히 검토할 만한 것이라고 할 수 있다. 그러나 이러한 요건들은 일방적인 무역규제적인 요소를 갖추고 있기 때문에 도입 시 혹시 발생할지 모르는 통상분쟁을 막기 위한 장치를 마련하는 것이 필요하다.

기본적으로 무상할당은 배출권거래시장의 왜곡을 초래하며, 보조금 논란을 야기하기 때문에 경매를 통한 배출권 할당을 고려할 필요가 있다. 배출권거래제도의 도입이 국내 산업에 심각한 부정적 효과를 초래한다고 판단되어 부득이 무상할당을 채택하게 되더라도 이를 초창기단계에서 일회적 · 한시적으로 사용함으로써, 무역보복조치를 당할 여지를 차단할 필요가 있다. 기후변화방지라는 목적을 달성하기 위하여 배출권거래제도의 도입을 조장할 필요가 있고, 그 유인을 제공하기 위해 무상할당이 어느 정도 필요하다는 점, 독일, 영국 등 여러 국가들이 이미 무상할당을 도입 · 시행하고 있다는 점 등을 고려할 때 WTO체제 하에서 회원국들 간 무상할당이 보조금에 해당하지 않는다거나 허용보조금에 해당한다고 합의하는 것도 고려해 보아야 한다.

배출권 구입 요건도 경쟁력 저하 문제를 해소하기 위해 매력적인 방안임에는 틀림없지만 불필요한 통상분쟁을 방지하기 위해서 WTO체제에 부합되게 설계될 필요가 있다. 이 때 고려할 요소는 다음과 같다. 미국 리버만 워너 법안처럼 규제 대상국을 WTO 회원국으로 하고, 소량 배출국과 극빈국 등을 제외하는 등 규제 대상국을 제한하는 것은 GATT 제20조의 예외 요건을 충족하지 못할 수 있다. 그 조치가 경쟁력 저하 문제를 해결하는 것을 주된 목적으로 하고, 소량 배출국, 극빈국 등으로부터의 수입을 효율적으로 규제할 수 없어 탄소유출 문제를 막는 데 효과적이지 못할 가능성이 있기 때문이다.

무역규제 조치를 취하는 국가의 온실가스 감축조치에 '상응하는 조치'를 취한 국가를 규제 대상국에서 제외한다고 할 경우 상응하는 조치가 모호하고 구체적이지 아니할 경우 분쟁의 소지가 있다. 객관적인 판정기준이 제시되어 있지 않은 상태에서도 마찬가지 문제가 발생할 수 있다.

복잡하고 비용이 많이 드는 메커니즘은 탄소유출을 막으면서 국내 배출량을 줄이려고 하기보다 자국 산업의 보호에 치중하려는 의심을 받기 쉽다. 이러한 관점에서 대상 제품은 제품의 제조 과정이 단순한 제품, 제품에 포함된 온실가스 양을 산정하기가 비교적 쉬운 제품, 탄소 집약적인 제품, 탄소유출에 노출된 제품 등을 중요한 요소로 하여 제한할 필요가 있다. 이러한 제한은 효과적으로 탄소유출을 막는 데도 기여할 수 있을 것이다. 구입해야 하는 배출권의 가격은 국내 배출권의 시장가격에 일치하는 수준에서 정해져야 한다.

배출권 구입 요건이 GATT 제20조의 예외 요건을 통과하기 위해서는 그 조치가 탄소유출의 방지, 온실가스의 감축, 기후변화 방지라는 정책 목표에 충실하여야 하며, 환경보호에 영향을 끼치는 것이어야 한다. 자국 산업의 경쟁력 저하 문제를 해결하는 데에 초점이 맞추어져 있다면 이는 보호주의에 다름 아니며, 정당성이 떨어지는 일방적 조치에 불과하다. 구체적으로 배출권 구입 요건이 탄소유출의 방지에 효과적이지 못할 경우에는 제20조(b)의 '필요성' 요건을 충족하지 못해 정당화될 수 없다. 또한 자국 산업의 경쟁력 제고를 주된 목적으로 할 경우에는 제20조(g)의 '관련성' 요건을 충족하지 못해 정당화될 수 없다. 그 조치는 보호주의의 한 수단으로 전락할 뿐이다. 효과적으로 탄소유출 문제를 해결하면서 기후변화, 온실가스 감축이라는 정책목표를 달성하기 위해서는 소량 배출국이나 극빈국에 대한 규제 면제는 재고할 필요가 있다.

제20조의 합법성 요건을 충족한다는 것이 모두 조항의 적용 요건까지 충족하는 것은 아니다. 패널은 GATT 모두 조항의 해석과 관련하여 비엄격성, 유연성, 투명성, 공정성, 적법한 절차, 협상의 중요성 등을 강조하고 있다. 이러한 점을 고려할 때 우선 해당 조치를 시행하기 전에 외국과 먼저 충분하고 진지한 협상을 시도할 필요가 있다. 또한 해당 조치에 유연성을 부여함으로써 모두 조항의 위배 문제를 해결할 필요가 있다. 효과성에서 '상응하는 조치'를 넓게 인정할 경우 수출국의 유연성은 증가할 것이다. 규제 조치가 외국이 처한 특별한 조건을 고려할수록 자의적이고 부당한 차별이라는 비난은 줄어들 것이다. 절차의 투명성과 공정성, 적법한 절차의 보장, 예측가능성을 향상하는 것은 모두 조항의 적용 요건을 충족하기 위해 필요한 조치가 된다. 이러한 차원에서

의사결정에 영향을 받는 국가의 참여, 심리 및 반론기회의 제공, 심사 및 이의절차의 제공, 승인 · 거부 등에 대한 서면통보, 적절한 공개 등을 보장할 필요가 있다. 이러한 기회나 절차 그리고 그에 소요되는 시간과 노력, 비용 등이 모든 국가에 유사하게 제공되어야 한다.

제3절 배출권거래에 대한 부가가치세 과세에 관한 연구*

- EU입법례와의 비교법적 고찰을 중심으로 -

이중교**

Ⅰ. 서 론

지구온난화로 인하여 지난 세기 100년 동안 세계 평균기온은 0.74℃ 상승하였고, 이번 세기 말에는 최고 6.4℃까지 상승할 것으로 예상된다.[1] 지구온난화는 세계 곳곳에서 가뭄, 홍수, 폭염 등 각종 기상이변의 형태로 표출되어 인류의 생존을 위협하고 있다. 세계 각국은 지구온난화의 주요인으로 지목되고 있는 이산화탄소 등 온실가스의 감축을 위하여 노력하고 있다.[2] 온실가스의 효과적 감축을 위하여는 전 지구적인 공동대응이 요구되므로 유엔은 1992년 UN기후변화협약(UNFCCC)을 출범시켰다. 1997년 UN기후변화협약 제3차 당사국총회에서 채택되어 2005년 발효된 교토의정서(Kyoto Protocol)는 선진국과 개발도상국 간에 차등화된 온실가스 감축목표를 설정하여 선진국들로 구성된 부속서Ⅰ국가의 경우 제1차 공약기간인 2008년부터 2012년까지 1990년 대비 온실가스 배출량을 평균 5.2% 감축하도록 정하였다. 그리고 부속서Ⅰ 국가들이 시장원리에 따라 유연하게 감축목표를 달성할 수 있도록 선진국 간에 잉여 감축량을 사고 팔 수 있는 배출권거래제(ET, Emission Trading), 선진국 간에 온실가스 저감기술을 교환할 수 있는 공동이행제(JI, Joint Implementation), 선진국이 개발도상국에서 온실가스를 줄인 만큼 감축분으로 인정받을 수 있는 청정개발체제(CDM, Clean Development Mechanism) 등의 방법을 허용하였다. 우리나라는 교토의정서상 온실가스 의무감축국이 아니지만 기후변화에 선제적으로 대응하기 위하여 2020년까지 배출전망치 대비 30%의 온실가스를 감축하기로 목표를 정하였다.

온실가스를 감축하기 위한 구체적 수단으로는 온실가스 목표관리제, 배출권거래제, 탄소세 등이 있다. 우리나라는 아직 탄소세를 도입하지 않았으나,

---

* 이 논문은 저스티스 통권 제135호(2013)에 발표된 논문을 수정 · 보완한 것임.

** 연세대학교 법학전문대학원 부교수

1) http://www.greengrowth.go.kr/?page_id=2444.

2) 온실가스는 이산화탄소(CO2), 메탄(CH4), 아산화질소(N2O), 과불화탄소(PFCS), 수소불화탄소(HPFCS), 육불화황(SF6) 등을 가리키나, 그 중 이산화탄소의 비중이 압도적으로 높다.

2010년부터 저탄소 녹색성장 기본법 제42조에 근거하여 온실가스 목표관리제를 시행하였고, 2012년 제정된 온실가스 배출권의 할당 및 거래에 관한 법률(이하 "배출권거래제법"이라 한다)과 동 시행령에 따라 2015년부터 배출권거래제를 본격적으로 시행할 예정이다.[3] 유럽연합(EU)은 교토의정서를 이행하기 위하여 2005년 세계 최대규모의 배출권거래시장(EU Emissions Trading System, EU-ETS)을 개설하였고, 일본과 미국 등은 지역 단위의 자발적 형태로 배출권거래제를 시행하고 있다. 위 수단 중 온실가스 목표관리제는 기업별로 정해진 감축목표를 지키지 못하면 과태료를 물리는 직접적 규제수단이고, 배출권거래제는 온실가스에 경제적 가치를 부여함으로써 시장기능을 활용하는 간접적 규제수단이다.[4] 배출권거래제가 시행되면 배출권을 할당받은 기업 중 배출허용량보다 많은 온실가스를 배출하는 기업은 시장에서 배출권을 구매해야 하고,[5] 배출허용량보다 적은 온실가스를 배출하는 기업은 시장에서 배출권을 판매할 수 있다. 온실가스 목표관리제 하에서는 기업이 정해진 감축목표 이하로만 온실가스를 줄이면 되므로 감축목표보다 많이 줄이기 위한 유인은 존재하지 않으나, 배출권거래제 하에서는 온실가스를 많이 줄일수록 기업에 유리하므로 조금이라도 더 줄이기 위한 유인이 존재한다. 이렇듯 배출권거래제는 경제적 유인(incentive)을 활용하므로 온실가스 목표관리제보다 효율적인 제도로 평가된다.[6]

배출권거래제는 국가가 배출권을 기업에 할당하여 기업 간의 거래를 보장하는 것이므로 배출권의 할당, 거래 등의 과정에서 법인세, 부가가치세 등의 과세문제가 수반된다. 배출권거래제의 정착을 위하여는 배출권거래제의 올바른 설계 뿐 아니라 기업들의 의사결정에 큰 영향을 미치는 과세에 대한 제도정비가 중요하다. 특히 부가가치세의 경우 국가 간 거래에서 국경세조정(border tax adjustment)의 문제가 생기고 EU의 사례를 보면 부가가치세를 편취하는 사기

---

3) 저탄소 녹색성장 기본법 제46조 제1항에 의하면 "정부는 시장기능을 활용하여 효율적으로 국가의 온실가스 감축목표를 달성하기 위하여 온실가스 배출권을 거래하는 제도를 운영할 수 있다"라고 하여 배출권거래제에 관한 선언적 규정이 있으나, 배출권거래제의 시행을 위하여 그 구체적인 내용과 절차 등을 규정한 법령이 필요하므로 배출권거래제법과 그 시행령이 제정되었다. 정부는 당초 2013년부터 배출권거래제를 시행할 계획이었으나, 산업계의 강한 반발로 그 시행시기가 2015년으로 늦추어졌다.

4) 배출권거래제법 제10조에 의하면 배출권거래제와 온실가스 목표관리제의 중복적용은 불가능하다.

5) 온실가스를 직접 감축하는 비용이 배출권 구매가격보다 적으면 배출권을 구매하는 대신 직접 온실가스를 감축하는 방법을 선택할 수도 있다.

6) 이혜영, "탄소배출권거래제 도입방안에 관한 연구", 한국공공관리학보, 제26권 제2호, 2012, 90면.

거래가 발생하였으므로 더욱 관심을 가질 필요가 있다.

따라서 이 글에서는 2015년 배출권거래제법의 시행을 앞두고 배출권의 할당, 거래 등의 과정에서 제기되는 부가가치세 과세 문제에 대하여 살펴본다. 이를 위하여 먼저 배출권거래제법을 중심으로 배출권거래제에 대한 기본적인 내용을 개관하고, 부가가치세의 발상지인 EU의 배출권거래에 대한 부가가치세제를 살펴본 후 이를 바탕으로 우리나라의 배출권거래에 대한 부가가치세제를 평가하고 그 대안을 검토한다.

Ⅱ. 배출권거래제의 개관

1. 배출권의 개념과 법적 성질

(1) 배출권의 개념

우리나라 배출권거래제법은 배출권을 "온실가스 감축목표를 달성하기 위하여 온실가스 배출허용총량의 범위에서 개별 온실가스 배출업체에 할당되는 온실가스 배출허용량"이라고 규정하고 있고(제2조 제3호), EU-ETS 지침(Directive 2003/87/EC)은 배출권을 "지침의 규정에 따라 양도가능한 1톤의 이산화탄소 등가물의 배출허용량"으로 규정하고 있다(제3조a). 위 규정들에 의하면 배출권은 온실가스를 배출할 수 있는 허용량(cap)을 의미한다.

(2) 배출권의 법적 성질

1) 의 의

배출권거래제법이나 EU-ETS 지침이 배출권을 '배출허용량'이라고 규정하고 있을 뿐 그 법적 성질을 명시하고 있지 않으므로 배출권이 권리로서의 속성을 가지고 있는지 논란이 된다. 온실가스를 배출하지 않을 의무가 있는 기업에게 배출할 권리를 인정하는 것은 모순되는 측면이 있는 것은 사실이다.[7] 외국에서 배출권을 의미하는 용어로 'emission right'보다 'emission permit'나 'emission allowances'를 즐겨 사용하는 것은 이러한 문제의식에 근거한 것으로 보인다. 그러나 배출권거래제 하에서 현실적으로 배출권에 가치가 부여되어

---

7) 마이클 샌델(안기순 옮김), 돈으로 살 수 없는 것들, 와이즈베리, 2012, 108-112면은 오염권을 사는 행위는 사람들이 쓰레기를 버리는데 돈을 지불하는 것과 같다면서 오염배출권이 거래된다면 책임 있는 환경윤리에 필요한 공동희생정신을 계발하기 힘들다고 지적하는바, 이는 배출권을 권리로 인정하는 것에 대한 비판의 일례라고 할 수 있다.

시장에서 거래되므로 그 권리성이 논의된다.

2) 학 설

배출권거래제 하에서 기업은 국가로부터 배출권을 할당받아 시장에서 거래한다. 기업이 국가로부터 배출권을 할당받는 것은 공법적 측면이 강하고, 할당받은 배출권을 시장에서 거래하는 것은 사법적 측면이 강하다.[8] 따라서 배출권의 법적 성질을 공법적 측면과 사법적 측면으로 나누어 살펴본다.

먼저 공법적 측면에서는 배출권이 헌법 제23조 제1항에 의하여 보호되는 재산권에 해당하는지 문제된다. 그 실익은 국가가 보상없이 배출권을 박탈할 수 있는지 여부에 있다. 헌법 제23조 제1항에 의하여 보호되는 재산권은 사적(私的) 유용성 및 그에 대한 원칙적 처분권을 내포하는 재산가치 있는 구체적 권리이고, 단순한 이익이나 재화의 획득에 관한 기회 등은 재산권 보장의 대상이 되지 않는다.[9] 다수설은 배출권이 시장에서 거래대상이 되어 일정한 재산적 가치가 있으므로 헌법상 보장된 재산권에 해당한다고 인정하나, 소수설은 무상할당과 유상취득을 구분하여 무상할당된 배출권은 일정한 범위에서 온실가스를 배출할 수 있는 권능 내지 법적 지위에 불과하므로 헌법상 보장된 재산권에 해당하지 않고(다만 배출권등록부에 등록을 마치고 시장에서 완전한 거래의 대상이 되는 경우에는 헌법상 재산권으로 보호받을 수 있다고 한다), 유상취득한 배출권은 그에 상응하여 재산권으로 인정할 수 있다고 한다.[10]

다음 사법적 측면에서는 배출권이 재산 또는 권리인지 문제된다.[11] 이에 대하여는 배출권이 국가의 배출권등록부상에 존재하는 단순한 수치에 불과하다고 보는 수치설, 온실가스 배출을 규율하는 조약 등에 의하여 주어지는 법률상 지위라고 보는 법적 지위설 등의 견해가 있으나, 다수설은 배출권이 재산적 가치가 있다고 보아 그 권리성을 인정한다.[12]

3) EU의 입법례

EU-ETS 지침은 배출권을 배출허용량이라고 규정할 뿐 배출권이 재산 또는 권리인지 여부에 대하여 침묵하고 있다. 이는 EU가 개별회원국의 국내법적 특

8) 최문희, "온실가스 배출권거래의 금융법상 논점", 비교사법, 제15권 제3호, 2008, 95-101면.

9) 헌재 1996. 8. 29. 선고 95헌바36 결정; 헌재 1997. 11. 27. 선고 97헌바10 결정; 헌재 1999. 4. 29. 선고 96헌바55 결정.

10) 김성수, "'온실가스 배출권 거래제도에 관한 법률안' 상의 온실가스 배출권의 법적 성격과 할당의 법적 과제: 독일의 경험을 참고하여", 토지공법연구, 제52집, 2011, 226-229면.

11) 배출권이 재산 또는 권리인지 여부에서 더 나아가 금융투자상품에 해당하는지 여부도 많이 논의되는 주제이나, 이 글의 논의범위를 벗어나므로 다루지 않기로 한다.

12) 최문희, 앞의 논문, 95-101면.

수성을 존중하여 지침에서 배출권의 법적 성질을 직접 규정하지 않고 개별회원국의 입법과 해석에 맡긴 것으로 설명된다. 이러한 EU-ETS 지침의 태도는 재량권 행사의 기준이라는 법형식의 성격에 부합한다고 볼 수 있다.[13] 위와 같이 EU-ETS 지침이 배출권의 법적 성질에 대하여 재량을 부여함에 따라 개별회원국은 각기 다른 입법을 하고 있다.

프랑스 환경법전 L.229-15조 I 은 배출권을 동산(bien meubles)으로 규정하여 배출권이 재산권으로서 주관적 권리에 해당함을 분명히 하고 있다.

스페인은 온실가스 배출권거래법 제2조(a)에서 배출권을 이산화탄소 1톤의 등가물을 배출할 수 있는 주관적 권리라고 규정하고 있다.

독일은 온실가스 배출권거래법(TEHG) 제3조 제4항에서 배출권을 이산화탄소 1톤의 등가물을 배출할 수 있는 권한(Befugnis)이라고 규정하고 있다. 독일 민법은 유체물만 물건으로 규정하고 있으므로 유체물이 아닌 배출권은 민법상 물건이 될 수 없으나, 배출권이 침해된 경우 소송을 제기하여 구제를 도모할 수 있으므로 권리로서의 성격을 가지고 있다고 해석된다.[14]

영국은 온실가스 배출권거래제 관련 법령에서 배출권이 EU-ETS 지침에서 부여한 의미를 가진다고 규정하고 있다. 그런데 EU-ETS 지침이 배출권의 법적 성질을 명확히 하고 있지 않으므로 법령상 배출권의 법적 성질은 명확하지 않은 셈이다.

4) 소 결

EU 회원국들의 입법례를 보면 프랑스, 스페인 등은 배출권을 주관적 권리로 명시하고 있고 독일은 객관적 권한으로 규정하고 있으며 영국은 법적 성질을 명확히 규정하지 않은 EU-ETS 지침을 그대로 수용하고 있다. 이는 배출권의 법적 성질을 규명하는 것이 논리필연적인 것이라기보다는 입법적 결단을 요구하는 측면이 강함을 시사한다.

그런데 배출권거래제를 시행하고 있는 많은 국가들이 배출권의 안정적 거래를 보장하기 위하여 배출권을 권리로 인정하고 있고[15] 국제사회도 배출권의 배타적 사용(exclusive use), 경제적 가치(economic value), 유인효과(incentive effect) 등으로 인해 대부분 배출권의 권리성을 인정하고 있다.[16] 따라서 우리

---

13) 이광윤, "배출권거래제의 도입에 따른 법적 과제", 법제, 2010년 7월호, 2010, 74면.

14) 최경진, "배출권의 법적 성질", 비교사법, 제17권 제1호, 2010, 428-430면.

15) 미국은 The Clean Air Act에서 배출권이 재산권에 해당하지 않는다고 규정하였으나, 판례는 배출권이 거래대상이 되는 점 등 재산권에 유사한 많은 특징을 가지고 있음을 인정하고 있다[Sabina Manea, Defining Emissions Entitlements in the Constitution of the EU Emissions Trading System", Transnational Environmental Law 1 : 2(2012), p. 316].

나라 배출권거래제법이 배출권의 법적 성질에 대하여 명확히 규정하고 있지 않더라도 배출권을 권리로 인정하는 것이 타당하다고 본다.

2. 배출권의 거래체계

(1) 배출권의 할당

배출권의 할당은 국가별 또는 기업별로 배출권의 수량을 결정하여 배분하는 것을 의미한다.국제적으로는 각 국가가 전 세계의 온실가스 감축목표를 고려하여 배출권을 할당받고, 국가적으로는 각 기업이 국가가 할당받은 범위 내에서 배출권을 할당받는 구조를 갖는다.

배출권거래제법상 할당주체는 주무관청인 환경부장관이고, 할당대상업체는 최근 3년간 온실가스 배출량의 연평균 총량이 125,000톤 이상인 업체 또는 25,000톤 이상인 사업장 및 자발적 참여신청업체이다(법 제8조). 국가가 배출권을 할당하는 행위는 강학상 행정행위이고 항고소송의 대상이므로 국가의 할당행위가 위법하면 할당대상업체는 행정소송을 제기하여 구제받을 수 있다.

배출권 할당방식은 할당대상업체가 할당의 대가를 지급하는지 여부에 따라 무상할당과 유상할당으로 구분된다. 무상할당에는 과거의 배출량을 근거로 할당하는 그랜드파더링(grandfathering)방식과 온실가스 감소 우수 선행업체들의 배출량에 근거하여 할당하는 벤치마킹(benchmarking)방식이 있고, 유상할당에는 경매(auction)방식이 있다.

배출권거래제 시행 초기에는 제도의 조기정착을 위하여 무상할당비율을 높게 설정하나, 중장기적으로는 원인자부담원칙을 실현하기 위하여 유상할당비율을 확대한다. 이에 따라 1차 계획기간인 2015년부터 2017년까지는 무상할당비율이 100%, 2차 계획기간인 2018년부터 2020년까지는 97%, 3차 계획기간인 2021년부터 2025년까지는 90% 이하이다(시행령 제13조).[17] 다만 배출권거래제의 시행으로 산업의 국제경쟁력이 약화되는 것을 방지하기 위하여 생산비용발생도나 무역집약도가 일정 수준 이상인 경우 예외적으로 100% 무상할당한다(시행령 제14조).

---

16) Qing Pei, Lanlan Liu, David D. Zhang, "Carbon emission right as a new property right: escue CDM developers in China from 2012", International Environmental Agreements: Politics, Law and Economics, Springer Netherland, 2012, p. 7.

17) 독일의 경우에도 1단계인 2005년부터 2007년까지는 100% 무상할당을 하였고 2단계인 2008년부터 2012년까지는 최고 10%까지 유상할당을 하였으며, 2013년부터는 전면적인 유상할당을 하도록 되어 있다. 김성수, 앞의 논문, 230면.

(2) 배출권의 거래

배출권은 매매나 그 밖의 방법으로 거래할 수 있고, 배출권을 거래하는 자는 배출권등록부에 배출권 거래계정을 등록하여야 한다. 배출권을 거래한 자는 그 사실을 주무관청에 신고하고, 주무관청은 배출권등록부에 거래내용을 등록한다. 배출권 거래가 있더라도 배출권등록부에 거래내용을 등록해야 배출권 이전의 효력이 생기도록 하여 형식주의를 채용하고 있다(법 제21조).

주무관청은 배출권 거래의 안정성과 효율성을 도모하기 위하여 배출권거래소를 지정하거나 운영할 수 있다. 배출권거래제 도입 초기 거래시장의 안정화를 위하여 할당대상업체 이외에는 한국산업은행, 중소기업은행, 한국수출입은행, 한국정책금융공사 등 공적 금융기관에 한하여 거래시장에의 참여가 허용된다(법 부칙 제3조, 시행령 부칙 제2조).

(3) 배출권의 제출 등

할당대상업체는 이행연도 종료일부터 6개월 이내에 인증받은 온실가스 배출량에 상응하는 배출권을 주무관청에 제출한다(법 제27조). 배출권을 보유한 자는 보유한 배출권을 계획기간 내의 다음 이행연도 또는 다음 계획기간의 최초 이행연도로 이월할 수 있고, 계획기간 내의 다른 이행연도에 할당된 배출권의 일부를 차입할 수 있다(법 제28조).

국제적 기준에 부합하는 방식으로 외부사업에서 발생한 온실가스 감축량을 보유하거나 취득한 경우 그 전부 또는 일부를 상쇄배출권으로 인정받을 수 있다(법 제29조). 우리나라는 교토의정서상 부속서Ⅰ 국가가 아니지만 2005년 2월 제15차 청정개발체제(CDM) 집행위원회의 결의에 의하여 자체적으로 CDM사업에 투자하여 배출권을 팔거나 이월할 수 있다.

Ⅲ. EU의 배출권거래 관련 부가가치세제

1. 배출권이 부가가치세 과세대상인지 여부

(1) EU 부가가치세 지침(directive)

유럽 조세법의 체계는 최상위에 유럽공동체조약이 있고, 그 아래에 유럽공동체의 개별기관의 법적 행위인 명령과 지침이 있다. 유럽공동체조약의 조세관련규정은 공동시장의 창설을 위한 방향과 목표를 제시하고, 그 실질적인 내용은 이사회의 명령과 지침에 규정되어 있다.[18] 유럽공동체조약 제93조의 수권에 따라 1967년 유럽공동체 이사회는 회원국들에게 구속력을 가지는 부가가치세 지침(directives)을 제정하였다. 부가가치세 지침은 여러 차례에 걸쳐 제정 내지 개정되었는데 그 중 1977년 제정된 제6차 부가가치세 지침(77/388/EEC)은 회원국들 공통의 과세기준을 강화하는 중요한 내용을 포함하고 있다. 그런데 유럽공동체 이사회는 2006. 11. 28. 제6차 부가가치세 지침을 무효화하고 부가가치세에 관한 공통의 과세기준을 포함하는 새로운 지침을 공표하였다(2006/112/EC). 그 후 EU 부가가치세 지침에 대한 몇 차례의 개정이 있었지만 지침 2006/112/EC의 기본골격이 유지되고 있으므로 2006/112/EC(이하 지침 2006/112/EC와 개정된 조항을 포함하여 'EU 부가가치세 지침'이라고 한다)를 기준으로 EU의 배출권거래에 대한 부가가치세 과세문제를 논의한다.[19]

EU 부가가치세 지침은 ① 회원국 내에서의 유상성 있는 재화의 공급, ② 회원국 내에서의 유상성 있는 용역의 공급, ③ EU 역내에서의 유상성 있는 재화의 취득, ④ 재화의 수입 등을 부가가치세 과세대상으로 규정하고 있다(지침 제2조 제1항). 재화의 공급은 소유권자로서 유형의 재산권에 대한 처분권을 이전하는 것이고(지침 제14조 제1항), 용역의 공급은 재화의 공급에 해당하지 않는 모든 공급을 의미한다(지침 제24조 제1항). 이 때 전기, 가스, 열기, 냉기 및 이와 동종의 것은 유형의 재산권에 속한다(지침 제15조 제1항).

(2) 배출권의 과세대상 여부

배출권은 유형의 재산권이 아닐 뿐 아니라 전기, 가스, 열기, 냉기 및 이와 동종의 것이라고 할 수도 없으므로 EU 부가가치세 지침에 의하면 배출권의 공급은 재화의 공급에 해당하지 않는다. 그리고 재화의 공급에 해당하지 않는 모든 공급은 용역의 공급이므로 배출권의 공급은 용역의 공급에 해당한다.

---

18) 박종수, 유럽연합의 부가가치세법제에 관한 연구, 한국법제연구원, 2002, 62면이 진정한 유럽조세법의 법원은 유럽공동체 이사회의 명령과 지침이라고 한 것도 이사회의 명령과 지침에 구체적인 내용이 규정되어있기 때문이다.

19) 유럽공동체(EC)는 기존의 경제관련 연합체인 EEC(European Economic Community, 유럽경제공동체), ECSC(European Coal and Steel Community, 유럽석탄철강공동체), Euratom (EuropeanAtomic Energy Community, 유럽원자력공동체) 등이 합쳐져서 1967년 설립된 경제 중심의 통합체이다. 그 후 1992년 마스트리히트조약에 의해 유럽의 통합은 기존의 경제분야 협력 이외에 외교안보, 내무사법분야로 확대되어 소위 3주체제를 형성하여 EU(European Union)가 탄생하였다. EU의 출범으로 EC의 법제는 EU로 승계되었으나 EU 성립 이후에도 EU가 법인격이 없었기 때문에 EC라는 명칭을 계속 사용하다가 2009. 12. 1. 리스본조약의 발효로 EU가 법인격을 가지게 되어 EC는 역사 속으로 사라지게 되었다. EC의 EU로의 더 자세한 변천과정은 박덕영 외 14인, EU법강의, 박영사, 2010, 1-29면 참조.

2. 배출권거래단계에 따른 부가가치세 과세

(1) 배출권의 할당

1) 무상할당

EU 부가가치세 지침에 의하면 용역의 공급은 유상성이 있는 경우에만 부가가치세가 과세되므로 배출권의 무상할당에 대하여는 부가가치세가 과세되지 않는다.

2) 유상할당

EU 부가가치세 지침에 의하면 사업자는 행위의 목적이나 결과와 관계없이 독립적으로 경제적 활동을 수행하는 자를 의미한다(지침 제9조 제1항). 국가, 지방자치단체 등의 공공기관은 공적(公的) 업무를 수행하면서 수수료, 부담금 등의 대가를 징수하더라도 납세의무자가 아니나, 공공기관을 납세의무자로 취급하지 않는 것이 거래상 중대한 경쟁력의 왜곡을 야기하는 경우 납세의무자로 간주된다(지침 제13조 제1항). 이 규정에 의하면 공공기관은 원칙적으로 부가가치세 납세의무자에서 제외되나, 이러한 혜택은 국가, 지방자치단체 등의 공공기관이 고권적(高權的) 행위를 할 때 누릴 수 있는 것이므로 공공기관이 사법적(私法的) 행위를 할 때에는 부가가치세 납세의무가 있다.[20] EU-ETS에 따라 설립되어 배출권을 할당하는 회원국들의 권한있는 기관이 배출권을 할당하는 행위는 고권적 행위에 해당하므로 배출권 할당기관은 위 규정에 의한 공공기관에 해당한다. 그러나 할당기관을 납세의무자로 취급하지 않는 것이 거래상 중대한 경쟁력의 왜곡을 야기하는 경우 배출권 할당기관에게 부가가치세가 과세될 수 있다.[21] 배출권의 할당이 중대한 경쟁력의 왜곡을 야기하는지 여부는 사실판단의 문제이므로 할당기관에 대한 부가가치세 과세 여부를 일률적으로 말할 수 없고 개별사안에 따라 달라질 수 있다.[22]

(2) 배출권의 거래

1) 국내거래

배출권 공급은 용역의 공급에 해당하고, 회원국의 부가가치세법이 국가 내의 배출권 공급에 대하여 특별히 부가가치세 면제조항을 두고 있지 않으면 배출권을 공급하는 기업에게 부가가치세가 과세된다. 배출권을 공급하는 기업은

---

20) 박종수, 앞의 책, 104-105면.

21) Document taxud.d.1(2010) 156868-working paper No. 665.

22) 황의관, "배출권 거래의 부가가치세 과세에 관한 비교법적 연구", 공법학연구, 제13권 제4호, 2012, 336-337면.

배출권을 구매하는 기업으로부터 부가가치세를 거래징수하여 국가에 납부하고, 배출권을 구매하는 기업은 거래징수당한 부가가치세를 매입세액으로 공제 내지 환급받는다.

2) 국가 간 거래

① 국경세조정

재화 및 용역이 국경을 넘어서 거래되는 경우 소비지와 공급지 중 어느 곳에 과세권한을 부여할 것인지의 국경세조정의 문제에 관하여는 전통적으로 생산지과세원칙(origin principle)과 소비지과세원칙(destination principle)의 대립이 있다. 재화의 경우를 보면 생산지과세원칙을 따를 경우 생산지에서 부가가치세를 과세하므로 수입재화에 대하여 부가가치세를 과세하지 않는 대신 수출재화에 대하여 부가가치세를 환급하지 않는 형태가 되고, 소비지과세원칙을 따를 경우 수입재화에 대하여 부가가치세를 과세하는 대신 수출재화에 대하여 부가가치세를 환급하는 형태가 된다. 생산지과세원칙은 자원배분에 비중립적이나 행정비용이 적게 소요되는 장점이 있고, 반대로 소비지과세원칙은 행정비용이 많이 소요되나 자원배분에 중립적인 장점이 있다.[23] 즉 A국과 B국이 C국에 재화를 공급하고 A국과 B국의 부가가치세율이 다를 경우 생산지과세원칙에 따르면 서로 다른 A국과 B국의 세율이 적용되어 생산요소의 국가배분에 영향을 미치게 되나, 소비지과세원칙에 따르면 공급지가 어디이든 상관없이 소비지인 C국의 세율이 적용되므로 자원배분의 중립성이 확보된다. GATT체제 하에서는 소비지과세원칙이 적용되므로 수입재화에 대하여 부가가치세를 과세하고 수출재화에 대하여 영세율을 적용하는 방식으로 국경세조정을 한다. 다만 EU의 경우에는 1993년 이후 국경장벽을 없애고 단일시장을 구축하기 위하여 생산지과세원칙으로의 전환을 시도하고 있으나, 회원국의 세율이 다르고 세원을 재배분하는 조세행정상의 어려움으로 완전한 생산지과세원칙은 실행에 옮겨지지 못하고 있다.[24]

② 역내 국가 간 거래

용역의 공급장소를 결정하는 일반적인 기준은 ⅰ) EU 역내에서 사업자에게 용역을 공급하는 경우 용역을 공급받는 자의 사업장소 등이 공급장소가 되고

---

23) 홍범교·안종석, 전자상거래와 조세 : 국제적 논의동향과 정책 시사점, 한국조세연구원, 2001, 82-83면.

24) Isabelle Joumard, "Tax Systems in European Union Countries", Economics Department Working Papers, No. 301, 2001, p. 47에 의하면 1993년 이후의 EU의 부가가치세체계는 소비지과세 원칙적 요소와 생산지과세원칙적 요소가 섞여 있기 때문에 'a transitional dual system'이라고 한다.

(지침 제44조), ii) 비사업자에게 용역을 공급하는 경우에는 용역을 공급하는 자의 사업장소 등이 공급장소가 된다(지침 제45조).[25]

2008. 2. 12. 부가가치세 지침이 개정되어(2008/8/EC) 사업자들 사이의 용역의 공급(B2B)의 경우 종전에는 공급장소가 용역을 공급하는 자의 사업장소 등이었으나 2010. 1. 1.부터는 용역을 공급받는 자의 사업장소 등으로 바뀌었다.[26] 그리하여 사업자들 사이의 배출권 공급(B2B)은 소비지과세원칙에 따라 실제 소비되는 곳이 공급장소가 되고, 사업자와 비사업자 사이의 용역의 공급(B2C)은 생산지과세원칙에 따라 공급자가 위치한 곳이 공급장소가 된다.[27]

역내에서 사업자가 다른 회원국의 거래상대방으로부터 용역을 공급받는 경우 용역을 공급받는 자의 사업장소 등이 공급장소가 되므로 용역을 공급받는 사업자가 자국에서 부가가치세를 납부하는 이른바 구매자세액신고제도(reverse charging mechanism)가 적용된다. 배출권의 공급은 용역의 공급에 해당하므로 사업자가 다른 회원국의 거래상대방으로부터 배출권을 구매하는 경우 배출권 구매자는 구매자세액신고제도에 의하여 자국에서 부가가치세를 납부한다.

③ 역외 국가 간 거래

EU 역외의 비사업자에게 저작권·특허·면허·상표권 등의 양도, 광고, 자문·기술고문·법률서비스·회계서비스 등의 전문적 용역과 자료처리 및 정보 공급, 금융·보험(재보험 포함),인력제공, 통신, 라디오 및 TV방송, 전자적으로 전달되는 서비스 등의 용역을 공급하는 경우 용역을 공급받는 비사업자가 위치한 곳이 공급장소가 된다(지침 제59조). EU 역외의 사업자와 비사업자 사이의 용역의 공급(B2C)에 대하여 역내 국가 간 거래와 달리 소비지과세원칙이 적용되어 용역을 공급받는 비사업자가 위치한 곳이 공급장소가 되는 것이다.

EU 부가가치세 지침 제59조에 의하면 배출권의 공급은 용역을 공급받는 비사업자가 위치한 곳을 공급장소로 보는 용역에 열거되어 있지 않다. 그러나 회원국의 사업자가 배출권을 역외의 비사업자에 공급하는 경우 비사업자인 역외의 배출권 구매자가 위치한 곳이 공급장소가 된다고 해석된다.[28] 따라서 역내

---

25) 중개인에 의한 용역의 공급 등 지침 제46조부터 제59조까지의 용역의 공급은 예외이다.

26) Walter Hellerstein, Timothy H. Gillis, "The VAT in the European Union", Tax Notes, 2010(from taxprof.typepad.com), p. 467에 의하면 전통적인 용역의 거래에서는 공급지와 소비지가 다르지 않았기 때문에 생산지과세원칙을 적용해도 별 문제가 없었으나 기술이 발달하여 국가 간 원격지거래가 가능해짐으로써 전통적인 생산지과세원칙을 그대로 적용할 수 없는 문제가 생긴 것이다.

27) Fabrizio Borselli, "Organized VAT Fraud : features, magnitude, policy perspectives", Bank of Italy Occasional Paper No. 106, 2011, p. 11.

의 사업자가 배출권을 역외의 비사업자에게 공급하는 경우 역외의 배출권 구매자는 구매자세액신고제도에 의하여 자국에서 부가가치세를 납부한다.

(3) 배출권의 제출

EU 부가가치세 지침에 의하면 용역을 공급하는 경우 유상성의 요건이 충족되어야 부가가치세 과세대상이 된다. 배출권을 의무이행의 목적으로 국가에 제출하는 경우 유상성의 요건을 충족하지 못하므로 부가가치세가 과세되지 않는다.

3. 배출권의 회전목마형 사기거래에 의한 부가가치세 편취

(1) 회전목마형 사기거래의 의의

회전목마형 사기거래(carousel fraud)는 부가가치세의 약점을 교묘하게 이용하여 부가가치세를 편취함으로써 국가의 재정을 위협하는 거래이다. 회전목마형 사기거래는 처음에는 휴대폰, 컴퓨터칩 등 크기가 작고 가치가 높으며 거래회전이 빠른 재화의 거래에서 발생하였으나, 용역의 공급인 배출권의 거래로 확대되었다. 배출권은 운송비가 들지 않아 수익성이 높기 때문이다.[29] 배출권에 대한 회전목마형 사기거래는 2009년 프랑스의 배출권 거래시장인 BlueNext에서 등장하여 2009년 7월 수일 간 배출권거래시장을 폐쇄시키기도 하였다.[30]

회전목마형 사기거래는 여러 가지 유형이 있지만 재화에 대한 EU 역내 회전목마형 사기거래의 가장 간단한 형태는 다음과 같은 거래과정을 거친다.

① EU 회원국인 A국의 사업자 甲이 다른 회원국인 B국의 사업자 乙로부터 재화를 면세로 수입한다.

② 甲은 수입한 재화를 A국의 사업자 丙에게 매도하면서 부가가치세를 거래

---

28) EU 부가가치세 자문위원회는 2004. 10. 14. 배출권의 공급이 6차 부가가치세 지침 제9조 제2항(e)에 해당한다고 해석하였다(Document TAXUD/6125/04 Rev.1 - Working paper No 443 Rev.1). 그런데 6차 부가가치세 지침 제9조 제2항(e)는 EU 부가가치세 지침 제59조로 계승되었으므로 사업자가 배출권을 역외의 비사업자에 공급하는 경우 구매자가 위치한 곳이 공급장소가 된다고 해석된다.

29) Dr Redmar A. wolf, "The Sad History of Carbon Crousels", International VAT Monitor, 2010, p. 404.

30) BlueNext의 평균거래량이 2009년 1월부터 4월까지는 1일 700만 크레딧에 못미쳤고 같은 해 5월에는 1일 940만 크레딧으로 증가하였으나 2009. 7. 2.에 이르러서는 1일 1,980만 크레딧으로 급증하였다가 그 다음날에는 다시 250만 크레딧으로 감소하는 등 매우 불안정하였다. Richard T. Ainsworth, "The Morphing of MTIC Fraud : VAT Fraud Infects Tradable CO2 Permits", Boston Univ. School of Law Working Paper No. 09-35, 2009(from papers.ssrn.com), p. 1.

징수하고 이를 납부하지 않은 채 행방을 감춘다. 甲을 폭탄업체(missing trader)라고 하는데, 납부하지 않은 부가가치세를 원천으로 乙로부터 매수한 가격보다 낮은 가격에 재화를 丙에게 매도한다.

③ 丙은 B국의 사업자 乙에게 영세율로 재화를 수출하고 거래징수당한 매입세액의 환급을 국가에 청구한다.

위 거래단계 중 ②에서 거래가 끝나면 취득형 사기거래(acquisition fraud)라 하고, ③까지 거래가 되면 재화가 甲, 乙, 丙 사이에서 순환하므로 회전목마형 사기거래라고 한다. 회전목마형 사기거래가 발생하면 폭탄업체가 부가가치세를 납부하지 않을 뿐 아니라 수출업체가 매입세액을 공제 내지 환급받으므로 국가 입장에서는 받아야 할 부가가치세는 받지 못한 상태에서 부가가치세를 공제 내지 환급하므로 적극적인 국고의 유출이 초래된다. 우리나라에서도 금지금 거래에서 EU의 회전목마형 사기거래와 유사한 방식으로 폭탄업체[31]를 개입시켜 부가가치세를 포탈하는 변칙적 사기거래가 발생한 사실이 있다.[32]

(2) 배출권에 대한 회전목마형 사기거래의 구조

용역의 공급인 배출권의 공급에 대한 회전목마형 사기거래는 다음과 같이 2가지 형태를 띤다.

첫째, 배출권의 거래에 대하여 부가가치세가 과세되지 않는 국가[33]로부터 배출권을 구매해서 과세로 전환하여 부가가치세를 거래징수하지 않고 행방을 감추는 것이다. 이는 재화에 대한 회전목마형 사기거래의 구조와 다르지 않다.

둘째, 배출권의 구매 시 적용되는 구매자세액신고제도와 결부되어 다음과 같은 거래과정을 거친다.

① EU 회원국인 A국의 사업자 甲이 다른 회원국인 B국의 사업자 乙로부터 배출권을 구매한다.

② 乙은 구매자세액신고제도에 의하여 자신이 납부할 부가가치세를 납부하지 않고 A국의 사업자 丙에게 배출권을 매도하면서 丙으로부터 거래징수한 부가가치세를 납부하지 않은 채 행방을 감춘다. 乙이 폭탄업체의 역할을 하는 것

31) 금지금의 부가가치세 사기거래에 대한 대법원 2011. 1. 20. 선고 2009두13474 판결(전원합의체)은 폭탄업체 대신 '악의적 사업자'라는 표현을 사용한다.

32) 우리나라는 2002. 12. 30. 일정한 요건을 갖춘 금지금의 수입과 공급에 대하여 부가가치세를 면제하는 금지금 면세제도를 도입하였는바, 면세금지금을 대량으로 수입하여 과세로 전환하는 단계의 사업자가 폭탄업체로서 부가가치세를 납부하지 않고 폐업함으로써 회전목마형 사기거래와 유사하게 부가가치세를 의도적으로 면탈하는 사기거래가 발생하였다. 김갑순·전병욱, "금지금 거래 탈세행위와 개선방안", 조세법연구, 제13권 제2호, 2007, 355-356면.

33) 프랑스가 대표적인 국가이다.

이다.

③ 丙은 B국의 사업자 乙에게 배출권을 공급하고 징수당한 매입세액의 환급을 국가에 청구한다.

(3) EU 및 회원국의 대응

1) 각 회원국의 대응

휴대폰, 컴퓨터칩 등 재화뿐 아니라 배출권의 거래에까지 회전목마형 사기거래가 확대되자 EU 회원국들은 EU 전체적인 차원의 대책이 나오기 전에 먼저 각국 나름대로 대응조치를 실시하였다.

프랑스는 2009. 6. 8. 배출권의 거래를 금융상품이 포함된 거래로 보아 국내거래에 대하여도 부가가치세를 면제하였다. 회전목마형 사기거래를 근원적으로 차단하기 위하여 배출권의 거래에 대하여 부가가치세를 면제하는 조치를 단행한 것이다.

네덜란드는 2009. 7. 14. 배출권에 관한 국내거래에 대하여도 구매자세액신고제도를 실시하였다. 국내거래에까지 구매자세액신고제도를 적용함으로써 폭탄업체가 부가가치세를 거래징수할 기회를 원천적으로 봉쇄하여 공급사슬(supply chain)의 모든 단계에서 회전목마형 사기거래가 발생할 여지를 없애고자 한 것이다. 부가가치세 사기거래는 재화나 용역의 공급자가 공급받는 자로부터 부가가치세를 거래징수하고 납부하지 않는 방법으로 행해지나, 구매자세액공제제도 하에서는 재화나 용역의 공급자로 하여금 부가가치세를 거래징수하지 못하게 하고 대신 재화나 용역의 매입세액에 대한 공제권한을 가지고 있는 공급받는 자에게 부가가치세 납부의무를 지우므로 부가가치세 탈루가능성을 원천적으로 방지할 수 있다.

영국은 2009. 7. 31. 배출권의 거래에 대하여 영세율을 적용하였다. 그러나 매입세액공제를 허용하지 않는 프랑스의 면세제도와 달리 매입세액공제를 허용하는 영세율제도가 회전목마형 사기거래를 방지하는데 한계를 드러내자 뒤에서 보는 바와 같이 EU 부가가치세 지침의 개정에 따라 2010. 11. 1. 구매자세액신고제도를 도입하였다.

2) EU 부가가치세 지침의 개정

EU 회원국이 회전목마형 사기거래에 대하여 각기 상이한 조치를 취하자 EU 전체적인 차원에서 통일된 준칙의 마련을 위한 요구가 증대하였다. 이에 EU 이사회는 2009. 9. 29. 회전목마형 사기거래에 대응하기 위한 부가가치세 지침 개정안을 내놓았다. 그 골자는 회전목마형 사기거래에 이용될 위험성이 큰 재화와 서비스 중 최대 3가지까지 국내거래에 대하여도 구매자세액신고제도를 적용하는 것이다. 그 대상으로는 휴대폰, 컴퓨터칩, 향수, 귀금속, 배출권 등이 포함되었고, 적용기간은 2014. 12. 31.까지로 되어 있었다.

그러나 위 지침 개정안에 대하여 특정 재화와 서비스에 대한 구매자세액신고제도의 도입만으로는 회전목마형 사기거래에 대응하기 미흡하고, 구매자세액신고제도가 회전목마형 사기거래의 차단에 효과가 있는지에 대한 검증이 부족하다는 비판이 제기되었다. 그리하여 2010. 3. 16.최종적으로 채택된 부가가치세 지침(2010/23/EU)은 배출권에 대하여만 2015. 6. 30.까지 한시적으로 구매자세액신고제도를 도입하고, 그 이후의 회전목마형 사기거래에 대한 추세를 관찰하기로 하였다. 그러나 모든 EU 회원국이 동일하게 구매자세액신고제도를 도입하지 않는한, 회전목마형 사기거래를 방지하는 데 한계가 있다는 비판이 제기된다.[34)]

위와 같은 EU 부가가치세 지침의 개정 후 독일은 2010. 7. 1. 구매자세액신고제도를 도입하였고, 영국도 2010. 11. 1. 기존의 영세율제도를 포기하는 대신 구매자세액신고제도를 채택하였다.

Ⅳ. 배출권거래에 대한 현행 부가가치세제의 내용 및 그 대안의 검토

1. 배출권거래에 대한 현행 부가가치세제의 내용

(1) 배출권의 부가가치세 과세대상 여부

부가가치세법에 의하면 부가가치세 과세대상은 재화의 공급, 용역의 공급, 재화의 수입이고(법 제1조 제1항), 그 중 용역의 공급은 특수관계자에게 사업용 부동산을 임대하는 경우를 제외하고 유상이어야 한다(법 제7조 제3항).[35)] EU 부가가치세 지침이 재화의 공급에 대하여도 유상성을 요구하는 것과 차이가 있다.

재화는 재산적 가치가 있는 모든 유체물과 무체물이고, 용역은 재화 외의 재산 가치가 있는 모든 역무 및 그밖의 행위를 말한다(법 제1조 제2항 · 제3항). 유체물은 상품, 제품, 원료, 기계, 건물과 기타 모든 유형적 물건을 포함하고, 무체물은 동력, 열 기타 관리할 수 있는 자연력 및 권리 등으로서 재산적 가치

34) Dr Redmar A. wolf, op. cit., p. 405.

35) 특수관계자에 대한 사업용 부동산의 무상임대용역에 대하여 부가가치세를 과세하는 것은 사업용 부동산의 저가임대용역과의 과세형평을 제고하기 위한 것이다.

가 있는 유체물 이외의 모든 것을 포함한다(시행령 제1조 제1항 · 제2항). 이에 의하면 배출권의 법적 성질을 권리로 보는 이상, 배출권은 부가가치세법상 재화에 해당한다. 우리나라 부가가치세법은 배출권을 재화로 보고 EU 부가가치세 지침은 용역으로 취급하므로 세부적인 과세내용에서도 차이가 발생한다.

(2) 배출권의 거래단계에 따른 부가가치세 과세

1) 배출권의 할당

① 배출권의 할당주체인 국가가 부가가치세 납세의무자인지 여부

부가가치세법에 의하면 사업목적이 영리이든 비영리이든 관계없이 사업상 독립적으로 재화 또는 용역을 공급하는 자는 부가가치세 납세의무가 있다(법 제2조). 부가가치세 납세의무자에는 개인, 법인과 법인격이 없는 사단, 재단 또는 그 밖의 단체가 포함되며, 국가, 지방자치단체, 지방자치단체조합은 부가가치세 납세의무가 있는 법인에 포함된다.

따라서 배출권의 할당주체인 국가는 원칙적으로 부가가치세 납세의무자에 해당한다. EU 부가가치세 지침이 원칙적으로 국가, 지방자치단체 등 공공기관을 납세의무자가 아니라고 하는 것과 차이가 있다.

② 과세 여부

부가가치세법에 의하면 국가, 지방자치단체, 지방자치단체조합이 공급하는 재화 또는 용역으로서 부동산임대업, 도매 및 소매업, 음식점업, 숙박업, 골프장 · 스키장운영업, 기타 스포츠시설운영업 등을 제외한 업종은 면세이다(법 제12조 제1항 제18호, 시행령 제38조). 다시 말하면 국가, 지방자치단체 등이 공급하는 재화 또는 용역 중 부가가치세법 시행령 제38조에 규정된 부동산임대업 등의 업종은 과세되고, 그 나머지 업종은 면세된다. 배출권의 거래는 부가가치세법 시행령 제38조의 부가가치세 과세업종으로 규정되어 있지 않으므로 국가의 배출권할당행위는 면세대상으로 해석된다.

EU의 경우 국가는 원칙적으로 부가가치세 납세의무자가 아니고 배출권의 할당과 관련하여 국가를 납세의무자로 취급하지 않는 것이 거래상 중대한 경쟁력의 왜곡을 야기하는 경우 예외적으로 부가가치세가 과세되나, 우리나라의 경우 국가는 원칙적으로 부가가치세 납세의무자이고 면세규정에 해당하면 부가가치세가 면제되는 차이가 있다. 또한 EU의 경우 재화의 공급이든 용역의 공급이든 부가가치세를 과세하기 위하여는 유상성을 요구하므로 무상할당의 경우 다른 요건을 따질 필요없이 부가가치세 과세대상에 해당하지 않으나, 우리나라의 경우 무상의 용역공급과 달리 무상의 재화공급은 부가가치세 과세대

상에 해당하므로[36] 배출권의 무상할당과 유상할당을 구분하여 논의할 실익이 크지 않다는 점에서 차이가 있다.[37]

2) 배출권의 국내거래

배출권을 공급하는 자가 사업자이면 배출권의 공급에 대하여 부가가치세가 과세된다. 그러므로 배출권을 공급하는 자는 배출권 구매자로부터 부가가치세를 거래징수하여 납부해야 한다. 국세청은 사업자가 UN기후변화협약(UNFCCC)의 인증을 받아 생성된 탄소배출권을 외국법인으로부터 취득하여 국내의 다른 사업자에게 판매하고 그 대가를 받는 경우 부가가치세가 과세된다고 하여 해외에서 창출한 배출권을 국내에서 공급한 경우 부가가치세가 과세된다고 해석하고 있다.[38]

배출권거래제법상 할당대상업체는 최근 3년 간 온실가스 배출량의 연평균 총량이 125,000톤 이상인 업체 또는 25,000톤 이상인 사업장이므로 할당받은 배출권을 공급하는 자는 대부분 사업자의 요건을 어렵지 않게 충족할 것으로 보인다. 배출권거래시장에의 참여가 허용된 한국산업은행 등 공적 금융기관도 배출권거래시장에서 계속적·반복적으로 배출권을 공급할 것이므로 역시 사업자의 지위를 인정받을 수 있을 것이다. 그러나 개인이 어떠한 경위로 배출권을 취득하여 배출권거래시장 밖에서 1회적으로 배출권을 양도하는 경우 그 개인은 사업자가 아니므로 부가가치세를 과세할 수 없다.[39]

3) 배출권의 국가간 거래

① 배출권의 수출

부가가치세법에 의하면 수출하는 재화에 대하여는 영세율을 적용하고(법 제11조 제1항 제1호), 수출이란 내국물품을 외국으로 반출하는 것을 의미한다(시행령 제24조 제1항). 그러므로 국내기업이 배출권을 외국기업에게 판매하는 경우[40] 영세율을 적용할 수 있는지 여부는 위와 같은 판매행위를 부가가치세법에 의한

---

36) 임승순, 조세법, 박영사, 2009, 880면.

37) 황의관, 앞의 논문, 338면이 "우리나라 부가가치세법에서도 과세대상이 되기 위해서는 '유상성'을 요구하고 있다는 점에서 관할당국에 의한 최초의 배출권 할당이 무상인 경우에는 이 요건으로도 당연히 과세대상에서 제외될 것이다"라고 설시한 부분은 오류인 것으로 보인다. 우리나라 부가가치세법 하에서 배출권은 재화이고 재화의 무상공급은 용역의 무상공급과 달리 재화의 과세대상에 해당하기 때문이다.

38) 국세청 서면인터넷방문상담3팀 3448(2007. 12. 31).

39) 이준규·김문철·박상원, 탄소배출권의 회계처리 및 과세제도에 관한 연구, 한국조세연구원, 2010, 70면.

40) 현재는 배출권이 할당되지 않으므로 국내기업이 CDM사업에서 창출한 배출권을 국내사업장이 없는 외국기업에게 판매하는 경우가 있을 수 있다.

재화의 수출로 볼 수 있는지에 달려 있다. 이에 대하여는 부가가치세법의 수출 개념이 관세법에서 유래한 것이고 관세법 제2조 제2호에 의하면 수출이란 내국물품을 외국으로 반출하는 것이므로 배출권은 수출대상이 아니라는 견해도 가능하나, 부가가치세법 제11조 제1항 제1호가 규정하고 있는 수출하는 재화에 권리의 수출을 제외할 특별한 이유가 없으므로 권리의 수출도 영세율의 적용대상에 포함된다는 견해,[41] 배출권이 수출하는 재화에 해당하지 아니하여 부가가치세 과세대상이 된다고 하더라도 외국에는 우리나라의 주권이 미치지 아니하여 실제로 부가가치세의 징수가 불가능하므로 영세율이 적용된다고 해석하는 것이 타당하다는 견해[42] 등이 제기되고 있다.

배출권의 국외판매를 수출로 보아서 영세율을 적용할 것인지 여부를 논의하는 실익은 배출권을 외국기업에 판매한 자가 국내에서 부담한 매입세액을 공제 내지 환급받을 수 있는지 여부이다. 부가가치세법 제11조 제1항 제1호는 수출하는 재화라고만 되어 있으므로 배출권을 부가가치세법 제1조 제2항의 재화에 해당한다고 보는 이상, 부가가치세법 제11조 제1항의 수출하는 재화에도 해당한다고 보는 것이 일관성이 있다. 그러나 다른 한편 부가가치세법 시행령 제24조 제1항에 의하면 수출이란 내국물품을 외국으로 반출하는 것인데, 무체물인 배출권을 물품이라고 할 수 없으므로 배출권의 국외판매가 수출의 개념에 포섭되지 않는다고 볼 여지도 있다. 생각건대, 위 시행령 조항이 법률의 위임 없이 법률 조항보다 재화의 범위를 제한하여 납세자에게 불리한 결과를 가져오면, 위 시행령 조항에 근거하여 수출하는 재화에 권리가 포함되지 않는다고 해석하는 것은 시행령 조항으로 법률조항을 제한하는 것이어서 법체계상 허용될 수 없다. 따라서 현행 부가가치세법상으로는 배출권의 외국기업에 대한 판매는 영세율이 적용되는 재화의 수출에 해당한다고 해석하는 것이 타당하다고 본다.

② 배출권의 수입

부가가치세법에 의하면 재화의 수입에 대하여 부가가치세를 과세하는데, 여기서 재화의 수입이란 외국으로부터 우리나라에 들어온 물품, 수출신고가 수리된 물품을 우리나라에 반입하는것을 말한다(법 제8조). 재화의 수입은 물품의 국내반입을 의미하므로 문리해석상 권리에 해당하는 배출권을 외국기업으로부터 구매하는 것은 재화의 수입으로 볼 수 없다. 이러한 해석은 재화의 수입에

41) 이준규 · 박정우, “기후변화협약에 따른 탄소배출 규제의 과세문제”, 조세법연구, 제15권 제3호, 2009, 185면.

42) 황의관, 앞의 논문, 341-342면.

대한 부가가치세 과세실무에 비추어 보더라도 타당하다. 재화를 수입하면 재화가 국경을 통과하므로 세관장이 관세를 징수하면서 동시에 부가가치세도 징수할 수 있다. 그러나 권리를 국외에서 구입하면 물품과 달리 세관을 통과하지 아니하여 세관장이 부가가치세를 징수하는 것이 현실적으로 불가능하므로 권리는 부가가치세가 과세되는 재화의 범위에서 제외되는 것이다.

배출권의 국외구매가 재화의 수입이 아니라면 그 다음으로 부가가치세법 제34조 소정 대리납부의 대상이 되는지 문제된다. 대리납부는 국내사업장이 없는 비거주자 또는 외국법인으로부터 용역을 공급받는 경우 용역을 공급받는 자가 대가를 지급하는 때 부가가치세를 징수하여 관할세무서장에게 납부하는 것을 의미한다. 대리납부제도는 EU의 구매자세액신고제도와 본질적으로 다르지 않다. 부가가치세 납세의무자인 용역의 공급자가 외국에 있어 부가가치세의 납부를 기대할 수 없으므로 대리납부제도에 의하여 용역을 공급받는 자에게 부가가치세 납부의무를 지움으로써 국내에서 공급되는 용역과 과세형평을 유지할 수 있다. 그런데 공급받는 용역을 과세사업에 제공하여 대리납부한 세액을 매입세액으로 공제받는 경우 국가의 세수에 별로 도움이 되지 않고 절차를 번거롭게 하므로 공급받는 용역을 과세사업에 제공하는 자는 대리납부대상에서 제외하고 있다. 또한 부가가치세법 제12조에 따라 부가가치세가 면제되는 용역은 당연히 대리납부 적용대상에서 제외된다.[43] 따라서 대리납부제도는 공급받은 용역의 최종소비자이거나 공급받은 용역이 매입세액공제대상이 아닌 경우에 적용된다.

특기할 만한 것은 대리납부제도가 본래 용역을 공급받는 자에게만 적용되었는데 2011. 12. 31. 부가가치세법 제34조가 개정되어 무체물을 공급받는 자도 대리납부 적용대상에 포함되었다는 점이다. 배출권은 무체물에 해당하므로 위 개정조항에 의하면 배출권을 국외에서 구매하는 경우 대리납부제도가 적용될 수 있다. 다만 배출권을 국외에서 구매하는 기업은 대부분 부가가치세법상 사업자에 해당할 가능성이 높으므로 실제로 대리납부제도의 적용을 받을 가능성은 높지 않다.

4) 배출권의 제출

배출권 할당대상업체는 이행연도 종료일부터 6개월 이내에 인증받은 온실가스 배출량에 상응하는 배출권을 주무관청에 제출해야 한다. 이러한 배출권의 제출은 배출권거래제법의 의무를 이행하기 위한 것일 뿐 자신의 사업을 위하

43) 부가가치세법 기본통칙 34-85-1.

여 재화를 공급하는 것이 아니므로 부가가치세법상 재화의 공급에 해당하지 않는다.[44)]

≪EU와 우리나라의 배출권거래에 대한 부가가치세제 비교≫

	EU	우리나라
배출권의 취급	• 용 역	• 재 화
배출권의 할당	• 국가는 원칙적으로 부가가치세 납세의무자가 아니나, 배출권의 할당과 관련하여 국가를 납세의무자로 취급하지 않는 것이 거래상 중대한 경쟁력의 왜곡을 야기하는 경우 예외적으로 부가가치세 과세가능	• 국가는 원칙적으로 부가가치세 납세의무자이나 면세 규정에 의하여 부가가치세 면제
배출권의 국내거래	• 부가가치세 과세	• 부가가치세 과세
배출권의 국가 간 거래	• 역내 사업자의 배출권 구매와 역외 비사업자의 배출권 구매에 대하여 구매 자세액 신고제도 적용	• 비사업자의 배출권 국외구매에 대하여 대리납부제도 적용
배출권의 제출	• 부가가치세 비과세	• 부가가치세 비과세
부가가치세 사기거래에 대한 대응	• 부가가치세 면제 또는 국내 거래에 대한 구매자 세액신고제도 확대적용	• 없음

2. 현행 배출권거래에 대한 부가가치세제의 평가 및 그 대안의 검토

(1) 현행 배출권거래에 대한 부가가치세제의 평가

1) 배출권 국외구매의 대리납부 적용에 따른 과세형평 문제

우리나라는 비사업자가 국외로부터 용역을 공급받는 경우 대리납부제도를 적용하였으나, 2011. 12. 31. 부가가치세법 제34조를 개정하여 권리인 재화의 수입에 대하여도 대리납부제도를 적용한다. 권리는 재화에 해당하지만 권리를 국외에서 구입할 경우 물품과 달리 세관을 통과하지 아니하여 세관장이 현실적으로 부가가치세를 징수할 수 없다는 점을 고려하여 대리납부제도를 적용한 것이다.

44) 이준규 · 김문철 · 박상원, 앞의 책, 70면.

종전에는 배출권의 국외구매에 대하여 부가가치세가 과세되지 않았으나 부가가치세법의 개정으로 대리납부의 방법에 의한 부가가치세의 징수가 가능해졌으므로 형식상으로는 국외구매 배출권과 국내구매 배출권 사이의 과세형평과 조세중립성이 제고된 것으로 볼 수 있다. 그러나 국외구매 배출권을 과세사업에 제공하면 대리납부의 적용이 배제되므로 이 경우 여전히 배출권의 국외구매와 국내구매 사이의 과세형평 및 조세중립성의 문제가 제기될 수 있다.

2) 배출권의 부가가치세 사기거래에 대한 대비 문제

EU의 배출권거래에서 발생한 회전목마형 사기거래가 배출권거래시장의 불안을 초래하고 국가재정을 위협하자 EU 및 그 회원국들은 부가가치세 면제, 구매자세액신고제도의 확대적용 등의 대응조치를 실시하였다. 이에 비하여 우리나라 부가가치세법은 배출권의 부가가치세 사기거래에 대비하기 위한 규정을 두고 있지 않다.

우리나라에서 배출권거래제를 시행할 경우 EU의 회전목마형 사기거래와 유사한 부가가치세 사기거래가 발생할 것인지, 그리하여 그에 대한 대책이 필요한지에 대하여는 논란이 있을 수 있다. EU에서 배출권의 거래에 부가가치세를 편취하기 위한 회전목마형 사기거래가 발생하였고, 우리나라에서도 금지금 등의 품목에서 폭탄업체를 개입시켜 부가가치세를 편취하는 사기거래가 나타났으므로 배출권이 부가가치세 사기거래의 표적이 될 가능성을 전적으로 배제할 수는 없다. 그러나 우리나라는 배출권거래제 도입 초기 거래시장의 안정화를 위하여 배출권거래시장에 참여할 수 있는 대상자를 할당대상업체 및 공적 금융기관으로 제한하고 있는 점, 배출권등록부에 거래계정을 등록하고 배출권 거래사실을 주무관청에 신고하며 배출권거래 내용 등록 시 배출권 이전의 효력을 부여하는 등 엄격한 배출권등록제를 시행하고 있는 점, 세무거래의 투명성을 확보하기 위하여 2010년부터 전자세금계산서 제도를 도입하여 정착시키고 있고 전자세금계산서 발급상황을 실시간으로 감시하여 부당거래자를 조기색출할 수 있는 전자세금계산서 조기경보시스템을 개발하여 운영하고 있는 점[45] 등에 비추어 보면 적어도 배출권거래제의 도입 초기에 배출권의 부가가치세 사기거래가 성행할 가능성은 높지 않다고 본다.

(2) 배출권거래에 대한 부가가치세제의 대안 검토

현행 배출권거래에 대한 부가가지세제에서 나타나는 과세형평 문제, 부가가

---

45) 2012년 제1기 부가가가치세 확정신고 시 법인 사업자의 99.2%, 개인 발급의무자의 98.9%가 전자세금계산서 발급에 참여하였다(국세청 2012. 10. 17.자 보도자료).

치세 사기거래에 대한 대비 문제 등을 해결하기 위한 대안으로는 i) 배출권의 국외구매를 포함하여 예외없이 부가가치세를 과세하는 방안, ii) 배출권의 국내거래에 대하여 구매자세액신고제도를 적용하는 방안, iii) 배출권의 거래에 대하여 부가가치세를 면제하거나 과세제외하는 방안 등 3가지를 상정할 수 있다. 이하 위 3가지 방안의 타당성에 대하여 검토한다.

1) 배출권의 국외구매를 포함하여 예외없이 부가가치세를 과세하는 방안(제1안)

부가가치세법에 의한 대리납부제도의 경우 국외에서 구매한 배출권을 과세사업에 제공하면 대리납부제도가 적용되지 않으므로 배출권의 국외구매와 국내구매 사이의 과세형평 문제가 완전히 해소되지 않는다. 배출권의 국외구매에 대하여 배출권을 과세사업에 제공하는지 여부와 상관없이 부가가치세를 징수하면 국외구매와 국내구매 사이의 과세형평을 더 높일 수 있을 것이다. 그러나 배출권은 물품이 아니어서 세관장이 부가가치세를 징수하는 것이 현실적으로 곤란하므로 배출권의 국외구매에 대하여 예외없이 부가가치세를 과세하기 위하여는 국내의 구매자가 국외의 배출권 판매자를 대리하여 부가가치세를 납부하는 방법을 이용할 수밖에 없다. 결국 배출권의 국외구매에 대하여 부가가치세를 과세하기 위하여는 대리납부의 방법으로 귀결된다. 물론 배출권을 국외구매하여 과세사업에 제공하는 경우에도 부가가치세를 징수하면 대리납부제도와 차별화될 수 있으나, 배출권을 국외구매한 자로부터 징수한 매출세액을 어차피 매입세액으로 공제해 주어야 하므로 국가의 세수확보에 크게 도움이 되지 않고,[46] 구매자는 매출세액의 납부시기와 매입시기의 공제시기의 차이에 따른 자금운용상의 어려움을 겪을 수 있다. 이러한 이유로 부가가치세법이 권리를 국외구매하여 과세사업에 제공하는 사업자를 대리납부의 적용대상에서 제외하고 있는 것이다. 따라서 대리납부제도와 별도로 배출권의 국외구매에 대하여 예외없이 부가가치세를 과세하는 방안을 채택할 실익은 별로 크지 않다고 본다.

2) 배출권의 국내거래에 대하여 구매자세액신고제도를 적용하는 방안(제2안)

우리나라는 금지금 거래에서 EU의 회전목마형 사기거래와 유사한 부가가치세 사기거래가 나타나자 이를 방지하기 위하여 2008. 7. 1. 조세특례제한법 제106조의4에 의하여 부가가치세 매입자납부특례제도를 도입하였다.[47] 이는

46) 일반적인 부가가치세와 다르게 배출권의 최종소비자도 사업자일 가능성이 높으므로 더욱 그러하다.

47) 그 밖에 대법원 2011.1.20. 선고 2009두13474 판결(전원합의체)은 금지금에 대한 부가가치세 사기거래에서 악의·중과실의 수출업자가 매입세액의 공제·환급을 구하는 것은 국세기본법 제15조 소정의 신의성실의 원칙을 위반하여 허용될 수 없다고 판시함으로써 금지금에 대한 부가가치세 사기거래의 근절을 법리적으로 뒷받침하였다.

사업자가 금지금을 다른 사업자에게 공급한때 부가가치세를 거래징수하도록 하는 대신에 그 매입자로 하여금 직접 부가가치세액을 금거래계좌에 납부하게 하는 것이므로 EU의 구매자세액신고제도를 금지금 거래에 적용한 것이라고 볼 수 있다.[48] 면세금지금에 대하여 매입자납부특례제도를 도입하였듯이 배출권의 국내거래에 구매자세액신고제도를 도입하면 배출권에 대한 회전목마형 사기거래를 효과적으로 방지할 것으로 기대할 수 있다. 그러나 구매자세액신고제도는 과세행정비용을 증가시키는 문제점이 있고,[49] 근본적으로는 공급하는 자가 공급받는 자로부터 부가가치세를 거래징수하여 납부하는 부가가치세의 기본원칙을 무너뜨리는 것이다. EU가 배출권의 회전목마형 사기거래에 대한 대책으로 국내거래에 구매자세액신고제도를 도입하면서 그 적용시기를 한시적으로 정한 것은 가급적 부가가치세의 기본틀을 유지해야 한다는 점을 고려한 것으로 보인다. 따라서 부가가치세 사기거래의 가능성이 현실화된 경우가 아닌 한, 국내거래에 구매자세액신고제도를 도입하는 것은 신중을 기해야 한다.

3) 배출권의 거래에 대하여 부가가치세를 면제하거나 과세제외하는 방안 (제3안)[50]

EU 회원국 중 프랑스는 배출권의 모든 거래단계에서 부가가치세를 면제하는 조치를 취하였다. 부가가치세 면제제도 하에서는 영세율제도와 달리 배출권을 공급받는 자가 매입세액공제를 받을 수 없으므로 배출권거래에 대한 회전목마형 사기거래는 발붙일 여지가 없어진다. 일반적인 부가가치세 체계 하에서 배출권의 구매자가 사업자인 경우 거래징수당한 매입세액을 공제 내지 환급받을 수 있으므로 궁극적으로 부가가치세를 부담하지 않지만 기간의 불일치에 따른 자금운용상의 어려움을 겪을 수 있다. 배출권의 거래에 대하여 부가가치세를 과세하지 않으면 기업의 이러한 자금부담을 덜어 줄 수 있으나, 부가가치세가 과세되는 다른 거래와의 형평성을 저해한다는 근본적인 문제점이 있다. 부가가치세를 면제하거나 과세제외하는 것은 해당거래나 산업에 대한 지원의 성격이 강하므로 배출권거래제에 참여하는 기업의 부담을 경감시켜 배출권거래제를 활성화하거나 회전목마형 사기거래를 근절하기 위한 정책적 결단으로

48) 김완석 · 이중교, "면세금지금 변칙거래의 매입세액공제에 관한 연구", 조세연구, 제10집 제1호, 2010, 12면.

49) Lúðvík Lúðvíksson, "VAT Frauds in the European Union : The Reverse Charge Mechanism, Joint and Several Liability and the 'Knowledge Test'", Master thesis in European and International Tax Law HARN60 – 15 credits, 2012, pp. 13–14.

50) 이준규 · 박정우, 앞의 논문, 189–191면, 황의관, 앞의 논문, 355면은 배출권의 거래에 대하여 부가가치세과세에서 제외하는 방안을 제안하고 있다.

서 과세형평을 다소 희생해서라도 정책목표의 달성이 필요하다는 공감대가 형성될 경우에만 정당화될 수 있다고 본다.

(3) 소결론

배출권의 거래에 대한 부가가치세제를 평가함에 있어서는 배출권의 국외구매와 국내구매의 과세형평, 배출권과 다른 과세물건의 과세형평, 부가가치세 사기거래에 대한 대비 등이 기준이될 수 있다.

생각건대, 제1안은 배출권의 국외구매와 국내구매의 과세형평 및 조세중립성을 제고하는 장점이 있으나, 그 구체적인 실현방법은 대리납부제도로 귀결되므로 대리납부제도와 별도로 인정할 실익이 크지 않다. 제2안은 배출권의 국외구매와 국내구매의 과세형평 및 조세중립성을 유지할 수 있고, 부가가치세 사기거래에 대한 대비에도 효과적이라는 장점이 있으나, 부가가치세의 기본원칙에서 벗어나므로 부가가치세 사기거래의 위험성이 현실화된 경우가 아니면 섣불리 채택할 것은 아니다. 제3안은 배출권거래제 참여 기업의 부담을 경감시켜 배출권거래제를 지원하는 효과가 있고, 부가가치세 사기거래도 방지할 수 있는 장점이 있으나, 다른 과세물건과의 과세형평을 저해하므로 배출권거래제의 지원을 위한 정책적 결단이 전제되어야 시행이 가능하다.

특히 제2안과 제3안은 EU에서 부가가치세 사기거래에 대한 대응방안으로 도입된 측면이 강하나, 우리나라의 경우 EU와는 배출권거래를 위한 시장여건이나 제도 등이 달라서 배출권에 대한 부가가치세 사기거래의 발생가능성이 높다고 할 수 없다. 따라서 배출권에 대한 부가가치세 사기거래의 위험성이 현실화되지 않은 상황에서 부가가치세 기본원칙에서 벗어나는 방안을 채택할 당위성은 없다고 본다. 배출권거래제를 시행한 후 배출권에 대한 부가가치세 사기거래의 징후가 포착되고 이를 근절하기 위하여 위와 같은 세제상의 조치가 반드시 필요하다고 판단될 경우 제2안이나 제3안을 도입하는 것이 바람직하다고 본다. 그러므로 배출권의 국외구매에 대하여는 대리납부제도를 적용하고, 배출권의 국내거래에 대하여 부가가치세를 과세하는 현행 부가가치세제가 타당하다고 본다. 다만 배출권거래제 도입 초기 배출권거래제에 참여하는 기업의 부담을 완화하고 배출권거래제의 조기안정을 도모한다는 정책적 차원에서 부가가치세를 면제하거나 과세제외하는 제3안의 채택이 정당화될 수 있으나, 이는 어디까지나 예외적인 조치이므로 배출권거래제가 안정될 때까지 한시적으로만 적용해야 한다.

Ⅴ. 결 론

인류는 지구온난화로 인한 기후변화에 대응하기 위한 방편으로 온실가스를 감축하기 위하여 노력하고 있다. 우리나라도 2020년까지 배출전망치 대비 30%의 온실가스를 감축한다는 목표를 정하고 이를 달성하기 위하여 온실가스 목표관리제를 시행하고 있고, 2015년부터 배출권거래제를 시행할 계획이다.

이 글에서는 배출권거래제의 본격적인 시행에 앞서 배출권에 대한 현행 부가가치세제의 내용, 평가 및 그 대안 등에 대하여 살펴보았다. 배출권의 법적 성질에 대하여는 권리로 보는 것이 일반적이므로 이를 전제로 배출권거래에 대한 부가가치세제를 검토하였다.

EU 부가가치세 지침에 의하면 배출권의 공급은 용역의 공급에 해당한다. 배출권의 할당에 대하여는 할당주체인 국가가 원칙적으로 납세의무자가 아니나 국가를 납세의무자로 취급하지 않는 것이 거래상 중대한 경쟁력의 왜곡을 야기하는 경우 부가가치세가 과세된다. 배출권의 국내거래에서는 원칙적으로 부가가치세를 과세하고 배출권의 국가간 거래에서는 역내 사업자의 배출권구매와 역외 비사업자의 배출권구매에 대하여 구매자세액신고제도를 적용한다. 배출권의 거래에 대한 회전목마형 사기거래가 성행하여 배출권거래시장의 혼란을 초래하고 국가의 재정을 위협하자 이에 대응하기 위하여 배출권의 거래에 대한 부가가치세를 면제하거나 구매자세액신고제도를 국내거래에까지 확대하는 조치 등을 시행하였다.

우리나라 부가가치세법에 의하면 배출권은 무체물인 재화에 해당하므로 배출권의 공급은 재화의 공급에 해당한다. 배출권의 할당에 대하여는 할당주체인 국가가 원칙적으로 납세의무자이나 면세규정에 의하여 부가가치세가 면제되고, 배출권의 국내거래에 대하여는 부가가치세가 과세된다. 배출권의 수출에 대하여는 영세율을 적용하고 배출권의 국외구매에 대하여는 2011. 12. 31. 부가가치세법 제34조의 개정으로 대리납부제도가 적용된다.

배출권에 대한 현행 부가가치세제는 배출권 국외구매와 국내구매 사이의 과세형평, 배출권의 부가가치세 사기거래에 대한 대비 등의 기준에서 비판이 있고, 그 대안으로 배출권의 국외구매에 대하여 예외없이 부가가치세를 과세하는 방안(제1안), 배출권의 국내거래까지 구매자세액신고제도를 적용하는 방안(제2안), 배출권거래에 대하여 부가가치세를 면제하거나 과세제외하는 방안(제3안) 등의 대안을 상정할 수 있다. 그 중 제1안은 그 구체적인 실현방법이 대리납부제도로 귀결되므로 대리납부제도와 별도로 인정할 실익이 적고, 제2안과 제3

안은 부가가치세의 기본원칙에서 벗어나므로 배출권거래에 대한 부가가치세 사기거래의 발생가능성이 현실화되지 않은 상황에서 미리 도입할 필요는 없다고 본다. 오히려 배출권거래제를 시행한 후 배출권에 대한 부가가치세 사기거래의 가능성이 현저히 높다고 판단될 경우 도입하는 것이 타당하다고 본다. 다만 배출권거래제 도입 초기 기업의 부담을 완화하고 배출권거래제의 조기안정을 도모한다는 정책적 차원에서 부가가치세를 면제하거나 과세제외할 수 있으나, 그 경우에도 배출권거래제가 안정될 때까지 한시적으로만 적용하는 것이 타당하다고 본다.

제 2 장

기후변화 대응을 위한 탄소세의 법적 설계

제1절 기후변화에 대한 대응: 탄소세의 도입과 설계*

김홍균**

I. 들어가는 말

탄소세[1]의 역사는 20여 년이 넘었다.[2] 그러나 현재 탄소세를 도입·운영하고 있는 국가는 유럽의 몇 개 국가를 제외하고 많지 않다.[3] 우리나라에서 탄소세에 대한 논의는 지지부진한 상태이다. 탄소세는 배출권거래제와 함께 기후변

---

* 이 논문은 환경법과 정책 제12권(2014. 3)에 게재된 바 있음.

** 한양대학교 법학전문대학원 교수

1) 탄소세는 이산화탄소를 배출하는 주요 오염원(예컨대, 석유, 석탄, 천연가스 등)에 대하여 탄소 함유량에 비례하여 부과되거나 이산화탄소 실제 배출량에 기초하여 부과하는 개념이다. 흔히 이들을 모두를 탄소세라고 혼용하고 있는데, 엄밀히 말하면 전자의 경우는 물품세이고 후자의 경우는 탄소배출세라고 할 수 있다. 양자의 구별 실익은 국경세 조정(border tax adjustment)의 대상 여부와 관련이 있다. 수입제품의 탄소 함유량에 기초하여 탄소세를 부과하고 수출제품의 탄소 함유량에 기초하여 환급해주는 것이 WTO체제에 부합한다는 점에 대해서는 의견이 합치되고 있으나 제조 과정에서 소비된(그러나 최종 제품에 포함되지 않은) 탄소 예컨대, 철을 만드는 과정에 사용된 탄소에 대한 부과가 WTO체제에 부합하는지에 대하여는 견해가 나뉘어진다.

2) 탄소세는 1990년대 초 핀란드를 필두로 네덜란드, 노르웨이, 스웨덴, 덴마크 등이 경쟁적으로 도입하였다.

3) 1992년 유럽연합 집행위원회가 신재생에너지원을 제외한 나머지 에너지원에 대해 탄소세 도입을 제안하면서 유럽연합 차원에서 탄소세 도입이 논의된 바 있다. 그러나 그 논의는 산업발달이 상대적으로 뒤쳐진 스페인, 포르투갈, 그리스 등이 경제발전에 부담이 된다는 논리로 반대하면서 더 이상 진전되지 못하고 개별 국가 차원에서 도입하는 방향으로 선회하였다. 1990년 핀란드를 필두로 탄소세는 유럽을 중심으로 확산되었다. 현재는 독일, 영국, 이탈리아, 스위스, 아일랜드 등이 탄소세나 탄소세 성격의 세제를 시행 중에 있다. 외국의 탄소세제에 대하여 자세한 내용은 김동복, "저탄소녹색성장을 위한 탄소세에 관한 소고", 토지공법연구, 2009. 8, 제45집, 277면 이하; 안창남·길병학, "우리나라 탄소세 도입방안 연구 -과세제도 및 체계를 중심으로-", 조세연구, 2010, 제10-2집, 228면 이하; 박광수·김현석, 시장친화형 에너지 가격체계 구축 종합연구, 에너지경제연구원, 2011. 12, 12면 이하; 강만옥 외 2, 탄소세 도입 및 에너지세제 개편방안 연구, 한국환경정책·평가연구원, 2011. 12, 30-52면; 신상철·박현주, 탄소세와 배출권거래제 연계를 통한 효율적 기후변화 대응 방안, 한국환경정책·평가연구원, 2011, 12, 29면 이하 참조. 유럽 이외의 국가로는 오스트레일리아가 탄소세 도입에 비교적 적극적이었다. 그러나 최근 오스트레일리아 정부는 2012년 7월 도입된 탄소세를 도입 1년여 만에 폐지하고 대신 배출권거래제를 당초 보다 1년 앞당겨 실시한다고 밝혔다. "호주, 탄소세 폐지 대신 배출권거래제 조기시행", 연합뉴스, 2013. 7. 15. 기사.

화 대응을 위한 유력한 대안으로 제시되고 있다. 그 동안 우리나라에서는 배출권거래제에 대하여 논의가 집중되었으며, 그 결과 2015년부터는 본격적으로 온실가스 배출권거래제가 시행될 예정이다. 이에 반해 탄소세에 대해서는 그 필요성에도 불구하고 정치적인 저항 등을 이유로 논의 자체가 터부시된 느낌이 든다. 그러나 탄소세는 제도 설계의 단순성, 행정비용의 저렴, 시행의 용이성과 즉시성, 적용범위의 광범위성, 재정수입의 증가, 비용의 안정성과 예측가능성, 신호 기능, 공평성, 도덕적 정당성 등을 고려할 때 배출권거래제에 비해 오히려 우수한 측면이 많다. 탄소세가 광범위한 과세 기반을 두고 있으며 그 정책 효과가 비교적 장기적이고 지속적이라는 점을 감안할 때 이를 기후변화 대응 정책의 기본수단으로 삼고 보다 강화된 관리가 필요한 특정부문에 대해서 배출권거래제로 보완하는 것이 타당해 보인다. 이러한 관점에서 배출권거래제를 도입한 주요 국가들이 탄소세를 도입하고 난 후에 배출권거래제를 시행하고 있다는 점은 시사하는 바가 많다고 생각한다.

탄소세 도입 논의가 급물살을 탈 가능성은 배제할 수 없다. 유럽에서 한창 시행되고 있는 배출권거래제에 대한 불신감이 확산되고 있는 점,[4] 교토의정서체제가 껍데기로 전락하면서 배출권거래제를 대신하는 탄소세 개념이 등장할 가능성이 있다는 점,[5] 우리나라가 포스트-교토체제 하에서 온실가스배출 감축의무를 부담할 가능성이 많다는 점, 우리나라가 국제사회에 약속한 감축 목표 이행을 지키기 위해서는 배출권거래제도를 보완할 추가적인 감축 수단을 찾을 필요성이 있다는 점,[6] 휘발유 · 경유 등에 부과하는 교통 · 에너지 · 환경세가 2015년 폐지된다는 점, 탄소세로 증가한 세원을 에너지 취약계층에 대한 지원 등 복지에 지출할 수 있어 '증세 없는 복지지출'을 표방하는 현정부에게도 매력적인 대안이 될 수 있다는 점 등은 탄소세 도입에 긍정적인 요소로 작용할 수

---

4) 배출권의 과잉 분배가 배출권의 가격 폭락으로 이어지면서 배출권거래제에 대한 회의가 확산되고 있다. EU의 탄소배출권 가격은 최고 톤당 30유로에 달했으나 최근에는 3유로까지 폭락하였다. 탄소배출권 가격이 폭락하는 것은 배출권의 공급이 넘쳐난 데다 배출권거래제 참여 기관의 이산화탄소 배출량이 감소해 배출권에 대한 수요가 줄었기 때문인 것으로 분석되고 있다. "EU 탄소배출량 감소…배출권 가격 폭락", 연합뉴스, 2013. 4. 3. 기사.

5) 2011년 12월 더반(Durban)합의에서 당사국들은 포스트-교토체제를 논의한 결과 교토의정서상 의무이행기간을 2013년부터 2017년까지로 추가 연장하였다. 그러나 미국과 중국 등이 이미 의무감축국에서 빠져 있고, 캐나다, 일본, 러시아는 향후 불참을 예고한 상황이어서 교토의정서체제가 껍데기로 전락할 가능성이 제기되고 있다. "맥 빠진 온실가스감축협약 … 첫 개최국 일본도 이탈", 조선일보, 2012. 12. 10. 기사.

6) 2009년 11월 정부는 2020년까지 온실가스 배출량을 2005년 대비 4%(2020년 배출 전망치의 30% 수준) 감축한다는 계획을 발표하였으나 2009년 이후 배출량이 크게 증가하면서 그 목표 이행이 불투명해지고 있다.

있다.

탄소세는 시기의 문제이지 언젠가는 도입되어야 하는 제도이다. 도입의 가장 큰 걸림돌이 되고 있는 정치적 저항은 언젠가 넘고 가야할 과제이다. 탄소세가 정책적으로 효과적이고 옳기 때문이다. 탄소세가 갖는 감축목표가 달성될지 여하와 관련한 불확실성(환경이익의 불확실성)도 탄소세에만 있지 않고 배출권거래제에도 있는 것이며, 이러한 문제는 제도 설계만 잘하면 충분히 극복 가능한 것이다. 2015년부터 배출권거래제의 시행이 기정사실화 되어 있는 마당에 탄소세의 정책적 우선만을 논하는 것은 현실적으로 큰 의미가 없다고 생각한다. 오히려 하루 속히 탄소세를 도입하여 배출권거래제와의 정책혼합을 통한 시너지 효과를 제고하는 것이 바람직하다고 생각한다. 그 효과를 최대화하기 위해서는 탄소세 도입 시 정치한 설계가 필요하다.

이러한 인식 하에 이 글은 탄소세의 도입이 필요하다고 결론내리고 구체적으로 그 설계 방안을 제시하는 것을 목적으로 한다. 이를 위하여 탄소세의 도입 필요성과 함께 탄소세와 가장 유사하다고 할 수 있는 에너지 관련 세제의 현황과 문제점을 살펴보고 탄소세 설계를 위한 방향과 고려 요소 등을 개관한 후 구체적인 설계 방안을 제시할 것이다.

Ⅱ. 도입 필요성

탄소세의 도입 명분은 충분하다. 그 중 일부만을 적어본다면 다음과 같다: ① 탄소세는 본질적으로 단순하다. 시행도 용이하다. 탄소세의 부과 및 징수는 기존 행정 조직(예컨대, 국세청), 자원, 노하우를 활용할 수 있기 때문에 세금 부과 · 징수와 관련한 기술적 문제는 많이 발생하지 않는다. 시행이 용이한 만큼 거래비용도 적게 든다. ② 시행의 용이성은 지구온난화로 지구가 심각한 위험에 처해있고 이를 막기 위해 즉각적인 행동이 요구되고 있다는 시점에서 특별한 의미를 갖는다. 탄소세는 비교적 수월한 방법(예컨대, 기존 법의 개정)을 통해 제도를 창출하여 비교적 빠르게 시행할 수 있으며, 효과도 즉각 나타난다. ③ 과세범위와 대상의 포괄성은 제도의 효과를 극대화할 수 있다. 적용대상은 산업부문, 수송부문, 에너지부문 등 모든 부문을 아우를 수 있으며, 에너지 및 화석연료의 공급자를 납세의무자로 할 수 있기 때문에 사실상 탄소를 배출하는 모든 주체 및 대상을 광범위하게 적용범위로 할 수 있다. 과세범위와 대상의 포괄성은 제도의 효과를 극대화할 수 있다. ④ 탄소세는 무엇보다도 정부에 재정수입원을 제공한다. 탄소세 도입으로 발생되는 추가적인 세수는 환경보호

사업과 연구 등 환경에 유익한 프로그램에 활용될 수 있다. 또한 다른 세금(소득세, 법인세)의 인하나 투자세액의 공제 강화 등과 연계할 수 있다. ⑤ 또한 탄소세는 비용의 확실성을 보장한다. 비용(세율)의 안정성과 예견가능성은 기업으로 하여금 온실가스 배출을 줄이는 지속적인 기술 개발 및 투자와 장기적인 계획수립을 가능하게 한다. ⑥ 배출하는 행위에는 어김없이 벌을 준다는 경고기능을 수행함으로써 오염원 스스로 이산화탄소를 줄이도록 행동변화를 유인한다. ⑦ 세금제도가 갖고 있는 단순성과 국제적 보편성은 많은 국가들로 하여금 쉽게 다른 나라 탄소세제를 모방·도입할 수 있도록 유도할 수 있다. 탄소세는 반드시 국제적 협력을 필요하지 않으면서도 지구적 차원의 기후변화 방지에 기여할 수 있는데, 이는 전세계적인 차원에서 많은 국가의 참여가 있어야 효과적인 배출권거래제와 구별된다. ⑧ 탄소세는 도덕적 정당성을 갖추고 있다. 예컨대, 배출권거래제는 환경을 오염시키는 것 자체를 "권리"로써 인식하는 윤리상, 도덕상의 큰 결함을 본질적으로 내포하고 있다. 배출권거래제 하에서 흔히 사용하고 있는 무상할당은 마치 오염원인자에게 보조금을 지급해주는 것과 같은 바, 불이익을 받아야 할 오염자에게 이익을 부여하는 것과 같다. 이에 반해 탄소세가 주는 메시지는 오염자, 즉 탄소 배출자를 어김없이 벌하는 것이다. 무임승차자는 있을 수 없다.[7)]

이러한 많은 장점은 탄소세가 배출권거래제보다 정책적으로 우수하다는 점을 보여주는 유력한 근거가 될 수 있다. 실리도 충분하다. 적용대상이 포괄적이기 때문에 세율을 낮게 하더라도 그것이 미치는 효과는 광범위하고 장기적·지속적이다. 기후변화가 지구에 미치는 부작용이 점점 가시화되면서 온실가스를 줄이는 데 즉각적인 영향을 미칠 수 있는 보다 신속한 수단이 요구되고 있는데, 탄소세 시행의 용이성은 기후변화에 대한 신속한 대응을 가능하게 한다. 기존 세제를 크게 수정하지 않고도 그 시행이 가능하다고 할 수 있다.

말하자면 가볍지만 과세 기반이 광범위한 탄소세는 제도설계가 쉽고 시행이 쉬운데 비해 그 정책 효과가 크고 장기적이고 지속적이라는 점 때문에 명분과 실리가 있는 제도라고 할 수 있다. 탄소세는 기존 에너지세 체제를 크게 변화시키지 않고도 도입이 가능하다고 할 수 있다. 국민의 행위에 극적인 변화를 요구하지 않으면서 생산자와 소비자를 건전하고 이성적인 방향으로 유도할 수 있기 때문이다. 그러나 장기적인 관점에서 보면 환경친화적인 조세체제로 전환

7) 신상철 외 3, 앞의 책, 19-22면; 박광수·김현석, 앞의 책, 41-44면; 강만옥 외 2, 앞의 책, 57-60면; 이준규·박정우, "기후변화협약에 따른 탄소배출 규제의 과세문제", 조세법연구, 제15집 제3호, 2009, 183면 참조.

함으로써 경제와 환경 모두를 살릴 수 있는 강력한 대안이 될 수 있다. 탄소세가 배출권거래제에 비해 정책적 우위가 있다는 견해도 만만치 않다.[8] 먼저 탄소세를 도입하고 이후에 배출권거래제로 이를 보완하자는 입장도 나타나고 있다.[9] 그러나 탄소세의 도입에는 정치적 저항이 예상되며, 주어진 세율 수준이 목표로 하는 온실가스 감축량을 보장하지 않는다(이익의 불확실성)는 등의 장애가 있는 것도 사실이다. 그러나 이러한 장애는 배출권거래제에도 있는 것이며, 제도 설계를 잘하면 충분히 극복될 수 있다고 본다. 명분과 실리가 있는 제도를 정치적인 저항 등이 있다는 이유로 포기하는 것은 국가미래를 위해 바람직하지 않다. 탄소세는 '세금'이라는 이유로 도입 논의 자체가 터부시되고 배출권거래제는 '세금'이 아니라는 이유로 도입하는 것은 현명한 정책 결정이 아니라고 본다.

Ⅲ. 우리나라 에너지 관련 세제

에너지세는 에너지 함량을 기준으로 일정액이 부과되는 조세라고 할 수 있다. 에너지세는 이산화탄소를 배출하는 화석연료를 과세대상으로 포함하고 있기 때문에 탄소세와 유사한 측면을 가지고 있다. 그러나 탄소세와 에너지세는 그 목적과 과세대상 등에서 구별될 수 있다. 에너지세는 에너지 및 자원 관련 사업에 필요한 재원을 확보함을 목적으로 하고 있다면 탄소세는 탄소배출의 억제를 그 목적으로 하고 있다. 한편, 에너지세의 과세대상은 현실적으로 무슨 에너지를 과세대상으로 하고 있는지는 별론으로 하더라도 광범위하게 모든 에너지를 대상으로 할 수 있음에 비해 탄소세는 화석연료를 대상으로 하게 된다. 예를 들면 원자력에 대하여 탄소세를 부과하는 것은 이상하지만 에너지세의 부과대상으로 하는 것은 자연스럽다고 할 수 있다. 이러한 관점에서 탄소세를 도입하다는 것은 기존 에너지세와 분명히 구별되는 목적을 갖고 부과대상도

8) 탄소세가 우위에 있다는 견해는 Christina K. Harper, "Climate Change and Tax Policy", B.C. Int'l & Comp. L. Rev., Vol. 30, 2007, pp. 459-460; Reuven S. Avi-Yonah & David M. Uhlmann, "Combating Global Climate Change: Why a Carbon Tax is a Better Response to Global Warming Than Cap and Trade", Stan. Envtl. L. J., Vol. 28, 2009, pp. 37-50; Alex Rice Kerr, "Why We Need a Carbon Tax", FALL Environs Envtl. L. & Pol'y J., Vol. 34, 2010, pp. 89-97.

9) 강만옥 외 2, 앞의 책, 52면; 전병목 외 2, 앞의 책, 153면. 우리나라의 경제 규모와 구조 등의 환경을 고려할 때 현시점에서 탄소세가 더욱 적합한 방식이라는 주장은 이재승 · 윤상호, "시장 친화적인 탄소규제를 찾아서", 자유와 시장, 제2권 제1호, 2010. 10, 174면.

달리한다는 것을 의미하게 된다. 탄소세가 기존 교통·에너지·환경세와 별다른 차이가 없다면 탄소세 도입 명분도 크지 않게 된다.

탄소세를 도입할 경우 에너지 관련 조세에 대한 분석·평가가 선행되어 조화를 도모하여야 한다. 더욱이 교통·에너지·환경세가 2015년 폐지되는 것이 예정되어 있는 상황에서 이를 보완·대체하는 환경세 등이 도입될 필요가 있기 때문에 현행 교통·에너지·환경세에 대한 이해는 중요하다고 할 수 있다. 이러한 차원에서 에너지세의 문제점을 파악하고 이를 극복하는 세제를 마련할 필요가 있다.

우리나라는 부존 에너지자원이 열악하고 에너지의 해외 의존도가 높은 편이기 때문에 그 동안 우리나라의 에너지 정책은 환경보호보다는 에너지의 안정적 공급에 치중하여 이루어진 측면이 많다. 이는 에너지 관련 조세가 환경보호라는 정책적 연계성이 약한 상태로 에너지 절약과 정부의 재원확보를 주된 목적으로 하고 있는 것과 무관하지 않다. 현행 에너지를 과세대상으로 하는 조세는 교통·에너지·환경세, 개별소비세, 교육세, 자동차세, 부가가치세 등 다양한 세목을 포함하고 있다.

1. 현 황

(1) 교통·에너지·환경세

2007. 1. 1.부터 시행되고 있는 교통·에너지·환경세법은 일반적인 목적세로 에너지세 등을 두고 있다. 동법은 "도로·도시철도 등 교통시설의 확충 및 대중교통 육성을 위한 사업, 에너지 및 자원 관련 사업, 환경의 보전과 개선을 위한 사업에 필요한 재원을 확보함을 목적으로 한다"고 규정함으로써, 재원을 환경의 보전과 개선에 사용할 수 있도록 하고 있다(제1조). 교통·에너지·환경세는 한시적으로 휘발유와 경유에 대해서만 부과된다. 세율은 휘발유와 이와 유사한 대체유류는 리터당 475원, 경유 및 이와 유사한 대체유류는 리터당 340원이다(제2조). 교통·에너지·환경세는 목적세로써, 징수한 세금은 교통시설특별회계, 에너지 및 자원사업 특별회계 등으로 전입되어 지정된 용도로 사용된다.[10)]

10) 교통·에너지·환경세는 80%는 교통시설특별회계, 2%는 에너지 및 자원사업 특별회계 등으로 전입된다. 교통시설특별회계법 제8조 제1항 제1호, 국가균형발전 특별법 제36조.

(2) 개별소비세

개별소비세법에 따른 개별소비세 중 환경과 관련한 세금은 유류를 소비하는 자동차와 휘발유, 경유 등 에너지에 대한 과세가 있다. 이에 따르면 배기량이 2천씨씨를 초과하는 승용자동차와 캠핑용자동차, 배기량이 2천씨씨 이하인 승용자동차(배기량이 1천씨씨 이하인 것으로서 대통령령으로 정하는 규격의 것은 제외)와 이륜자동차 등에 대하여 그 물품가격의 100분의 5의 세율이 과세된다(제1조 제2항 · 제3호). 또한 휘발유, 경유, 등유, 중유, 석유가스 중 프로판, 천연가스 중 부탄 등에 대해서는 그 수량에 정해진 세율을 적용하여 과세한다.[11] 석유제품 외의 물품을 제조하는 과정에서 부산물로 생산되는 유류로서 대통령령으로 정하는 것에 대한 세율은 리터당 90원이다(제1조 제2항 제4호 아목).

(3) 교육세 · 자동차세 · 부가가치세

휘발유, 경유, 등유, 중유, 프로판, 부탄 등에 부과되는 개별소비세와 휘발유와 경유에 부과되는 교통 · 에너지 · 환경세에 대해서는 일정 세율을 적용하여 교육세가 부과된다. 이에 따르면 개별소비세액의 30%(등유, 중유, 석유가스 중 프로판, 석유제품 외의 물품을 제조하는 과정에서 부산물로 생산되는 유류는 15%), 교통 · 에너지 · 환경세액의 15%가 각 부과된다(교육세법 제5조 제1항 제2호 · 제3호). 교육세는 목적세로 그 세수는 교육투자재원으로 지출된다.

한편, 지방재정의 확충을 위해 비영업용 승용자동차에 대한 자동차세의 납세지를 관할하는 지방자치단체는 휘발유, 경유 및 이와 유사한 대체유류에 대한 교통 · 에너지 · 환경세의 납세의무가 있는 자에게 자동차 주행에 대한 자동차세를 부과한다(지방세법 제135조). 자동차세의 세율은 교통 · 에너지 · 환경세액의 1천분의 360이며(동법 제136조 제1항), 교통 · 에너지 · 환경세율의 변동 등으로 조정이 필요하면 그 세율의 100분의 30의 범위에서 대통령령으로 정하는 바에 따라 가감하여 조정할 수 있다(동조 제2항).

부가가치세는 사업자가 행하는 모든 재화와 용역의 공급에 재화 또는 용역의 공급가액에 10%의 세율을 적용하기 때문에(부가가치세법 제30조) 유류 제품 등에 판매금액의 10%가 부가가치세라는 명목으로 과세된다.

---

11) 휘발유 및 이와 유사한 대체유류은 리터당 475원, 경유 및 이와 유사한 대체유류는 리터당 340원, 등유 및 이와 유사한 대체유류는 리터당 90원, 중유(重油) 및 이아 유사한 대체유류는 리터당 17원, 석유가스[액화(液化)한 것을 포함] 중 프로판(프로판과 부탄을 혼합한 것으로서 대통령령으로 정하는 것을 포함)은 킬로그램당 20원, 석유가스 중 부탄(부탄과 프로판을 혼합한 것으로서 마목에 해당하지 아니하는 것을 포함)은 킬로그램당 252원, 천연가스(액화한 것을 포함)는 킬로그램당 60원이다(개별소비세법 제1조 제2항 제4호).

(4) 수입 · 판매부과금

석유 수급과 석유가격의 안정을 위하여 석유를 수입하거나 석유제품을 판매하는 석유정제업자 · 석유수출입업자 또는 석유판매업자 등에게는 준조세라고 할 수 있는 석유 수입 · 판매부과금이 부과된다(석유 및 석유대체연료 사업법 제18조). 부과금의 금액은 유종별로 다른데, 원유는 리터당 16원, 석유제품은 리터당 16원, 천연가스는 톤당 24,242원, 고급휘발유는 리터당 36원, 부탄은 톤당 62,283원이다(동법 시행령 제24조 제1항).

2. 문제점

탄소세와 에너지 관련 세제는 그 부과 목적은 다소 다르지만 이산화탄소를 배출하는 화석연료를 과세대상으로 포함하고 있기 때문에 과세대상이 상당 부분 중복될 수밖에 없다. 이러한 점 때문에 탄소세를 도입할 경우에는 기존 에너지세와의 충돌을 막고, 기존 에너지세가 내포하고 있는 문제나 한계를 극복하는 방향으로 이루어져야 한다. 이러한 관점에서 그 문제점을 중심으로 살펴보면 다음과 같다.

(1) 환경정책과의 연계성 부족

우선 에너지의 효율성 촉진이나 환경부하의 경감이라는 정책과의 연계성이 미흡하다고 할 수 있다. 예컨대, 교통부문에서 공장도가격에서는 큰 차이가 없으나 상대적으로 오염도가 높은 경유의 세율이 휘발유보다 낮고, 산업부문에서 상대적으로 환경에 유해한 중유의 세율이 천연가스보다 낮아 환경유해 에너지의 생산과 소비를 부추김으로써 생산자와 소비자의 선택을 왜곡할 수 있다. 나아가 환경오염으로 인한 사회적 비용을 제대로 내부화하고 있지 않다는 문제점이 있다.[12] 이산화탄소 배출량이 높은 석탄에 대해서는 세금을 부과하지 않고 있다. 이러한 조세체계는 환경보다는 해당 에너지가 산업과 물가에 미치는 영향에 초점이 맞추어져 있기 때문에 발생하는 것으로 결국 환경오염이 증가하는 결과를 초래하게 된다. 또한 개별소비세, 교육세 등의 세목은 환경과 무관하고 재정수입원으로서의 의미만 갖는 측면이 많다. 이러한 세목은 조세체계를 복잡하게 할 뿐이며 효율성이나 국민의 수용성 차원에서 저항을 초래할 가능성이 있다.

---

12) 이중교, “탄소세 도입방안에 대한 검토”, 지속가능성과 법학의 과제, 연세대학교 대학출판문화원, 2012. 8, 30면.

(2) 조세체계의 복잡성

세목과 세율이 다양하여 조세체계가 상당히 복잡하다는 점도 문제점으로 지적할 수 있다. 즉 현재 휘발유 등 에너지에는 교통 · 에너지 · 환경세, 개별소비세, 교육세, 자동차세, 부가가치세, 수입 · 판매부과금 등 다양한 세목의 세금과 부과금이 부과되어 복잡한 세금체계를 구성하고 있다.[13] 세목별로 이루어지는 비과세, 감면, 보조금의 제공 등은 복잡성을 더하고 있다. 지나치게 복잡한 세금체계는 재원조달의 측면을 강조할 뿐 효율성을 떨어뜨리고 있다.

(3) 비효율성

지나치게 낮은 세율, 다양한 비과세 · 감면 등은 조세체계의 비효율성을 초래하고 있다. 또한 오염배출의 사회적 비용을 적절하고 충분히 내부화하지 못함으로써 에너지 절약이나 환경부하의 경감에 효율적으로 작동하지 않는다는 문제를 노출하고 있다. 일부 목적세로 운영되는 세금(예컨대, 교통 · 에너지 · 환경세, 교육세)은 세수의 과잉투자와 재정운용의 경직성을 초래하고 있다. 이러한 비효율성은 환경보호보다는 교통부문 지원, 일부 산업 지원 및 지역균형발전 지원 등을 위해 매우 복잡하게 운영하는 것과도 관련이 있다.[14] 이러한 비효율성은 에너지 과소비를 조장할 수 있으며, 에너지 소비절약이나 환경보호라는 정책과의 연계성을 떨어뜨린다.

Ⅳ. 탄소세 도입 시 고려 요소

1. 유도적 · 교정적 기능의 강화

오염은 사회적 비용을 내재화하지 않기 때문에 부(負)의 외부효과를 갖는다. 이를 시정하기 위해서는 사회적 비용을 부담시켜 비용을 내부화하여야 한다. 탄소세는 전형적인 피구세(Pigouvian taxes)로서 탄소배출이 야기하는 사회적 비용만큼 조세를 부과하여 사회적으로 바람직한 수준으로 자원을 배분하게 한다는 점에서 교정과세의 기능을 수행한다. 그 기능에 충실하기 위해서는 이론상 탄소배출자에게 사적 비용과 사회적 비용을 일치시키는 수준의 세금(세율)이 부과되어야 한다. 이에 따라 배출자는 자신이 부담해야 하는 사회적 비용을 인식하게 되고 그 결과 효율적인 에너지 소비를 하게 된다 그러나 사회적 비용

---

13) 김동복, 앞의 글, 285면; 이중교, 앞의 글, 397면.
14) 김동복, 앞의 글, 287면.

의 산정에는 상당한 어려움이 존재한다.

탄소세의 주요 목적이 이산화탄소 배출량을 감축하도록 하는 것이므로 세율 수준은 이산화탄소 감축에 대한 한계비용을 반영해서 탄소세에 따른 부담이 이산화탄소 배출행위에 충분히 영향을 미칠 수 있도록 설계되어야 한다. 탄소세는 재원 조달보다는 배출자들이 탄소배출을 저감·억제하도록 하고, 생산·소비 행위가 환경친화적인 방향으로 이루어지도록 유도하는 방향으로 설계되어야 한다.

2. 이익의 불확실성의 제거

배출권거래제와 비교하여 탄소세가 갖는 큰 단점은 감축목표가 달성될지 여하와 관련한 불확실성(이익의 불확실성)일 것이다.[15] 즉 탄소세는 주어진 세율 수준이 목표로 하는 온실가스 감축량을 보장하지 않는다. 탄소세만 납부하면 에너지를 사용하는 것이 허용되기 때문이다. 비용 증가로 배출자의 부담은 증가하겠지만 소득이 증가하거나 에너지 가격이 하락하는 경우 그 비용 증가는 크게 문제가 안 될 수 있다. 계획된 온실가스의 감축(환경이익)이 이루어지지 않을 경우 당국자는 세율의 증가를 시도하려고 할 것이고 그때마다 정치적 저항이 뒤따를 것이다. 정치적 저항은 세율의 인상을 무산시킬 수 있으며 환경이익을 제한할 수 있다.

세율이 지나치게 낮은 경우 온실가스 감축 효과는 크게 기대할 수 없게 된다. 세율이 지나치게 낮을 경우에는 기껏해야 재정수입원을 올리는 역할밖에 기대할 수 없다. 이러한 경우에는 세율 조정을 고려하여야 한다. 세율은 실제 조정될 수 있다. 경험적으로 세율 조정은 소득세, 부가가치세 등 다른 세금에도 흔히 나타나고 있다. 정치적 저항이 무서워서 세율 조정을 고려하지 않는 것은 탄소세의 효과를 반감시키는 결과를 초래한다. 온실가스의 배출 감소를 달성하기 위하여 필요한 경우 국민의 이해를 구해 탄소세의 세율을 증가시킬 필요가 있다. 한편 부과대상 면제가 많은 것은 오염원인자 책임원칙에 맞지 않으며 온실가스 감축 효과를 훼손할 수 있다. 이러한 점에서 과세범위와 대상을 넓혀 과세 기반을 가능한 한 넓힐 필요가 있다. 과세 기반을 넓힌다는 것은 고정적인 재정 수입을 확보할 수 있게 하며, 세율을 낮출 수 있는 여지를 주어 정치적 저항을 줄이는 역할도 할 수 있다.

---

15) Bradly J. Condon, "Climate Change and Unsolved Issues in WTO Law", J. Int'l Econ. L., Vol. 12, 2009, pp. 895, 897; Reuven S. Avi-Yonah & David M. Uhlmann, op. cit., p. 6.

3. 세수중립성의 유지

세수중립성(revenue neutrality)이란 전반적 세수가 증가하지 않고 현행 수준을 유지하는 것을 의미한다. 예컨대, 탄소세를 일찍이 도입하고 있는 유럽국가들은 탄소세를 도입하면서 전반적 세부담 완화와 연계하는 세수중립적 세제개편을 단행하였는바, 우리나라에 시사하는 바가 크다.[16] 이중배당(double dividend)가설은 세수중립적 조치를 이론적으로 뒷받침하고 있다.[17] 이에 따르면 탄소세로 발생한 세금 부담 대신에 소득세와 법인세 등을 인하함으로써 근로자들의 복지와 고용을 촉진할 수 있다는 것이다. 반대론자는 이러한 발상이 비현실적이라며 그 효과를 의심하고 있다.[18] 그러나 탄소세를 통해 늘어난 세수가 노동에 대한 세금 부담에서 벗어나 공중 복지를 향상시키는 방향으로 세금 체계를 전환할 수 있는 여유능력을 제공한다는 점은 탄소세 도입의 중요한 강점으로 이해할 수 있다.

이러한 차원에서 우리나라도 세수중립성의 원칙에 따라 증가된 세수를 소득세와 법인세를 인하하는 재원으로 사용하여 전반적 세부담이 늘지 않도록 하는 한편, 사회복지를 개선하고 고용을 촉진하도록 입법적 고려를 할 필요가 있다.[19] 이러한 조치들은 정치적 저항도 완화시킬 수 있는 역할을 한다.

---

16) OECD 주요 선진국들은 탄소세로 증가한 세부담을 소득세나 법인세의 감면으로 보전해주면서 노동 및 자본에 대한 세부담 완화와 고용 및 투자의 증대를 유인하고 있다. 김동복, 앞의 글, 282면; 안창남 · 길병학, 앞의 글 239면; 오정미 · 김영순, "탄소세 도입에 따른 환경세제 조세지출의 분석 및 정책 방향 연구", 환경법연구, 제35권 제1호, 2013. 4, 368면; Johan Albrecht, "The Use of Consumption Taxes to Re-launch Green Tax Reforms", Int'l Rev. L. & Econ., Vol. 26, 2006, pp. 88, 90.

17) 이에 따르면 탄소세는 우선 환경질의 향상을 가져온다(제1 배당). 또한 고용 및 공중 복지의 증대를 위해 다른 세금의 감소, 즉 노동에 대한 세부담 완화를 가져올 수 있다(제2 배당). Christina K. Harper, op. cit., p.430. 유럽국가들은 환경세수를 노동세의 감소를 위해 사용하기로 공언하였다. 이러한 방향의 세제 개혁은 상대적으로 노동집약적인 산업의 국제경쟁력을 향상시킬 것이다. Johan Albrecht, op. cit., p. 91.

18) Martin A. Sullivan, "Economic Analysis: The Carbon Tax Name Game", Tax Notes, Vol. 113, 2006, p. 537.

19) 다만 소득세의 인하 유인이 적다는 이유로 소득세 감세와 연계해서 탄소세를 도입할 필요가 없다는 견해는 양인준, "우리나라에서의 탄소세 관련 최근 논의동향", 조세와 법, 제4권, 2012. 2, 182면. 탄소세를 도입하면서 소득세를 인하하기보다는 에너지세의 부담을 낮추는 것이 현실적인 방안이라는 견해는 이중교, 앞의 글, 410면. 이에 반해 우리나라는 유럽국가들의 세수중립적 세제 개편과 방식과는 다른 경제적 여건을 갖고 있다면서 직접세 인하와는 별도로 탄소세 도입을 추진할 필요가 있다는 견해도 있다. 김동복, 앞의 글, 293면; 김승래 · 김지영, 녹색성장 세제의 설계와 경제적 효과: 탄소세 도입을 중심으로, 한국조세연구원, 2010. 12, 102면. 탄소세를 도입하면서 소득세를 인하하는 조치는 소득재분배

4. 소득재분배의 악영향 제거

탄소세가 기존 세제에 더하여 추가적으로 부과될 경우, 소득에서 연료비가 차지하는 비중이 높을 것으로 예상되는 저소득층에서 더 큰 고통을 겪을 가능성이 있다.[20] 이러한 이유, 즉 소득의 역진성(regressivity) 때문에 탄소세 도입은 소득재분배에 부정적 영향을 받는 집단으로부터 정치적 저항을 받을 가능성이 있다. 탄소세가 성공적으로 도입·시행되기 위해서는 이러한 소득의 역진적 성격을 완화할 필요가 있다. 이러한 필요성을 인식하고 저소득층에 대하여 탄소세를 면제해 주거나, 저소득층이 많이 사용하는 에너지원의 세율을 고소득층이 많이 사용하는 에너지원의 세율보다 낮게 정하거나[21] 소득세율을 인하하지 않고 탄소세로 증가한 세수를 이용하여 저소득층을 지원하는 방법 등이 다양하게 제안되고 있다.[22] 우리나라 실정에 맞는, 그리고 효과적인 완화책이 마련되어야 한다.

5. 기존 제도와의 조화

제도 설계 시 기존에 시행되고 있는 제도와의 충돌을 막아 효율성을 극대화하도록 입법적 배려가 필요하다.

(1) 배출권거래제와의 조화

배출권거래제는 총배출한도(caps)에 대한 확실성을 가지고 감축량에 대비하여 거래시장에서 형성된 가격을 통해 탄소배출을 규제하는 반면, 탄소세는 총배출한도와 감축량은 불확실한 상태에서 확실성이 있는 탄소배출 가격을 통해 이를 규제하는 것이다.[23] 말하자면 배출권거래제가 양(caps)을 규제함으로써 이

를 악화시킬 우려가 있다면서 소득세율 인하 대신에 증가된 세수를 이용하여 저소득층을 직접 지원하는 방식이 바람직하며 소득세율을 인하할 경우에는 역진성을 상쇄한다는 차원에서 고소득층보다 저소득층의 세율 인하 폭을 더 크게 할 것을 제안하는 견해는 이중교, 앞의 글, 405면.

20) Amy C. Christian, "Designing a Carbon Tax: The Introduction of the Carbon-Burned Tax". UCLA J. Envtl. L. & Pol'y, Vol. 10, 1992, pp. 221, 250; 강상인 외 3, 환경·무역 연계논의 동향과 대응방안 Ⅳ -오염자 부담 원칙과 국제무역의 연계 논의, 한국환경정책·평가연구원, 2001. 12, 53면; 안창남·길병학, 앞의 글, 256면; 양인준, 앞의 글, 177면.

21) 이중교, 앞의 글, 404면.

22) 윤지현, "환경세와 담세력에 따른 과세 원칙 간의 관계에 관한 시론", 조세법연구, 제16집 제2호, 2010, 153-154면; 박광수·김현석, 앞의 책, 67면. 탄소세의 면제나 세율의 인하보다는 지원하는 방식이 바람직한 정책 방향이라는 견해는 오정미·김영순, 앞의 글, 376면.

23) 이재승·윤상호, 앞의 글, 173면.

익의 확실성(benefit certainty)을 추구한다면 탄소세는 가격(taxes)을 규제함으로써 비용의 확실성(cost certainty)을 추구한다고 할 수 있다.[24)]

그러나 이러한 차이점이 두 제도가 양립할 수 없다는 것을 의미하지는 않는다. 양 제도는 서로 배타적인 관계가 아니라 서로 보완적인 관계에 있다. 특히 우리나라는 2015년부터 온실가스 배출권거래제의 시행이 예정되어 있는바, 탄소세를 조속한 시일 내에 도입하여 상호 보완할 필요가 있다.

상호 보완을 통한 시너지 효과를 최대화하기 위해서는 탄소세 도입 시 정치한 설계가 필요하다. 우선 배출권거래제와 탄소세는 상호 추가 부담의 문제를 발생하므로 서로 연계하여 시행하는 것이 중요하다.[25)] 양 제도가 동시에 적용되면 기업의 부담이 과중해질 가능성이 있으므로 부담 대상과 부담 수준을 적절하게 결정하는 것이 필요하다.[26)] 배출권거래제가 사실상 일정 규모 이상의 대규모 에너지다소비업체에만 적용되므로[27)] 탄소세를 배출권거래제 적용대상이 아닌 산업, 수송, 가정, 상업 및 공공 부문에 초점을 맞출 필요가 있다.[28)] 배출권거래제의 절차상 복잡성과 거래비용의 발생이 가정 · 상업 부문의 소규모 배출자 및 소규모 산업 부문 배출자들이 배출권거래시장에 참여하는 것을 막는 요인으로 작용할 수 있다는 점을 지적하면서 가정 · 상업 및 수송 부문 중 자가용 부문에 탄소세를 활용하자는 제안도 같은 맥락으로 이해할 수 있다.[29)]

또한 탄소세와 배출권거래제의 적용 범위와 대상을 명확히 하여 이중부담을 막아야 한다. 국제경쟁력을 감안하여 기업부담 완화차원에서 배출권거래 대상업체에 대한 탄소세의 경감이나 환급조치도 필요하다.[30)] 세율은 배출권의 가격을 고려해서 정할 필요가 있다.[31)] 향후 배출권거래제가 무상할당(grandfathering)

---

24) Christina K. Harper, op. cit., p. 458.

25) 양제도의 정책 혼합을 주장하는 견해는 김승래 · 김지영, 앞의 책, 109면; 이중교, 앞의 글, 408면; 강만옥 외 2, 앞의 책, 139면.

26) 이중교, 앞의 글, 408면.

27) 「온실가스 배출권의 할당 및 거래에 관한 법률」 제8조는 배출권거래제에 의무적으로 참여하여야 하는 대상업체를 "기본법 제42조 제5항에 따른 관리업체(목표관리제의 적용대상) 중 최근 3년간 온실가스 배출량의 연평균 총량이 125,000 이산화탄소상당량톤(tCO_2 -eq) 이상인 업체이거나 25,000 이산화탄소상당량톤(tCO_2 -eq) 이상인 사업장의 해당 업체"로 정하고 있다.

28) 박광수 · 김현석, 앞의 책, 111면; 전병목 외 2, 탄소세와 에너지과세의 조화방안, 한국조세연구원, 2012. 12, 153면.

29) 신상철 · 박현주, 앞의 책, 83면.

30) 박광수 · 김현석, 앞의 책, 66면.

31) 이중교, 앞의 글, 412면.

에서 유상할당(경매)으로 전환할 경우에는 기업의 추가적 부담이 예상되므로 탄소세의 면제나 환경기술투자에 대한 세제지원 등을 추가적으로 고려하여야 한다.

(2) 에너지 세제와의 조화

탄소세가 기존 에너지세와의 차별성이 없다면 도입할 이유는 많지 않으며, 이는 도입 반대의 빌미를 제공할 것이다. 기존 에너지세는 환경보호보다는 에너지 절약과 재원조달을 목적으로 마련된 것이어서 오염배출의 사회적 비용을 충분히 내부화하지 못하고 있으며, 저에너지 가격 정책을 유지함에 따라 에너지 과소비를 조장할 수 있다는 점에서 효율적인 세제라고 할 수 없다. 에너지세가 기후변화 방지를 위한 유효한 수단으로 기능하도록 하기 위해서는 에너지세의 효율성을 제고하고 환경정책과의 연계성을 높여야 한다. 과거의 저에너지 가격정책이나 에너지가 산업에 미치는 영향에 초점을 맞추는 소극적 세제로는 지속가능한 발전을 이루는 데 한계가 드러날 수밖에 없다. 효율성을 제고하기 위해서는 지나치게 복잡한 세목을 통합할 필요가 있다. 이 때 환경정책과의 연계성이 부족한 개별소비세, 교육세, 자동차세 등은 과감하게 정리할 필요가 있다. 환경비용의 내부화가 미흡한 세율은 조정할 필요가 있다. 탄소세의 도입은 기존의 복잡하고 비효율적인 에너지 관련 세제를 간소화하는 계기를 제공할 수 있다.

탄소세를 도입할 경우 기존 에너지세와의 관계를 어떻게 할 것인가 문제될 수 있다. 기존 에너지세를 부인하고 원점에서 탄소세를 도입하는 것은 환경정책과의 연계성을 제고하고 조세체계를 단순화하는 등 장점이 있으나 지나치게 급진적이어서 현실성이 떨어질 것이다.[32] 그렇다고 기존 에너지세를 그대로 유지하면서 새로이 탄소세를 도입하는 것은 지나치게 안이한 접근이라고 할 수 있다. 이러한 방안은 가뜩이나 복잡한 에너지 관련 세제를 더욱 복잡하게 하며, 새로운 세목은 국민저항을 불러올 수 있다. 그렇다면 어떠한 대안이 바람직한가. 기존 에너지세를 보완하면서 별도의 탄소세를 도입하는 것이 그 대안이 될 수 있다.[33] 구체적으로 개별소비세, 교육세, 자동차세 등의 폐지와 에너

32) 그러나 지구온난화 방지를 위한 에너지 세제의 환경세제적 성격을 대폭 강화한다는 차원에서 에너지 관련 세제는 변경하지 않고 별도의 탄소세를 신설하는 것이 합리적, 효율적 대안이라는 견해가 있다. 김동복, 앞의 글, 293면.

33) 안창남 · 길병학, 앞의 글, 253면; 강만옥 외 2, 앞의 책, 134면; 이중교, 앞의 글, 409면. 다만 에너지세제의 대폭적인 세율 조정이 조세 저항을 불러일으킬 염려가 있으므로 명분이 충분하고 사회적 수용성이 큰 탄소세 도입을 먼저 추진한 후 에너지세 개편이 필요하다는

지의 세율 인하와 조정을 통해 에너지세를 보완하는 한편, 탄소세를 도입하여 이산화탄소의 환경비용을 내부화하고 환경세제로서의 기능을 강화하는 것이다. 이러한 방안은 탄소세라는 신규 세목의 신설을 염두에 두는 것으로써, 기존 조세체계에 구애받지 않고 과세표준을 달리 정할 수 있다는 점, 이산화탄소 저감목표의 변화 및 달성 여하에 따라 추가적인 세율의 조정 및 정비가 용이하다는 점, 신규 세목으로 부과하는 것이 보다 가격신호 기능을 부각시킬 수 있다는 점 등에서 장점이 있다.[34] 탄소세의 신규 도입은 기후변화에의 대응이라는 당위성과 함께 세제 개편의 명분도 확보할 수 있다.[35]

그러나 새로운 탄소세의 도입은 이산화탄소를 발생하는 에너지를 대상으로 한다는 점에서 에너지세와 중복되는 면이 있을 수밖에 없다. 이에 중복성을 줄이고 양자를 조화시켜 시너지효과를 극대화하는 것이 중요하다. 이는 이중과세라는 불필요한 국민 저항을 줄여 수용성을 높이는 문제와도 관련이 깊다. 그렇다면 구체적으로 어떻게 중복성을 줄이고 조화시킬 것인가. 기존 에너지세의 과세대상과 세율은 우리에게 그 일부 답을 주고 있다. 에너지세는 과세대상이 유류에 치중하고 있으며 휘발유와 경유 중 환경오염의 정도가 낮은 휘발유에 상대적으로 높은 세율이 적용되고 있는데, 그 불균형을 시정하여 외부 불경제를 내부화할 필요가 있다. 한편, 개별소비세, 교육세, 자동차세 등은 정책연계성이 부족하므로 교정기능의 강화와 세제의 단순화 차원에서 폐지를 검토하여야 한다. 탄소세와 에너지세의 과세 목적이 다르므로 에너지세와 별도로 탄소세를 부과하여도 무방하다는 견해가 있을 수 있다. 그러나 현실적인 면에서 이중과세의 논란을 피할 수 없다는 점에서 세목과 세율의 조정을 통한 국민의 세금 부담을 덜어주려는 배려가 필요하다.

나아가 탄소세는 기존 에너지세가 다루지 않는 분야를 포섭할 필요가 있다. 이는 기존 에너지세와 별도의 세목으로 탄소세를 도입할 필요가 있는 가장 강력한 이유가 될 수 있다. 이러한 관점에서 기존 에너지 관련 조세가 부과되고 있지 않은 석탄 · 전기에 대해서도 과세하는 것을 검토할 필요가 있다. 이러한 조치는 균형과세 차원에서 뿐만 아니라 양 세제의 공백을 보완함으로써 시너지 효과를 낼 수 있다는 점, 탄소세가 자칫 기존 에너지세와 큰 차이가 없는데 왜 도입하느냐하는 비판을 잠재울 수 있다는 점 등에서 설득력을 갖는다.

견해가 있다. 강만옥 외 2, 앞의 책, 26면.

34) 안창남 · 길병학, 위의 글, 253-254면 참조.

35) 김승래 · 김지영, 앞의 책, 101면.

(3) 환경부담금과의 조화

환경부담금(예컨대, 배출부과금)은 탄소세와 마찬가지로 환경오염에 다른 외부불경제를 내부화함으로써 오염물질의 배출 저감을 유도하는 교정적 기능을 수행한다. 그러나 환경부담금은 탄소세에 비하여 부과대상이 한정되어 있으므로 부담금만으로 대폭적인 온실가스 감축을 이룰 수 없으며, 그 재원이 특별회계에 편입됨으로써 재정운용의 경직성과 비효율성을 가중시킨다.[36] 이러한 관점에서 온실가스 감축을 위해서는 광범위한 과세 기반을 갖춘 탄소세가 중심이 되고, 이를 보완하는 수단으로 부담금을 활용하는 것이 바람직하다. 이 경우 이중과세의 문제가 발생할 수 있으므로 중복을 피하는 입법적 고려가 필요하다. 해당 환경부담금의 폐지나 세율 조정이 그 좋은 예이다.

6. 산업 및 국제경쟁력의 고려

탄소세는 국가경쟁력을 약화시킬 수 있다.[37] 탄소세의 부과는 제품의 가격상승을 부추겨 기업생산성을 떨어뜨리고 제품 수출에 악영향을 미칠 수 있기 때문이다. 이러한 우려 때문에 「저탄소 녹색성장 기본법」도 환경오염이나 온실가스 배출의 감축을 위해 조세체계를 개편하는 경우 국내 산업의 국제경쟁력이 약화되지 않도록 고려해야 한다고 규정하고 있다(제3조 제7호). 특히 우리나라는 무역의존도가 높고 에너지 다소비 업종 중심의 산업구조로 인해 탄소세 도입으로 국제경쟁력의 약화 등 산업부문에 악영향이 예상된다. 따라서 이러한 부작용을 최소화하는 제도의 설계가 필요하다. 이러한 차원에서 에너지 집약산업 등 탄소세 도입으로 경쟁력이 특히 약해질 수 있는 부문에 대해서는 세부담을 경감하는 조치를 취할 필요가 있다. 같은 맥락에서 법인세나 투자세액공제 등의 세부담 완화 조치는 타당해 보인다. 탄소세 도입으로 늘어난 세수를 고용부담 완화 등 산업경쟁력 강화를 위해 지원하는 재원으로 활용하는 것도 고려하여야 한다. 그러나 이러한 조치는 부득이한 측면이 있지만 탄소세의 효율성과 다른 부문과의 형평성 제고 차원에서 초기단계에서 한시적으로 그리고 최소한도로 적용할 필요가 있다.[38] 국제경쟁력의 저하로 촉발되는 조세저항을 완화하기 위해서는 이른바 국경세조정[39]이 동원되기도 한다.

---

36) 이중교, 앞의 글, 398면.

37) 강상인 외 3, 앞의 책, 58면 이하.

38) 이중교, 앞의 글, 407면.

39) 국경세조정은 국내와 외국에서 생산된 동종 제품 간의 가격 차이를 조정하려는 메커니즘이라고 할 수 있다. 이에 따르면 수입 당사국은 수입품에 대하여 동종 국내 제품에 대하여

7. 정치적 저항의 극복

탄소세의 도입에 큰 장애는 무엇보다도 정치적 저항이 예상된다는 것이다. 바로 '세금'이라는 이유로 탄소세는 반발을 살 수 있다. 정치인들은 그들의 유권자에 민감한데, 탄소세는 유권자의 마음을 사기가 쉽지 않다. 탄소세는 비용의 증가를 초래할 수밖에 없다. 또한 탄소세는 흔히 소비세로 부과되기 때문에 전반적인 물가상승을 초래할 수 있고, 물가상승은 국민경제나 소득분배에 악영향을 미칠 수 있다. 저소득층이 고소득층에 비해 소득 대비 에너지 소비 지출의 비중이 높아 저소득층이 상대적으로 더 어려움을 겪게 되는 소득의 역진성의 문제도 발생할 수 있다. 이러한 요소들은 조세저항으로 연결될 수 있다.

조세저항을 줄이기 위해서는 세율을 낮추거나, 일정한 그룹을 조세대상에서 면제하거나 경쟁력이 악화되는 산업에 대하여 보조금을 지급하는 방법 등이 고려될 수 있다. 여기에서 주의할 점은 이러한 조치가 거꾸로 탄소세의 효율성을 떨어뜨릴 수 있다는 점이다. 예컨대, 세율이 너무 낮게 설정된 경우에는 온실가스의 배출을 감소하는 역할을 기대하기 어렵다. 또한 많은 오염자를 조세대상에서 면제하는 것은 오염원인자 책임원칙에 반할 뿐만 아니라 온실가스 감축에 효과적이지 못하다.

탄소세의 부과 목적이 세수 증대에 있는 것이 아니라 이산화탄소 저감이기 때문에 경제적 부작용(산업경쟁력 약화, 소득재분배 악화)의 최소화에도 신경을 써야 한다. 이는 정치적 수용성을 높일 수 있다는 점에서도 중요한 의미를 갖는다. 증가된 세수를 장래의 온실가스 저감사업, 청정에너지나 에너지 효율의 향상을 위한 기술지원, 환경보호사업 등에 재활용(환원)할 경우 탄소세를 둘러싼 정치적 저항은 완화될 수 있다. 전반적 세부담이 늘지 않도록 세수중립성의 원칙에 따라 나쁜 세금(예컨대, 소득세, 법인세)의 폐지나 감면, 에너지 빈곤층이나 저소득층에 대한 세금 감면, 지원 등과 연계할 경우도 마찬가지 효과를 얻을 수 있다.[40]

부과하는 수준의 세금을 부과하게 된다. 또한 수출품에 대하여 동종 국내 제품에 대하여 부과한 세금만큼을 생산자에게 돌려주거나 감면하게 된다.

40) 강만옥 외 2, 앞의 책, 138면, 우리나라의 경우 유럽 국가들에 비해 소득세가 낮기 때문에 소득세율을 낮추는 것보다는 환경분야 조세 지출을 늘리는 것이 올바른 정책 방향이라는 견해는 오정미 · 김영순, 앞의 글, 368면.

V. 탄소세제의 설계

1. 과세범위와 대상

탄소세는 온실가스의 배출을 줄이는 것이 핵심이다. 이산화탄소는 온실가스 배출량의 60% 이상을 차지할 정도로 온실가스의 주범이기 때문에 이산화탄소 배출량을 줄이는 것이 탄소세의 가장 중요한 목적이 될 수밖에 없다. 이산화탄소를 배출하는 전통적인 에너지원은 석탄, 메탄, 유류, 천연가스 등의 화석연료이다. 이러한 관점에서 탄소세는 단기적으로는 이러한 화석연료에 집중하다가 장기적으로는 온실가스를 배출하는 모든 종류의 에너지원으로 과세범위와 대상이 확장될 수 있을 것이다.

과세범위와 대상은 해당 국가의 에너지 구조에 따라 다르게 결정된다. 이미 탄소세를 도입한 외국의 경우 탄소세 과세 범위와 대상이 유류, 천연가스, 석탄 및 전기에 집중되어 있다. 유류가 탄소세의 과세대상이 되는 것에 대하여는 이견이 없으나, 석탄과 전기 등에 대해서는 이중과세 논란 등으로 과세범위에 포함시키는 것이 적절한지 논란이 있다. 이는 많은 국가들이 석탄을 연료로 쓰는 화력발전방식으로 전기를 생산하고 있는데, 석탄에 대해 세금을 부과하고 다시 전기에 대해 세금을 부과하는 것이 이중과세가 될 소지가 있으며, 전기에 대해 탄소세를 부과하는 경우 공업 제품의 원가에 영향을 미쳐 과중한 세금부담을 야기할 수 있다는 우려와 관련이 있다. 이중과세와 과중한 세금 부담 등은 조세저항을 야기할 가능성이 있어 정책 결정자는 석탄과 전기를 과세범위에 포함시키는 것을 주저할 가능성이 있는 것이다.

과세의 효율성을 높인다는 차원에서 에너지 관련 조세가 부과되고 있지 않은 석탄을 과세범위에 추가할 필요가 있다.[41] 2차 에너지인 전기의 경우는 다소 복잡한 요소가 내재되어 있다. 즉 배출권거래제의 주요 적용대상으로 되어 있고 석탄과 이중과세 논란의 여지가 있다는 점이다. 전기에 대한 탄소세 부과가 원자력의 개발을 촉진할 가능성도 있다. 이러한 점은 강한 조세저항을 야기할 수 있으므로 탄소세 도입 초기단계에서는 이를 제외하는 것을 고려할 필요가 있다.[42] 전기에 탄소세를 부과하더라도 소기의 목적을 달성할지 의문이다.

---

41) 전병목 외 2, 앞의 책, 136, 155면; 이중교, 앞의 글, 411면. 석탄 중 유연탄은 주로 발전 및 산업부문에서 사용된다는 점을 감안해서 과세 대상에 포함하되, 무연탄은 저소득층이 주로 사용한다는 점에 착안하여 소득 역진성을 고려하여 비과세를 유지하자는 견해가 있다. 김승래 · 김지영, 앞의 책, 106면.

42) 전기에 대해서도 탄소세 과세를 적극 검토하여야 한다는 견해는 이중교, 앞의 글, 411면;

탄소세의 부담이 가격신호 기능을 통해 전기 사용의 절약으로 이어질지 불투명한데, 전기가격을 책임지고 있는 주체가 사업자에게 있지 않고 정부가 통제하고 있기 때문이다.[43] 주요 선진국에 절대적 가격뿐만 아니라 구매력 기준 평가에서 상당히 낮은 가격 수준을 보이고 있는 전기의 경우, 정책의 효과성을 담보하기 위하여 가격 기능을 회복시킬 필요가 있다. 말하자면 전기와 관련해서는 탄소세의 적용보다는 오히려 전기요금의 인상이나 현실화가 급선무라고 할 수 있다.

2. 납세의무자

원칙적으로 화석연료를 소모함으로써, 자연환경 중에 직접적으로 이산화탄소를 방출하는 기업과 개인은 모두 탄소세에 대한 납세의무를 져야 할 것이다. 많은 오염자를 조세대상에서 면제하는 경우는 오염원인자 책임원칙에 반하고 이산화탄소 감축 효과를 약화시킬 수 있다. 원칙적으로 넓은 과세 기반은 개인 납세자의 부담을 줄이는 대신 정부의 세수를 안정적으로 할 수 있다. 이러한 이유로 정부는 가능한 한 과세범위와 대상을 넓힐 필요가 있다. 말하자면 납세의무자를 광범위하게 하여 탄소세를 설계하는 것은 환경과 재정 목적에 긍정적으로 기여할 수 있다. 그렇다고 너무 넓힐 경우에는 행정비용이 많이 들고 시행이 어려울 수 있다.

이러한 관점에서 생산단계와 소비단계 중 어느 단계에서 과세할 것인지의 선택은 탄소세 설계를 하는 데 중요한 부분을 구성한다. 그 선택은 탄소세의 주요 목적인 이산화탄소 감축 효과와 세금 징수의 편의성 등을 고려해서 이루어져야 한다. 생산단계(초기 시장진입단계)에서의 부과는 넓은 과세 기반을 보장하며 일부 연료에 대한 과세 누락 상황을 막을 수 있다. 또한 어떤 연료에 대한 이중과세를 막을 수 있다.[44] 과세가 생산단계에서 이루어질 경우, 직접적인 납세의무자는 탄소를 함유하고 있는 에너지를 생산, 정제, 가공하는 자가 될 것이다. 생산단계에서 과세할 경우 납세의무자는 비교적 그 수가 적어 부과·징수·관리가 용이하나, 납세의무자가 적은 만큼 이산화탄소 감축 효과는 비교적 약하다고 할 수 있다. 이에 반해 소비단계에서 과세할 경우, 직접적인 납세의무자는 에너지의 최종소비자가 된다. 소비단계에서의 과세는 구매자가 탄소세를 부담하는 형태를 취하기 때문에 소비자의 에너지 소비를 억제시키고 이

전병목 외 2, 앞의 책, 155-156면.

43) 박광수·김현석, 앞의 책, 55면.

44) Amy C. Christian, op. cit., p. 237.

산화탄소 감축 효과를 극대화시킬 수 있다. 그러나 납세의무자 수가 많고 그 분포가 광범위하여 세금의 부과 · 징수 · 관리가 어려운 문제점이 발생된다.

탄소세의 효과적인 부과와 세금 징수 및 관리에 드는 비용을 줄이기 위해 생산단계에서 세금을 징수하는 방법이 바람직해 보인다.[45] 이 경우 구체적인 탄소세의 납세의무자에는 탄소를 함유하고 있는 화석연료의 제조 · 판매업자나 수출 · 입자가 포함될 것이다. 납세의무자와 세금의 직접부담자는 구별되는데, 납세의무자가 납세를 대납(代納)하고 그 조세가 물품 가격 등을 통하여 조세부담자에게 다시 전가될 수 있기 때문이다. 탄소세도 이러한 형태의 조세, 즉 간접세의 형태를 띨 가능성이 많다. 가령 석유제품에 대한 간접세인 탄소세의 납세의무자가 유류제조 · 판매업자가 되더라도 이러한 세금은 유류가격을 통하여 최종적으로 소비자에게 실제로 세부담이 전가될 가능성이 많다. 간접세는 납세의무자가 동시에 조세의 직접부담자가 되는 직접세(예컨대, 소득세 · 재산세 등)에 비하여 조세저항이 적고, 조세의 행정 · 순응 비용이 적으며, 정부의 조세수입 확보가 비교적 용이하다는 장점이 있다. 그러나 직접세에 대체로 적용되는 누진세율 체계가 직접 적용되기는 힘들어 저소득자일수록 소득 대비 세부담이 상대적으로 높아지는 약점이 있다. 이러한 소득의 역진적(regressive) 성격을 완화하기 위해서는 저소득층에 대한 조세감면, 환급, 연금 등에의 지출, 소득보조, 기타 지원 등을 통하여 저소득층의 부담이 줄어들도록 탄소세 제도를 설계할 필요가 있다.[46]

3. 과세표준

과세표준은 과세대상의 세액을 계산하기 위해 수량, 길이, 면적, 중량 등으로 수치화한 것으로 세액 계산의 기준이 된다. 탄소세 부과의 목적은 에너지제품의 소비에 따른 이산화탄소 배출량을 감축하는 데 있으므로 에너지 제품별 탄소 함량에 따라 부과하는 종량세 방식을 선택하여 과세하는 것이 합당하다.[47] 이에 따르면 예컨대, 휘발유 등 유류는 리터(l), 석탄은 킬로그램(kg), 천연가스는 톤(t)이 과세표준이 되고, 이산화탄소 배출량에 비례한 세율이 적용될 것이다. 탄소세의 과세 근거는 제품 생산과 영업 등의 활동 과정에서 화석

---

45) 양인준, 앞의 글, 183면; 이중교, 앞의 글, 410면.

46) 소득의 역진성을 약화시킨다는 차원에서 저소득층을 위한 사회보장지출의 확대, 세금환급우대, 연금 등에의 지출 및 보조금 지원 등에도 사용할 필요가 있다. 강만옥 외 2, 앞의 책, 138면; 안창남 · 길병학, 앞의 글, 253-256면; 김승래 · 김지영, 앞의 책, 112면; 박광수 · 김현석, 앞의 책, 67면.

47) 김동복, 앞의 글, 291면; 전병목 외 2, 앞의 책, 158면.

연료를 소모함으로써 배출되는 이산화탄소의 양으로 정할 수 있다. 그러나 배출량을 정확하게 측정하는 것이 어렵고 측정하는 데 많은 비용이 든다는 점을 고려하여 그 소비량을 과세대상으로 하는 것도 고려할 수 있다.[48]

4. 세 율

탄소세를 도입할 경우 세율을 정하는 문제는 가장 중요하고 민감한 사항이다. 세율의 높고 낮음에 따라서 납세자의 부담 정도가 결정될 뿐만 아니라 이산화탄소 배출 감소라는 환경이익에 영향을 미치기 때문이다. 이론적으로 탄소세의 세율은 이산화탄소 배출로 인한 사회적 한계비용과 일치하는 수준에서 정해져야 한다. 그러나 실제로 사회적 한계비용을 정확히 알 수 없는 어려움이 존재한다. 실제 세율 수준은 이산화탄소 감축에 대한 한계비용을 최대한 반영해, 탄소세에 따른 조세부담이 이산화탄소 배출행위에 충분히 영향을 미칠 수 있도록 설계되어야 한다.

세율은 산업경쟁력과 국제경쟁력 등을 고려하여 융통성 있게 운용할 필요가 있다. 세율 수준은 산업경쟁력에 중요한 영향을 미쳐 조세저항을 유발할 수 있는바, 이러한 부작용을 줄인다는 차원에서 도입 초기단계에서는 낮은 세율을 적용하다가 점차 높이는 방법으로 세율을 정할 필요가 있다.[49] 이산화탄소의 환경에 미치는 악영향을 정확히 측정하는 것은 매우 어렵고 그렇기 때문에 세율은 자의적인 측면이 있을 수밖에 없다. 확실성을 가지고 적합한 세율이 설정될 때까지 상당 기간을 기다리는 것보다 낮은 세율을 설정하는 것이 보다 나을 수 있다. 초기 단계에서는 낮은 세율을 적용하다가 실질적인 세율을 위해 점차적이고 지속적으로 세율을 증가해 나가는 것은 탄소집약적인 체제에서 환경친화적인 체제로의 전환을 부드럽고 공정하게 이루는 데 기여한다.

한편, 세율 산정과 관련해서는 다음과 같은 점을 간과해서는 안 된다. 세율은 낮게 하되 과세범위와 대상을 최대한 넓게 할 경우 탄소세의 도입 효과는 극대화될 수 있다. 또한 쉬운 작업은 아니지만 산업별, 에너지별로 차별적인 세율을 적용하는 것도 고려할 필요가 있다. 예컨대 가격탄력성이 낮은 산업과 탄소함량이 높은 에너지에 대해서 높은 세율을, 탄력성이 높은 산업(예컨대, 에너지집약형 산업)과 탄소함량이 낮은 제품에 대해서 낮은 세율을 적용하는 것은 납세자의 과세부담을 덜면서도 이산화탄소 배출 억제라는 탄소세의 궁극적인

48) 안창남 · 길병학, 앞의 글, 259면.
49) 박광수 · 김현석, 앞의 책, 56면; 강만옥 외, 앞의 책, 135면.

목적을 달성하는 데 효과적일 것이다. 소득의 역진성을 완화한다는 차원에서 소득 수준에 따른 세율의 차등적 적용도 고려할 필요가 있다.[50)]

이산화탄소 배출에 대한 과세는 기업이나 개인에게 배출 감소를 통한 비용 감소 유인을 제공한다. 그러나 당국자가 생산자나 소비자의 반응을 예상하는 것은 쉽지 않다. 세율이 너무 낮게 설정된 경우에는 온실가스의 배출을 감소하는 역할을 기대하기 어렵고, 극단적인 경우에는 당국자의 징수비용만을 증가시킬 수 있다. 탄소세는 시행착오를 수반할 수밖에 없으며 세율 조정은 필요하다. 탄소세는 당국자에게 세율을 조정할 수 있도록 허용하는데, 세율의 경고 기능이 너무 약하거나 강한 경우에는 비교적 쉽게 세율을 조정할 수 있다.

5. 세수의 활용

탄소세 세수의 사용에는 구체적으로 두 가지 방법이 있다. 그 중 하나는 세수의 사용 용도를 지정해 놓는 것으로 징수한 세수를 특별회계로 전입하여 지정된 용도로 사용하는 것이다. 다른 하나는 사용 용도를 지정하지 않는 것으로 다른 세수와 함께 징수하여 총괄적으로 사용하는 것이다. 전자의 경우는 탄소세 도입 초기단계에서 세율이 비교적 낮아 충분한 재원이 마련되기 어려운 상태에서 세수를 환경개선에 집중적으로 투입함으로써 탄소세의 환경적인 효과를 극대화할 수 있을 것이다. 후자의 경우는 탄소세 세수를 환경보호 예산 항목이나 기금이 아닌 일반회계에 편입하여 일반재원으로 사용하는 경우로써 주로 선진국에서 채택하고 있는 방법이다.[51)]

탄소세의 부과의 목적은 세수의 증대가 아니라 온실가스의 저감이며, 부과로 인한 경제적 부작용(예컨대, 산업경쟁력 약화, 소득재분배의 악화)은 최소화되어야 한다.[52)] 이러한 점을 고려할 때 탄소세의 세입을 목적세로 운용하는 것보다 보통세의 형태로 다른 세수 세입과 함께 사용 · 관리함으로써 재정운영의 경직성을 완화하고 효율성을 강화할 필요가 있다고 생각한다.[53)] 일반회계로 전입된

---

50) 소득의 역진성을 완화하기 위한 방안으로 흔히 거론되는 차별적 세율 적용과 소득수준이 낮은 계층에 대한 사회보장 지출 확대 방안 중 차별적 세율적용이 보다 바람직하다는 견해는 김현동 · 황윤지, “환경세 도입과 공평과세”, 환경법연구, 제33권 제3호, 2011. 11, 106-109면.

51) 덴마크를 제외한 북유럽 국가들은 세출의 용도를 지정하지 않는 보통세의 형태를 띠고 있다. 김동복, 앞의 글, 276면.

52) 강만옥 외 2, 앞의 책, 137면.

53) 임현, “지방자치단체의 새로운 환경행정작용 수단으로서의 환경세”, 환경법연구, 제30권 제1호, 2008, 294면; 김동복, 앞의 글, 274면, 294면; 김승래 · 김지영, 앞의 책, 102면; 이중교, 앞의 글, 406면. 이에 반해 탄소세의 도입 목적에 충실하게 목적세 형태로 도입하는

세입은 환경기술 · 산업의 지원, 환경개선뿐만 아니라 목적세로 운용할 경우 사실상 불가능한 저소득층의 지원과 같은 광범위한 용도의 재원으로 활용될 수 있을 것이다. 탄소세 세입은 온실가스의 배출 삭감과 기후변화 대응이라는 탄소세 도입 목적에 충실하게 에너지 효율 증대, 에너지 절약을 위한 새로운 기술개발, 환경산업 육성, 새로운 에너지 및 재생에너지 이용, 탄소저감사업 등 기후변화 대응을 위해 우선적으로 재활용(환원)해야 할 것이다. 또한 증가된 세수를 소득세와 법인세를 인하하는 재원으로 사용하여 사회복지를 개선하고 고용을 촉진함으로써 세수중립성을 유지할 필요가 있다. 탄소세가 유발하는 소득의 역진성을 약화시킨다는 차원에서 저소득층을 위한 사회보장지출의 확대, 세금환급우대, 연금 등에의 지출 및 보조금 지원 등에도 사용할 필요가 있다.[54)] 이와 같이 탄소세가 초래할 수 있는 경제적 부작용을 최소화하려는 노력은 정치적 수용성을 제고할 수 있다는 점에서도 중요한 의미를 갖는다.

Ⅵ. 맺는 말

가볍지만 과세 기반이 광범위한 탄소세는 명분과 실리가 있는 제도라고 할 수 있다. 제도 설계의 단순성, 행정비용의 저렴, 시행의 용이, 즉시성, 적용범위의 광범위성, 재정수입의 증가, 비용의 확실성, 신호 기능, 공평성, 도덕적 정당성 등 여러 측면에서 탄소세가 배출권거래제에 비해 정책적 우위에 있다고도 할 수 있다. 배출권거래제가 기후변화에 대응하기 위한 가장 바람직한 접근방법인지에 대하여는 재고가 필요하다. 탄소세는 미래세대를 위해 지구를 보전하기 위해 온실가스의 감축함에 있어 보다 적절한 수단이 될 수 있기 때문이다. 그러나 정책 우선순위와 양립은 별개의 문제이다. 탄소세제가 배출권거래제보다 우수하다고 하더라도 양 제도가 양립할 수 없는 것이 아니기 때문이다.

2015년부터 온실가스 배출권거래제의 시행이 예정되어 있는 상황에서 어느 제도가 정책적으로 우위에 있는지를 밝히는 것은 큰 의미를 갖지 않을 수 있다. 그러나 그 선후를 불문하고 정책적 혼합은 필요하다고 본다. 논의를 보다 확장해 보면 기후변화 위기는 단순히 탄소세나 배출권거래제의 시행으로도 해

것이 타당하다는 견해는 김춘환, "환경세의 도입방안", 환경법연구, 제25권 제1호, 2003. 9, 241면; 박광수 · 김현석, 앞의 책, 69면.

54) 강만옥 외 2, 앞의 책, 138면; 안창남 · 길병학, 앞의 글, 253-256면; 김승래 · 김지영, 앞의 책, 112면; 박광수 · 김현석, 앞의 책, 67면.

결될 것 같지도 않다. 이산화탄소 배출을 줄이기 위해서는 에너지 생산·개발·보전 방식의 변화, 교통, 토지 이용, 자연자원 정책 등에 있어서의 변화 등이 같이 요구되기 때문이다. 그러나 탄소 저감 정책은 온실가스 감축을 위한 다양한 정책의 중심에 위치할 것이다. 그렇기 때문에 탄소세에 대한 도입 논의는 계속되어야 한다. 그 논의의 중심은 에너지를 사용하는 모든 사용자는 탄소 배출로 인한 경제적, 환경적 부작용을 줄이기 위한 책임을 부담하여야 한다는 것이다.

지금은 정치적 이유 등으로 탄소세의 도입 논의가 터부시되고 있지만 옳은 정책이기 때문에 언젠가는 시행될 가능성이 있다. 도입 논의가 급물살을 탈 가능성도 있다. 이를 대비하여 탄소세제의 정치한 설계를 준비하여야 한다. 그 설계를 위해서는 큰 원칙으로 유도적·교정적 기능의 강화, 이익(온실가스의 감축)의 불확실성의 완화, 세수중립성의 유지, 소득재분배의 악영향 제거, 기존 제도(예컨대, 배출권거래제, 에너지세 등)와의 조화, 산업 및 국제경쟁력의 고려, 정치적 저항의 극복 등을 고려하여야 한다.

제 2 절 탄소세 과세의 헌법적 정당성 및 허용성에 관한 소고(小考)*

최진수**

Ⅰ. 들어가며

1. 탄소세의 의의

2011년 올해도 홍수, 지진, 쓰나미 등 기상 이변으로 인한 재해가 세계를 강타하고 있다. 최근 지구의 기온이 꾸준히 상승하여 지난 2010년 7월 14일에는 지구의 평균 기온이 기상 관측 131년의 역사상 최고를 기록하였는데 이는 '지구온난화'(global warming)현상의 영향이라고 한다.[1] 과학자들은 지구온난화 현상을 초래한 주범으로 과도하게 배출된 이산화탄소 기타 온실가스(greenhouse gas)를 지목하고 있는데, 이러한 탄소의 배출량을 줄여서 지구온난화를 막는 정책적 수단들[2] 중의 하나로서 논의되고 있는 것이 바로 '탄소세'(carbon tax)

---

* 이 논문은 헌법학연구 제17권 제4호(2011)에 발표된 논문을 수정 · 보완한 것임.

** 연세대학교 법학전문대학원 부교수

1) 2010.7.14.자 sbs뉴스에 따르면, 2010년 상반기 지구 표면의 평균 온도가 관측 기록이 남아 있는 최근 131년 동안(관측값이 있는 1880년 이래) 가장 높았던 것으로 나타났는데, 기상청 기후예측과장은 전 지구 차원에서 온도가 올라가는 것은 '지구온난화'의 영향이라면서 지역별로 온도 변화 패턴이 다를 수 있지만 기상 이변이 잦아지는 경향은 피할 수 없을 것이라고 분석했다(http://news.naver.com/main/read.nhn?mode=LSD&mid=sec&sid1=103&oid=096&aid=0000113369).

2) 이러한 수단들 중 가장 대표적인 것이 탄소세와 탄소배출권거래제(ETS)라고 할 수 있다. 우리나라의 대체적인 경향은 탄소세의 도입보다는 탄소배출권거래제의 도입이 탄소배출량 감축에 더 도움이 되는 것으로 여기는 듯하다. 환경전도사로 불리는 앨 고어 전 미국 부통령도 또한 탄소세보다는 배출권거래제가 더 현실적이라고 말한 바 있다(2010. 11. 10.자 서울경제신문; 2010. 1. 12.자 서울신문; http://economy.hankooki.com/lpage/economy/201011/e2010111020323970070.htm 등 참조).

하지만 탄소배출권거래제와 비교할 때, 탄소세는 그 적용대상이 광범위하여 형평성 문제가 없을 뿐 아니라 행정비용이 적고 정책의 투명성과 예측가능성이 높은 장점이 있으며, 탄소세를 도입한 여러 나라에서 탄소세가 상당한 성공을 거두고 있다는 점에서 단소배출권 거래제에 비하여 탄소배출량 감축효과가 적다고 단정할 수는 없다. 다만, 탄소세가 탄소배출권거래제도에 비하여 탄소배출의 감축효과가 더 우수한가 등의 문제는 이 글의 논의대상이 아니며 추후의 연구에 맡기기로 한다.

한편, 탄소세와 배출권거래제의 적적한 혼합이 주장되기도 한다. 안창남 · 길병학, "우리나이다. 탄소세는, 한편으로는 탄소를 함유하고 있는 석유, 석탄, 가스 등 화석연료의 가격과 화석연료를 집약적으로 사용하여 생산되는 재화의 가격을 인상시켜 화석연료의 이용을 억제시킴과 아울러 대체에너지와 탄소저감기술의 개발을 촉진함으로써 온실가스 배출량을 저감시키고, 다른 한편으로는 그 세수를 활용하여 경제의 효율성을 제고하는 효과를 가져올 수 있는 세금이다.[3]

탄소세를 최초로 도입한 나라는 1990년 핀란드라고 알려져 있다. 그 외에 스웨덴, 노르웨이, 덴마크 등 북유럽의 여러 나라들을 비롯하여 유럽의 몇몇 나라들이 탄소세 내지는 탄소배출량에 상응하여 부과되는 공과금 제도를 운용하고 있는 것으로 평가받고 있다.[4] 최근에는 석탄강국인 호주도 우여곡절 끝에 2011. 11. 8. 탄소세를 도입하는 법안을 통과시켰다.[5][6]

우리나라의 경우 정부는 2008년에 '저탄소 녹색성장' 비전을 선포하여 이를 핵심정책으로 추진 중이고 2020년까지 배출전망치 대비 온실가스 30% 감축 목표[7]를 발표하였기 때문에, 지구온난화를 막는 정책적 수단으로서 탄소세를 도입할 것으로 예상해볼 수 있으나[8] 아직은 그 도입에 신중한 모습을 보이고 있다.[9] 따라서 '탄소세'(carbon tax)라는 용어는 아직 우리 실정법상의 용어는

라 탄소세 도입방안 연구-과세제도 및 체계를 중심으로-", 조세연구, 제10-2집, 한국조세연구포럼, 2010, 264-266면; 2011. 11. 22. 환경정책평가연구원 대강당에서 개최된 '배출권거래제 쟁점과 바람직한 도입방안' 토론회에서의 박호정 교수의 주장 등.

3) 이정전, 환경경제학, 박영사, 2008, 273-274면 등도 탄소세가 가지는 효과 내지 기능을 이와 유사하게 보고 있다.

4) 주요국의 환경세제에 관하여는, 채여라 외, 탄소세 도입가능성에 대비한 조세 · 재정정책의 방향에 관한 연구, 한국환경정책평가연구원, 2007; 나성린 · 이영, 외국의 환경세 도입사례 및 정책적 시사점, 한국재정 · 공공경제학회, 2003; 안창남 · 길병학, 앞의 글 등 참조.

5) 호주 일간지 〈시드니 모닝 헤럴드〉에 따르면, 호주 상원은 2011. 11. 8. 호주 500대 탄소배출 기업에 탄소세(Carbon tax)를 부과하는 것을 핵심으로 하는 청정 에너지 법안(Clean Energy Future)'을 통과시켰다. 대상기업은 2012년 7월부터 배출탄소 t당 23호주달러(약 2만 7,000원)의 탄소세를 내게 된다. 탄소세를 유럽연합(EU) 이외 지역에서 도입하는 것은 호주가 처음이다(http://www.theage.com.au/environment/climate-change/senate-to-vote-on-carbon-tax-20111108-1n4j0.html 등 참조).

6) 중국도 조만간 탄소세를 도입할 것으로 예상된다. 이에 관한 자세한 논의로는, 윤성혜, "중국의 탄소세 도입 배경과 전망", 동아법학, 제49호, 2010, 65-100면 참조.

7) 이 30%는 IPCC가 개도국에 권고하는 온실가스 감축비율(15%~30%) 중 최고치에 해당한다. 한편 우리나라는 2009년 이산화탄소 배출량이 세계 9위에서 8위로 상승하였다. 이에 따라 우리나라도 온실가스 주요 배출국으로서 의무감축 압력이 더욱 고조될 것으로 예상된다.

8) 2010. 1. 13. 공포된 저탄소 녹색성장 기본법은 제3조 제7호 등에서 세제에 관한 언급을 하고 있다. 정부 관계자는 "현재의 에너지 세제는 온실가스를 실제적으로 많이 배출하는 석탄활용 산업이나 전기 등에 대한 특별한 과세가 없다"면서 "중장기적으로 탄소세를 도입하거나 기존 세제를 강화하는 방식 중 하나를 선택할 것"이라고 밝혔다(2010. 3. 8.자 조세일보 "[기자수첩] 탄소세 도입을 둘러싼 정부의 딜레마").

아니다. 그것은 하나의 추상적인 명칭으로서, 구체적으로 어떤 나라의 어떤 세금이 탄소세에 해당하는가에 대해서는 그 평가가 일치되고 있지 않아서, 혹자는 현재 탄소세를 도입한 나라로 북유럽 5개국 및 영국을 예로 드는가 하면, 혹자는 스칸디나비아 반도의 4개국과 이탈리아, 네덜란드, 그리고 캐나다의 일부 주[10]를 그 예로 들기도 한다.[11]

이 글에서 사용하는 '탄소세'라는 용어는, 일단 '환경세[12]의 일종으로서, 이산화탄소 기타 온실가스[13] 등(이하 이 글에서는 단지 '탄소'라고만 한다)의 배출량 또는 함량에 따라 부과되는 조세'를 의미하는 것으로 보기로 한다. 즉, '조세'라는 형태를 갖춘 경우만을 탄소세라고 칭하고, 조세 이외의 형태로 부과되는 공과금 등은 여기서 제외하기로 한다. 예를 들어, 탄소배출량에 상응하여 부과되는 부담금을 이 글에서는 '탄소배출부담금'이라고 칭하여 '탄소세'와 구별되는 용어로 사용하고자 한다. 이와 같이 구별하는 이유는 다음에서 보는 바와 같이 현재 우리나라에서는 대체적으로 '조세'와 '부담금'의 형태에 따라 그 합헌성의 판단기준 내지는 부과의 정당화 근거를 달리 보고 있기 때문이다.

현재 각종 에너지의 소비에 부과되는 세금인 이른바 '에너지세'(교통 · 에너지 · 환경세 등)[14]도 그것이 탄소를 배출하는 에너지원의 사용량에 대해 부과되

---

9) 2011. 3. 21. 이용섭 민주당 의원, 유일호 한나라당 의원, 경실련 갈등해소센터가 공동 주최한 '탄소세 도입과 사회적 수용성'을 주제로 한 2차 토론회에 참석한 김형돈 기획재정부 정책관은 고유가(高油價) 현상이 지속되는 상황에서 커져가는 유류세 감면의 압박, 물가상승 문제 및 레임덕 현상 등을 종합적으로 고려해 볼 때 탄소세를 당장 도입하는 것은 어렵다는 입장을 피력하였다.

세계적인 기후변화 전문가인 Tim Flannery 맥쿼리대 석좌교수(코펜하겐 기후위원회 의장, 전 하버더대 석좌교수)는 2011. 12. 6. 서울대학교 경영전문대학원에서 '2050년을 위한 저탄소 경제'라는 주제로 강연한 자리에서 호주의 탄소세 도입과정을 소개하면서, "탄소세 도입은 어려운 문제"로서 호주의 경우 탄소세 부과방안이 의회에서 40여 차례 질의대상에 오르는 등 관련 업계와 야당의 반발로 탄소정책 법제화가 수년간 표류하였다고 설명하였다. 하지만 그는 "한국과 호주가 경제규모가 비슷하고 유사한 도전과제에 직면한 만큼 서로 학습하여야 성공할 수 있다"고 지적하였는데, 호주의 탄소세의 도입과정이나 그 운용 경과는 우리나라에게 좋은 학습의 기회가 되고 있다.

10) 브리티시컬럼비아 주 등.

11) 앞서 본 바와 같이 최근인 2011. 11. 8.에 청정 에너지 법안을 통과시킨 호주에 대한 평가는 아직 없으나, 탄소세 도입 국가로 분류하는 데 아무런 지장이 없다고 하겠다.

12) 이 글에서는 환경과 관련된(environmentally-related) 세금을 통칭하여 '환경세' (environmentally-related tax)로 부르기로 한다.

13) 메탄, 아산화질소, 프레온(염화불화탄소), 수소불화탄소, 과불화탄소, 육불화황 등.

14) 에너지세에 관한 자세한 내용으로는, 김승래 외, 세제의 환경친화적 개편에 관한 연구, 한국조세연구원, 2008, 24면 이하 참조.

는 세금인 점에서는 탄소세의 성질을 어느 정도 가진다고 볼 수 있다. 하지만 반드시 각 에너지원별 탄소함유량과 비례하여 부과되는 것은 아니라는 점에서 탄소세로서는 한계가 있다. 탄소배출량을 줄이는 방안으로는, 이러한 에너지세를 탄소배출량을 줄이는 방향으로 그 내용을 강화·개편하는 방안도 생각해볼 수 있고, 그와는 별도로 새로운 세목을 신설함으로써 달성하는 방안도 생각해 볼 수도 있다. 이 글에서는 주로 기존의 에너지세와는 별도로 새로운 세목으로서의 탄소세를 신설할 경우를 주된 논의의 대상으로 삼기 위한 편의상의 이유에서, 탄소의 배출량 또는 함량에 상응하여 부과되는 환경세만을 탄소세에 포함시키기로 한다.

2. 문제의 제기

우리나라의 조세법학은 건국 이래 주로 실정 조세법규의 해석과 적용에 치중하여 온 것이 사실이다. 이러한 환경 하에서는 조세는 실정법상의 근거만 가지고 있으면 정당한 것으로 평가받을 수 있었다. 현재도 그런 경향이 완전히 불식되었다고 보기 어렵지만 실정 조세법규 이전의 보다 근본적인 문제에 대해 들여다보기 시작한 것은 1987년 우리나라에 헌법재판제도가 도입되면서부터라고 해도 과언이 아닐 것이다. 비록 실정 조세법규에 근거한 과세라 하더라도 그것이 헌법적 한계를 벗어나게 되면 위헌이라는 점이 헌법재판소에 의해 거듭 선언되면서부터는, 우리 조세법학에서 실정 조세법규가 헌법에 위반되는가 하는 헌법적 차원의 논의를 어렵지 않게 발견할 수 있게 되었다.[15] 이러한 논의는 주로 평등권, 재산권 등의 헌법상의 기본권에 대한 침해 여부의 문제와 조세법률주의와 비례의 원칙을 어떻게 적용할 것인가 하는 문제가 그 중심을 이루었고-이러한 점도 헌법재판소 판례의 영향으로 볼 수 있을 것이다-, 이제는 그러한 논의에 대해서는 상당한 부분 학문적 공감대가 형성되고 또 상당부분 학문적 합의가 도출되었다고 평가해도 큰 잘못은 아닐 것이다.

그런데 이제는 이러한 실정헌법적인 문제에서 더 나아가 보다 근본적인 문제, 즉 과세의 헌법이론적·헌법철학적 근거에 대한 논의가 필요하게 되었다고 본다. 탄소세를 신설할 것인가에 대한 논의를 함에 있어서는 "왜 내가 탄소세를 내야하는가?"라든가 "조세는 공평하게 부과되어야 하는데 왜 가난한 내가 탄소세라고 하는 세금을 내야 하는가?"라는 물음에 답할 수 있어야 한다.[16] 물

15) 이런 점에서 보더라도 일각에서 주장되는 이른바 '헌법재판소 폐지론'은 타당하지 못하다는 점을 알 수 있다. 이 점에 대한 상론은 이 글에서는 생략한다.

16) 최근 호주의 한 뉴스 사이트(news.com.au)에서 실시한 여론조사에서 2만 4,000여 명의 응

론 여기서의 답이란 경제적 효과나 정책적 차원 등등에서의 답변을 말하는 것이 아니라 헌법이론적으로 그 정당성을 이야기할 수 있어야 한다는 것을 의미한다. 이것은 탄소세의 헌법적 한계를 논의하기에 앞서 보다 근본적인 문제로서 '과연 국가는 어떠한 이론적 근거 하에 국민에게 조세를 부과할 수 있는가' 하는 이른바 '조세정당화론'(Steuerrechtfertigungslehre)의 문제인바,[17] 납세자인 국민이 그것을 정당한 것으로 받아들이는 경우에 한하여 국가의 세정에 협력하고 자발적으로 조세를 납부하는 법률관계가 성립될 수 있다는 점에서 조세법분야에서 납세자와 국가 간에 협력적 법률관계를 구축하기 위한 전제조건으로 평가받기도 한다.[18]

한편, 탄소배출량을 줄이는 방안으로 탄소세와 같은 조세를 부과하는 방안 외에 탄소배출부담금과 같은 조세 이외의 금전적 급부의무를 부과하는 방안도 생각해볼 수 있을 것인데, 이러한 경우에는 "(조세의 경우에는 국민에게 납세의무가 있는 것이지만,) 조세도 아닌 금전급부의무를 왜 내가 져야 하는가?"라는 질문에 대해 헌법이론을 통해 설명할 수 있어야 한다. 이것은 탄소배출부담금에 대한 '헌법적 허용성의 한계(또는 요건)'가 무엇인가 하는 문제로서 오늘날 그에 관한 활발한 논의가 이루어지고 있다.

그런데 조세의 경우는 이와는 달리 그 헌법적 허용성의 한계에 관해서는 별다른 논의가 전개되지 않고 있는 실정이다. 그것은 조세의 경우는 국민의 납세의무(헌법 제38조) 때문에 이미 조세 그 자체가 헌법상 허용되는 것이라는 인식 때문인 것으로 여겨진다. 하지만 국가를 꾸려나가기 위한 재정목적으로 조세를 부과하는 경우가 아니라고 한다면, 예를 들어 재정적 목적이 아니라 유도적·조정적 목적이 전면에 나서는 조세라고 한다면, 그것이 비록 조세의 형식을 가

답자 중 69%가 탄소세에 반대하였다. 호주의 탄소세 도입은 2000년도의 부가가치세(GST) 도입 이후 호주 최대 경제적 변혁으로 평가되지만 국가를 두 갈래로 갈라놓은 심각한 후유증을 유발했다고도 한다.

우리나라에서도, 예를 들어 2011. 3. 21. 이용섭 민주당 의원, 유일호 한나라당 의원, 경실련 갈등해소센터가 공동 주최한 '탄소세 도입과 사회적 수용성'을 주제로 한 2차 토론회에서, "탄소세 도입의 명분을 국민들이 납득할 수 있어야 할 것"이라거나, "국민들이 탄소세 도입을 수용할 수 있을지 의문이다"는 주장이 나오는 등 탄소세가 국민적 공감대를 얻지 못할지도 모른다는 우려가 나타나고 있다. 이런 점에서 보더라도 탄소세 과세의 정당성에 관하여 헌법이론적 조명을 거치는 것은 반드시 필요한 일이라 할 것이다.

17) 이 점에 관하여는 김성수, "국가 과세권의 정당성 문제-조세헌법이론적 논의를 중심으로-", 공법연구, 제30집 제3호, 한국공법학회, 2003, 107-131면 참조.

18) 김성수, 위의 논문에서는 특히 '납세자와 국가 간의 협력적 법률관계'를 강조한다(108, 131면 등).

진다고 하더라도 조세 이외의 금전급부의무를 부과하는 경우와 마찬가지의 문제가 그대로 발생하게 된다. 즉, 이 경우 "왜 내가 그와 같은 조세를 납부해야 하는가?"라는 질문에 대해 더 이상 "국민으로서 납세의무를 지고 있기 때문이다"라는 말로 대답하기는 어렵다. 국민의 납세의무는 국가활동의 재정적 기초를 마련하기 위한 것[19]이라는 점에서 보더라도 그렇다. 그렇다면 만약 탄소세가 국가활동의 재정적 기초를 마련하기 위한 조세가 아니라 재정목적 이외의 다른 목적 달성을 위한 정책적 수단들 중의 하나로서 사용되는 것이라고 한다면, 그 헌법적 허용성의 한계에 관한 논의가 탄소배출부담금의 경우와 마찬가지로 필요하게 된다고 할 것이다.

이상과 같은 조세정당화 및 허용성의 문제는 탄소세의 입법론적 문제를 검토함에 있어 헌법이론적인 토대를 제공하는 역할을 하게 되는데, 이 글에서는 그러한 이론적 토대를 살펴보는 것을 통해 탄소세 과세의 입법론적 시사점을 도출하고자 한다. 다만 이 주제는 거슬러 올라가면 '공평이란 무엇인가' '정의란 무엇인가' '조세를 부과하는 주체인 국가의 본질은 무엇인가'라고 하는 정의론, 공평론(또는 평등론), 국가론 등과도 얽혀 있고, 조세법뿐만 아니라 환경법, 헌법 등의 법영역은 물론 재정학, 경제학, 윤리학, 사회학 등 타 학문영역과도 깊은 관련을 가지고 있다. 이 글에서는, 우리나라에 탄소세가 도입된다는 점을 전제로 하여,[20] 헌법이론적 측면에서 조세정당화 및 허용성의 문제를 고찰함으로써 탄소세에 관한 입법상의 시사점을 도출할 수 있는 범위 내로 논의의 범위를 한정하기로 한다.

Ⅱ. 탄소세 과세의 헌법적 정당화 근거

1. 탄소세의 유도적·조정적 목적

탄소세는 이른바 피구세(Pigouvian tax)의 일종으로서 탄소배출을 통해 경제학적으로 외부효과(externalities)를 일으킨 경제적 활동에 대해 세금을 부과하

19) 허영, 한국헌법론, 박영사, 2010, 620면; 권영성, 한국헌법론, 법문사, 2010, 717면.

20) 탄소세가 도입되면 에너지 관련 비용이 늘고, 기업이 소비자에게 그 비용을 전가해 물가가 오르고, 우리나라의 국제경쟁력이 약화되는 등의 부작용이 초래될 수 있다. 따라서 그 도입 시기는 물가 등 국내 경제사정, 국제경쟁력에 미치는 영향, 기존의 조세체계에 대한 개편 등을 고려함과 아울러 이해관계인의 의견수렴 및 관계 부처와의 협의 등의 절차를 밟아 신중히 결정할 필요가 있다. 이 글은 탄소세가 도입됨을 전제로 하여 그에 대한 헌법적 정당성 근거를 고찰함을 통해 입법론적 시사점을 얻는 것을 목적으로 한다.

여 외부효과를 내부화(internalization)[21]함으로써 시장의 실패(market failure)를 보완하는 효과를 내는 것으로 알려져 있다.[22] 이러한 피구세의 메커니즘을 이용하여[23] 탄소배출을 억제하고 환경친화적 세제로 개편하는 구체적 방안으로서 거론되고 있는 것이 바로 환경세의 일종으로서의 탄소세이다.

탄소세에 관하여 다른 요소들을 배제한 상태에서 입법목적만 가지고서 판단해 보자면, 탄소세는 많이 부과될수록, 즉 재정수입이 증가될수록 그 입법목적이 달성되는 것이 아니라 오히려 적게 부과될수록 그 입법목적이 달성된다는 점에서 볼 때, 국가의 재정수입보다는 정책적 · 유도적 내지 사회형성적 목적이 전면에 나서는 이른바 '유도적 · 조정적 조세'에 해당한다고 할 것이다.

2. 탄소세에 대한 '총량적 의미의 정당화'와 '세수중립의 요청'

조세정당화론은 오랜 역사를 가지고 있으나 민주주의에 바탕을 둔 국가권력의 정당성이 인정되고 조세국가론이 일반화되면서 사람들의 뇌리에서 잊혀져 가다가, 근자에 독일의 K.Vogel 교수에 의해 '잊혀진 근본문제(eine vergessene Vorfrage)'로서 다시 부각되었다.[24]

Vogel에 의하면, 국가가 국민을 위해 존재한다는 사실 자체가 조세부과의 정당성의 근거가 될 수는 없고, 그 정당성의 근거는 국가가 납세자인 국민에게 일정한 급부와 서비스를 제공한다는 것에서 찾아야 한다고 한다. 따라서 적어도 납세자의 납세액의 총량이 국가의 급부행위의 총량을 넘어설 수는 없게 되는데, 이를 '총량적 의미의 조세정당화' 문제라고 한다.

국내에서도 이러한 Vogel의 견해를 지지하면서, 국가가 제공하는 급부와 국민이 납부하는 조세와 사이에는 적어도 총량적으로 균형관계[25]가 유지되어야 한다고 주장하는 견해[26]가 있다. 세금을 내는 납세자가 전체적으로는 국가의 과제수행에 의하여 일정한 문명의 혜택을 받는 것이 조세의 속성이요 또한 본질이라는 것이다. 그러므로 이 입장에서는, 국가는 필요한 만큼만 세금을 거두

---

21) 탄소배출규제의 과세로 인한 외부효과의 내부화에 대해서는, 이준규 · 박정우, "기후변화협약에 따른 탄소배출 규제의 과세문제", 조세법연구, 제15권 제3호, 한국세법학회, 2009, 178면 참조.

22) 이에 따라 탄소세는 이산화탄소 배출량의 저감 및 억제를 위한 기술개발에 대한 강한 유인도 제공한다.

23) 김형성 · 박정우, "환경친화적 조세정책과 환경세 도입방안에 관한 연구", 환경법연구, 제21권, 한국환경법학회, 1999, 303-305면 참조.

24) 자세한 내용은, 김성수, 앞의 글, 109-110면, 114면 참조.

25) 사용료나 수수료 등 이른바 수익자부담금에서 말하는 반대급부와는 구별된다. 위의 글, 124면.

26) 위의 글, 124-125면.

어 생산적·효과적으로 사용하여야 하며, 그러한 한도 내에서 조세는 정당화되고 또 총량적 한계가 설정된다고 한다.

생각건대, 그와 같은 조세총량을 실제로 산출해낼 수 있는 것인지, 산출해낼 수 있다고 하면 구체적으로 어떻게 산출한다는 것인지 의문이기는 하지만, 헌법이론적·헌법철학적 관점에서 보면 국가조세권을 행사함에 있어서 국가는 필요한 만큼만 세금을 거두어 생산적·효과적으로 사용하여야 한다는 점과, 또한 이를 통해 납세자와 국가 사이에 협력적 법률관계를 형성할 수 있다는 점에서, Vogel의 견해는 조세입법론, 조세정책론 등에서 유용한 도구로 사용될 수 있는 것으로 여겨진다. 이와 같이 Vogel의 '총량적 의미의 조세정당화'를 탄소세 과세의 헌법이론적 근거의 하나로 제시할 수 있다고 한다면, '환경정책의 수단으로서 탄소세를 새로이 도입한다고 하더라도 이로 인해 국민이 납부하는 조세의 총량이 늘어나서는 아니 된다'는 점을 그 입법론적 지도원리로 삼는 것이 헌법이론적으로 가능해질 것이다.

즉, 탄소세는 그것이 앞서 살핀 바와 같이 유도적·조정적 목적이 전면에 나서는 조세라고 볼 경우, 그 논리적 귀결로서 탄소세의 도입으로 인해 국민이 납부하는 조세의 총량을 늘어나지 않는 '세수 중립적(revenue neutral)'인 것이어야 할 것이라는 점이 이념적으로 요구된다고 볼 수 있는 것이다. 탄소세를 도입하여 운영하고 있는 국가들의 중요한 특징 중의 하나도 전반적 세부담이 증가하지 않도록 세수 중립적인 정책을 병행하고 있다는 점이다. 따라서 '총량적 의미의 조세정당화'가 탄소세 과세의 헌법이론적 근거의 하나가 된다면, 우리나라에서 탄소세를 도입할 경우 혹시 그로 인하여 전체적인 조세의 규모가 과도하지 않은지 경계하는 태도를 가질 수 있게 되고, 이러한 태도는 탄소세로 인하여 늘어난 세수만큼 다른 세금의 세수를 줄여서 전체적으로 보면 탄소세의 도입에 불구하고 국민이 납부하는 조세의 총량에는 변화가 없도록 한다는 측면에서 '감세정책'이 병행되어야 한다는 주장의 입지를 강화하는 역할을 해 줄 수 있다. 예를 들어, 탄소세로부터 발생하는 추가적인 세부담을 에너지세를 줄여서 완화[27]시키자는 주장에 대해 헌법이론적 근거 부여를 통해 힘을 실어줄

27) 북구 국가들은 탄소세를 도입하면서 에너지세를 줄이는 조정을 시행하였다. 우리나라의 에너지세 관련 세수 수준은 OECD 선진국들에 비해 평균 이상 수준으로 나타나고 있는 점에 비추어 보더라도, 우리나라가 탄소세를 도입할 경우 에너지세에 대한 개편은 불가피한 일이라고 하겠다. 같은 취지로는 김명룡, "환경세 도입에 관한 법적 연구", 법제연구, 통권 제24호, 한국법제연구원, 2003, 57-58면; 김영덕·조경엽, "탄소세의 세수환원 효과 및 시사점", 탄소세와 배출권거래제의 쟁점에 관한 세미나 자료집, 탄소법학회, 연세대학교 법학연구원 공공거버넌스와 법센터, SSK 기후변화와 비교법제센터, 2011, 37면 등.

수 있게 된다.

요컨대, 탄소세에 대한 '총량적 의미의 조세정당화' 및 그에서 도출되는 세수 중립의 요청이 헌법이론적으로 요구된다고 볼 때에는, 입법자가 탄소세를 입법함에 있어서 국민이 전체적으로 부담하여야 하는 조세총량을 감안하여 감세정책을 병행할 것인지를 고려하여야 한다. 경우에 따라서는 감세정책을 위한 입법적 장치가 조세 정당화라고 하는 헌법이론적 관점에서 요구될 수도 있고, 이러한 요구에 부응하지 못할 경우에는 최소침해성 또는 법익균형성을 판단함에 있어 부정적 영향을 미쳐 결국 탄소세를 도입한 당해 법률에 대한 위헌 논거를 강화하는 역할을 할 수 있게 된다.

3. 탄소세에 대한 '개별적 의미의 정당화'와 '담세력의 원칙'

Vogel은 앞서 본 바와 같이 조세총량이 결정되면 이제 구체적인 기준과 척도에 따라 이러한 부담이 개개의 납세자에게 정당하게 분배되어야 한다고 말한다. 이처럼 개개의 납세자에게 정당하게 분배하는 문제는 주로 개인의 담세능력에 따라 부담을 배분하는 개별적인 정당화 문제이다('개별적인 의미의 조세정당화론').[28)]

공평과세의 이념은 세금은 담세력(taxpaying ability)에 따라 부과하여야 한다고 하는 '담세력의 원칙' 내지는 '응능부담(應能負擔)의 원칙'을 통해 달성할 수 있다고 보는 것이 오늘날의 일반적인 시각이며, 이러한 원칙은 조세법률주의, 조세평등주의 등과 함께 조세에 관한 헌법상 원칙의 하나로 열거되고 있다.[29)]

담세력의 원칙이라는 표현 자체는 아담 스미스(Adam Smith)까지 거슬러 올라가는데, 아담 스미스의 표현에는 순수하게 '세금을 부담할 수 있는 능력에 따른 과세'라는 의미 외에도 납세자가 "국가로부터 받은 '편익'(benefit)에 상응하는 과세"라는 의미가 포함되어 있는 것으로 흔히 이야기되고 있다. 다만 아담 스미스가 원래 의도한 바가 무엇이었든 간에 현재에는 주로 전자의 의미로만 사용되고 있는 듯하고, 편익의 원칙 내지 응익부담(應益負擔)의 원칙은 담세력의 원칙과는 별도의, 세제를 만드는 또 하나의 원리인 것으로 흔히 설명되고 있다.[30)]

---

28) 김성수, 앞의 글, 110, 117면 참조.

29) 헌법재판소의 태도도 이와 같다. 헌재 2007. 6. 28. 2006헌가14 결정(판례집 제19권 제1집, 801면) 등.

30) 윤지현, "환경세와 '담세력에 따른 과세' 원칙 간의 관계에 관한 시론(試論)", 기후변화와 법의 지배, 조홍식 등 3인 편, 박영사, 2010, 372면.

여기서 담세력이란 무엇을 말하는 것인가? 이는 과세의 대상을 무엇으로 할 것인가 하는 문제와도 일맥상통하는 것으로 여겨지는데, 현재의 세제 하에서 담세력을 파악하는 근거 내지 과세의 대상으로서는 크게 소득, 소비, 재산이 있다고 설명되고 있다.[31] 현행 세제는 ① 소득세와 소비세의 대립 및 공존, ② 소득세의 상대적으로 중심적인 위치, ③ 소득세의 직접세와 누진세로서의 성격 등을 근간으로 하고 있다는 평가를 받기도 한다.[32]

그런데 탄소배출량은 담세력과는 반드시 비례관계에 있는 것은 아니고, 경우에 따라서는 오히려 고소득 가계나 기업이 새로운 시설이나 기술을 갖춤으로써 그렇지 못한 저소득의 가계(예를 들어, 연탄으로 난방을 하는 집에서 살고 있는 저소득층, 이른바 'fuel poor')나 기업에 비하여 더 작은 탄소세를 부담할 가능성도 있다. 그러므로 탄소세는 '담세력'보다는 탄소배출량에 따라 부과되는 세금이라는 점에서 '담세력의 원칙'보다는 '오염자부담의 원칙'(polluter-pays principle)이 적용되는 조세라고 하겠다. 이 오염자부담의 원칙은 자연환경에 가하여진 손상은 그 손상을 가한 자가 부담하여야 한다는 원칙으로서, 담세력의 원칙이나 편익의 원칙 외에 또 다른 과세원칙으로 등장한 '손상의 원칙'(principle of damages)을 환경영역에 적용한 것으로 평가하여도 대과는 없으리라 여겨진다.

이상과 같은 점에서 볼 때, 환경세의 광범위한 도입은 우리가 현재 세금 또는 공평과세에 관하여 가지고 있는 고정관념-담세력에 따라 과세하면 공평하다-과 충돌될 가능성이 없지 않다는 견해도 있다.[33] 즉, 탄소세는 공평과세에 관한 기본관념에 잘 부합하지 않을 수 있다는 점에서 문제가 될 수 있다는 것이다. 하지만 그렇다고 하여 탄소세의 경우 담세력의 원칙은 아무 의미가 없게 되는 것일까? 탄소세의 경우 담세력의 원칙이 여전히 의미를 가진다고 말하는 데에는 다음과 같은 두 가지 걸림돌이 있다. 하나는 탄소세가 유도적·조정적 조세라는 점이고 또 하나는 탄소세가 간접세로 될 가능성이 크다고 하는 점이다. 하나씩 살펴본다.

먼저 탄소세가 유도적·조정적 조세인 점에 관하여 보면, K.Tipke는 재정수입을 목적으로 하는 이른바 재정적 목적의 조세(Fiskalzwecksteuer)에 비하여 사회정책적 목적의 조세(Sozialzwecksteuer)나 유도적 조세(Lenkungssteuer)의 경우에는 담세력의 원칙이 적용될 수 없고 오히려 비례의 원칙을 적용하여 그러한 조세 외적인 목적이 정당한지, 수단이 적절하고 또 필요한 것인지, 그리고

31) 이창희, 세법강의, 박영사, 2011, 114면 등 참조.
32) 윤지현, 앞의 글, 377면.
33) 위의 글, 369면.

법익균형성이 유지되고 있는지 여부에 따라 그 정당성 여부가 결정된다고 한다.[34)]

물론 정책적 · 유도적 조세의 경우에는 재정적 목적의 조세와는 달리 그것이 정책목표를 달성하기 위한 수단이라는 점이 전면에 나서게 되고 따라서 여기에는 과잉금지의 원칙(비례의 원칙)이 작동하게 된다. 특히 당해 정책목적을 달성할 수 있는 여러 정책수단들과도 비교하여 조세라는 수단을 사용하는 것이 최소침해 수단일 것과 법익균형을 이룰 것이 요구된다.

하지만 이 경우 조세의 형식을 취하고 있음에도 불구하고 담세력의 원칙이 적용되지 않는다고 하게 되면 심각한 문제가 발생하게 된다. 즉, 재정적 목적을 갖는 조세에도 정도의 차이는 있을지언정 어느 정도의 정책적 · 유도적 목적 또한 아울러 인정되는 경우가 많은데, 그런 경우 만약 담세력의 원칙이 적용되지 않는다고 한다면 정책적 · 유도적 목적을 가진다는 이유로 담세력의 원칙을 회피할 수 있는 길을 열어주는 결과가 되기 때문이다. 이는 조세법에 있어서 담세력의 원칙이 가지는 중대한 가치와 기능을 크게 약화시킬 뿐만 아니라, 나아가 악용될 경우에는 담세력의 원칙 그 자체가 형해화되어 버릴 우려도 배제할 수 없다. 따라서 정책적 · 유도적 조세라 하더라도 그것이 조세의 형식을 취하는 이상 담세력의 원칙은 적용되어야 하리라고 본다.[35)]

이와 같이 담세력의 원칙이 탄소세의 경우에도 폐기되지는 않고 적용되는 것이므로, 탄소세를 도입할 때에는 담세력의 원칙이 실현되도록 입법할 것이 요청된다. 예를 들어, 위에서 본 바와 같이 세수중립을 위해 다른 세금을 감면할 경우, 그 감면되는 세금이 탄소세와 마찬가지로 역진적인 성격을 띠는 세금이라야 담세력에 따른 기존의 소득분배구조가 손상을 입지 않게 될 것이다.[36)]

다음으로, 간접세의 경우에도 담세능력의 원칙이 적용될 수 있는가의 문제를 생각해 본다. 이러한 고찰이 필요하게 되는 이유는, 징세업무의 효율성 측면에서 볼 때 탄소세는 최종 소비단계에서보다는 중간 생산단계에서 부과될 가능성이 높은데, 그렇게 되면 탄소세는 간접세의 성격을 띠게 되어 이미 그 자체로 역진적인 효과를 가지는 경우가 많을 것으로 예상할 수 있기 때문이다.[37)] 간접세의 경우에도 담세능력의 원칙이 적용되는지에 관하여 Tipke는 이

34) Tipke, Die Steuerrechtsordnung Ⅱ, Köln, 1993, 535면 등.

35) 같은 취지로는 김성수, 앞의 글, 129-130면.

36) 같은 취지로는 윤지현, 앞의 글 384면. 이 논문에서는, 예를 들어 누진적인 세금인 소득세를 전반적으로 감면하는 정책을 취하는 것보다는 역진적인 성격을 띠는 세금인 부가가치세를 감면하는 것이 바람직하다고 한다.

37) 위의 글, 383면 참조.

를 긍정하지만 구체적으로 어떻게 담세력의 원칙이 적용되는지에 대해서는 아무런 설명도 하지 않고 있다.

생각건대, 역진적인 세제는 불공평하여 바람직하지 않다는 점이 이미 학계에서 널리 받아들여지고 있는 정설이라고 한다면, 역진적 효과를 가지는 탄소세를 도입할 경우에는 어느 정도 소득재분배 효과를 가지도록 배려되어야 한다는 것은 당연한 요청이라고 할 것이다. 이러한 점은 현행 헌법 제119조 제2항에서 규정하는 '적정한 소득의 분배'의 요청으로 볼 수도 있다. 그러므로 탄소세가 간접세인 경우라 하더라도 탄소세를 도입함에 있어서는 납세자의 담세능력, 특히 탄소세의 역진적 효과를 완화하기 위한 고려가 함께 이루어져야 한다.

예를 들어, 연탄과 같은 연료를 난방용으로 사용하는 저소득층 소비자에 대해서는 탄소세 과세로 인해 증가되는 세수를 사용하여 직접적인 보조(사회보장지출, 환급, 연금 등)를 하거나 그 '생존에 필요한 최소한'에 대한 보장[38]으로서 일정한 범위의 소득공제를 해주는 방안 등을 생각해볼 수 있을 것이다.[39] 이러한 점에서 담세력의 원칙이 탄소세의 경우에도 여전히 적용되어야 한다는 것은 특히 탄소세 세수의 사용[40]에 관한 입법사항과도 깊게 결부된다고 하겠다.

요컨대, 탄소세의 과세근거가 오염원인을 제공하였다는 특별한 재정책임에 있다고 하더라도, 탄소세가 초래하는 역진적 효과를 완화하는 고려를 소홀히 하여서는 아니 된다. 즉, 조세에 관한 전통적인 과세근거인 담세력에 대한 고려를 탄소세에 있어서도 포기할 수는 없다. 탄소세의 세수가 저소득층을 위한 배려를 위해 사용되어야 한다는 요청도 여기서 나온다. 만약 탄소세가 초래하는 역진적 효과를 완화하는 고려를 소홀히 하게 된다면 이 역시 탄소세를 도입한 당해 법률에 대한 최소침해성 또는 법익균형성을 판단함에 있어 부정적 영향을 미칠 수 있게 된다.

---

38) 이 부분에 대해 사회적 기본권이라는 시각에서 추가로 발생할 수 있는 논의에 대해서는 이 글에서는 생략한다.

39) 같은 취지로는 최준욱, 환경친화적 세제 개편에 관한 연구, 한국조세연구원, 2001, 81-83면 등. 중장기적으로는 소득세 등을 인하하거나 사회보장기여금 완화와 연계하는 전반적 세제 개편이 고려되어야 한다는 견해로는 김승래, "녹색성장과 탄소세 도입방안", 한국경제학회-한국재정학회 정책토론회 발표집, 2010, 20-35면 참조.

40) 탄소세의 도입으로 인해 늘어난 세수를 어떻게 사용할 것인가 하는 점의 중요성을 지적하는 입장은 여러 문헌에서 발견된다. The Political Economy of Environmentally Related Tax, OECD, 2006, p. 135 등 참조.

Ⅲ. 탄소세 과세의 헌법적 허용성의 기준

1. 탄소세와 탄소배출부담금 간의 헌법적 쟁점상 차이점

금전급부의무를 부과하는 수단을 통해 탄소배출량을 줄이는 방안으로는, 크게 탄소세와 같은 조세를 부과하는 방안과 탄소배출부담금과 같은 조세 이외의 금전급부의무를 부과하는 방안을 생각할 수 있다.

먼저 탄소세를 부과하는 방안에 관하여 보면, 이 경우에는 주로 조세법률주의나 조세입법의 한계에 관한 판단기준 등이 주된 쟁점이 될 것이다. 특히 조세공평원칙 내지는 그 실현을 위한 담세력의 원칙(응능부담원칙)과 관련하여, 납세의무자를 누구로 할 것인가, 간접세로서 역진적 성질을 가짐으로써 초래되는 실질적 불공평을 어떻게 해결할 것인가, 담세력의 원칙과 맞지 않는 점에 대해서는 어떻게 평가할 것인가, 담세력의 원칙은 이 경우 적용될 수 없는 것인가 등등의 문제가 쟁점으로 될 것이다.

다음으로 탄소배출부담금의 형태를 도입하는 방안에 관하여 보면, 우선 그것이 특별부담금에 해당하는지 여부와 해당한다면 그 헌법적 허용성의 한계문제가 쟁점이 될 것이다. 그런데 정책적·유도적 특별부담금의 경우에는 집단적 효용성 요건이 필요 없다는 견해[41]를 지지하고, 아울러 탄소배출부담금이 정책적·유도적 특별부담금의 성격을 가진다고 보게 되면, 집단적 효용성 요건은 검토할 필요 없이, 주로 객관적 근접성 요건 및 집단적 책임성 요건을 갖추어야 헌법적으로 허용된다고 할 수 있게 될 것이다.

이러한 탄소세나 탄소배출부담금 입법의 헌법적 한계 내라면 탄소세의 형태로 입법할 것인지 아니면 탄소배출부담금의 형태로 입법할 것인지에 대해서는 입법자에게 선택의 자유가 인정된다고 할 것이다.

2. 조세와 특별부담금의 구별과 탄소배출부담금의 법적 성질

최근 조세와 더불어 이른바 특별부담금(Sonderabgabe)이라는 새로운 공과금이 나타나고 있다. 조세가 국민의 일반적인 재정책임(allgemeine Finanzverantwortung)을 근거로 부과되는 것인 데 비해서, 특별부담금은 국가에 특별한 재정적 수요를 유발하여 이에 대한 특별한 재정책임(besondere Finanzverantwortung)을

41) 이러한 입장을 취하는 대표적 학자로는 김성수 교수를 들 수 있는데, 이에 관한 자세한 논의에 대해서는 김성수, "특별부담금의 정당화 문제", 공법연구, 제31집 제3호, 한국공법학회, 2003, 217-239면 참조.

지는 자에게 부과되는 공법상의 금전부담이라고 말해진다.[42]

조세와 특별부담금의 구별에 관한 전통적 견해는 재정목적 여부, 그 수입의 국가예산의 귀속 여부라고 하는 형식적인 기준으로 양자를 구별하고 있으나, 특별부담금이라도 재정목적을 전적으로 부인하기는 어렵다는 점과 조세도 그 수입이 국가예산으로 귀속되지 않고 특별회계로 관리되는 경우도 있다는 점에서 비판을 받고 있으며, 보다 실체적 기준에 의해 조세와 특별부담금을 구별하려는 노력이 진행 중에 있다.

이와 관련하여 우리 헌법재판소는 교통안전기금분담금 사건[43]에서 "교통안전기금의 재원의 하나로 운송사업자들 및 교통수단 제조업자들에 대하여 부과되는 분담금은 교통안전사업의 재정충당을 위한 특별부담금(Sonderabgaben)의 일종으로 볼 수 있고, 그 사용목적이 교통안전사업으로 제한되며 부과대상자가 특정사업자들로 한정된다는 점에서 조세와는 다르다."고 하였는데, 이는 조세와 특별부담금의 구별기준을 제시한 것으로 볼 수 있다.

우리 헌법재판소는 더 나아가 관광진흥개발기금 사건[44]에서, "특별부담금은 특별한 과제를 위한 재정충당을 위하여 부과된다는 점에서 일반적인 국가재정수요의 충당을 위하여 부과되는 조세와는 구분되고, 무엇보다도 특별부담금은 특정집단으로부터 징수된다는 점에서 일반국민으로부터 그 담세능력에 따라 징수되는 조세와는 다르다."고 하면서 조세와 특별부담금의 구별에 관하여 좀 더 발전된 기준을 제시하였다. 이 사건에서 헌법재판소는 "부담금의 부과를 통하여 수행하고자 하는 특정한 경제적·사회적 과제에 대하여 특별히 객관적으로 밀접한 관련이 있는 특정집단에 국한하여 부과되어야" 한다고 강조하였다.

한편, 독일 연방헌법재판소는 직업교육분담금 판결을 통해 다음과 같이 특별부담금의 네 가지 헌법적 허용성의 요건을 제시하였다.[45] 부담금의 의무자는 사회적으로 직업적 동질성을 가질 것, 부담금의 의무자는 부담금의 부과목적에 대하여 여타의 다른 사회집단 또는 일반납세자에 비하여 객관적 근접성을 가질 것, 이러한 객관적 근접성으로 인하여 부담금의 납부의무자는 부담금을 통하여 수행되는 사회적 과제에 특별한 책임을 질 것, 부담금의 수입은 의무자들의 집단적 이익을 위하여만 사용되어야 할 것이 그것이다.

우리 헌법재판소도 이러한 네 가지 정당화 요건들, 즉 집단적 동질성, 객관

---

42) 김성수, 일반행정법-행정법이론의 헌법적 원리-, 홍문사, 2010, 510면.
43) 헌재 1999. 1. 28. 97헌가8 결정.
44) 헌재 1999. 10. 21. 97헌바84 결정.
45) 김성수, 앞의 글, 225-227면.

적 근접성, 집단적 책임성, 그리고 집단적 효용성을 특별부담금의 헌법적 정당화 요건들로 받아들이고 있다. 학자들도 이러한 정당화요건들을 합당한 것으로 받아들이고 있는 것으로 보인다.

이상을 종합하면, 특별부담금은 특별한 재정책임을 지는 특정집단으로부터 징수된다는 점에서 일반국민으로부터 그 담세능력에 따라 징수되는 조세와는 다르다는 것이 우리 헌법재판소의 태도라고 정리할 수 있을 것이다.

이와 같이 특별부담금이 조세와 구별되는 가장 분명한 실질적인 기준은 '특별한 재정책임'을 지는 특정집단으로부터 징수된다는 점에 있다. 따라서 특별부담금에 있어서는 특정집단에게 이러한 특별한 재정책임을 부과할 수 있는 근거와 정당성이 특히 헌법상 평등원칙에 의하여 엄격히 심사되어야 한다.

환경법 영역에서 이와 같은 특별부담금의 전형적인 예로는 대기환경보전법에 의한 배출부과금 등이 거론되고 있는데, 만약 탄소배출에 대한 공과금부담의 형태를 탄소배출부담금의 형태로 입법한다면 그것은 탄소를 배출하는 특정집단에게 특별한 재정책임을 부과하는 것으로 볼 수 있다는 점에서 이는 특별부담금에 해당한다고 할 것이다. 따라서 탄소배출부담금이 헌법적으로 허용될 수 있기 위해서는 탄소배출자에게 이러한 특별한 재정책임을 부과할 수 있는 근거와 정당성이 특히 헌법상 평등원칙에 의하여 심사되어야 할 것이다.

3. 탄소세와 탄소배출부담금의 헌법적 허용성 요건과 입법기준

그런데, 탄소세(조세) 형식으로 입법하는 경우와 탄소배출부담금(특별부담금) 형식으로 입법하는 경우, 헌법적 허용성 여부를 판단하는 기준이 서로 다른가? 다시 말해, 입법 시 따라야 하는 기준이 서로 다른 것인가?

일반적으로 보면, 조세의 경우에는 조세법률주의의 요청뿐만 아니라 특히 조세공평의 원칙을 실현하기 위하여 담세력의 원칙이 적용된다. 즉 조세가 공평한 것인가의 판단기준은 조세를 담세력 기준으로 부과하였는지 여부가 된다. 따라서 조세를 담세력을 기준으로 합당하게 부과하였다면 그 조세는 공평한 조세로 여겨질 수 있는 것이다.

반면, 특별부담금은 특히 그 부과대상인 특정집단에게 특별한 재정책임이 인정되는지 여부가 그 헌법적 허용성을 인정할 수 있는지를 판단하는 가장 핵심적인 정당화요소가 된다. 최소한 객관적 근접성과 그로 인한 집단적 책임성을 인정할 수 있는 경우라면 이는 헌법적 허용성의 한계 내의 것으로 평가받게 되고, 다음으로 과잉금지원칙의 적용을 받게 된다. 이 경우 그 특별부담금이 과잉한 것인지, 즉 목적의 정당성, 방법의 적절성, 최소침해성, 그리고 법익균형성을 모두 갖추고 있는지 여부를 심사하게 된다.

만약 재정목적이 전면에 나서는 조세의 경우에는 세금이 많이 걷힐수록 그 과세목적을 잘 달성하는 것이 될 것이므로 담세력을 가지는 과세대상을 찾는 것이 중요한 문제가 될 것이다. 그런데 앞서 본 바와 같이 탄소세는 재정목적이 전면에 나서는 조세가 아니라, 정책적 조세이다. 탄소배출부담금도 또한 마찬가지 이유로 정책적·유도적 특별부담금에 해당한다. 따라서 탄소세가 적게 걷힐수록 탄소배출량 저감을 통한 환경보호라는 정책적·유도적 목적을 더 잘 달성한 것이 된다는 점에서, 조세는 그 자체의 고유한 재정목적이 아니라 정책적 목적을 달성하기 위한 여러 정책수단들 중 하나로 사용된다는 점에서 과잉금지원칙이 특히 중요한 비중을 차지하게 된다.

이러한 점은 탄소세의 실정헌법적 정당화 근거와도 결부시켜 생각해볼 수 있다. 우선 탄소세의 정당화 근거를 국민의 납세의무(헌법 제38조)로부터 찾을 수는 없다. 탄소세는 재정적 목적이 아니라 유도적·조정적 목적이 그 전면에 나서는 조세이고, 국민의 납세의무는 국가활동의 재정적 기초를 마련하기 위한 것[46]이기 때문이다. 따라서 국민이 납세의무를 진다는 이유만으로 탄소세 과세의 헌법적 정당성을 인정받을 수는 없다. 이 문제에 있어서 무엇보다도 주목해야 하는 점은 탄소세가 헌법상 환경권을 보장하기 위한 수단이라는 점이다. 따라서 탄소세의 실정헌법적 정당화 근거는 기본적으로 헌법상 환경권 규정(헌법 제35조)에서 찾아야 하리라고 본다. 환경권 보장과 관련하여서 보면 탄소세는 국가와 국민에 대하여 환경보존을 위하여 노력하여야 할 의무를 부과하고 있는 헌법 제35조를 정당화 근거로 하여, 그것이 조세의 형식을 취한다는 점에서 헌법 제59조 및 제40조에 의해 국회가, 헌법 제37조 제2항에 따라 환경권 제한입법의 한계 내에서 입법하는 것이라 할 것이다. 탄소배출부담금도 마찬가지 이유에서 그 실정헌법적 정당화 근거는 헌법 제35에서 찾을 수 있다.

탄소세와 탄소배출부담금의 실정헌법적 정당화 근거를 모두 이와 같이 헌법 제35조의 환경권 규정에서 찾을 경우, 탄소세나 탄소배출부담금 부과는 재정목적보다는 환경보전을 위한 여러 정책적 수단의 하나로서 사용되는 것이라는 점이 더욱 강조되어야 하고 따라서 공과금의 전통적인 재정적 의미보다는 환경정책적 수단으로서의 의미가 더욱 강해지게 된다. 즉 양자는 모두 환경보전을 위해 금전급부의무를 부과하는 수단을 통해 심리적 강제과정을 거쳐 탄소

46) 허영, 앞의 책, 620면; 권영성, 앞의 책, 717면.

배출량을 저감시키고자 하는, 환경보전 목적달성을 위한 환경정책적 수단들이다. 이처럼 양자의 핵심적인 요소는 금전급부의무 부과의 형식이 아니라 금전급부의무의 부과를 통해 탄소배출량을 저감시키는 환경정책적 수단이라는 데 있는 것이므로, 중요한 것은 양자의 형식(조세/부담금)이 아니라 실질(양자 모두 환경정책적 수단)이다.

이와 같이 탄소세와 탄소배출부담금은 입법의 형식만 다를 뿐 그 추구하는 목적이 같고, 부과되는 부담이 금전납부의무(공과금)인 점이나 국민들에게는 단지 불복방법이 따를 뿐 똑같은 부담으로 여겨지리라는 점 등에서 보면 양자의 실질은 같다고 할 것이다. 이처럼 실질이 같음에도 형식이 다르다는 점 때문에 다른 헌법적 잣대에 따라 합헌성 여부를 판단하고 입법방향을 결정해야 하는 것인가? 다시 말해, 입법자가 같은 정책목적을 위해 탄소세 형식을 취하면 이런 심사기준이, 탄소배출부담금 형식을 취하면 다른 심사기준이 적용된다고 보는 것이 과연 옳은 것인가 하는 의문이 생긴다.

4. 입법기준의 통합에 관한 시론(試論)

탄소세로 인한 금전급부의무는 직접적으로는 재정적 목적이 아니라 환경정책적 목적을 달성하기 위한 수단의 하나로서 부과되는 것이므로 그것이 비록 조세의 형식을 가진다는 것만으로 헌법적으로 허용된다고 볼 수는 없다. 따라서 탄소세의 경우에도 특별부담금의 경우와 마찬가지로 그 헌법적 허용성의 한계에 관한 논의, 즉 어떠한 요건들을 갖춘 경우에 그와 같은 금전적 부담을 지우는 것이 헌법적으로 허용되는가 하는 논의가 요구된다고 할 것이다.

앞서 본 바와 같은 '오염자부담의 원칙'(polluter-pays principle)에서 말하는 '오염자'는 오염에 대해 '책임'이 있는 자, 다시 말해 오염으로 인한 특별한 재정적 수요를 유발함으로써 그에 대한 '특별한 재정적 책임'을 지는 자로 볼 수 있다. 따라서 이 경우 부과대상자 및 부과량을 담세력이 아니라 오염에 대한 책임에 따라 부과하는 것이 공평하다고 볼 수 있는 것이다. 그렇다면 정책적 조세 중 오염자부담의 원칙에 따라 부과되는 성격의 조세의 경우는 특별부담금(중 원인자부담금)의 헌법적 허용성의 한계를 또한 준수하여야 하는 것이 아닐까 한다. 양자의 부담의 근거는 모두 오염의 원인을 제공한 특별한 재정책임에 있다고 볼 수 있을 것이기 때문이다. 이 경우 조세의 형식을 취하고 있는 이상 담세력의 원칙도 또한 적용되어야 한다는 점은 앞서 살펴본 바와 같다.

다시 말해, 탄소세가 조세인 이상 그것이 특히 과도하다는 등의 사정이 없는 한 재산권침해 문제에 앞서 평등원칙 위반 여부가 문제된다고 볼 수 있을 것인데, 이 경우 평등의 원칙은, 탄소세가 실질적으로는 재정목적이 아니라 정책적·유도적 목적에서 부과된다는 점에서 그 실질에 따라 특별부담금의 헌법적 허용성의 기준(객관적 근접성, 집단적 책임성)을 갖추어야 한다는 식으로 구체화되고, 또 다른 한편 조세의 형식을 취하였다는 점에서 그 형식에 따라 담세력을 기준으로 조세를 부과하여야 한다는 식으로 구체화된다고 볼 수 있지 않을까 한다.

좀더 상세히 살펴보면, 탄소세를 과세하려면 우선 탄소세의 헌법적 허용성(객관적 근접성, 집단적 책임성) 여부와 조세공평의 원칙 위반 여부가 심사되어야 한다. 이 경우 조세공평의 의미는 1차적으로는 오염자부담의 원칙에 따라 특별한 재정책임자, 즉 원인자를 납세의무자로 삼아야 한다는 의미를 가지게 될 것이다. 그리고 부차적으로는 그것이 조세의 형식을 취하는 이상 담세력의 원칙이 적용되어 입법의 지도원리가 된다. 그리고 마지막으로 과잉금지원칙 위반이 아닌지 여부가 심사되어야 할 것이다.

한편, 탄소배출부담금의 경우도 그것이 반대급부가 보장되지 않는 금전납부의무를 설정하는 것이라는 점에서 조세에 준하는 성격을 가진다고 볼 수 있고,[47] 그런 점에서 조세공평의 원칙의 내용인 담세력의 원칙이 특별부담금의 평등권의 구체화된 모습을 이루게 된다고 볼 수 있을 것이다. 따라서 부담금 부과대상자를 정하는 기준은 오염자(재정책임을 져야할 원인자)인지 여부에 있으나 이 경우 담세력을 통한 소득재분배에 대한 배려가 있어야 할 것이다.

그리고 양자에 있어 과잉금지원칙을 적용함에 있어서, 특히 방법의 적절성, 최소침해성을 판단함에 있어서는 이러한 특별한 재정책임의 '소재'가, 그리고 법익균형성을 판단함에 있어서는 특별한 재정책임의 '양'이 특히 중요한 요소로 등장하게 될 것이다.

이상과 같이, 탄소세나 탄소배출부담금 양자는 입법할 경우의 합헌적 입법기준(입법한 이후에는 그 위헌성 여부에 대한 심사기준)을 통합적으로 고찰하는 것이 가능하리라 생각된다. 물론 이를 위해서는 헌법적 관점에서 보다 정치한 통합적인 기준으로서의 합헌적 입법기준(또는 위헌심사기준)을 정립[48]하여야 할 것

47) 헌법재판소도 "특별부담금은 공적기관에 의한 반대급부가 보장되지 않는 금전급부의무를 설정하는 것이라는 점에서 조세와 유사하다."고 한다(헌재 1999. 10. 21. 97헌바84 결정).

48) 그러한 기준이 정립될 경우 그로 인해 발생하는 영향에 대한 법적 평가로는, 우선 그 기준 자체로 중요한 입법론적 지도원리가 될 것이고, 나아가 외국의 입법례 중 어떤 경우가 헌법적합성이 더 높은지를 비교·판별하여 우리나라에 도입 또는 변형 도입하는 기준으로서의 실용적 기능을 수행하게 될 것이라 예상된다.

이지만, 이 글에서는 단지 통합적 고찰의 필요성 및 가능성[49]과 그 개략적인 모습 정도만을 시론(試論)으로서 제시하면서 앞으로 이에 관한 보다 활발한 논의가 진행될 것을 기대해본다.

Ⅳ. 결 론

오늘날 우리가 살고 있는 이 시대의 물결은 정부가 주도하는 '통치'(government)의 시대에서 '거버넌스'(governance)의 시대로 급속도로 흘러가고 있다. 조세영역에서도 납세자인 국민과 국가가 협력적 동반관계를 이루어야 한다는 것은 시대적 요청이라고 할 수 있다. 따라서 탄소세가 성공적으로 정착하기 위해서는 무엇보다도 그에 대한 국민적 공감대가 먼저 형성될 필요가 있다. 그런 점에서 탄소세를 입법함에 있어서는 국민적 공감대를 보다 쉽게 이룰 수 있는 방향성에 특히 주목하는 것은 반드시 필요한 일이다. 지난 달 유럽연합(EU) 이외 지역에서 처음으로 탄소세를 도입하는 법안을 통과시킨 호주의 경우 그 입법화 과정에서 겪은 우여곡절이나 입법 후에 겪는 국민적 갈등을 보더라도, 우리나라에 탄소세를 도입함에 있어서 국민적 공감대 형성의 필요성을 절실히 느낄 수 있다.

여기서 '내가 왜 탄소세를 내야 하는가?'라고 하는 탄소세 과세의 정당화 근거가 무엇인가 하는 보다 근본적인 문제를 짚어보아야 할 당위성이 도출된다. 물론 탄소배출량을 줄여 지구온난화를 막아야 한다는 당위성에는 현재 아무런 의문이 없는 것으로 보인다. 다만 그 방안으로 탄소세를 도입할 것인지는 논란의 여지가 있겠지만 이 글에서는 탄소세의 도입을 전제로 한 다음, 그 입법에 있어서 고려할 사항에 대한 시사점을 이와 같은 과세정당화론이라고 하는 헌법이론적·헌법철학적 견지에서, 다시 말해 '잊혀진 근본문제'(eine vergessene Vorfrage)로부터 도출하고자 시도하였다. 궁극적으로는 탄소세를 도입하는 법률의 위헌여부가 헌법재판소에서 문제가 될 때 이러한 헌법이론적 정당성이나 허용성의 문제가 부각될 것이지만, 그렇기 때문에 그러한 문제는 입법 시에 염두에 두어야 하는 중요한 요소를 이루게 된다.

결론적으로, 입법자는 탄소세를 입법함에 있어서 국민이 전체적으로 부담하여야 하는 조세총량을 감안하여 감세정책을 병행할 것인지를 고려하여야 한다.

---

49) 이를 일반화하면, 탄소세뿐만 아니라 나아가 정책적 조세나 목적세 등과 특별부담금 간의 위헌심사기준의 통합도 논의해볼 수 있을 것이다.

경우에 따라서는 감세정책을 위한 입법적 장치가 조세 정당화라고 하는 헌법이론적 관점에서 요구될 수 있고, 이러한 요구에 부응하지 못할 경우에는 최소침해성 또는 법익균형성을 판단함에 있어 부정적 영향을 미쳐 결국 위헌 논거를 강화하는 역할을 할 수 있게 된다.

또한 탄소세의 과세근거가 오염원인을 제공하였다는 특별한 재정책임에 있다고 하더라도, 탄소세가 초래하는 역진적 효과를 완화하는 고려를 소홀히 하여서는 아니 된다. 즉, 조세에 관한 전통적인 과세근거인 담세력에 대한 고려를 탄소세에 있어서도 포기할 수는 없다. 이러한 점은 특히 탄소세 세수의 사용에 관한 입법사항과도 깊게 결부된다. 만약 그와 같은 고려를 소홀히 하게 된다면 이 역시 최소침해성 또는 법익균형성을 판단함에 있어 부정적 영향을 미칠 수 있게 된다.

그리고 탄소세와 탄소배출부담금은 각각 세금과 특별부담금에 해당하고, 본래 조세와 특별부담금은 서로 구별되는 것이기는 하지만, 양자가 가지는 환경정책수단이라는 성격과 그 정책적 · 유도적 기능을 고려할 때 양자의 합헌적 입법기준 내지 위헌심사기준은 통합적으로 고찰할 수 있다는 점과 그러한 통합적 고찰의 개략적인 모습을 시론(試論)으로서 제시하였다.

제3장

기후변화 대응에 있어 기업의 역할

제1절 상·하수도 산업 구조 개편의 법적 과제*

김성수**

I. 서 론

상·하수도를 설치하여 국민의 생활과 산업 활동에 필요한 물을 공급하고 사용한 오수를 처리하는 것은 특정 지역에 거주하는 주민들을 위한 가장 기초적이고 중요한 공적 과제라고 말할 수 있다. 어느 나라를 막론하고 이러한 이른바 기초적인 생존 배려 행정(Daseinsvorsorgeverwaltung)은 주민에게 지역적으로 근접한 자치단체가 수행하는 것이 일반적이다. 우리나라의 경우에도 지방자치법에 의하여 상수도·하수도의 설치 및 관리(제9조 제2항 제4호 자목)를 자치단체의 고유 사무 내지 자치 사무로 규정하고 있다.[1] 이에 따라서 우리나라는 전통적으로 상·하수도의 수행 주체, 즉 사업자는 지방자치단체가 되며, 지방자치단체가 주로 지방 직영 기업의 형태로서 상수도 사업을 시행해 왔다. 2011년 12월에 발간된 2010년 지방 공기업 결산 및 경영 분석 자료를 살펴보면 2010년 12월 31일 현재 지방공기업법의 적용을 받는 지방 직영 기업의 형태로 운영되는 지방 상수도 사업자는 113개이며, 기타 49개 사업자는 지방자치단체의 일부인 일반회계 또는 기타 특별회계의 형태로 운영되고 있다.[2]

국내 수도 사업은 2010년 말 현재 162개 자치단체별로 상수도 사업이 독자적으로 운영되고 있어 규모의 경제를 실현하지 못하고 있는 실정이다. 급수 인구가 작고, 영세한 규모로 운영되는 지자체의 경우 수도 생산 비용이 높아 규모의 경제 미확보로 인한 비효율을 야기하게 된다. 2010년 말 현재 인구 30만명 이하의 영세 수도 사업자가 131개로 전체 수도 사업자 162개의 81%를 차지한다.

2010년 말 기준의 공기업으로 운영되는 사업자의 m^3당 총괄 원가를 급수 인

---

* 이 논문은 법학연구 제23권 제3호(2013)에 발표된 논문을 수정·보완한 것임.

** 연세대학교 법학전문대학원 교수

1) 자치사무는 헌법과 법률에 의하여 규정되어 자치단체가 주민의 복리를 위하여 수행하는 사무를 말한다. 헌법과 법률이 달리 규정하지 않는 한 지방자치단체가 가지는 전권한성과 자기책임성의 원칙에 따라서 주민의 복리를 위한 지역공동체의 모든 사무가 자치사무 내지 고유사무에 속한다. 홍정선, 신지방자치법, 박영사, 2009, 446면.

2) 김길복, 국내외 사업환경을 고려한 지방상수도사업 사업모델 다각화 방안 연구, 한국수자원공사 연구보고서, 2012. 12, 제2장 3면.

구 규모에 따라서 구분하여 산정하였는데,[3] 급수 인구가 증가할수록 단위당 총괄 원가가 감소하는 반비례 관계가 성립하는 것으로 나타났다. 또한 전국 522개 정수장 중 시설 용량 기준 5천 톤/일 미만 소규모 정수장이 60%(307개)를 차지하여 먹는 물 수질 기준 준수에 급급한 실정인 것으로 나타났다. 또한 마을 상수도와 소규모 급수 시설로 공급받는 지역을 제외한 상수도 보급 수준을 지역 규모별로 살펴보면 7개 특·광역시가 99.5%, 시 지역이 98.7%, 읍 지역이 89.8%, 면 단위 농어촌 지역이 55.9%의 급수 보급률을 보이고 있어, 지역 규모별로 공급 여건의 격차가 극심한 것으로 나타났다.

특히 행정 구역별로 지방 상수도 사업이 독자적으로 운영되기 때문에 부족한 취수원의 자체적인 확보가 어려우며, 광역 상수도 공급의 경우도 지역적으로 편중되어 있어 지역에 따른 상수도 공급 환경에 차이가 발생할 수밖에 없는 실정이다. 이로 인하여 생산 원가와 요금 수준도 급수 인구나 지형적, 경제적인 조건에 따라 지역별로 격심한 차이를 보이고 있다.[4]

이상에서 살펴본 바와 같이 우리나라 지방 상수도의 비효율성과 그로 인한

---

3) 〈급수 인구에 따른 총괄 원가 및 요금 현황〉

급수 인구	사업자수	조정량 (백만m^3)	급수 수익 (억원)	요금 (원/㎥)	총괄원가 (억원)	원가 (원/㎥)	현실화율
전 체	113 (112)	5,046 (4,685)	30,151 (27,975)	597.5 (597.1)	36,443 (33,544)	722.2 (716.0)	82.7% (83.4%)
100만 이상	9 (8)	2,670 (2,309)	14,911 (12,735)	558.5 (551.6)	16,887 (13,988)	632.5 (605.8)	88.3% (91.0%)
50만 ~ 100만 미만	11	881	4,979	565.3	5,446	618.3	91.4%
30만 ~ 50만 미만	11	561	3,387	603.9	3,850	686.5	88.0%
10만 ~ 30만 미만	34	648	4,728	730.1	6,050	934.2	78.2%
10만 미만	48	287	2,146	748.3	4,210	1,468.3	51.0%

* 주: ( )는 부산광역시만 제외하고 산정하는 경우 평균 요금 및 총괄 원가 등의 자료임.
** 자료: 행정안전부, 2010년 지방공기업 결산 및 경영분석, 2011. 12.

4) 2010년 말 전국의 평균 수도요금은 610.2원/㎥이나, 수도요금이 가장 높은 자치단체는 정선군이며 평균 1,356.8원/㎥이며, 가장 낮은 자치단체는 군위군으로 평균 351.7원/㎥으로 지역 간 수도요금의 격차가 최대 3.9배에 달하고 있다. 2010년 말 전국의 평균 총괄 원가는 777.2원/㎥이나, 생산 원가가 가장 높은 자치단체는 성주군으로 평균 3,647.0원/㎥이며, 가장 낮은 자치단체는 안산시로 평균 455.0원/㎥으로 지역 간 생산 원가의 격차는 최대 8배에 달하고 있어 수도요금의 격차보다 더 극심한 차이를 보이고 있다. 이로 인하여 요금 현실화율이 가장 높은 자치단체인 전라북도 전주시는 121.7% 수준이나, 가장 낮은 자치단체인 경상북도 성주군의 요금 현실화율은 17.1%(전국 평균 78.5%)에 불과한 것으로 나타나, 지역별 격차가 극심하게 나타나고 있음을 알 수 있다.

지방 재정의 부실화 및 주민에 대한 서비스 수준의 저하 문제는 이미 오래 전부터 지적되어 왔으나 여전히 근본적인 개혁이 이루어지지 않고 있다. 2010년까지 특·광역시의 당기 순이익(403억 원)은 상수도 전체 당기 순이익(557억 원)의 72%를 차지하였으나, 2011년 서울 상수도의 자산 재평가로 인한 감가상각비 증가 및 수자원공사와의 '용수료 청구 소송' 패소에 따른 미지급 용수대 납부 및 원수 구입비의 인상 등 경상영업비용의 증가로 서울 상수도의 이익 규모가 급격히 감소하여 전체 상수도 사업의 경영 성과가 손실로 전환하게 되는 데 큰 영향을 미쳤다.[5]

역대 정부는 이 문제를 해결하기 위하여 지방 상수도를 전문기관을 비롯한 인근 지방자치단체에 위탁하는 방안을 포함하여 지방 공단 내지 지방 공사화, 지방자치단체 간 조합의 설립, 민간 투자 및 민관 협력 방식 등 다양한 정책 과제를 고려해 왔다. 박근혜 정부의 경우에는 아직 지방 상수도의 구조 개편 작업이 가시화되고 있지는 않지만 창조 경제와 일자리 창출을 강조하는 정책 방향에 비추어 본다면 결코 이로부터 자유롭다고 보기 어렵다.[6] 따라서 본 연구에서는 최근 정부가 추진하려는 상·하수도 구조 개편의 다양한 방안이 헌법을 비롯하여 지방자치법 등과 상충하는 점은 없는지 검토하고, 구체적으로 구조 개편 방안이 시행되는 경우 발생할 수 있는 법적 문제점과 입법정책적 과제가 무엇인지 살펴보기로 한다. 특히 중요한 것은 역대 정부가 추진한 구조 개편방 안은 그 방식의 차이에도 불구하고 상당한 기간이 소요되었던 만큼 일단 정책적으로나 법적으로 가장 장애 요인이 적은 방식을 선택하여야 단기적으로도 일정한 정책 효과를 기대할 수 있다는 점이다. 따라서 후술하는 바와 같이 위탁 방식을 보다 확대한 양여계약이 일정한 궤도에 오르고 그로 인한 구조 개편의 긍정적인 결과가 가시화되는 상황에서 비로소 공사화나 공단화의 방식이 고려될 수 있으며, 부분적 민영화를 정책 목표로 추구하는 경우에도 법적인 문제는 물론 국민적인 공감대 형성이 절대적으로 중요하다.

5) 2011년 서울 상수도 당기 순이익 감소 금액이 452억 원에 이른다. 115개 중 69개 상수도 공기업에서 당기 순손실(△1,480억 원)이 발생하였으며, 3년 이상 손실이 발생한 기업도 50개(2011년도 △1,164억 원)에 달하고 있다. 인천 싱수도의 경우도 원정수비 등 원가와 감가상각비 증가로 인해 영업비용이 증가하여 2010년 대비 당기 순이익이 약 100억 원 감소하였다.

6) 김영철, "지방상하수도 창조적 선진화방안", 제1회 지방상하수도선진화포럼 발표자료, 2013. 5. 7, 5면 이하.

Ⅱ. 지방 상·하수도 구조 개편에 대한 정부의 정책 방향에 대한 법적 검토

1. 총 설

위에서 이미 언급한 바와 같이 역대 정부는 지방 상·하수도 운영상의 비효율성과 주민 서비스 수준의 저하를 방지하고 지방 재정의 압박 요인으로 작용하는 지방 상·하수도 문제를 근본적으로 해결하기 위하여 대체로 다음과 같은 다양한 방안을 검토하여 왔다. 우선 첫째, 한국수자원공사, 한국환경공단 및 규모의 경제를 실현하여 상·하수도 사업의 경쟁력을 갖추고 있는 인근 지방자치단체에 수도 시설 관리권을 위탁하되, 도 단위 또는 시군 단위로 광역화하여 위탁하는 것이다.[7)]

둘째, 현재 지방 직영기업 형태의 상·하수도 사업에서 별도의 법인격을 가지는 지방 공사 내지 지방 공단의 형태로 전환하여 그 운영의 전문성과 인사 및 재정의 독립성 및 책임성을 제고하는 방안이다.

셋째, 지방자치법에 규정된 바에 따라서 지방자치단체 상호 간에 조합을 설립하는 방안인데, 이 역시 가능한 한 권역별로 많은 지자체를 참여시켜 조합 단위의 지방 상·하수도 사업을 대상으로 규모의 경제를 실현하고 경영의 효율성을 강화시키는 방안이다.

2. 헌법과 지방자치법 등과의 체계 정합성

(1) 헌법 제117조와 제120조

지방 상·하수도의 구조 개편과 관련하여 헌법과 지방자치법의 관련 내용을 살펴보고 이러한 헌법과 법률의 관련 규정이 일정한 방식으로 상·하수도의 구조 개편을 요구하고 있는지 검토할 필요가 있다. 우선 헌법은 지방자치에 대

---

7) 이미 지난 2002년 5월 김대중 정부 당시 행정자치부는 '지방 상·하수도 광역 공사화 추진단'을 구성하고 수차례의 논의를 거쳐서 7대 특·광역시는 독립 공사화를 추진하고, 기타 시·군은 23개 정도의 권역별 공사화를 정책의 기조로 설정하였다. 우선 7대 특·광역시의 경우 자체적으로 현재의 자치단체 직영 기업에서 공사로 전환하면 해당 지방자치단체는 지방 상수도 사업자의 지위에서 출자자의 지위로 전환되고 상수도사업본부의 종사자는 그 신분이 공무원에서 지방 공사의 직원으로 전환된다. 7대 특·광역시에서 공사화가 추진되는 이유는 이들이 현재 상수도사업본부의 형태로 수도사업을 시행하고 있으며, 나름대로 급수 인구의 규모, 시설 용량, 수익 규모 등에서 일정한 경쟁력을 갖춘 것으로 평가되기 때문이다. 한국지방공기업학회, 지방 상수도 사업의 효율적인 공사화 추진전략 연구, 2004, 85면.

하여 제117조 제1항에서 "지방자치단체는 주민의 복리에 관한 사무를 처리하고 재산을 관리하며, 법령의 범위 안에서 자치에 관한 규정을 제정할 수 있다"고 규정하여 지방자치단체의 일반적인 업무 범위와 업무의 처리를 위한 자치규범에 대해서 언급하고 있다. 상·하수도의 설치와 관리는 헌법 제117조 제1항이 규정하고 있는 주민의 복리에 관한 사무이며, 통상 지방자치단체의 행정재산에 해당하는 상·하수도 시설에 대해서도 역시 지방자치단체가 소유하는 재산으로 이를 관리한다.[8)]

다만 헌법은 이와 같이 자치단체의 업무의 범위와 수행을 위한 규범의 제정만을 규정하고 있을 뿐 구체적으로 이러한 업무를 어떠한 방식으로 수행할 것인가에 대해서는 법령이 정하는 바에 따르는 것으로서 입법자의 광범위한 형성권이 인정된다. 따라서 주민 복리 사업 중의 하나인 상·하수도의 설치와 관리업무는 입법자가 직영 기업의 방식으로 수행할 수 있는 것을 포함하여 지방자치단체와는 별도의 독립적인 법인격을 가진 공사나 공단의 형식, 조합도 가능하다. 그렇지만 민영화 방식에 대해서는 후술하는 바와 같이 논란의 여지가 있을 수 있다.

지방 상·하수도와 관련하여 언급할 수 있는 또 다른 헌법 규정으로 제120조 제1항을 들 수 있다. 이에 따르면 광물 기타 중요한 지하자원·수산자원·수력과 경제상 이용할 수 있는 자연력은 법률이 정하는 바에 의하여 일정한 기간 그 채취·개발 또는 이용을 특허할 수 있으며, 제2항에서는 국토와 자원은 국가의 보호를 받으며, 국가는 균형 있는 개발과 이용을 위하여 필요한 계획을 수립한다. 헌법 제120조 제2항은 국토와 그 구성 부분으로서 자연자원에 대한 국가의 규제와 조정권한을 부여하는 수권 규범인 동시에, 국가의 보호의무를 규정한 명령규범으로서,[9)] 궁극적으로는 수자원의 지속가능한 국가의 관리의무를 통하여 물에 대한 국민의 기본권을 보호하는 의미를 가지고 있다.[10)]

---

8) 수도 시설은 자치단체가 수도 시설의 설치와 관리, 운영을 통하여 수도 사업을 직영 방식으로 수행하는 것이므로 공유재산 및 물품관리법 제5조 제2항 제1호의 공용재산(지방자치단체가 직접 사무용·사업용 또는 공무원의 거주용으로 사용하거나 사용하기로 결정한 재산과 사용을 목적으로 건설 중인 재산)에 해당한다.

9) 헌법재판소도 같은 취지로 헌법 제120조를 이해하는 결정을 내린바 있다. "헌법 제120조는 제1항에서 "광물 기타 중요한 지하자원·수산 자원·수력과 경제상 이용할 수 있는 자연력은 법률이 정하는 바에 의하여 일정한 기간 그 채취·개발 또는 이용을 특허할 수 있다"고 하고, 제2항에서 "국토와 자원은 국가의 보호를 받으며, 국가는 그 균형 있는 개발과 이용을 위하여 필요한 계획을 수립한다"고 규정하고 있다. 이 헌법 조항에 따라 국가는 자연자원에 관한 강력한 규제 권한을 가지는 한편 자연 자원에 대한 보호 의무를 지게 되었다." 헌법재판소 1998. 12. 24. 98헌가1 결정.

다만 헌법 제120조의 규정은 주로 국가의 수자원에 대한 관리의 권한과 의무를 부여한 것으로서 주로 광역 상수도나 댐과 같은 거시적인 국가의 물 관리의무와 보다 직접적인 관련성이 있다. 또한 이러한 국가의 수자원에 대한 보호 의무로부터 광역 상수도나 댐 등 거시적인 물 자원에 대해서는 헌법 스스로 국가의 역할을 강조함으로써 자연스럽게 광역 상수도나 수자원에 대한 민영화에 대한 차단 효과를 발생시키는 것으로 볼 수 있다. 헌법 제120조가 지방 상·하수도의 운영과 관련하여 갖는 함의는 물에 대한 보다 효율적인 관리와 균형 있는 사용을 위하여 일정한 지침을 제공한다는 점이다.

즉, 기후변화에 의하여 홍수와 가뭄이 빈발하고 수자원의 희소성과 경제적 가치가 강조되면서 지방 상·하수도를 설치하고 이를 운영하며 관리하는 방식에 대해 보다 효율적이고 합리적인 방식이 무엇인지 끊임없이 입법자에게 일정한 대안을 요구하는 일종의 헌법적 과제를 부여하고 있다는 점이다. 그러므로 입법자는 지방 상·하수도의 운영과 관련하여 현재의 방식이 국가의 물 관리책무를 효율적으로 수행하고 있는지 검토하고 보다 나은 대안이 있는 경우 그러한 방향으로 입법정책적 과제를 실현하여야 한다. 특히 이미 오래 전부터 지방 상·하수도의 직영 시스템에 대한 비효율과 서비스 저하의 문제가 제기된 상황에서 헌법 제120조에 따라서 입법자는 공사화 등의 대안 방식을 보다 적극적으로 검토할 의무를 지게 된 것이다.

(2) 지방자치법 제9조

이미 언급한 바와 같이 지방자치법은 제9조 제2항 제4호 자목에서 지방 상·하수도의 설치와 관리업무를 지방자치단체의 자치사무로 규정하고 있다. 그렇다면 지방자치법이 이러한 규정을 둔 의미는 지방 상·하수도의 사업 수행 방식에 대하여 어떠한 의미를 가지는 것으로 보아야 하는가? 우선적으로 고려할 수 있는 것은 지방 상·하수도의 업무 자체를 자치단체가 자신의 행정조직을 통하여 직영하는 방식을 고려할 수 있다. 그러나 지방자치법 제9조의 의미와 취지는 헌법 제120조의 수자원의 효율적 관리라는 헌법적 명령과 무관한 방향으로 해석할 수 없다. 이미 언급한 바와 같이 기후변화와 수자원의 희소성과 지역적 편재(偏在) 현상을 고려할 때 입법자는 직영 방식에 비하여 보다 효율적인 사업 방식의 대안이 존재하는 경우 이를 적극적으로 모색할 입법적 의무를 지고 있다.

다시 말하자면, 지방자치법이 지방자치단체로 하여금 지방 상·하수도 사업

10) 김성수, 수법연구, 신조사, 2013, 17면.

의 주체로 규정한 의미는 언제나 예외 없이 지방자치단체만이 배타적인 사업 주체로서 지방 상 · 하수도를 설치하고 관리하라는 의미는 아니다. 지방공기업법에 의하면 수도 사업은 지방자치단체의 직영 방식 외에도 직영 방식을 확대한 조합 방식과 더불어 지방 공사나 지방 공단과 같이 별도의 법인격을 가지고 지방자치단체의 일반적인 행정 조직과는 분리하여 보다 효율적인 사업 추진이 가능하기 때문이다. 물론 이 경우에는 후술하는 바와 같이 지방자치단체가 소유한 수도 시설을 공사나 공단에 양도하는 것이므로 이에 대한 법적인 검토가 선행되어야 한다. 또한 지방자치단체는 이미 사업 수행의 한 방식으로 자리 잡고 있는 수도 시설 관리권의 위탁을 보다 광역화하여 상 · 하수도 사업의 구조를 개선할 수 있다.

따라서 지방자치법상 지방자치단체가 지방 상 · 하수도의 설치와 관리업무를 수행한다는 것은 상 · 하수도의 공급을 통하여 지역 주민에게 양질의 서비스를 제공함에 있어서 최종적인 권한과 의무를 가지고 있다는 의미로 이해될 수 있다. 수도 사업이 민영화되어 더 이상 지방자치법상 자치단체가 지방 상 · 하수도사업을 자신의 자치사무로 수행하지 않는 것이 아닌 이상에는 그 사업 수행의 방식에 대해서는 헌법이나 관련 법령에 명시적 수권규정이 존재하는 경우는 물론 특정한 방식에 대해 금지규정을 두지 않는 한 자치단체는 그 중 보다 합리적이고 효율적인 지방 상 · 하수도의 수행 방식에 대하여 일종의 선택권을 가지고 있는 것이다.

다시 말하자면, 자치단체가 지방 상 · 하수도 사업을 기존의 직영 방식을 고수하든 아니면 수도 시설 관리권의 위탁, 공사화와 공단화의 어떠한 방식을 선택하든 간에 양질의 지방 상 · 하수도 서비스를 지역 주민에게 제공하는 데 있어서 최종적인 법적 책임을 부담한다는 것이 지방자치법 제9조의 의미로 해석할 수 있다.[11)]

그러므로 자치단체가 전문기관, 다른 자치단체에 지방 상 · 하수도의 설치와 관리를 위탁하거나 공사화 · 공단화를 통하여 자신이 소유하고 있는 수도 시설을 양도 내지 출자하여 구조 개선 과제를 종료하였으나 그 이후에 이러한 사업 방식에 효율성이 오히려 떨어지거나 주민들에 대한 서비스 수준이 하락하는 경우에는 언제든지 다시 직영 방식으로 회귀할 수 있다. 지방 상 · 하수도

11) 따라서 주민에게 질 좋은 물을 공급하여야 하는 것은 자치단체가 가지는 지방자치법상의 책임인 동시에 헌법 제117조에 규정된 주민의 복리에 관한 사항으로서 지방 상 · 하수도의 설치와 관리라는 사무가 완전하게 민영화되지 않는 한 법률이나 헌법의 개정을 통해서도 이를 자치단체로부터 박탈할 수 없다는 의미이다. 김성수, 위의 책, 212면.

사업에 대하여 이른바 과제의 민영화(Aufgabenprivatisierung)를 통하여 자치단체의 권한이 사라지지 않는 한 현행 헌법과 지방자치법, 기타 관련 법규에 의하여 여전히 상·하수도의 설치와 관리에 대한 업무는 자치단체의 고유한 권한에 속한다.

3. 위탁 방식

(1) 수도 관리업무 위탁의 법적 근거와 주체

현행법상 수도 관리업무에 대한 위탁을 규정하고 있는 조항은 수도법 제23조이다. 이에 따르면 일반수도 사업자(지방자치단체인 일반수도 사업자를 말한다)는 수도 사업을 효율적으로 운영·관리하기 위하여 대통령령으로 정하는 바에 따라 수도 시설의 운영·관리에 관한 업무(수도 관리업무)의 전부 또는 일부를 대통령령으로 정하는 전문 기관 또는 지방자치단체인 수도 사업자에 위탁할 수 있다. 이 경우 일반수도 사업자는 다른 일반수도 사업자와 공동으로 수도 관리업무를 위탁할 수 있다(제1항). 따라서 수도 관리업무의 위탁자는 일반수도 사업자인 지방자치단체이며, 수탁자는 대통령령으로 정하는 전문기관과 다른 지방자치단체이다.[12)]

현재 대부분의 수도 관리업무의 위탁은 대부분 한국수자원공사와 환경관리공단을 수탁자로 하고 있으나, 위에서 언급한 바와 같이 지방자치단체를 포함하여 지방 공사와 지방 공단을 포함시키고 있어서 장차 상·하수도 사업의 일부가 공사화 또는 공단화되는 경우 이에 대한 위탁의 가능성을 열어놓고 있다. 또한 수도법 시행령 제36조 제1항은 이들 공공 부문의 전문사업자 이외에도 건설 부문 상·하수도 분야와 환경 부문 수질 관리 분야의 엔지니어링 사업자인 법인과 건설 부문 상·하수도 및 환경 분야와 환경 부문 수질 관리 분야의 기술사 사무소 등을 수탁기관으로 규정함으로써 일부 민간 부문의 전문사업자

12) 수도법 시행령 제36조 제1항에서는 법 제23조 제1항에서 "대통령령으로 정하는 전문기관"으로 다음 기관을 열거하고 있다. 1. 한국수자원공사법에 따른 한국수자원공사. 2. 한국환경공단법에 따른 한국환경공단. 3. 지방공기업법에 따른 지방 직영 기업·지방 공사 및 지방 공단. 4. 건설산업기본법 제2조에 따른 토목 건축 공사업자인 법인. 5. 엔지니어링산업진흥법 제2조에 따른 건설 부문 상·하수도 분야와 환경 부문 수질 관리 분야의 엔지니어링 사업자인 법인. 6. 기술사법 제6조에 따른 건설 부문 상·하수도 및 환경 분야와 환경 부문 수질 관리 분야의 기술사 사무소. 7. 수도 관리업무를 수행할 능력이 있다고 인정되어 환경부령으로 정하는 기관. 8. 지방자치단체인 일반 수도 사업자가 수도 관리업무를 수행할 능력이 있다고 인정하여 지방자치단체의 조례로 정하는 자 또는 지방자치단체가 아닌 수도 사업자의 경우는 다른 법령으로 정하는 자(단순위탁 중 슬러지의 수거·처리 등 단순하고 반복적인 업무를 위탁하는 경우만 해당한다).

에 대한 위탁도 규정하고 있다.

(2) 수도 관리업무 위탁의 법적 성격

수도 관리업무의 위탁은 행정법적으로 행정권한의 위임 또는 위탁에 해당한다. 이에 대하여 정부조직법이나 지방자치법은 행정기관은 법령 또는 조례로 정하는 바에 따라서 그 소관사무의 일부를 보조기관 또는 하급 행정기관에 위임하거나 다른 행정기관 · 지방자치단체 또는 그 기관에 위탁 또는 위임할 수 있다고 규정한다. 그런데 위 규정은 물론 대통령령인 '행정 권한의 위임 및 위탁에 관한 규정' 제2조에 의하면 '위임'이란 법률에 규정된 행정기관의 장의 권한 중 일부를 그 보조기관 또는 하급 행정기관의 장이나 지방자치단체의 장에게 맡겨 그의 권한과 책임 아래 행사하도록 하는 것이며, '위탁'이란 법률에 규정된 행정기관의 장의 권한 중 일부를 다른 행정기관의 장에게 맡겨 그의 권한과 책임 아래 행사하도록 하는 것을 말하는 것이기 때문에 수도법 제23조 제1항에서 규정한 수도 관리업무의 위탁은 정부조직법, 지방자치법, 행정 권한의 위임 및 위탁에 관한 규정에 의하면 위탁에 해당한다.

그런데 수도 관리업무는 수도 시설의 운영 · 관리에 관한 업무 전반에 해당하는 것이므로 수탁자인 전문기관 등은 수도의 설치 및 운영과 관리, 고객 서비스, 민원 처리, 요금의 고지와 징수에 대한 기술적인 업무 등을 담당하는 것으로 보아야 할 것이다. 다만 여기에서 유의할 점은 수도 관리업무를 위탁한다는 것은 수도법이 규정하는 수도시설 관리권 자체를 양도하는 것으로는 볼 수 없다는 것이다. 다시 말하자면, 수도 관리업무는 수도의 운영과 관리에 대한 단순 업무를 위탁하는 것에 불과하며, 이를 통하여 수도 사업자의 지위가 변경되는 것은 아니다.[13] 다시 말하자면, 수도 관리업무에 대한 위탁 이후에도 여전히 지방자치단체가 수도 사업자로서의 권리와 의무를 행사하고 부담한다. 예를 들어 위에서 언급한 '수도 요금의 고지와 징수에 관한 업무'의 경우에도 수도사용에 대한 요금을 고지하고 징수하는 고권적 권한은 자치단체가 행사하기

---

13) 다만 수도법 제23조 제3항은 "수탁자는 그 수탁을 받은 수도 관리업무의 범위에서 제28조 · 제28조의2 · 제29조 · 제32조 · 제33조제1항 · 제36조 · 제37조 및 제61조를 적용하는 경우 일반 수도 사업자로 본다"고 규정하고 있다. 그런데 이 조항에서 언급된 규정들은 정수처리 기준(제28조), 병원성 미생물의 분포 실태 조사(제28조의2), 수질 검사와 수량 분석(제29조), 건강 진단(제32조), 소독 등 위생 조치(제33조 제1항), 교육(제36조), 급수의 긴급 정지 등(제37조), 타인 토지에의 출입 등(제61조) 등 주로 수질과 위생에 관련되는 내용으로서 전문사업자가 수도 사업을 직접 운영하는 것과는 질적인 차이가 있기 때문에 수도 사업 전반의 사업주체라고 보기는 어렵다.

때문에 요금에 대한 체납이 있을 경우 이를 강제로 징수하는 권한도 자치단체가 가지며, 전문사업자는 오직 고지와 징수와 관련된 기술적인 단순업무만을 처리한다. 결국 수도 관리업무의 위탁은 위수탁 계약이라는 공법상 계약을 통한 가장 낮은 수준의 민관 협력의 형태에 해당하는 것으로 볼 수 있다.

(3) 위탁계약의 법적 성격

수도법 제23조 제2항에 따라서 일반수도 사업자는 제1항에 따라 수도 관리업무를 위탁하려면 대통령령으로 정하는 바에 따라 수도 관리업무를 위탁받는 자(수탁자)와 위탁 계약을 체결하여야 하고, 환경부령으로 정하는 바에 따라 환경부 장관에게 다음 각 호의 사항을 지체 없이 신고하여야 한다. 1. 위탁계약을 체결한 경우 그 체결 사실 또는 위탁 계약 내용 변경 시 그 변경 사실. 2. 위탁계약을 해지한 경우에는 그 해지 사실. 수도법 제23조 제2항에 의한 위탁계약의 법적 성질은 사법상 단순한 채권계약인지 아니면 공법상 계약으로서 일정한 공법적 기속을 받을 것인지의 문제는 단순히 이론상의 논의로 그치는 것이 아니라 분쟁 시 관할 법원과 계약에 적용되는 법 원칙 등을 결정하는 데 중요한 의미를 가진다.[14] 위탁계약의 내용이 수도 관리업무를 그 대상으로 하는 것으로서 일종의 급부행정 작용에 해당한다면 공법상의 법률관계에 따라서 규율되는 것이 원칙이다.

다시 말하자면, 수도 관리업무를 전문기관에 위탁하는 것은 수도 사업의 민영화와는 구별되는 것이기 때문에 비권력 행정작용으로서 주민에게 서비스를 제공하는 급부활동 작용으로서 공법관계에 속하는 것으로 볼 수 있기 때문이다. 또한 수탁자인 전문기관은 수돗물의 수질이나 위생 등과 관련된 업무에서 수도법 제23조 제3항에 따라서 일반수도 사업자의 지위에 서게 되고(이미 언급한 바와 같이 수탁자는 그 수탁을 받은 수도 관리업무의 범위에서 수질 및 위생과 관련해서는 제28조 · 제28조의2 · 제29조 · 제32조 · 제33조 제1항 · 제36조 · 제37조 및 제61조를 적용하는 경우 일반수도 사업자로 본다), 일반수도 사업자가 수도 관리업무를 위탁하면 그 위탁업무의 처리에 대하여 수탁자를 지도 · 감독하여야 한다(제4항). 또한 이 경우 수돗물의 안전하고 적정한 공급을 위하여 필요하다고 인정되면 보고나 자료의 제출을 요구할 수 있다. 이와 같이 수도 관리업무의 위탁관계를 위하여 체결되는 위탁 계약이 계약 당사자의 대등한 지위를 전제로 하

14) 홍정선, 행정법원론(상), 박영사, 2011, 484면; 박균성, 행정법론(상), 박영사, 2013, 441면; 김동희, 행정법 I, 박영사, 2013, 223면; 김중권, 김중권의 행정법, 법문사, 2013, 348면; 김성수, 일반행정법, 홍문사, 2012, 394면.

는 민법상의 계약과는 달리 그 체결 절차나 이행과 관련하여 다양한 내용의 공법적 기속을 받고 있다는 점에서 단순한 사법상의 계약과는 구별되는 특징을 가지고 있다. 다만 실무상 위탁계약은 계약 당사자가 이를 사법상의 계약으로 인식하고 있으며, 표준계약서 등에 의하여 분쟁이 발생하는 경우에는 민사소송 절차에 의하여 해결하도록 약정하는 것이 일반적이다.

4. 공사화 및 공단화 방식

(1) 조직과 예산의 독립, 수도 시설의 출자

정부는 상 · 하수도 구조 개편 방식의 하나로 중장기적으로는 수도 사업의 공사화 내지 공단화의 방식을 구상하고 있다. 지방공기업법상의 지방 공사와[15] 지방 공단은[16] 지방자치단체와는 별도의 독립된 법인을 설립하여 수도 사업을 수행하는 방식이다. 그런데 지방 상 · 하수도 사업과 관련하여 공사화 내지 공단화가 이루어지는 경우 운영과 예산 및 회계의 독립성이 확보되어 보다 효율적으로 수도 사업을 수행할 수 있다는 장점도 있지만 법적으로는 수도 사업을 위한 공사 또는 공단의 자산을 확보하기 위하여 지방공기업법에서는 공사의 자본금은 그 전액을 지방자치단체가 현금 또는 현물로 출자하도록 규정하고 있다(제53조 제1항, 제76조 제2항). 따라서 지방자치단체가 소유하고 있는 수도 시설 내지 수도 시설 관리권에 대한 출자를 통하여 공사 내지 공단의 자본금으로 변환되어야 하는 것인데, 여기에서 말하는 '출자'는 수도 관리업무의 위탁과는 구별되는 개념이다.

앞서 언급한 바와 같이 수도 관리업무의 위탁은 가장 낮은 수준의 민관 협력 형태로서 여전히 자치단체는 수도 사업자로서의 지위를 보유한다. 그런데 수도법 제21조 제1항은 "일반 수도의 수도 시설 관리권은 일반수도 사업자가 가진다"고 규정함으로써 수도 시설에 대한 출자를 통하여 수도 시설 관리권이나 수도 시설의 소유권을 양도하는 경우에는 수도사업자의 지위 자체에 대한

15) 지방공기업법 제49조에 따라서 지방자치단체는 지방공기업법 제2조가 규정하는 사업을 효율적으로 수행하기 위하여 필요한 경우에는 지방 공사를 설립할 수 있으며(제1항), 지방자치단체가 공사를 설립하는 경우 그 설립, 업무 및 운영에 관한 기본적인 사항을 조례로 정하여야 한다(제3항).

16) 지방공기업법은 제76조에서 지방자치단체가 제2조의 사업을 효율적으로 수행하기 위하여 필요한 경우에는 지방 공단을 설립할 수 있다고 규정하고(제1항), 지방 공사에 적용되는 대부분의 규정을 지방 공단에 준용하고 있다(제2항). 따라서 지방공기업법 제2조가 규정하는 수도 사업의 경우에 자치단체는 지방 공사와 지방 공단 중 어느 형식이든 선택할 수 있는 권한을 가지고 있는 것으로 볼 수 있다.

변동이 초래된다. 다시 말하자면, 지방 상·하수도 사업을 위하여 별도의 지방 공사나 지방 공단을 설립하는 경우 이제 자치단체는 수도 사업자의 지위를 상실하고 공사나 공단이 수도 사업자로서의 권리와 의무를 갖게 된다는 것이다. 이것이 앞서 언급한 수도법 제23조 제1항과 동법 시행령 제36조 제1항이 지방 공사와 지방 공단에게 수도 관리업무를 단순위탁하는 것과 근본적인 차이를 보이는 점이다.

그런데 지방 상·하수도의 공사화 내지 공단화가 이루어지는 경우에 자치단체가 이들에게 출자하는 방식은 크게 두 가지로 나누어 볼 수 있다. 하나는 수도 시설 관리권을 그 대상으로 하는 것이고, 다른 하나는 자치단체가 소유한 수도 시설의 소유권 자체를 공사나 공단에게 양도 내지 출자하는 방식이다. 전자의 경우에도 물론 수도 사업자의 지위가 변경되는 것이기는 하지만 자치단체는 여전히 수도 시설에 대한 소유권을 가지게 되는 반면에, 후자의 방식에 의하면 자치단체는 사실상 지방 상·하수도 사업에서 손을 떼게 되는 것으로서 지방자치법 제9조에 의하여 명목상으로만 지방 상·하수도 사업에 대하여 조례 제정 등을 통하여 다소의 규제 권한 등 법적 책임을 부담하는 형태로 명맥을 유지한다. 이러한 상태가 장기화되어 더 이상 이러한 명목상의 책임이 무의미하다고 판단되는 경우 지방자치법을 개정하여 지방 상·하수도의 설치와 관리 책임을 삭제하는 경우 지방 상·하수도 사업에 대한 민영화가 이루어진다.

(2) 수도 시설 관리권의 출자

일반수도 사업자가 가지는 수도 시설 관리권은 어떠한 성격의 권리인가? 이에 대하여 수도법은 제2조 제26호에서 "수도 시설 관리권이란 수도 시설을 유지·관리하고 그로부터 생산된 원수 또는 정수를 공급받는 자에게서 요금을 징수하는 권리를 말한다"고 그 개념을 정의하고 있다. 수도법이 이와 같이 수도 시설 관리권에 대한 개념을 정의하고 있으나 정작 그 법적 성격에 대해서는 침묵하고 있다. 그런데 한국수자원공사법은 제19조에서 국토교통부장관은 수도 시설(공사가 건설한 수도 시설을 포함한다)의 관리권을 공사에 대하여 설정할 수 있고, 환경부장관은 하수 종말 처리 시설(공사가 건설한 하수 종말 처리 시설을 포함한다)의 관리권을 공사에 대하여 설정할 수 있도록 하고(제1항), 공사는 제1항에 따른 수도 시설의 관리권 및 하수 종말 처리 시설의 관리권(시설 관리권)의 설정을 받으면 대통령령으로 정하는 바에 따라 국토교통부장관 또는 환경부장관에게 등록하여야 한다(제2항). 또한 시설 관리권은 물권(物權)으로 보며, 이 법에 특별한 규정이 있는 경우 외에는 민법 중 부동산에 관한 규정이 준용되며(제20조 제1항), 시설 관리권은 양도·출자 및 저당권을 목적으로 하는 경우 외에는 처분하지 못한다(제2항). 시설 관리권을 분할 또는 합병하거나 제2항에 따른 처분을 하려면 국토교통부장관 또는 환경부장관의 승인을 받아야 한다(제3항).

위의 규정들의 내용과 취지를 고려할 때 "제한적 목적으로만 처분이 가능한 특수한 물권"으로서의 성격을 가지는 것으로 볼 수 있을 것이다. 따라서 시설 관리권은 예를 들어 위 규정이 명시하지 않는 처분 목적인 임대차 등의 대상이 될 수 없을 것으로 보인다. 물론 한국수자원공사법상의 시설관리권과 수도법상 지방 상수도 사업의 수도 시설 관리권과는 반드시 동일한 것으로 볼 수 없기 때문에 양자는 그 법적 성격을 달리할 수 있다는 견해도 제시될 수 있다. 그러나 일반적으로는 공공시설의 관리권은 실정법상 특수한 성격을 가지는 물권으로 규정된다. 따라서 수도 시설 관리권과 유사한 성질의 시설 관리권이 관련 법규에[17] 의하여 모두 특수한 물권으로 인정되고, 민법상 부동산에 관한 규정을 준용하도록 하고 있으므로 수도 시설 관리권 역시 양도나 출자가 가능한 통상적인 물권으로 보는 것이 합리적인 해석이다.

다만 지방공기업법은 수도 사업에 대하여 이미 공사화나 공단화 방식을 규정하고 있기는 하지만 수도 시설 관리권을 출자하는 문제에 대해서는 해석상 다툼의 여지가 있을 수 있기 때문에 수도법에 수도 시설 관리권이 물권임을 명시하고 민법상 부동산에 관한 규정을 준용하며, 공사나 공단이 설립되는 경우 이를 출자의 대상이 될 수 있다는 근거 규정을 두는 것이 입법·정책적으로 바람직하다.[18]

(3) 수도 시설 소유권의 출자

지방자치단체가 소유한 재산을 규율하는 '공유 재산 및 물품 관리법'에 의하면 수도 시설은 이 법 제5조 제2항의 행정재산으로서 공용재산에 속한다. 행정재산 중 공용재산이란 "지방자치단체가 직접 사무용·사업용 또는 공무원의 거주용으로 사용하거나 사용하기로 결정한 재산과 사용을 목적으로 건설 중인

---

17) 예를 들어 사회 기반에 대한 민간 투자법의 경우 제26조 제1항에서 주무 관청은 사회 기반 시설 사업을 시행한 사업 시행자가 준공 확인을 받은 경우에는 이를 무상으로 사용·수익할 수 있는 기간 동안 해당 시설을 유지·관리하고 시설 사용자로부터 사용료를 징수할 수 있는 사회 기반 시설 관리 운영권(管理 運營權)을 그 사업 시행자에게 설정할 수 있도록 하고 있는데, 관리 운영권은 물권(物權)으로 보며, 이 법에 특별한 규정이 있는 경우를 제외하고는 '민법' 중 부동산에 관한 규정을 준용한다(제27조 제1항).

18) 김성수, 앞의 책(각주 10), 261면.

재산"을 말하는데, 수도 시설은 지방자치단체가 수도 사업용으로 사용하는 재산이다. 공유재산법은 위에서 언급한 공용재산 외에 행정재산을 공공용 재산, 기업용 재산, 보존 재산으로 구분하고, 이외에 자치단체가 소유하는 기타의 재산을 일반재산으로 구분하고 있다. 일반재산은 구 공유재산법상 이른바 잡종재산에 해당하는 재산이다. 일반재산은 자치단체가 재산의 경제적 가치에 중점을 두고 소유·관리하는 재산임에 비하여 행정재산은 재산적 가치보다는 자치단체의 행정 목적 내지 주민의 복리 증진, 문화적 가치의 창달을 위하여 소유하는 재산으로서 이러한 행정재산이 가지는 목적 외에는 사인에게 이를 양도하는 등 사권을 설정하지 못하는 것이 원칙이다.

이에 따라서 공유재산법 제19조 제1항은 "행정재산은 대부·매각·교환·양여·신탁 또는 대물변제하거나 출자의 목적으로 하지 못하며, 이에 사권을 설정하지 못한다"고 규정하고 "다만, 다음 각 호의 어느 하나에 해당하는 경우에는 그러하지 아니하다"고 하여 일정한 예외를 인정하고 있다. 1. 행정재산의 용도와 성질을 유지하는 조건으로 대통령령으로 정하는 바에 따라 국가 또는 다른 지방자치단체에 양여하는 경우. 2. 해당 지방자치단체 외의 자가 소유한 재산을 행정재산으로 관리하기 위하여 교환하는 경우. 3. '공익사업을 위한 토지 등의 취득 및 보상에 관한 법률' 제4조에 따른 공익사업의 시행을 위하여 해당 행정재산의 목적과 용도에 장애가 되지 아니하는 범위에서 공작물의 설치를 위한 지상권 또는 구분지상권을 설정하는 경우.

그런데 자치단체가 소유한 행정재산, 공용 재산인 수도 시설을 공사 또는 공단에 출자한다는 것은 유상 또는 무상으로 공사 또는 공단에 양도하거나 자산 및 부채를 일괄하여 다른 자치단체가 양수하는 것을 의미하는 것인데, 위 법 규정에 따라 수도 시설을 매각 또는 양여하는 것에 해당하는 행위라고 볼 수 있다. 따라서 공유재산법 제19조 제1항에 의하면 공용재산으로서 행정재산인 수도 시설은 양도나 사권 설정이 원칙적으로 허용되지 않는 것이지만 수도 시설에 대한 출자의 목적과 내용이 기존의 수도 시설로서의 용도와 기능을 계속하여 유지하는 것에 있기 때문에 1. 행정재산의 용도와 성질을 유지하는 조건으로 대통령령으로 정하는 바에 따라 국가 또는 다른 지방자치단체에 양여하는 경우. 2. 해당 지방자치단체 외의 자가 소유한 재산을 행정재산으로 관리하기 위하여 교환하는 경우 등의 예외 사유에 해당하여 공유재산법의 해석상 지방 공사나 지방 공단에 출자를 위한 처분이 허용되는 것으로 보아야 한다.

다만 "대통령령으로 정하는 바에 따라" 양여가 이루어지는 것이므로 이 법 시행령은 제11조에서 다음과 같은 내용을 규정하고 있다. "법 제19조 제1항 제1호에 따라 행정재산의 용도와 성질을 유지하는 조건으로 국가 또는 다른 지방자치단체에 양여하는 경우는 다음 각 호의 어느 하나에 해당하는 경우로 한다. 1. 다른 법령에 따라 해당 지방자치단체의 사무가 국가나 다른 지방자치단체로 이관(移管)됨에 따라 행정 재산의 소유권이 변동되는 경우. 2. 기존 도로의 확장·축소로 인하여 '도로법' 제20조에 따른 도로 관리청 또는 '국토의 계획 및 이용에 관한 법률' 제43조 제3항에 따라 해당 지방자치단체의 조례로 정하는 관리청이 지방자치단체 간에 변경되는 경우."

이와 같이 이 법 시행령 제11조 제1호는 "다른 법령에 따라서 행정재산의 소유권이 변동되는 경우"를 상정하고 있으므로 수도 시설을 규율하는 수도법이나 다른 법령에서 자치단체와 공사 또는 공단 간의 수도 시설에 대한 출자 가능성을 규정하는 근거를 요구하고 있다. 따라서 공유재산법과 동법 시행령의 관련 규정을 유기적으로 해석하여 보면 수도법 등 관련 법령에서 자치단체와 공사 또는 공단 간의 수도 시설 출자와 양도를 위한 법적 근거만 마련된다면 수도 시설의 출자는 법적으로 특별하게 문제될 것은 없다.

다만 입법의 체계로 볼 때 공유재산법과 시행령의 규정 방식은 문제가 있는 것으로 보인다. 그 이유는 공유재산법 제19조 제1항 제1호는 행정재산을 국가나 다른 지방자치단체에 양여하는 방식과 내용을 대통령령에게 위임하고 있는데, 동법 시행령 제11조 제1호는 다른 법령에 따라서 행정재산의 소유권이 이전되는 경우를 규정함으로써 행정재산이 이전되는 요건을 재차 다른 법령에 근거를 두어 정할 것을 요구하고 있다. 그러나 법률이 일정한 사항을 시행령에 위임하는 경우 시행령은 그 위임된 범위 안에서만 일정한 사항을 규정하는 것이 위임입법의 한계를 준수하는 것이기 때문에 시행령이 다시 법령에 일정한 사항을 규정할 것을 요구하는 것은 위임입법의 한계를 일탈한 것으로 모법의 취지에 반하고, 더 나아가 위임입법을 하는 경우 법률이 구체적으로 그 범위를 정하라는 헌법 제75조에도 위반할 가능성이 있다.

따라서 공유재산법 제19조 제1항 제1호는 '대통령령이 정하는 바에 따라'라는 문구를 삭제하고 동법 시행령 제11조 제1호의 내용을 직접 법률로써 규정하도록 개정할 필요가 있다. 이렇게 되는 경우에 한하여 수범자는 공유재산법이 규정하는 행정재산의 양도에 대한 요건이 충족되더라도 다른 법령에서 행정재산에 대한 소유권 이전을 위한 법적 근거를 별도로 마련하여야 한다는 점을 예측할 수 있기 때문에 법률의 명확성과 예측가능성 원칙에도 부합한다. 다시 말하자면 행정재산의 이전 가능성이 공유재산법과 더불어 별도의 법적 근거를

요한다는 2중의 법률 유보를 시행령 단계에서 비로소 알 수 있다면 법치주의 원리에 입각한 법률의 명확성과 예측가능성 원칙은 실현되기 어렵다는 것이다.

5. 조합 방식

지방 상·하수도 사업의 구조 개편의 방안으로 제시되는 것 중의 하나가 조합 방식이다. 지방자치법 제159조 제1항에 따라서 2개 이상의 지방자치단체가 하나 또는 둘 이상의 사무를 공동으로 처리할 필요가 있을 때에는 규약을 정하여 그 지방 의회의 의결을 거쳐 시·도는 안전행정부 장관의, 시·군 및 자치구는 시·도지사의 승인을 받아 지방자치단체 조합을 설립할 수 있으며, 지방자치단체 조합은 법인으로 한다(제2항). 지방자치단체의 조합은 공통되는 사무를 보다 효율적으로 처리하기 위한 목적을 가지고 있으며, 이를 통하여 지방 상·하수도 사업이 보다 합리화·효율화되는 효과를 기대할 수 있다.

다만 조합 방식이 가지고 있는 결정적인 단점은 여전히 지방 상·하수도 사업의 직영화 방식의 단점을 극복하지 못한다는 것이다. 지방공기업법은 수도사업에 대한 공사화와 공단화의 방식과 함께 제44조에서 지방자치단체 조합 설립의 특례를 규정하면서 지방자치단체는 지방 직영 기업의 경영에 관한 사무를 광역적으로 처리하기 위하여 필요한 경우 규약을 정하여 다른 지방자치단체와 공동으로 지방자치단체 조합을 설립할 수 있음을 명시하고 있다. 물론 지방 상·하수도 사업이 광역화하는 경우에는 일종의 규모의 경제를 실현하여 사업의 효율성을 제고할 수 있으나 직영 사업이라는 사업 방식의 근본적인 문제점을 가지고 있다.

Ⅲ. 다른 대안에 대한 검토

1. 양여 계약과 민영화

위에서 언급한 바와 같이 지방 상·하수도의 구조 개편과 관련된 현 정부의 정책 방향은 아직 가시화되지는 않았지만 역대 정부가 추진한 위탁계약의 활성화 및 광역화, 공사화 내지 공단화, 조합 방식 등을 크게 벗어나지 않을 것으로 예상된다. 물론 지방 상·하수도의 구조 개편은 중장기적으로 수도 관리 업무의 효율성을 제고하여 공공 부문에서 경쟁력을 가지도록 하고, 궁극적으로는 민간 부문을 참여시켜 국내 시장은 물론 국제적으로 경쟁력이 있는 물 기업과 물 산업을 육성하여 일자리와 국부를 창출하자는 정부의 정책 방향과 맞닿아 있는 문제이다.

지방 상 · 하수도의 구조 개편 과제는 정책과 법의 문제를 넘어서서 국민 일반의 정서에 미치는 민감하고 복잡한 요인을 충분히 고려하여야 한다. 따라서 지방 상 · 하수도의 구조 개편이 아무리 시급한 과제라고 하더라도 이러한 문제를 감안하여 실현가능성이 있는 대안을 제시하는 것이 중요하기 때문에 이는 지방 상 · 하수도의 구조 개편으로 그쳐야 하고 물 기업이나 물 산업의 육성이라는 과제로 이어지는 것은 지극히 경계해야 할 것이다. 이하에서는 역대 정부가 제시한 지방 상 · 하수도의 구조 개편 방안 중에서 심도 있게 논의되지 않았던 양여 계약과 국민적 저항을 받았던 민영화의 내용이 무엇인지 검토하기로 한다.

2. 양여 계약

수도법 제23조 제1항에 규정된 위탁 계약의 종류와 주요 내용은 동법 시행령 제35조에 상세하게 규정되어 있다. 법 제23조 제1항에 따른 수도 시설의 운영 · 관리에 관한 업무(이하 "수도관리업무"라 한다)의 위탁은 다음 각 호의 구분에 따른다. 1. 단순 위탁: 취수 시설이나 정수 시설 중 1개 시설의 수도 관리업무 또는 슬러지(정수 과정에서 발생하는 침전물 등을 말한다. 이하 같다)의 수거 · 처리, 계량기의 검침 · 교체, 수도 요금 고지서의 발급 · 송달 등 단순하고 반복적인 업무의 위탁. 2. 복합 위탁: 수도 시설의 개량(대체하는 경우를 포함한다. 이하 같다) 업무의 위탁 또는 취수 시설, 정수 시설, 송 · 배수시설 중 2개 이상 시설의 수도 관리업무 위탁. 이 경우 슬러지의 수거 · 처리 등 단순하고 반복적인 업무를 포함할 수 있다. 제1항에 따른 단순 위탁의 위탁 기간은 5년 이내로 하며, 복합 위탁의 위탁 기간은 5년 이상 20년 이내로 한다.[19]

---

19) 법 제23조 제2항에 따라 일반 수도 사업자가 수도 관리업무를 위탁하려는 때에는 그 위탁 계약에 위탁 대상 수도 시설의 운영 · 관리의 특성 등을 충분히 고려하여 다음 각 호의 구분에 따른 각 목의 사항을 구체적으로 밝혀야 한다. 1. 단순 위탁. 가. 위탁의 목적 나. 위탁의 대상 및 범위 다. 위탁 계약 기간 라. 위탁 대가의 산정 및 지급에 관한 사항 마. 달성 목표 및 그 목표 미달 시의 조치에 관한 사항 바. 위탁 계약의 해지 및 손실 보상에 관한 사항 사. 그 밖에 일반 수도 사업자가 위탁 계약 체결에 필요하다고 인정하는 사항. 2. 복합 위탁 가. 제1호 가목부터 사목까지의 규정에 해당하는 사항 나. 연차별 투자 계획(투자비 명세와 자금 조달 방안을 포함한다)과 자금 회수에 관한 사항 다. 수도 시설의 개량에 관한 사항 라. 수도 요금의 징수 · 관리 및 단수 등의 대행에 관한 사항 마. 최종 목표 연도와 연차별 급수 보급률, 유수율 및 수질 목표에 관한 사항 바. 위탁 성과의 평가 및 그 결과에 따른 조치에 관한 사항 사. 위탁 계약의 체결 및 해지 시 위탁자와 수탁자 간의 인수 · 인계에 관한 사항(고용 승계를 포함한다) 아. 수질 사고의 발생 등에 대한 위기관리에

위탁계약은 단순 위탁과 복합 위탁의 형태로 구분되고 수도 관리업무 전반을 아우르는 내용을 포함하고 있으며 계약 기간 역시 단순 위탁의 경우 5년, 복합 위탁의 경우 5년 이상 20년 이내로써 비교적 장기라고 할 수 있다. 그럼에도 불구하고 현행 수도법상의 위탁 계약은 기존 시설의 확충과 개선을 위한 대규모 투자를 가능하게 하는 등 계약 상대방인 전문사업자에게 보다 포괄적인 권리와 의무를 인정하기에는 다소 미흡한 것으로 볼 수 있다. 계약 기간 역시 이와 같은 대규모의 투자나 신규 시설의 설치 등을 포함하는 경우 비용 회수를 위하여 50년 이상이 소요되는 경우도 많이 있다.

따라서 기존의 위탁 계약이 가지는 한계를 극복하고 전문사업자의 보다 적극적인 투자와 영업상의 노하우를 활용하기 위하여 제안된 계약 형태가 양여계약(Concession Contract, Konzessionsvertrag)이다. 양여 계약은 실정법상의 개념이 아니라 실무상 사용되는 용어이기 때문에 학문적으로 그 개념이 명확하게 규명된 것이 아니다. 실제로 양여 계약은 도로 교통, 상·하수도 서비스, 폐기물 처리를 위한 환경 행정 등 영역에 따라서 매우 다양한 형태가 존재하기 때문에 법적 개념으로 이를 정의하는 것이 용이한 것이 아니다. 다양한 영역에서 양여 계약이 가지는 공통분모라고 할 수 있는 것은 인간의 생존에 필요한 서비스의 공급과 그에 대한 반대급부를 대상으로 하여 장기간 그리고 표준적인 법률관계의 형성을 그 목적으로 한다는 것이다. '장기성'과 '표준성'을 특징으로 하는 양여 계약은 일반적으로 일정한 서식의 표준계약서의 형태를 띠고 있다. 양여 계약의 특징으로는 전문 상·하수도 사업자가 자치단체를 대위하여 자신의 이름과 부담으로 계약 기간 동안 해당 공공 서비스의 공급 사업 전반을 경영한다는 점이다. 따라서 시설의 통상적인 운영과 관리를 위한 경상적 지출뿐만 아니라 새로운 투자나 개·보수 등 시설의 확장과 개선에 필요한 자본적 지출의 책임을 전적으로 부담하게 된다.

이에 대하여 전문사업자는 자신의 부담으로 시설의 설치와 관리업무를 수행하는 반대급부로서 고객에 해당하는 자치단체 주민과 체결하는 서비스 공급계약을 매개로 하여 수도 요금인 사용료를 부과하고 그 수입을 통하여 비용을 회수하며 이윤을 보장받는다. 다시 말해서, 양여 계약의 당사자인 전문 상·하수도 사업자는 계약 기간 동안 주민들에게 상·하수도 서비스를 공급하기 위한 시설의 투자와 운영에 있어서 모든 위험과 책임을 부담한다. 현행 수도법

관한 사항. 수도법 시행령 제35조 제3항.

시행령 제35조에 규정된 복합 위탁의 경우 연차별 투자 계획(투자비 명세와 자금 조달 방안을 포함한다)과 자금 회수에 관한 사항 및 수도 시설의 개량에 관한 사항을 포함하는 등 상당한 정도로 양여계약에 가까운 형태라고 말할 수 있다.

다만 현행법상 전문사업자는 상 · 하수도 시설을 신규로 설치하거나 그에 대한 보다 적극적인 투자와 회수를 위하여 보다 장기적인 계약 기간이 예정되고 있지 않아서 향후 이에 대한 입법적 보완이 필요할 것으로 보인다. 현행법상 복합 위탁의 경우 5년 이상 20년 이내의 기간은 자치 산업의 일종으로서 수도 사업을 장기적이며 안정적으로 수행하기에는 부족할 것으로 보이기 때문이다. 따라서 이러한 제도상의 한계를 극복하고 문제점을 보완하는 경우에는 복합 위탁 형태를 전형적인 양여 계약으로 발전시키는 것도 충분히 가능할 것으로 보인다.

3. 민영화

학문적으로 민영화라는 개념만큼 설명하기 어려운 용어도 드물다. 그 이유는 민영화의 형태와 민간 참여의 폭이 지극히 다양하여 이를 일률적으로 설명하기 어렵기 때문이다. 가장 전형적이고 완벽한 형태로 지방 상 · 하수도 사업을 민영화하는 것은 현재 지방자치법 제9조에 규정된 자치단체의 상 · 하수도 설치와 관리업무를 폐지하여 이를 전적으로 민간 부문으로 넘겨주는 것이다. 이 경우 지방자치법의 개정에 의하여 영원히 지방자치단체로 하여금 지방 상 · 하수도 사업을 포기하는 것을 상정할 수 있는데, 이 경우를 이른바 과제의 민영화(Aufgabenprivatisierung) 또는 실질적 민영화(materielle Privatisierung)라고 부를 수 있다.[20]

그런데 지방 상 · 하수도 사업에 대한 과제의 민영화와 같은 급진적인 방식은 현실성과 실현 가능성이 없는 것으로 보인다. 보다 현실적인 방안은 양여 계약이나 위탁 계약과 같이 지방 상 · 하수도 사업에 대하여 보다 전문성을 가지고 있는 외부 기관의 도움을 받는 형태를 예상할 수 있는데, 이를 이른바 기능적 민영화(funktionale Privatisierung)라고 부르는데, 이러한 기능적 민영화는 가장 낮은 수준의 민영화 형태라고 말할 수 있다. 그렇다면 현실적으로 고려할 수 있는 민영화의 형태와 범위는 기능적 민영화에서 시작하여 과제의 민영화 내지 실질적 민영화에는 미치지 못하는 중간 단계의 수준에서 민간 자본 내지 민간 사업차를 참여시키는 방식으로 이루어질 수 있을 것으로 보인다. 예를 들

---

20) 김성수, 개별행정법, 법문사, 2001, 151면 이하.

어 앞서 언급한 공사화 내지 공단화와는 별도의 방식으로서 민간투자법상 민관합동법인을 설립하거나 지방자치단체가 단독 또는 연합하여 민간 부문의 사업자와 공동으로 출자하여 상법에 의한 주식회사를 설립하는 방안이다.[21)]

우선 민간투자법상 민관 합동 법인을 설립하는 방안과 관련하여 수도법 제22조는 국가 또는 지방자치단체는 '사회기반시설에 대한 민간투자법'으로 정하는 바에 따라 수도 사업에 소요되는 비용의 전부 또는 일부에 대하여 민간 자본을 유치할 수 있다고 규정하고 있다. 물론 이 규정은 지방자치단체가 수도 사업에 소요되는 시설 등을 건설하고 운영하기 위한 자금의 전부 또는 일부를 유치하고 자본을 투자한 민간 부문의 사업자에게 일정 부분 대가를 지불하는 형식으로서 대부분 BTO[22)]나 BTL[23)] 형태의 사업이 될 것으로 보인다.

이는 민간 부문이 수도 시설과 운영에 소요되는 비용을 투자하고 그에 대한 대가를 회수한다는 점에서 민영화의 개념에 포함시키기는 어렵고 자치단체와 민간부문 간에 체결되는 실시 협약에 따르는 투자 이익의 보장 형태에 불과하다. 보다 전형적인 민영화의 방식은 자치단체가 지방 상·하수도 사업을 대상으로 민간 부문과 함께 사회 기반 시설에 대한 민간투자법에 규정된 민관합동법인을 설립하는 것이다. 민관 합동 법인은 공공 부문과 민간 부문이 공동으로 출자하여 설립하는 법인이며, 공공 부문 외의 자로서 이 법에 따라 사업 시행자의 지정을 받아 민간 투자 사업을 시행하는 법인을 말한다(제2조 제7호·제12호).

그러므로 이 경우에는 법적 근거는 사회기반시설에 대한 민간투자법이기는 하지만 앞서 언급한 BTO, BTL 방식과는 달리 민간 부문이 단순히 민간 투자 사업의 이익을 공유하는 형태를 벗어나서 직접 민간 투자 사업의 주체로서 등

---

21) 이에 관하여 지방공기업법은 지방공사와 지방공단 이외에 '출자법인'이라는 방식을 규정하고 있다. 지방공기업법 제77조의3에 의하여 지방자치단체는 「체육시설의 설치·이용에 관한 법률」에 따른 체육시설업, 「관광진흥법」에 따른 관광사업(여행업 및 카지노업은 제외한다) 등의 사업을 효율적으로 수행하기 위하여 자본금 또는 재산의 10분의 1 이상 2분의 1 미만을 출자 또는 출연하여 지방자치단체외의 자(외국인 및 외국법인을 포함한다)와 공동으로 「상법」에 따른 주식회사 또는 「민법」에 따른 재단법인을 설립·운영할 수 있다(제1항). 물론 수도사업은 여기에 포함되지 않지만 향후 출자법인 형태는 수도사업의 부분적인 민영화가 논의되는 경우 하나의 대안으로 고려할 수 있을 것이다.

22) Build-Transfer-Operate 방식은 사회 기반 시설의 준공과 동시에 해당 시설의 소유권이 국가 또는 지방자치단체에 귀속되며, 사업 시행자에게 일정기간의 시설 관리 운영권을 인정하는 방식이다. 사회기반시설에 대한 민간투자법 제4조 제1호.

23) Build-Transfer-Lease 방식은 사회 기반 시설의 준공과 동시에 해당 시설의 소유권이 국가 또는 지방자치단체에 귀속되며, 사업 시행자에게 일정 기간의 시설 관리 운영권을 인정하되, 그 시설을 국가 또는 지방자치단체 등이 협약에서 정한 기간 동안 임차하여 사용·수익하는 방식이다. 사회기반시설에 대한 민간투자법 제4조 제2호.

장하는 것을 의미한다. 따라서 이는 부분적인 과제의 민영화 내지 실질적인 민영화의 형태가 되는 것이다. 지방 상 · 하수도 사업에 대한 부분적인 과제의 민영화 또는 실질적인 민영화보다 적극적인 형태는 위에서 언급한 바와 같이 자치단체가 민간 부문과 합동으로 상법상 주식회사를 설립하여 이 회사로 하여금 지방 상 · 하수도 사업을 하도록 하는 형태이다.

그런데 민관 합동 법인이나 상법상 주식회사 형태의 혼합 법인이 지방 상 · 하수도 사업의 주체가 되는 경우에는 지방자치단체가 소유하고 있는 상 · 하수도 시설에 대한 출자가 이루어지지 않는다고 하더라도 수도 시설 관리권에 대한 양도는 불가피할 것으로 보인다. 그 이유는 수도 시설 관리권과 수도 사업자의 지위는 불가분의 일체에 해당하기 때문이다. 그러므로 이와 같은 부분적인 과제의 민영화 또는 실질적인 민영화가 이루어지는 경우에는 수도법에 대한 근본적인 개정이 필요하다.

Ⅳ. 결 론

우리나라 사회 및 문화 그리고 경제 발전의 수준에 비추어 보면 국가의 물 관리 제도나 법체계는 시대적 변화와 국제 사회의 요구를 제대로 반영하고 있지 못하다는 점이 늘 문제로 지적되어 왔다. 여기에는 기후 변화와 같은 전 지구적인 경고에도 불구하고 아직 우리 국민들이 물에 대한 심각한 부족 현상을 체감하지 못한다는 것에서 근본적인 원인을 찾을 수 있지만 국민의 무감각 속에 정책 당국 역시 변화에 새로운 제도와 법체계를 통하여 적극적으로 대응하려는 의지가 부족한 것에서 기인하는 것이다. 그러나 이와 같은 '침묵의 균형 상태'가 문제를 해결해 주는 것은 결코 아니며, 언젠가는 감당하기 어려울 정도의 부담을 우리 국민이 안게 될 상황으로 전개될 가능성이 농후하다.

결국 역대 정권이 지방 상 · 하수도 사업의 비효율성을 오래 전부터 인식하고 있었고 기존 구조에 대한 개선 방향을 다양한 방식으로 제시하였음에도 불구하고 아직까지도 구체적인 입법이나 제도 개선이 이루어지지 않은 채 여전히 해묵은 숙제로 남아있다. 다만 새 정부가 이 문제에 대해 어떠한 해법을 모색하려는 경우에도 결국은 역대 정부가 제시한 지방 상 · 하수도 구조개선 방인에서 크게 벗어나지는 않을 것으로 예상된다. 우선 현재 수도법에 의하여 이루어지고 있는 자치단체와 전문 기관 간의 위탁 계약의 범위와 내용을 보다 확대하는 방안이 단기적으로는 가장 현실적인 방안으로 보인다. 특히 이른바 복합 위탁계약의 경우에는 단순 위탁을 넘어서서 수탁자인 전문사업자의 보다 포괄적인 권리와 의무를 인정할 수 있기 때문에 지방 상·하수도 사업의 구조를 개선하는 데 상당한 기대 효과를 창출할 수 있을 것으로 기대된다. 다만 복합 위탁 계약의 대상과 내용, 계약 기간의 확대 등을 통하여 이른바 양여계약의 수준까지 이르는 경우에는 수도 사업자의 지위를 변경하지 않는 범위 안에서도 충분히 긍정적인 결과를 얻을 수 있을 것으로 보인다.

그 다음 단계로서 공사화와 공단화의 경우에는 양여 계약을 통하여 자신감과 정책 효과를 거둔 자치단체가 단독으로 혹은 전문사업자와 공동으로 출자를 통하여 보다 경쟁력 있는 지방 상·하수도 사업의 주체로 등장할 수 있을 것이다. 다만, 이 경우 자치단체가 출자하는 자산은 단순하게 수도 시설 관리권에만 국한하지 않고 그가 소유한 수도 시설 자체를 출자하여 명실상부하게 공사나 공단이 수도 사업의 주체가 되는 것이 중요하다. 이 경우 자치단체는 요금이나 수질, 주민 서비스에 대한 규제권을 행사함으로써 지방자치법상 수도 사업에 대한 최종적인 법적 책임을 담보하고 사업권은 더 이상 행사하지 않게 될 것이다.

또 그 다음으로 부분적인 민영화를 상정할 수 있다. 그러나 우리 국민의 정서나 헌법과 관련 법규에 따라서 국가와 자치단체에 부여된 수자원과 물 관리 책무 등을 고려할 때 전면적인 민영화가 불가함은 물론 부분적인 민영화 역시 정책을 추진하는 당시 상황에서 국민적 합의가 전제되어야 하는 것이 무엇보다 중요하다.

한편 또 다른 방안으로는 민간투자법상의 민관합동법인 형식이나 자치단체가 민간 부문의 사업자와 합동으로 상법상 주식회사를 설립하는 것이다. 다만, 이 경우에도 지방자치단체가 상당한 정도의 지분을 보유하고 일정한 경영상의 통제를 가한다는 점에서 순수한 상법상 주식회사라기보다는 일종의 공사 혼합법인(公私混合法人)의 성격을 가지게 될 것이다. 그러나 정부는 지방 상·하수도의 구조 개선과 이를 통하여 국제적으로 경쟁력을 가지는 물 기업을 육성하고 물 산업을 진흥한다는 정책 과제는 분리하여 대응하는 것이 필요하다. 앞서 언급한 지방 상·하수도의 구조 개편 작업은 점진적으로 진행되며, 따라서 앞으로도 상당한 시일이 소요되는 장구한 과정이 필요하기 때문이다. 자칫 이 문제를 혼동하고 단기간에, 그것도 특정 정부의 임기 내에 가시적인 성과를 내려고 서두르는 경우에는 물에 대한 민영화를 우려하는 국민적 저항이 거세지고 기존의 정책적 성과마저 잠식당하게 될 수도 있다.

제2절 날씨파생상품의 도입 및 운용방안에 관한 연구*

김홍기**

Ⅰ. 머리말

최근 급격한 기후변화는 에너지, 곡물, 건축, 계절산업 등 날씨변동성에 커다란 영향을 받는 경제주체의 사업환경에 중대한 영향을 미치고 있다. 날씨변동으로 인한 경제주체의 위험을 효율적으로 관리할 수 있는 수단이 바로 날씨파생상품이다.

날씨파생상품은 약 10년 전 미국에서 난방일수(HDD) 및 냉방일수(CDD)에 기초한 계약이 도입된 이후 여전히 초기단계에 머물고 있지만, 최근에는 강설, 강우, 혹한 등 새롭고 독특한 날씨파생상품들이 개발되면서 거래량이 증가하고 있다. 우리나라의 경우에도 이상기후 현상이 확대되고 날씨변동성에 대한 경제주체의 위험관리 필요성이 증가할 것이 예상되므로, 날씨파생상품거래가 도입될 가능성이 높다.[1)]

이 논문은 우리나라에 있어서 날씨파생상품의 도입 및 운영방안을 논의한 것이다. 먼저 날씨파생상품 개념, 종류, 시장현황을 살펴보았다(Ⅱ). 다음에는 날씨파생상품과 날씨보험상품을 비교하여 살펴보았다(Ⅲ). 그 다음에는 각국의 날씨파생상품 규제 체계를 살펴보고(Ⅳ), 우리나라에의 도입 및 운영방안을 논의하였다(Ⅴ).

Ⅱ. 날씨파생상품의 개념과 종류

1. 날씨파생상품의 개념

파생상품(derivatives)은 그 이름이 나타내는 것처럼, 그 가치가 기초를 이루

---

* 이 논문은 증권법연구 제13권 제3호(2012)에 발표된 논문을 수정 · 보완한 것임.

** 연세대학교 법학전문대학원 부교수

1) 미국의 경우 GDP의 23%, 캐나다는 25%가 날씨의 직접적인 영향을 받으며, 70% 이상은 간접적인 영향을 받는다. 한국은 GDP의 52%가 기상의 영향을 받는다. 박환일, “글로벌 날씨파생상품과 국내 자본시장 도입 필요성”, KRX Market 증권 · 파생상품, 제79호, 한국거래소, 2011. 9, 11면.

는 다른 재산, 기준금리 또는 지수 등에서 파생하는 '쌍무계약(bilateral contract)' 또는 '지급교환약정(payment exchange agreement)'을 말한다.[2] 파생상품의 기초자산은 현물, 금리, 주식, 주가지수, 통화를 포함하며, 양 당사자가 동의한 것이면 거래가능한 어떠한 수단(instrument)도 기초자산이 될 수 있다.[3]

날씨파생상품(weather[4] derivatives)은 기초자산이 기온, 강우, 강설, 바람 등 기상관련지수에 의해서 표시되는 파생상품이다.[5] 날씨파생상품의 기초자산이 되는 기상관련지수는 독립적으로 증명가능하며, 신뢰성이 있으며, 충분히 명확한 기상학적 사건의 발생에 연관된 것이어야 한다. 날씨파생상품의 신뢰성을 확보하기 위해서는 기초자산이 되는 기상관련지수에 대한 다툼의 소지가 없어야 하기 때문이다.

2. 날씨파생상품의 연원과 시장 현황

(1) 연 원

날씨파생상품계약에서 사용되는 기상요소는 밀레투스 탈레스(소아시아 BC 600)에 의한 최초의 올리브용 유압기 거래에 포함된 바 있다.[6]

한편 현대적 의미의 날씨파생상품거래는 1996년 7월, 미국에서 아퀼라에너

---

2) Global Derivatives Study Group, Derivatives: Practices and Principles, Group of Thirty, Washington D. C., July 1993, p. 28.

3) ISDA, What is a derivatives in Product Description and FAQ in Product Descriptions & FAQ in Education 〈http://www.isda.org〉(최종방문일 2012. 8. 10.).

4) 날씨와 기후는 차이가 있다. 날씨(weather)는 그날 그날의 비, 구름, 바람, 기온 따위가 나타내는 기상상태를 말하며, 단기간에 있어서의 변화의 개념이다. 기후(climate)는 일정한 지역에서 장기간에 걸쳐서 나타나는 대기현상의 평균적인 상태를 말한다. CME Group, The Weather Derivatives Markets at CME Group: A Brief History, Sep. 28, 2011, p. 1. 기상은 시시각각 변화하는 순간적인 대기현상이므로 날씨의 일종이다.

5) Cleary Gottlieb, Weather derivatives' regulation: open issues and new opportunities for risk coverage products, AIDA Presidential Council Meeting – Istanbul Climate Change Working Party, May 4, 2012, p. 2.

6) 그리스의 철학자인 탈레스(Thales)는 천문학에 대한 자신의 전문지식을 이용하여 특정 연도의 기후조건이 올리브 생산에 적합한지를 예측하고, 올리브 열매가 열리기 전에 그 지역의 모든 올리브 압착기 소유주들로부터 압착기를 일정한 금액에 사용할 수 있는 권리를 구입하였다. 탈레스는 그러한 권리를 구입하는 대가로 프리미엄을 지급하였다. 올리브가 풍작이 들자 탈레스는 압착기 소유주들에게 약정한 대여금을 지급하고 압착기를 빌린 후, 올리브의 생산자들에게 훨씬 높은 금액을 받고 압착기를 대여하였다. 탈레스가 프리미엄을 지급하고 압착기를 일정한 금액에 사용할 수 있는 권리를 구입한 계약은 현대의 콜옵션에 비슷하다. M. D. Fitzgerald, Financial Options, Euromoney Publications, London, 1987, p. 1.

지와 에디슨 간에 체결된 냉방일수(CDD)를 기초자산으로 하는 전력공급계약[7]이라는 것이 일반적인 견해[8)9)]이다. 이 계약 이후 장외에서 날씨파생상품거래가 시작되었고, 1999년 이후에는 시카고상업거래소(CME)에서 표준화된 장내 날씨파생상품거래가 본격적으로 시작되었다.

(2) 시장현황

날씨위험관리협회(WRMA)의 조사결과에 따르면,[10] 날씨파생상품거래는 2008년경 글로벌 금융위기의 여파로 감소하였으나 2010년 이후 다시 증가하는 추세를 보이고 있다. 2011년 시장규모는 미화 118억 달러를 기록하였는데, 이는 전년도 대비 약 18% 증가한 것이며,[11] 2001년에 비교해서는 약 4.7배에 이르는 것이다.[12]

2011년의 경우에는 전년도에 대비해서, 에너지 부분은 58%에서 46%로 그 비중이 줄어든 반면, 건설 부분은 7%에서 23%, 운송 부분은 2%에서 5%, 농업 부분은 11%에서 12%로 증가하였다. 이는 날씨파생상품의 수요층이 기존 에너지산업에서 점차 다변화되고 있음을 보여준다.[13]

날씨파생상품의 주요지표는 기온으로 나타났다. CME의 경우 난방일수(HDD)와 냉방일수(CDD)[14] 등 기온(temperature)을 기초자산으로 하는 날씨파생상품

7) 해당 거래는 1996년 8월 기간 동안 Edison이 Aquila Energy로부터의 구매한 전력의 가격결정과 관련된 것이다. 양사는 전력공급계약을 체결하면서, 만일 8월의 기온이 예상보다 낮은 경우에는, Aquila Energy사는 Edison사에게 일정 금액을 환급(rebate)하기로 하는 날씨조항을 계약서에 포함시켰다. 만일 총냉방일수(total CDD)가 예상되는 수치를 하회하여 0-10%에 머무른다면 Edison사는 전력가격에 대해서 아무런 할인을 받지 못하지만, 총냉방일수가 평균 이하 10-20%에 머무른다면 Edison사는 $16,000의 할인을 받기로 하였다. 이러한 계약구조 하에 다른 구간에서도 할인조건이 정하여 졌다. WikiPedia, Weather Derivatives 〈http://en.wikipedia.org/wiki/Weather_derivative〉(최종방문일 2012. 8. 10.).

8) Cleary Gottlieb, op. cit., p. 4; Wikipedia, Weather derivative 〈http://en.wikipedia.org/wiki/Weather_derivative〉(최종방문일 2012. 8. 10.).

9) 1997년 가스판매와 관련한 엔론의 거래를 최초의 날씨파생거래로 보는 견해도 있다. 〈http://www.economist.com/node/21546019/print〉(최종방문일 2012. 8. 15.).

10) 날씨위험관리협회(WRMA: Weather Risk Management Association)는 매년 날씨시장을 조사한다. 조사결과는 날씨시장의 경향을 나타내기 때문에 매우 흥미롭다. 〈http:// www.wrma.org〉

11) Cleary Gottlieb, op. cit., at 4; 손해보험협회, 외국의 날씨파생상품 시장현황, KIDI Brief(2012. 6)〈http://www.kidi.or.kr/insurance/insurance01_05_01_view.asp?idx=938〉(최종방문일 2012. 8. 12.).

12) Ibid.

13) 손해보험협회, 앞의 자료, 시장참여자 부분.

14) 기온을 기초자산으로 하는 날씨파생상품은 “Degree Day(度日)” 개념에 기초하여 거래가 형

거래가 많았다. 장내시장인 CME에서 기온관련 파생상품거래가 증가하면서, 장외시장에서는 기온에 기초한 날씨파생상품 비중은 감소(76%→69%)하는 반면, 강설, 강우 등 다른 날씨요소를 대상으로 한 날씨파생상품거래의 비중은 증가(24%→31%)하고 있다.[15)]

≪표 1≫ 날씨파생상품 시장규모 (2001-2011)

연 도	계약 규모		연 도	계약 규모	
	금액(10억 US$)	증감률(전년 대비, %)		금액(10억 US$)	증감률(전년 대비, %)
2000/01	2.5		2006/07	19	(-)58
2001/02	4.3	72	2007/08	32	68
2002/03	4.2	(-)2	2008/09	15	(-)53
2003/04	4.7	12	2009/10	10	(-)33
2004/05	9.7	106	2010/11	11.8	18
2005/06	45.2	366			

〈출처〉 WRMA, Survey Results, May 2011.

3. 날씨파생상품의 기능

날씨파생상품은 계절산업, 에너지산업, 여행산업, 금융투자업, 보험산업 등 다양한 분야에서 각종 날씨변동으로 인한 위험관리에 사용될 수 있다. 예를 들어, 1) 스키 등 겨울장비 판매회사는 따뜻한 겨울로 인한 수요의 감소로 초래되는 손실을 보전하기 위해서 날씨파생상품을 이용할 수 있다. 2) 대규모 공장은 에너지 파동으로 인한 전기가격 상승으로 초래되는 비용증가의 위험을 헷지하기 위해서 날씨파생상품을 이용할 수 있다. 3) 여행회사는 기상악화로 인하여 초래되는 각종 위험(기상악화 시 계약금을 돌려주기로 약속한 경우 등)을 헷지하기 위하여 날씨파생상품을 이용할 수 있다. 4) 헷지펀드 등 재무적 투자자는 날씨관련사업에 대한 투자에서 발생하는 손실을 헷지하기 위해서 날씨파생상

성되며, 난방일수(HDD: Heating Degree Day)와 냉방일수(CDD: Cooling Degree Day)를 기본개념으로 한다. "Degree Day"는 하루의 평균온도((최고온도-최저온도)/2)와 표준온도의 편차를 의미한다. 전통적으로 에너지부문의 표준온도는 65°F(=18 ° C)를 사용하는데, 평균온도가 65°F(=18 ° C) 이하가 되면 전열기를 사용할 시점으로 간주하여 난방일수를 계산하고, 65°F(=18 ° C) 이상이면 에어컨을 사용할 시점이라 하여 냉방일수를 계산한다. 즉 난방일수(HDD)지수가 높을수록 날씨가 춥다는 것을 의미하고, 냉방일수(CDD)지수가 높을수록 날씨가 덥다는 것을 의미한다.

15) 손해보험협회, 앞의 자료, 상품화 날씨요소 부분.

품을 이용할 수 있다. 5) 날씨파생상품은 날씨관련 위험에 대한 재보험 용량이 제한되어 있거나 보험상품이 너무 비쌀 경우, 대재해채권(CAT)과 결합하여 '대체적 위험이전수단'으로도 제공될 수 있다.

2011년 WRMA 조사결과도 많은 경제주체들이 다양한 이유로 날씨파생상품을 이용하고 있음을 보여주고 있다. 브리티시가스, 헤스에너지, 아퀼라에너지 등 에너지 기업들은 여전히 주요한 시장참가자이다. ABN암로, 메일린치 등 금융기관, AXA재보험, 스위스재보험 등 보험회사를 비롯하여, 지방자치단체, 스키리조트, 골프클럽, 음료수생산업자, 레저파크 등도 날씨파생상품시장에 참여하고 있다.

≪표 2≫ 분야별 날씨위험의 종류

경제 분야	날 씨 위 험
에 너 지	에너지 수요의 감소 또는 증가
헷지펀드	이익의 창출 혹은 시장의 변동성
농 업	곡물의 수확량, 운송, 저장, 병충해
연안(Offshore)	폭풍(해일)의 빈발/혹독함
보 험	보험청구 증가, 보험료 창출의 다각화
엔터테인먼트	날씨로 인한 공연 연기, 관중 감소
소 매	날씨로 인한 수요 감소 (날씨민감상품)
건 설	공사기일 지연 등
교 통	예산 초과, 출발 또는 도착의 지연
제 조	수요의 감소, 원자재 비용의 증가
정 부	예산 초과

〈출처〉 CME, The Weather Derivatives Markets at CME (Sep. 28, 2011), p. 3.

4. 날씨파생상품의 종류

(1) 분류기준

날씨파생상품은 기온, 강우, 강설, 바람 등 기준지표가 되는 날씨의 종류에 따라 분류할 수 있다. 표준화 여부에 따라서 맞춤형 날씨파생상품(customized WD)과 표준형 날씨파생상품(standardized WD)으로 구분하기도 한다. 일반적으로 맞춤형 날씨파생상품은 대부분 장외에서 거래되고, 표준형 날씨파생상품은 장내(거래소 등)에서 거래된다. 아래에서는 장외, 장내날씨파생상품으로 나누어 살펴본다.

(2) 장외날씨파생상품

장외날씨파생상품은 장외에서 개별적으로 거래가 이루어지는 날씨파생상품이다. 장외날씨파생상품거래에서는 ISDA 표준계약서[16]가 일반적으로 사용되는데, 거래당사자들은 구체적인 협상을 통해서 계약조건을 결정한다.

장외날씨파생상품거래에서는 에너지기업, 지방자치단체 등 다양한 시장참가자들의 개별적이고 구체적인 수요를 반영할 수 있다. 다만, 장외날씨파생상품거래는 적절한 거래상대방을 찾기가 어렵고 거래상대방이 파산할 경우의 신용위험 등을 거래당사자가 일일이 관리해야 하는 어려움이 있다.[17]

(3) 장내날씨파생상품

장내날씨파생상품은 장내(거래소 등)에서 거래되는 날씨파생상품이다. CME는 장내날씨파생상품이 최초로 상장되었고 가장 많이 거래되는 거래소이다.[18] 1999년, 10개 미국 도시의 냉방일수(CDD) 및 난방일수(HDD)를 기초자산으로 하는 표준기온계약(standard temperature contracts)이 CME에 최초로 상장되었다. 2003년에는 미국의 5개 도시, 유럽의 6개 도시, 일본과 호주의 2개 도시가 거래목록에 추가되었다. 2005년에는 암스테르담 혹한날씨계약(서리계약, Frost

---

16) 국제스왑파생상품협회(ISDA)는 기초자산의 종류, 역내/역외 거래 등 파생상품거래의 종류 및 유형에 따라서 ISDA 기본계약서(master agreement), 부속계약서(schedule to master agreement), 거래확인서(confirmation) 등을 제공하고 있다. 이러한 ISDA 표준계약서는 대부분의 국제적인 장외파생상품계약에서 지배적으로 사용되고 있으며, 최근 장외파생상품 거래량의 증가에는 ISDA 표준계약서가 큰 역할을 하였다. ISDA 홈페이지 〈http://www.isda.org〉. ISDA 이외에도 BBA, FRB of New York 등도 표준계약서를 제공한다. 김홍기, 장외파생상품거래의 법적규제에 관한 연구, 연세대학교 법학박사 학위논문, 2006, 63면.

17) 서브프라임모기지사태에 연관된 장외파생상품거래는 미국 금융위기의 뇌관이 되었다는 비판을 받는다. 각국은 금융위기 이후 중앙청산소(CCP)를 통한 청산 · 결제 방식을 통해서 장외파생상품거래의 위험을 관리하려는 노력을 시도하고 있다. Lianna Brinded, Lynda Clemmons: weather derivatives will benefit from regulation changes, Energy Risk (May 27, 2010) 〈http://www.risk.net/energy-risk/news/1650665/lynda-clemmons-weather-derivatives-benefit-regulation-changes〉(최종방문일 2012. 8. 15.).

18) WRMA의 시장조사에 의하면, 2002-2003년 모든 날씨파생상품계약의 절반 이상이 CME에서 거래되는 날씨선물계약(weather future contracts) 혹은 날씨선물계약에 대한 옵션(option on weather future contracts)의 형태를 가졌다고 한다. "WRMA's 2003 Annual Survey Finds Use of Weather Contracts Triples"(Press release dated June 5, 2003)〈http://www.wrma.org/news_industry_archive.html〉(최종방문일 2012. 8. 10.). 상세한 계약조건과 내용은 〈http://www.cmegroup.com〉에서 찾을 수 있다.

contract for Amsterdam)[19]이 상장되었고, 2008년에는 호주 기온날씨파생상품이 상장되었다. 2009년, 2010년, 2011년에는 미국의 일정한 지역에 일정수량의 강설이 발생하면 고정금액을 지급하는 날씨파생상품이 상장되었다. CME는 최근에도 태양복사(solar radiation), 강풍 및 극한기온(wind and extreme temperature)을 포함하여, 날씨와 관련된 새로운 형태의 날씨파생상품의 상장계획을 논의하고 있다.[20]

2011년 9월 기준, 세계적으로 약 50개 도시의 날씨가 CME에서 거래되고 있다. 이 계약들은 월간 선물과 옵션(monthly futures and options)의 형태를 가지고 있으며, 특정월의 매일 동안 '일중평균기온(average daily temperature)'과 기준기온인 화씨 65도("base" temperature of 65 degrees Fahrenheit, 섭씨 18도) 간의 누적된 차이를 반영하여 지급여부를 결정한다.[21]

≪표 3≫ CME상장 날씨선물계약 대상도시

국 가	도 시
미 국 (24)	아틀랜타, 시카고, 신시내티, 뉴욕, 댈러스, 필라델피아, 포틀랜드, 투손, 디모인, 라스베가스, 디트로이트, 미니애폴리스, 휴스톤, 새크라멘토, 솔트레이크시티, 볼티모아, 보스톤, 캔사스시티, 콜로라도스프링스, 잭슨빌, 리틀록, 로스앤젤레스, 롤리더럼, 워싱턴D.C
캐나다 (06)	캘거리, 에드먼턴, 몬트리올, 토론토, 밴쿠버, 위니펙
유 럽 (11)	런던, 파리, 암스테르담, 베를린, 에센, 스톡홀름, 바르셀로나, 로마, 마드리드, 오슬로, 프라하
일 본 (03)	도쿄, 오사카, 히로시마
호 주 (03)	뱅크타운, 시드니, 멜버른

〈출처〉 CME, The Weather Derivatives Markets at CME (Sep. 28, 2011), 1면.

19) 네덜란드에서는 서리가 내리거나 성애가 발생하는 혹한의 날씨(frost event)에는 건설노동자는 작업을 중단하여야 하는데, 네덜란드에서 건축사업을 하던 한 독일 건설회사는 혹한이 발생하면 건축작업을 중지하여야 하는 특화된 형태의 날씨위험에 직면하게 되었다. CME는 전년도에 행하여진 유사한 다수의 장외거래를 패턴화하여, 혹한날씨파생상품을 개발하여 상장하였다. CME Group, op. cit., p. 1.

20) Ibid.

21) Ibid.

≪표 4≫ 날씨파생상품 계약사례

항 목	내 용
보호범위 (coverage)	10개 지역에 걸쳐서 일정한 재산상 손실을 담보하는 연간 풍수해 (annual windstorm) 보장
기초지수 (index)	각 지역의 기상관측소에서 추출된 복수의 지표 (각 지역에서의 포트폴리오를 대표할 수 있도록 설계)
지급금액 (excess)	누적손실 초과금액 (기준, 100만 유로 이상)
이 벤 트 (trigger)	(i) 옵션 (ii) 각 지역 관측소에 의한 예측 손해금액 (iii) 계산상 일정 일수 이상

〈출처〉 Working party members, European Weather Derivatives(2004), 3.4. Example Contract.

유럽에서는 장내거래가 행하여지고는 있으나 CME에서와 같이 활발하지는 못하다. 2001년 7월, 런던국제금융선물거래소(LIFFE)는 3개 도시(베를린, 파리, 런던)의 기온에 기초한 날씨파생상품을 출범시켰으나, 유로넥스트에 의한 합병 이후 중단되었다. 2005년 11월에는, 유럽전력거래소(Powernext)가 9개 국가(프랑스, 영국, 이태리 등)를 위한 기온지수(quotation of national temperature indices)를 출범시켰다. 2007년 7월에는 매트넥스트(Metnext)[22]가 날씨파생상품 거래를 시작하였다. Metnext는 보험회사, 재보험회사 및 은행을 위하여 두 가지 형태의 서비스를 제공한다.[23]

Ⅲ. 날씨파생상품과 날씨보험상품

1. 파생상품과 보험의 융합화 경향

(1) 경제활동에 있어서 가장 대표적인 위험관리수단은 보험계약이다. 날씨변동의 위험은 보험을 통해서도 관리될 수 있으므로 날씨변동의 위험관리에 보험상품이 어떻게 활용될 수 있는지를 살펴볼 필요가 있다. 날씨보험과 날씨파

22) 날씨위험관리의 indices에 있어 전문화된 거래소이다. 메테오 프랑스가 65%의 지분을 가지고 있으며 Euronext가 나머지 35%의 지분을 가지고 있다. 〈http://www.metnext.fr〉 (최종방문일 2012. 8. 10.).

23) Pauline Barrieu & Olivier Scailet, A Primer on Weather Derivatives, Jan 28, 2009, 2.2 European situation.

생상품의 관계를 어떻게 파악하고, 날씨보험을 어떠한 방식으로 운영하는지에 따라서 날씨파생상품의 도입이나 운용이 영향을 받을 수밖에 없기 때문이다.

아래에서는 파생상품과 보험의 융합화 경향, 날씨보험과 날씨파생상품의 유사점과 차이점을 살펴보고, 날씨보험과 날씨파생상품의 규제 및 운용방안을 제시한다.

(2) 보험은 같은 위험에 있는 다수인이 위험에 공동으로 대비하는 제도이다.[24] 보험은 동종의 위험을 대량으로 결집한 후, 이른바 대수의 법칙을 사용하여 위험발생의 확률을 산출하고, 보험료를 기금으로 위험에 대한 대처를 한다.[25] 보험가입자는 보험료를 지급하는 대신 보험자에게 자신의 위험을 전가하는 것이다.[26]

이러한 보험의 기능과 계약구조는 파생상품과 매우 유사하다. 보험과 파생상품은 위험에 노출된 경제주체가 부담하는 위험을 제3자에게 전가하는 '위험전가와 분산(transferring and distributing risks)'의 기능을 동일하게 수행하기 때문이다.[27] 다만 보험은 보험가입자가 납부한 '보험료의 총합(pooling of premiums)'을 통해서 다수인이 공동으로 위험에 대비하는 제도적 성격이 강하고, 파생상품은 '양자간 계약의 망(network of bilateral contracts)'을 통해서 위험을 거래하는 계약적 성격이 강하다는 점에서 차이가 있다.[28]

(3) 그런데 최근에는 지진이나 태풍 등 전통적 보험제도로서 대응하기 어려운 대규모 재난에 대처하기 위해서, 파생상품을 활용하는 방안이 등장하면서 양자의 영역이 중복되는 문제가 발생하고 있다. 지진이나 태풍과 같은 대규모 재난으로 초래되는 위험은 상상할 수 없을 정도로 거대해서 단일한 보험회사나 재보험제도를 통해서도 그 손실을 감당하기는 어렵고, 자본시장에서 파생상품을 판매하는 방식을 통해서 위험의 분산이 논의되고 있는 것이다.[29] 실제로

---

24) 양승규, 보험법의 원리, 삼지원, 2000, 15면; 김성태, 보험법강론, 법문사, 2001, 15면; 정찬형, 상법강의(하), 박영사, 2005, 481면.

25) 손주찬, 상법(하), 박영사, 2005, 465-466면; 김성태, 앞의 책, 17면.

26) 양승규, 앞의 책, 14면.

27) 보험과 파생상품 이외에도 팩토링, 민법상의 보증계약 등도 위험관리의 기능을 수행한다. Working party members, "European Weather Derivatives", Weather Derivatives vs other types of risk management, 2004, p. 7 참조.

28) Thomas Lee Hazen, "Disparate Regulatory Schemes For Parallel Activities: Securities Regulation", Derivatives Regulation, Gambling and Insurance, Ann. Rev. Banking & Fin. L., Vol. 24, 2005, pp. 418-419.

29) 미국의 시카고선물거래소(CBOT)에서는 일종의 보험파생금융상품인 PSC옵션이 거래되고 있으며, 일본 및 독일에서도 지진이나 태풍으로 인한 위험을 담보하기 위한 대재해채권(catastrophe bond; Cat Bond) 등이 거래소시장에서 다수 거래되고 있다. 보험과 파생상

미국에서는 파생상품업계와 보험업계 사이에 보험에 유사한 파생상품의 기능에 대한 관할의 문제가 심각하게 논의된 바 있다.[30)]

2. 날씨파생상품과 날씨보험의 유사점과 차이점

(1) 유사점

1) 위험이전의 기능

날씨보험과 날씨파생상품은 공통적으로 '위험이전(risk-transfer)'의 기능을 제공한다. 예컨대 날씨변동 위험에 노출된 A기업은 날씨보험상품을 통해서 그 위험을 보험회사에게 이전하거나, 또는 날씨파생상품거래를 통해서 그 위험을 거래상대방에게 이전할 수 있다. 다만, 그 대가로 날씨보험계약에서는 보험료를 지급하고, 날씨파생상품거래에서는 프리미엄을 지급하는 차이가 있을 뿐이다(서로 위험에 대한 보장을 교환하는 것으로 프리미엄을 대체할 수도 있다). 이처럼 날씨보험과 날씨파생상품은 사실상 동일한 위험이전의 기능을 제공한다. 문제는 금융기관이 표준화된 날씨파생상품을 대량으로 판매하는 경우에는 현실적으로 보험계약과의 차이를 찾기가 어렵다는 것이다.

2) 우연성

날씨보험과 날씨파생상품은 공통적으로 '위험의 우연성(fortuitousness of risk)'[31)32)]이 강하다. 일반적으로 보험은 확정되지 않은 우연한 위험을 보상하며, 보험계약에 따른 손실을 보상받기 위해서는 해당 손실은 '우연한 사건'에 의하여 유

품에 대한 비교와 규제방안에 대해서는 김홍기, "파생상품과 보험규제", 법학연구 제17권 제2호, 연세대학교 법학연구원, 2009, 187면 이하 참조.

30) 전미보험감독관협회(NAIC: National Association of Insurance Commissioners)는 2003년 날씨파생상품은 "위장된(Disguised)"된 보험계약이며, 날씨파생상품의 발행과 판매에 대한 규제 및 모니터링이 필요하다는 백서를 발표하였다. NAIC는 보험상품은 위험만 있으며 충분하며 실제 피보험이익이 없는 보험상품이 판매되고 있으며, 충분하고 엄격한 규제가 시행되는 보험회사와 사실상 규제로부터 자유로운 파생상품거래는 불공정한 경쟁이라고 주장하였다(소위 Draft White Paper). 이에 대해서 국제스왑파생상품협회(ISDA)는 보험과 파생상품은 본질적으로 차이가 있다는 내용으로 NAIC의 주장을 반박하였다. ISDA, Comment on the Draft White Paper entitled "Weather Financial Instruments (Temperature): Insurance or Capital Market Products?", Feb. 23, 2004.

31) '불확정성(불확실성, uncertainty)'이라고도 한다. 보험의 우연성은 보험의 필수적 요소로서 대체로 보험사고가 발생하는가에 관한 것이고, 생명보험의 우연성은 그 발생시기에 관한 것이다. 양승규, 앞의 책, 77면.

32) 파생상품과 보험의 우연성이 지나쳐서 사행성이 의심되는 경우에는 사행계약(도박)이 문제가 된다. 각국은 도박죄의 적용을 우려하여, 금융법령에서 도박죄를 적용하지 아니한다고 명시적으로 규정해 두는 경우가 많다(자본시장법 제10조 등). 상세한 내용은 김홍기, "파생상품과 도박규제", 비교사법, 제14권 제1호, 비교사법학회, 2007. 3 참조.

발되어야만 한다(보험업법 2조 1호). 고의적으로 유발된 손해는 우연성이 없으며 보험에 의해서 보상받지 못한다. 이처럼 우연성은 보험위험의 불가결한 속성이다.[33]

그런데 파생상품은 우연성이 더욱 강하다. 날씨파생상품거래에서 지급이나 인도의 기준이 되는 기온, 강설, 강우, 혹한 등의 날씨요소는 미래의 시점에서야 결정되는 우연한 사건이며, 미래의 날씨에 따라 지급 여부나 지급 방향이 좌우되기 때문에 우연성이 더욱 강하다. 이와 같이 날씨보험과 날씨파생상품은 모두 우연한 사건의 발생 여부에 따라 그 지급여부(날씨파생상품의 경우에는 지급여부와 지급방향)가 결정되기 때문에 양자는 우연성의 속성을 공통적으로 가진다.

(2) 차이점

1) 자유로운 계약과 제도적 장치

위와 같이 보험과 파생상품은 기능적으로 유사하지만, 전통적으로 보험과 파생상품을 별개의 법리로 규율하여 온 것은 다음과 같은 차이가 있기 때문이다.[34]

파생상품은 거래당사자들이 기초자산의 가격변동으로 생길 수 있는 손실의 위험을 회피하기 위해서(헷지(hedge)[35][36]) 자유롭게 계약조건을 협의해서 위험을 이전하고 그에 대한 대가를 지급하는 자유로운 '계약의 성격'의 성격이 강하다.

반면에 보험상품은 동질적인 위험에 놓여 있는 수 많은 사람들이 위험단체를 구성하고 그 위험을 전가시키고 분산시키는 것이며, 예측하지 못한 손해가 생길 경우 이를 단체적으로 구조하려는 '제도적 장치'의 성격이 강하다.[37] 이러한 보험의 성격은 상호보험[38]에서 더욱 명확하게 드러나는데, 상호보험이 보험

---

33) 다만 사고위험이 당사자 쌍방과 피보험자에게 주관적으로 불확실하면 설령 그것이 객관적으로 확정되어 있는 경우에도 보험으로 성립할 수 있다는 점은 주의해야 한다(상법 644조 단서).

34) Phillip R Wood, Title Finance, Derivatives, Securitisations, Set-off and Netting, Sweet & Maxwell, London, 1995, p. 226 ("Derivatives trading does not feel like insurance, although the distinctions are not easy").

35) 파생상품거래는 그 거래목적에 따라 헷지거래와 투기거래로 구분할 수 있다. 위험을 관리하는 헷지거래의 측면에 관련해서는 보험과의 차이점이 주로 문제된다. Alastair Hudson, The Law on Financial Derivatives, 3rd ed., Sweet & Maxwell, London, 2002, p. 242 ("hedge acquired constitutes a form of insurance against the financial risk").

36) 일부 시장참가자들은 기초자산의 가격변동을 이용한 투기(speculation)의 목적으로 파생상품거래에 참여한다. 현실적으로 헷지와 투기의 구분은 매우 어렵다. 디만 독일에서는 헷지는 '손실회피'의 측면에 중점을 두는 행위이고, 투기는 '재산증식'의 측면에 중점을 두는 행위로 구분한다고 한다. 김건식, 스왑거래에 관한 법적 연구, 한국금융연구원, 1997, 125면.

37) 양승규, 앞의 책, 16면.

38) 상호보험의 경우에는 보험단체의 구성원인 사원이 서로 보험자와 피보험자를 겸하는 지위

의 원형에 가까운 것은 제도적 장치로서의 보험의 성격을 나타내는 것이다. 다만, 이 글에서는 영리보험을 전제로 날씨보험을 설명하였다.

2) 손해발생과의 인과관계

날씨보험에서는 보험사고와 손해 사이의 인과관계가 요구된다. 보험은 피보험자가 이익을 가지고 있는 것에 대해서 손해 혹은 손실이 발생한 경우에 그 손해를 보상하는 손해보상의 속성을 가지기 때문이다.[39] 즉, 보험회사는 보험사고의 발생으로 초래된 손해만을 보상하며, 보험사고와 손해 사이에는 '상당인과관계'가 존재하여야 한다.[40]

그러나 파생상품은 계약의 성격이 강하고, 그 원인이 무엇이든 약정한 조건이 충족되면 실제로 손실이 발생하였는지의 여부에 관계없이 계약에 따른 지급이나 인도가 이루어진다. 즉 날씨보험과는 달리 날씨파생상품계약에서는 지급사유(이벤트, event)와 손실 사이에 인과관계를 입증할 필요가 없다. 다만, 지나치게 투기적이거나 사행적인 파생상품계약을 규제하는 것은 별개의 문제이다.

3) 피보험이익

피보험이익(insurable interest)이란 손해보험에 있어서 보험목적에 대하여 피보험자가 가지는 적법한 경제적 이익을 말한다.[41] "이익 없으면 보험 없다"는 법언에서 보는 것처럼 피보험이익은 보험법이 요구하는 보험계약의 당연한 논리적 전제이며, 보험계약이 성립하기 위해서는 피보험이익에 관한 합의가 있어야 한다.

우리 상법은 피보험이익의 개념을 반영하여 초과보험이 보험계약자의 사기로 인한 경우에는 무효로 하고(상법 제669조 제4항, 제672조 제3항), 당사자가 선의인 경우에는 보험료 등의 감액청구권을 인정함으로써(상법 제669조 제1항), 보험제도의 지나친 투기성과 사행성을 규제하고 피보험계약의 한계를 설정하여 왔다.[42]

에 있다. 즉, 상호보험은 영리보험과 달리 보험자도 없고 보험계약도 없으므로 상법의 보험계약에 관한 규정은 적용되지 아니한다. 다만, 보험사업의 운영에서는 영리보험과 공통된 점이 많으므로, 성질이 상반되지 않는 한도에서 영리보험에 관한 상법의 규정이 상호보험에 대해서 준용된다(상법 제664조).

39) Appleman on Insurance Law & Practice § 7001 (1st Ed. 2002)("Indemnity has been considered an essential element of a contract of insurance, so that a contract which does not possess has been held not one of insurance"); Holmes Appleman on Insurance 1-1 (2nd ed. 2002)("A contract of insurance is a contract to indemnify the person secured thereby.").

40) 양승규, 앞의 책, 358, 588면; 김성태, 앞의 책, 519, 657면.

41) 양승규, 앞의 책, 235면; 김성태, 앞의 책, 379면.

42) 미국 대부분의 주는 보험의 불가결한 요소로 보험자는 피보험자가 입은 손해에 대해서 보상할 것을 요건으로 규정하고 있다(뉴욕주, 캘리포니아, 코네티컷, 인디애나, 켄터키, 네브

그러나 날씨파생상품은 조건부 지급의무를 부담하는 단순한 계약에 불과하고, 피보험이익과 같은 제한은 부과되지 않는다.[43] 날씨파생상품거래에서는 원칙적으로 예상손실금액을 초과하여 파생상품계약을 체결할 수 있으며,[44] 다수의 거래상대방과 중복하여 파생상품계약을 체결할 수 있다. 결과적으로 날씨파생거래의 당사자들은 기상관련 위험에 노출이 없거나, 기상관련 위험을 증명할 가능성이 부족한 경우에도, 날씨파생상품계약을 체결할 수 있다. 이처럼 피보험이익과 손해의 개념은 보험을 파생상품과 구분하는 중요한 요소이다.

≪표 5≫ 날씨보험과 날씨파생상품의 비교

Factor	날씨보험	날씨파생상품
손 해 입 증	○	×
피보험이익	○	×
보험료 (또는 프리미엄)	○	○ 또는 ×
최대지급금액	보장한도	지급한도
보험(보장)적용	보험기간	계약효력 발생일
보험(보장)대상	날씨위험	날씨위험
기준지표(날씨정보) 제공자	기상관측소	기상관측소
우 연 성	○	○

〈출처〉 Comparison of weather insurance and weather derivatives (NAIC, 2003).

라스카, 노스캐롤라이나 등). 제정법상 정의가 없는 주에서는, 법원은 보통법상 보험의 개념에 기초하여 피보험이익 및 손해의 요소를 요구하고 있다. ISDA, op. cit., p. 3.

43) ISDA, op. cit., at 3; 정상근, "기상위험담보에 관한 연구", 동아법학, 제38호, 2006, 247면.

44) 그러나 최근 문제된 KIKO, ELS 사례에서 보는 것처럼 감내할 수 있는 손실을 초과하여 거래할 경우에는 그 사행성이 문제되거나 사회적 문제가 될 수 있다. 파생상품을 판매하는 금융기관의 주의의무위반이 문제될 수도 있다. 한국거래소는 이러한 우려를 반영하여 "ELS 헷지거래 가이드라인" (한국거래소, 2009)을 제정하여 운용하고 있으며, 금융투자회사의 파생상품거래에 대한 내부통제도 강화되고 있다.

3. 규제 및 운용방향

(1) 구분규제의 필요성 (중복가능성은 존재)

위와 같이 파생상품과 보험은 상당한 유사성이 있는데, 이에 대해서는 양자의 명백한 구분이 가능하다는 입장과 구분이 어렵다는 입장이 있을 수 있다.[45)]

사견으로는 날씨보험과 날씨파생상품은 각각 고유의 특성을 가지지만, 명백히 분리할 수 있는 것이 아니므로 양자의 특성이 병존할 수 있다고 본다. 특히 보험법규는 그 성격상 단체성, 강행성, 공익성이 강하므로 양자의 법규가 모두 적용되는 상황에서는 강행적인 보험법규를 우선하여 적용할 것이다. 다만, 특정한 파생상품이 어느 정도 보험성을 가진다는 이유만으로 무조건 보험법규를 적용하여서는 곤란하다. 이렇게 해석하면 파생상품거래의 장점인 유연성을 해치고, 대부분의 파생상품거래가 보험법의 강력한 규제에 노출될 수 있기 때문이다.

날씨파생상품에 보험법규를 적용하려면, 해당 날씨파생상품이 보험의 가장 중요한 특성, 즉 '피보험이익의 존부', '손해의 발생과 그 보상'[46)] 등을 본질적인 내용으로 하는 것인지를 살펴볼 것이다. 보험성과 파생상품성 양자의 비중을 구분하기 어려운 경우에는, 관련 법령의 체제와 목적을 고려하여 융통성 있는 해석을 통하여 해결할 수밖에 없을 것이다.

(2) 날씨파생상품은 날씨보험을 보완하거나 지원하는 역할

날씨보험은 역사적으로 날씨관련 재해발생에 대해서 보호를 제공하여 왔다. 보험회사는 보험가입자를 모집하고 그로부터 받은 보험금을 재원으로 대규모 날씨사건들에 대해서 보호를 제공할 수 있다. 이처럼 날씨보험은 날씨변동의 위험을 관리할 수 있는 유용한 모델이지만, 관리비용이 상당하고 대규모 재해의 경우에는 보험회사가 부담하는 위험이 너무 커서 보험제공이 가능하더라도 보험료가 너무 비싸지는 문제가 있다.

이와는 대조적으로 날씨파생상품은 거래를 통해서 위험을 관리한다. 서로 반대의 포지션에 있는 당사자들이 위험보장을 서로 교환하거나, 프리미엄을 받는 대신 위험발생시 금전지급의무를 기꺼이 부담할 거래상대방을 찾는 것이다.

---

45) 보험과 파생상품의 차이를 중시하여 양자를 명백히 구분하여 규제할 수 있다는 입장(영국식 접근방식, English approach)과 양자의 중복가능성을 인정하고 사안별로 접근하여 해결하자는 입장(미국식 접근방식, American approach)이 있다. 상세한 내용은 김홍기, 앞의 글, 202-204면 참조.

46) 보험상품은 피보험이익 및 손실보상의 형태에 지속적으로 의존한다. ISDA, op. cit., p. 5.

다수의 거래상대방에게 날씨파생상품을 판매하면 대규모 재해로 인한 위험을 분산할 수도 있다. 이러한 측면에서 보면, 날씨파생상품은 날씨보험을 보완하거나 지원할 수 있는 장치이다.

미국에서는 날씨보험으로 관리하기 어려운 곡물재배 및 홍수재해를 날씨파생상품을 통해서 효율적으로 관리하였다.[47)48)] 이는 날씨파생상품이 위험관리를 위한 전형적인 보험장치를 대체하거나 보완하여 대규모 재해의 위험을 관리할 수 있는 중요한 수단이 될 수 있음을 보여준 것이다.

(3) 보험가입자의 보호와 파생상품 시장참가자의 보호

보험상품은 기술적 특성이 강하며 보험약관의 내용은 복잡하다. 하지만 보험가입자는 해당 보험계약조건을 충분히 이해하지 못하는 경우가 많다.[49)] 보험회사는 자신의 우월적 지위를 이용하여 보험약관에 부당한 내용을 포함시킬 가능성도 높다.[50)] 따라서 보험당국이 보험약관의 내용을 승인하거나 규제하는 것은 보험가입자의 이익을 보호하기 위해서 불가피한 측면이 있다.

반면에 날씨파생상품거래에서는 보험에서와 같이 거래상대방의 이익을 보호하기 위한 후견적 장치는 찾기가 어렵다. 장외 날씨파생상품거래는 대부분 금융기관, 대기업, 펀드 등 전문투자자들[51)]에 의하여 행하여지기 때문이다. 다

---

47) 미국은 연방곡물보험법(FCIA: Federal Crop Insurance Act) 하에서 집단위험곡물보험을 운영하고 있다. 이에 의하여 연방곡물보험공사(FCIC: Federal Crop Insurance Corporation)는 기상관련 곡물보호에 관한 집단위험보험을 개발하여 왔다. 이에 의하면 농부들(혹은 곡물소유권에 대한 이해관계를 가진 다른 사람들을 포함한다)은 손해배상이 개인 농부들의 실적이 아니라, 지역 전체의 생산량 부족 평균치에 기초하는 보험상품에 의하여, 곡물생산에 대한 보장(coverage)을 구입하는 옵션을 가진다. 보험계약자(policy holder)는 "선량한 작물재배의무(good farming practice)"를 유지할 것을 또한 요구받는다(FCIA s. 508 (a)(3)(c)).

48) ISDA, op.cit., p. 7.

49) 이러한 경우에는 보험가입자는 보험가입의 여부에 대한 선택권조차 없게 된다. 더욱이 자동차손해배상 보험법상의 책임보험 등은 법률에 의해서 가입이 강제되고 있으며(자동차손해배상 보험법 제5조), 건강보험과 같이 사회관념상 필수적인 것으로 간주되는 보험들이 존재한다(국민건강보험법 제5조).

50) 대부분의 보험상품은 보험회사가 작성한 보험약관에 의해서 그 내용이 결정되며, 보험가입자는 단지 주어진 보험약관을 받아들이느냐 마느냐 하는 선택을 할 수 있을 뿐이다. 따라서 보험당국이 보험약관의 내용을 승인하거나 규제하는 것은 보험가입자의 이익을 보호하기 위해서 불가피한 측면이 있다. 이에 따라 현행 보험업법은 보험사업자에게 보험사업의 허가를 받고자 할 때에 허가신청서에 보험약관을 첨부하여 금융감독위원회에 제출하도록 요구하고(보험업법 제4조, 제5조), 보험약관을 변경하고자 하는 경우에는 미리 금융감독위원회에 신고하도록 규정하는 등(보험업법 제127조 제1항) 강도 높은 규제가 시행된다.

51) 자본시장법은 투자자를 전문투자자와 일반투자자로 구분하고 있다(자본시장법 제9조 제5

만, 우리나라와 같이 다수의 개인투자자들이 파생상품거래에 참여하고 있는 특별한 상황 하에서는, 만일 날씨파생상품이 도입되어 거래소에 상장된다면 일반투자자의 보호를 위해서 금융당국의 후견적 역할이 어느 정도 필요하다고 본다.[52)]

Ⅳ. 주요국가의 날씨파생상품 규제체계

1. 미 국

(1) 파생상품 규제체계

미국 상품선물시장의 규제는 1936년에 제정된 상품거래소법(CEA)에 근거해서 상품선물거래위원회(CFTC)가 규제권을 행사한다.[53)] CFTC는 장외거래스왑(swap)에 대해서도 규제권을 행사한다.[54)]

파생상품이 증권과 관련되는 경우에는 증권거래위원회(SEC)가 관할한다. 상품과 증권의 규제기관이 서로 다른 미국의 규제 체계상 CFTC와 SEC 사이에는 파생상품과 관련하여 관할권 분쟁이 상존하는데, 현재의 관할권은 1981년 당시 SEC와 CFTC의 위원장이던 Shad와 Johnson 사이의 합의(Shad-Johnson Accord[55)56)])를 토대로 하고 있다.

항). 자본시장법상 투자자보호 규정은 원칙적으로 일반투자자에게 적용된다.

52) 대표적인 사례로는 장외파생상품사전심의제도, ELS헷지거래가이드라인 제정, 파생상품을 거래하는 금융기관의 강화된 주의의무 등이 있다.

53) 1936년 상품거래소법 제정 당시에는 선물시장의 거래상품의 대부분이 농산물이었기 때문에 농무성 상품거래소감독국(Commodity Exchange Authority)이 규제감독을 담당하였으나, 1974년 10월에는 상품선물거래위원회법(CFTCA)이 제정되면서, 1975년 4월에는 신설된 CFTC로 상품선물시장의 규제권한이 이관되었다.

54) 장래인도(future delivery)를 위한 상품매매계약을 비롯하여 통상적으로 옵션 · 풋 · 콜 등으로 알려진 계약들이 CFTC의 주된 규제대상에 해당한다(CEA §2(a)(1) Jurisdiction of Commission). 규제대상 상품에는 밀 · 쌀 · 옥수수 · 보리 · 양파 · 버터 · 달걀 · 양모 · 유류 · 가축 · 면실 등의 농축산물을 비롯하여 용역 · 권리 · 이자 등이 포함된다. 다만 극심한 가격파동으로 인하여 양파(onions)는 규제대상에서 제외되어 있다(CEA §1a(4) Definitions of Commodity).

55) 증권거래법(SEA of 1934) 제3(a)(10)항에서는 옵션(option)을 증권(security)으로 간주하고 있으며, 이에 따라 SEC가 옵션시장을 규제하고 있었다. 그러나 1974년 상품거래법(CEA)의 개정으로 선물을 포함하여 선물의 성격을 가지는 옵션 · 풋 · 콜 등이 CFTC의 규제대상에 포함되면서 분쟁이 발생하였다. 결국 SEC와 CFTC는 1981년 주가지수선물을 포함한 모든 선물계약(all future contract including futures on securities- based indexes), 일반상품 및 선물에 기초한 옵션(options on futures and physical commodities), 전국증권거래소에서 거래되지 않는 외환옵션은 CFTC가 관할에, 증권에 기초한 옵션, CD에 기초한 옵

(2) 날씨파생상품의 상품거래소법 적용 여부

날씨(weather)는 상품거래소법상 상품으로 열거되어 있다(CEA § 1(a)4). 상품의 정의에는 "장래인도를 위한 모든 계약(all … interest in which contracts for future delivery are … dealt in)", 즉 파생상품이 포함되므로, 원칙적으로 날씨파생상품거래에는 상품거래법이 적용된다.

한편 2000년 제정된 상품선물현대화법(CFMA)은 상품을 농산물, 적용제외상품(excluded commodity), 적용면제상품(exempt commodity)으로 분류하고, 장외에서 거래되는 일정한 파생상품계약은 상품거래법의 적용에서 제외하거나 면제하였는데, 날씨는 적용제외상품으로 지정되어 규제대상에서 제외되었다(CEA §1a(13)(iv)).[57)58)]

2008년 금융위기 이후에는 도드-프랭크법을 제정하고 장외파생상품 청산소, 실시간 보고의무 등 장외파생상품거래의 규제를 강화하고 있다.[59)60)] 도드-프랭크법은 장외파생상품거래에 대해서도 규제를 실시하며 규제회피(면제)를 전제로 하는 적격거래개념을 인정하지 아니한다.

션, 주가지수에 기초한 옵션 및 전국증권거래소에서 거래되는 외환옵션은 SEC의 관할에 두기로 합의하였다. 이 합의는 1982년 증권법 및 선물거래실행법의 개정을 통해서 반영되었으며(Securities Act §2(a)(1)), 양 기관 위원장의 이름을 따라서 'Shad-Johnson accord'로 불린다. 이 합의에 대한 분석으로는 GAO, CFTC and SEC Issues Related to the Shad-Johnson Jurisdictional Accord, GAO, Washington D.C., April 2000 참조.

56) 2000년 상품선물현대화법(CFMA)이 발효되면서 Shad-Johnson accord의 현선 분리원칙은 새롭게 변화하는 계기를 맞이하였다. 증권과 선물의 성격을 동시에 가지는 증권선물상품(Security Futures Products: SFP)이 새롭게 도입되면서, SEC와 CFTC가 이러한 증권선물상품에 대한 관할권을 공동으로 행사하게 되었기 때문이다. SEC와 CFTC는 2004년 3월 17일 양해각서(MOU)를 체결하고 신속한 정보교환과 긴밀한 업무협조체계를 구축하고 있다. 상세한 내용은 SEC 웹싸이트 참조, 〈http://www.sec.gov/news/press/2004-36.htm〉(최종방문일 2012. 8. 15.).

57) 의회는 장외파생상품거래가 규제로부터 자유로울 수 있도록 "법적인 확실성"을 제공하기 위하여 이러한 적용제외 또는 면제규정을 두었다. 146 Cong. Record s. 11896 ("This bill will bring much-needed … legal certainty, clarification and reform to the regulation of futures, options and over-the-counter financial derivatives.").

58) 이러한 규제완화는 2008년 서브프라임모기지 사태로 촉발된 미국발 금융위기의 단초를 제공하였다는 비판을 받고 있다.

59) 미국 재무부는 증권, 선물시장의 효율적이고 안정적인 감독을 위해서 SEC와 CFTC의 통합을 권고하였으나(US Treasury, The Department of the Treasury Blueprint for a Modernized Financial Regulatory Structure, Mar. 2008, p. 106), 도드-프랭크법에서는 반영되지 않았다.

60) CFTC와 SEC는 스왑거래(swap)에 대한 규정을 제정 · 시행함에 있어서는 서로 협의하여야 한다(§712(a)). CFTC와 SEC는 연준(Fed)과의 협의하에 상품거래법 및 증권거래법상 스왑 관련규정(CEA §1a(47)(A)(v); SEA 1934 §78(a)(78))을 정의하여야 한다(§712(d)(1)).

(3) 거래소집중원칙

상품거래소법은 상품선물거래를 원칙적으로 위법으로 규정하되, 일정한 요건을 갖추는 경우에는 적법한 것으로 본다(CEA §4).[61] 선물거래 등은 거래소 등 계약시장[62]을 통해서만 거래되어야 하고, 해당 상품이 상장된 거래소의 규제에 따라야 한다. 상품, 상품선물거래소는 CFTC에 등록하여야 한다. 계약시장을 통한 거래는 위법성이 조각되고, 도박죄 등을 구성하지 않는다.[63]

2. 일 본

일본의 상품선물시장은 상품선물거래법(商品先物取引法)[64]에 근거하여 규제된다.[65] 상품선물거래법은 상품거래소, 상품, 상품지수, 상장상품, 선물거래, 상품시장 등의 정의규정을 비롯하여(제2조), 상품시장유사시설의 개설금지(제6조), 위장거래 등의 금지규정(제116조)도 두고 있다.

상품선물거래법의 규제기관은 '주무대신'이다.[66] 상품선물거래소법은 주무대신을 농림수산대신과 경제산업대신으로 정하여, 소위 이원행정체제를 취하고 있다. 경제산업성과 농림수산성은 소관 거래소를 기준으로 하여 상품거래소의 설립·조직변경 인허가, 정관 및 업무관련규정 변경 승인, 보고·검사권 및 처분권을 가진다.

일본 정부는 2012년 2월 24일 금융청, 농림수산성, 경제산업청은 증권금융과 상품을 일체적으로 거래하는 종합거래소를 실현하고, 규제감독을 금융청 산하로 일원화하는 제도정비방안을 발표하였다.[67] 이후 2012년 3월 9일 금융상

---

61) 거래소집중의무가 면제되기 위해서는 금융기관, 보험회사 등의 적격자(appropriate person) 사이의 거래이어야 한다. 이 규정은 1992년 개정에서 도입된 것으로 상품선물거래위원회는 이에 기초하여 스왑(17 C.F.R. §35.2), 복합상품(17 C.F.R. §34.3) 등에 대해 제외규칙을 정하고 있다(17 C.F.R. §6(c)(5)).

62) 계약시장과는 달리 규제를 완화한 파생상품거래소(DTEFs: derivatives transaction execution facilities)에서의 시장등록도 인정되고 있지만(7 U.S.C. §7a, 17 C.F.R. Part 37) 현재까지 등록이 이루어진 경우는 없다.

63) 7 U.S.C. §6(a), 17 C.F.R. §33.3(a).

64) 당초 상품선물시장에 대한 규제는 상품거래소법(商品取引所法)으로 출발하였지만 2011년 1월 1일 해외상품시장에서의 선물거래의 수탁 등에 관한 법률(海外商品市場における先物取引の受託等に関する法律)과 통합되어 상품선물거래법으로 명칭이 변경되었다. 〈http://law.e-gov.go.jp/htmldata/S25/S25HO239.html〉(최종방문일 2012. 8. 20.).

65) 금융선물시장은 금융상품거래법(金融商品取引法)에 근거하여 규제된다.

66) 주무대신에 의한 규제·감독은 허가제와 인가제를 많이 채용하고 있는 일본의 현행 상품선물거래법에 있어서 가장 강력한 규제방법이다.

67) Bloomberg 일본판 뉴스, 金融庁など３省庁：総合取引所の制度整備へ連携´ 今国会法案提出,

품거래법상 장내파생상품거래의 기초자산의 범위를 확장하고, 종합거래소(総合取引所)의 출범과 금융청의 일원적 감독, 불공정거래행위 규제의 강화 등을 내용으로 하는 「금융상품거래법등의 일부를 개정하는 법률안」(金融商品取引法等の一部を改正する法律案)이 국회에 제출되었다.[68]

날씨파생상품거래에 대해서는 충분한 자료를 찾을 수 없었으나, 최근 일본이 파생상품거래의 기초자산을 확대하는 추세에 비추면 날씨파생상품거래의 가능성도 인정하는 것으로 보인다. 미국에서와 같이 일반상품과 금융상품을 나누어 규제하고 있으며, 일반상품인 날씨를 기초자산으로 하므로 상품선물거래법이 적용된다.

3. 우리나라

(1) 파생상품 규제 체계

우리나라의 파생상품 규제는 2009년 2월 자본시장법으로 일원화되었다. 자본시장법상 파생상품은 금융투자상품[69]에 해당하고(자본시장법 제3조 제1항 · 제2항), 선도 · 옵션 · 스왑 중 어느 하나에 해당하는 계약상의 권리를 말한다(자본시장법 제5조 제1항). 파생상품은 거래소시장 거래 여부에 따라 장내파생상품과 장외파생상품으로 구분된다(자본시장법 제5조 제2항 · 제3항). 이처럼 파생상품 규제의 기본법규는 자본시장법이다. 다만, 외국환중개업무 등 특정한 분야에 대해서는 관련분야의 법령이 추가적으로 적용된다(외국환거래법 제3조 19호 다목, 제9조 1항).

(2) 날씨파생상품이 자본시장법상 금융투자상품에 해당하는지

자본시장법은 '기초자산'으로 금융투자상품(자본시장법 제4조 제10항 제1호), 통화(외국통화를 포함)(2호), 일반상품(3호), 신용위험(4호), 그밖에 자연적 · 환경적 · 경제적 현상 등에 속하는 위험으로서 '합리적이고 적정한 방법'[70]에 의하여 가

2012년 2월 24일자 〈http://www.bloomberg.co.jp/news/123-LZW2SK6K50XS01.html〉 (최종방문일 2012. 8. 20.).

68) 横山淳, "総合取引所に関する金商法改正案", Legal and Tax Report, 大和総研, 2012. 6, 2頁.

69) 자본시장법상 파생상품은 증권과 함께 금융투자상품(증권, 파생상품)에 해당한다. 증권과 파생상품은 추가지급의 가능성에 의하여 구분된다. 즉, 추가지급의 가능성이 있으면 파생상품에 해당하고, 추가지급의 가능성이 없으면 증권에 해당한다.

70) 날씨파생상품의 경우에는 기상청 등 신뢰할 수 있는 기관이 장기간에 걸쳐 집적된 기상자료의 분석하여 통계를 산출하고 명확하고 신뢰성 있는 기상지수의 개발이나 제공이 필요하다. 필요한 경우에는 미국에서와 같이 기상정보제공업체의 참여가 필요할 것으로 보이지만,

격 · 이자율 · 지표 · 단위의 산출이나 평가가 가능한 것(5호)의 5가지를 규정하고 있다.[71)72)]

날씨파생상품은 기온, 강설, 강수, 혹한 등의 날씨를 기초자산으로 하므로, "자연적 · 환경적 · 경제적 현상 등에 속하는 위험으로서 '합리적이고 적정한 방법'에 의하여 가격 · 이자율 · 지표 · 단위의 산출이나 평가가 가능한 것"(자본시장법 제4조 제10항 제5호)을 기초자산으로 하는 파생상품에 해당한다.[73)]

(3) 금융회사의 진입규제

1) 금융투자회사

자본시장법상 파생상품이 금융투자상품에 포함되면서 파생상품의 취급업무는 금융투자업에 해당하게 되었다. 따라서 날씨파생상품은 금융투자회사의 취급대상에 해당한다. 다만, 금융투자회사가 날씨파생상품을 대상으로 투자매매, 투자중개, 집합투자, 신탁, 투자자문, 투자일임 등의 금융투자업을 영위하려면 금융위원회로부터 인가 또는 등록을 받아야 한다(자본시장법 제12조 제1항, 제18조 제1항). 인가 및 등록의 기준은 자본시장법 등 관련 법령에 규정되어 있다.

2) 보험회사의 파생상품 업무 규제

보험회사는 고유의 보험업무 이외에도 관련 법령에서 규정된 겸영업무나 부수업무를 영위할 수 있다(보험업법 제11조, 제12조). 보험회사의 파생상품업무는 기본적으로 겸영업무에 해당하며(보험업법 제12조, 동령 제16조 제2항),[74)] 이를 영위하기 위해서는 별도로 금융위원회의 인가를 받거나 등록을 하여야 한다(자본시장법 제12조). 인가나 등록 시에는 금융투자업의 종류뿐만 아니라 취급대상인 금융투자상품의 종류도 정할 수 있다. 다만, 증권, 보험, 은행으로 구분되는 업권의 구분상 보험회사가 금융투자상품인 파생상품을 대상으로 금융투자업을

이 경우에는 신뢰성을 담보할 수 있는 충분한 안전장치가 병행되어야 할 것이다.

71) 자본시장법상 기초자산의 범위는 2006년 4월 1일자로 발효된 채무자 회생 및 파산에 관한 법률상의 기초자산의 범위와 동일하다(채무자 회생 및 파산에 관한 법률 시행령 제14조 참조).

72) 자본시장법상 폭넓은 기초자산 규정에 의하면, 탄소배출권 등 환경 관련 선물 · 옵션, 재난 · 재해 · 범죄발생률 등 평가가능한 모든 위험을 기초자산으로 하여서 파생상품 설계가 가능하다.

73) 위와 같이 우리나라에서는 날씨파생상품의 개발 및 판매를 위한 법령이 마련되었지만, 지금까지 실제로 날씨파생상품이 거래사례는 없는 것으로 보인다. 박환일, 앞의 글, 20면.

74) 보험업법에서는 ① 법령에서 보험회사의 겸영업무로 정한 자산유동화업무, ② 법령에서 보험회사에 대해 인허가, 등록사항으로 정한 금융업으로 자본시장법 상 집합투자업, 투자자문업, 투자일임업, 신탁업, 투자매매업, 투자중개업, 외국환업무, 퇴직연금업, ③ 다른 금융기관이 위탁한 업무로 금융위원회가 고시한 업무에 한해 금융업무의 겸영을 제한적으로 인정하고 있다(보험업법 시행령 16조).

겸영하는 것은 용이하지 않을 것이다.[75)]

3) 은행의 파생상품업무 규제

은행업[76)]을 영위하는 금융기관[77)]("은행")은 은행법 기타 관련 법률의 범위 내에서 은행업에 관한 모든 업무("은행업무")를 영위할 수 있다(은행법 제27조 제1항). 은행업무의 구체적인 범위는 은행법 제27조 및 동법 시행령 제18조의2에서 상세히 규정되어 있다. 이에 따르면 은행업무는 예금 및 대출업무 등 '고유업무', 고유업무에 부수하여 수행되는 '부수업무', 그리고 신탁업무, 신용카드업무, 자산운용업무 등의 '겸영업무'를 영위할 수 있다(은행법 제28조 제1항, 동령 제18조, 제18조의2).

은행은 파생상품의 매매 · 중개업무, 파생결합증권의 매매업무 등을 겸영업무로 영위하거나(동령 제18조의2 제2항), 부수업무로 영위할 수 있다(은행업무중부수업무의범위에관한지침 2.너, 금융위고시 2009-50호). 다만, 증권, 보험, 은행 등 업권의 구분상 은행이 날씨파생상품을 취급하는 것은 어려울 것으로 보인다.[78)]

Ⅴ. 우리나라에의 도입 및 운용방안

1. 신뢰성 있는 기상지수의 개발

(1) 날씨위험 관련 기초변수(Index)의 개발

우리나라가 날씨파생상품을 도입하고 그 시장을 활성화하기 위해서는 기온, 강우량, 강설량, 혹한 등 기초자산이 되는 기상지수를 명확하게 정의하고, 측정주체, 방법, 장소 등을 상세하게 규정하여 시장참가자들의 신뢰를 확보야 한다.

미국은 국제적인 날씨전문서비스기업인 EarthSat사(Earth Satellite Corporation)가 과거의 일별, 시간대별 온도를 비롯한 각종 날씨관련 데이터베이스를 종합해 기상지수를 산출하고 있다. CME는 자동자유수면 관측시스템(ASOS: Automated

75) 보험회사의 업무범위, 파생상품 관련 자산운용 등에 대해서는 김홍기, 앞의 글, 204-208면 참조.

76) "은행업"이라 함은 예금의 수입, 유가증권 기타 채무증서의 발생에 의하여 불특정다수인으로부터 채무를 부담함으로써 조달한 자금을 대출하는 것을 업으로 행하는 것을 말한다(은행법 2조 1항 1호).

77) "금융기관"이라 함은 은행업을 규칙적 · 조직적으로 영위하는 한국은행외의 모든 법인을 말한다(은행법 제2조 제1항 제2호).

78) 은행의 업무범위, 파생상품 관련 자산운용 등에 대해서는 김홍기, "은행의 증권관련업무에 대한 자본시장법 적용의 법적 문제", 은행법연구, 제1권 제2호, 은행법학회, 2008, 4면 이하 참조.

Surface Observation System)을 통해서 대상도시의 기상을 측정하고, 측정한 당일 최고온도 및 최저온도를 국가기후정보센터(NCDC: National Climate Data Center)로 전송한다. EarthSat사는 이러한 정보를 이용하여 난방일수(HDD) 및 냉방일수(CDD) 지수를 산출한다.[79]

일본은 기상청의 자료를 날씨지수 개발에 활용하고 있다. 다만, 동경해상(東京海上)과 같이 일본 기상청의 통계자료를 직접 사용하지 않고 날씨정보사의 정보를 제공받아 활용하는 경우도 있다.[80]

우리나라에서는 날씨관련 정보를 풍부하게 보유하고 있는 곳은 정부기관인 기상청이므로 기상청의 자료를 활용할 수 있는 협력방안이 필요하다. 또한 정부의 기상예보사업제도[81]의 도입으로 케이웨더(kweather.co.kr), 웨더뉴스(weathernews.com) 등 날씨정보를 전문적으로 제공하는 민간업체가 활동하고 있으므로 이들과의 제휴를 통한 지수개발의 가능성도 논의할 필요가 있을 것이다.

(2) Pricing 기능 강화

날씨파생상품의 가격 결정을 위해서는 기초자산인 날씨변수의 과거수치 간의 상호 관련성을 파악하기 위해 확률과정에 대한 명확한 규명이 필요하다.

미국에서는 전통적인 블랙숄즈모형(Black Scholes Model)을 사용하는 경향이 있으나, 블랙숄즈모형은 보유자산의 현재가격, 가격변동성, 옵션의 권리행사가격, 만기까지의 기간, 무위험자산의 금리 등 입수하기 쉬운 다섯 가지 종류의 데이터를 활용하여 옵션가격을 도출하는 방식이어서, 보유자산(기초자산인 날씨)의 가격 자체가 존재하지 않는 날씨파생상품에 적용하기에는 적절치 않은 측면이 있다.

최근에는 보상비용모델(Burn-rate)[82]과 몬테카를로측정방법(Monte Carlo Simulation)[83]의 사용이 점차 늘어나고 있다.[84]

---

79) 류성경, 앞의 논문, 134면.

80) Ibid.

81) 기상예보사업제도는 정부(기상청)가 개별적으로 서비스할 수 없는 특정의 수요자를 대상으로 기상예보를 판매할 수 있도록 제도화한 것이다. 기상예보사업에는 기상예보업, 기상감정업, 기상컨설팅업, 기상장비업 등이 있다(기상산업진흥법 7조, 2조).

82) 보상비용모델(Burn-rate)은 과거자료를 그대로 미래에 대한 예측치로 사용해 날씨파생상품 가격을 결정한다. 수요 및 공급, 날씨에 대한 예측 등은 무시한 채 오로지 과거자료만을 미래에 대한 예측치로 사용한다는 점에서 역사적 시뮬레이션(historical simulation)이라고도 한다.

83) 몬테카를로모델(monte carlo simulation)은 불확실한 상황 하에서의 의사결정을 목적으로

2. 관련 법규의 정비

(1) 기상위험의 특성과 날씨보험의 한계

날씨변동으로 인하여 경제주체가 처하게 되는 위험은 전통적인 보험사고로 인한 위험과는 상당한 차이가 있다.

날씨보험은 관리비용이 상당하고, 단체적인 보험제도의 특성상 날씨변동의 위험에 노출되는 개별적인 경제주체의 특정한 위험을 담보하기에 어려움이 있으며, 대규모 재해의 경우에는 보험회사가 부담하는 위험이 너무 크고, 보험제공이 가능하더라도 보험료가 너무 비싸다.

피보험이익이나 손해발생과의 인과관계 등 전통적인 보험법의 법리를 적용함에 있어서도 어려움이 있다.[85] 날씨보험에 의하면 손해발생 원인인 날씨변동과 해당 기업의 수익 감소와의 사이에 상당인과관계를 입증하기가 어렵고, 가사 인과관계가 인정되더라도 손해금액 산정(손해사정)이 어려워 기업이 입은 실질적인 손해를 충분히 보상받기가 쉽지가 않다. 더구나 기업의 수익은 단순히 날씨에 의해서만 영향을 받는 것도 아니어서 다른 요소를 고려하여 계약을 체결하고 싶을 것인데, 단체적 성격을 가지는 날씨보험은 이러한 기업의 수요를 유연하게 반영하기가 어렵다.

(2) 기상위험 관리에 대한 날씨파생상품의 유연성과 보완가능성

날씨파생상품은 거래를 통해서 위험을 관리한다.[86] 위험보장을 교환할 위치

확률적 시스템의 모의실험에 이용되는 절차를 말한다. 날씨변동성의 불확실성에 착안하여 날씨파생상품가격 결정에 활용하는 것이다. 구체적으로 날씨 확률모델을 이용해 미래의 날씨에 대한 예측치를 생성한 후 이들 예측치에 대응하는 HDD/CDD지수를 계산하고 이들을 평균함으로써 옵션의 가치를 계산한다. 이 방법은 Burn rate 방법과는 달리 자료기간의 선택에서 자유로울 수 있으며 최근의 추세를 반영할 수 있다는 장점이 있다.

84) 류성경, 앞의 논문, 135면; 손판도, "날씨파생상품의 이해와 활용", KRX Market 증권 · 파생상품, 제89호, 한국거래소, 2012. 7, 28면 이하 참조.

85) 전주지법은 최근 보험계약자가 과거에 질병치료를 받았던 사실을 숨기고 보험에 가입했더라도 보험금을 청구한 질병과 직접적인 관련이 없다면 보험회사는 보험금을 지급해야 한다는 판결을 선고했다. 전주지방법원 2012. 7. 18. 선고 2012나1316 판결. 이 판결은 보험계약자의 고지의무 위반에도 불구하고 고지의무 위반이 보험사고와 인과관계가 없다면 보험금을 지급토록 하고 있는데, 이는 보험사고와 손해 사이의 인과관계, 피보험자의 손해를 보상하는 보험제도의 성격을 잘 나타내는 것이다. 만일 위와 같은 위험을 담보하기 위해서 파생상품계약이 체결되있다면, 고지의무 위반은 파생상품계약상의 지급조건을 당연히 충족하지 못하게 할 것이다.

86) 주요국가의 보험사는 날씨보험, 대재해채권, 날씨파생상품 등을 활용하여, 날씨변동의 위험을 적극적으로 관리한다. 그에 비해 우리나라에서는 날씨위험의 관리를 위한 담보수단의 종류가 제한적이고 효율성도 극대화되어 있지 못하다.

에 있거나, 프리미엄을 받는 대신 위험발생 시 금전지급의무를 기꺼이 부담할 거래상대방을 찾는 것이다. 즉, 날씨파생상품은 상대적으로 엄격한 날씨보험을 보완할 수 있는 장치이다.

날씨파생상품을 도입할 경우에는 현재 판매가 미약한 날씨보험을 대체할 가능성도 상당하다.[87] 시스템을 통해서 다수의 거래상대방에게 날씨파생상품을 판매하면 대규모 날씨변동 또는 기상재해로 인한 위험을 분산할 수 있으며,[88] 다수의 시장참가자에게 투자기회를 제공할 수도 있다. 투기적 거래의 우려가 있을 수 있으나, 날씨파생상품은 헷지를 위한 실수요도 상당할 것이라고 추정되는 바, 주식관련선물, 옵션에 치중되어 투기적 경향이 강한 우리나라 파생상품시장의 실수요 경향도 강화할 수 있을 것이다.

(3) 자본시장법, 보업업법 등 관련 법규의 보완필요성

날씨파생상품의 개발과 날씨파생상품시장의 건전한 발전을 위해서는 관련 법규 정비 및 정책적인 관심이 필요하다. 우리나라의 법체계상 파생상품은 금융투자상품의 일종이므로, 날씨파생상품을 취급하는 것은 원칙적으로 금융투자회사가 수행하는 금융투자업에 해당한다.

그런데 위에서 살펴본 것처럼 날씨파생상품은 그 기능이나 구조가 날씨보험에 극히 유사하다. 따라서 날씨파생상품거래를 활성화하기 위해서는 손해보험회사의 날씨보험에 대한 경험을 활용할 필요가 있다.[89] 이를 위해서는 날씨파생상품을 전문적으로 취급할 수 있는 금융기관 및 이를 뒷받침할 수 있는 관련 법규의 정비가 필요하다. 날씨파생상품의 경우에는 예외규정을 두어서 손해보험사의 날씨파생상품시장에의 참여와 협력방안을 검토할 필요가 있다.

날씨파생상품의 표준화, 거래장소 등 거래방식에 관한 결정도 필요하다. 미국 CME의 날씨파생상품거래에서 보듯이, 표준화된 날씨파생상품의 거래소를 통한 거래는 날씨파생상품시장의 활성화에 커다란 도움이 될 수 있을 것이다. 금융투자회사, 손해보험회사, 거래소가 공동으로 날씨파생상품을 개발하고 이

---

87) 현재 국내의 날씨보험은 이동통신사의 판촉행사, 백화점, 리조트 등의 이벤트 위주의 보험을 담보하는 초보적 단계에 머물러 있는 상태이다. 박환일, 앞의 글, 19면.

88) 미국에서는 날씨보험으로 관리하기 어려운 곡물재배 및 홍수재해를 날씨파생상품을 통해서 훌륭하게 관리하였다. 이는 날씨파생상품이 위험관리를 위한 전형적인 보험장치를 대체하거나 보완하여 대규모 재해의 위험을 관리할 수 있는 중요한 수단이 될 수 있음을 보여준 것이다. ISDA, op. cit., p. 7.

89) 우리나라에서도 날씨파생상품은 보험적 측면에 가깝기 때문에 날씨보험을 전문적으로 취급했던 손해보험사가 주축이 되어 날씨파생상품의 개발 및 거래를 추진하는 것이 효과적이라는 주장이 있다. 박환일, 앞의 글, 33면.

를 거래소에 상장시킬 수 있는 논의도 필요하다고 생각한다.[90]

날씨파생상품의 거래상대방을 제한할 것인지도 문제가 된다. 금융투자회사의 날씨파생상품에 대한 업무범위를 매매, 중개, 자문 어디까지 허용할 것인지에 대해서도 정책적인 판단이 필요하다. 날씨파생상품의 상장시에는 상대적으로 적은 물량에 과도한 거래가 집중될 경우 국내시장을 교란시킬 수 있으므로 청산기관을 거치거나, 감독기관에 대한 대량보유보고제도 등을 통해서 감독을 강화하는 방안도 필요할 것이다.

3. 관계기관의 협력 및 전문인력 양성

(1) 감독기관 및 시장주체 간의 업무협조

감독기관은 날씨파생상품의 개발과 효율적인 규제를 위해서 부서 간에 유기적인 협조체제를 구축하여야 한다. 날씨파생상품은 여러 부서의 업무에 관련되어 있을 것이므로, 각 부서의 전문성을 활용하여 각종 리스크를 상호협조 하에 적극 관리하여야 한다.

파생상품거래에는 다양한 주체가 참여하고 그 이해관계도 얽혀 있기 때문에, 시장활성화를 위해서는 감독당국 이외에도 주요 시장참여자들의 협력이 필수적이다. 청산소 등 인프라 구축에는 은행, 금융투자회사, 보험사, 한국거래소 등 시장 주체들의 의견이 충분히 반영될 수 있는 방안이 포함되어야 할 것이다.

(2) 날씨상품 전문중개인 및 애널리스트의 양성

날씨파생상품시장이 활성화되기 위해서는 전문적이고 효율적인 계약체결 매뉴얼이 필요하고, 날씨시장의 수요와 공급을 연결시켜 거래를 성사시킬 수 있는 중개기관이나 애널리스트의 노력이 필요하다. 전문적이고 효율적인 매뉴얼과 계약업무에 익숙한 변호사 등 전문가의 양성도 요구된다.

(3) 실질적인 연구성과를 위한 TF 구성 등

현재 우리나라 금융회사 및 거래소 등 유관기관에서는, 날씨보험상품 개발과 관련하여 기초적인 수준의 연구 및 조사를 수행하고 있으나 그 진행이 충

---

90) 보험회사의 파생상품시장 참여는 이해관계가 얽혀 쉽게 해소할 수 있는 문제가 아니지만 장외거래를 제한적으로 인가하거나 아니면 신종보험상품의 개발과 판매에 역점을 두어 보험산업의 역량 강화에 우선순위를 두는 방안을 비교하여 진로를 정하는 논의가 있어야 할 것이다.

분치 못하다. 최근의 날씨변동, 이상기후가 기업 등 각종 경제주체의 제품 판매, 수익 등에 미치는 구체적이고 충분한 영향분석이 필요하고, 이에 대한 위험관리방안으로 날씨파생상품 등의 효용성에 대한 실증적인 분석이 필요하다. 필요하다면 감독기관, 금융투자회사, 기업, 학계 등이 실질적으로 참여하는 공동연구를 통해서 가시적인 결과를 이끌어낼 수 있는 실질적인 노력이 필요하다.

제 3 절 기후변화 관련 이사의 책임에 대한 소고*

조현진**

Ⅰ. 서 론

기후변화는 그 실제 여부에 대한 논쟁이 오랜 기간 이루어졌으나, 현재는 이를 인정하는 것을 전제로 그 대응방안에 대한 논의가 이루어지고 있다. 이는 회사에서도 마찬가지이다. 기후변화와 관련이 있는 환경의 변화는 회사가 경영상 전략을 수립하는 데에도 영향을 미치고 있다. 이와 관련하여 본 논문에서는 기후변화 관련 이사의 책임에 대하여 생각해 보고자 한다.

최근 들어 전 세계적으로 회사의 지배구조 개선에 대한 요구가 높아지고 있다. 이는 크게는 엔론 사태와 같은 회사의 대형 회계부정사건이나 천문학적 규모의 임원보수에 대한 월가의 분노에서부터 적게는 다소간의 탈법적 원인으로 인한 상당한 경영 실패사례에 이르기까지의 일련의 사태로 인하여 이사의 의무와 책임에 대한 근본적인 재고를 할 필요성이 지속적으로 제기되고 있기 때문이다. 기후변화는 여기에 새로운 문제를 추가하고 있다.

이사가 그 업무수행으로 인한 결과 여하에 관계없이 회사의 일상적인 업무집행상황에서 이루어진 작위나 부작위에 대하여 대부분의 경우에 개인적인 책임을 지는 일은 거의 없었다고 해도 과언이 아니다. 이는 심지어는 주주들에게 비정상적인 손실을 끼치는 상황이 되는 경우에도 마찬가지이다. 이는 회사의 이사가 업무를 수행함에 있어 책임으로부터 자유롭게 의사결정을 할 수 있도록 함으로써 소신 있는 업무수행을 가능하게 하려는 데 그 이유가 있다.

그러나 기후변화와 관련한 사안에서는 이사회나 경영진이 기존과는 다른 방식으로 업무를 수행할 것을 기대할 수도 있을 것이다. 기후변화의 과학적 불확실성이 점차 줄어드는 상황에서 전 세계적으로 기후변화와 관련한 법과 제도들이 정비되면서, 기후변화 과학의 복잡성, 규제의 불확실성, 상품시장과 금융시장의 반응 예측에 대한 어려움, 지구온난화가 생태계에 미치는 영향의 범위 등의 문제는 이미 이사가 고려해야 할 중요한 사안들이 되었다. 기후변화 문제는 선진국과 개발도상국 모두에 중요한 문제이고, 특히 개발도상국은 경제개발

---

* 이 논문은 부산대학교 법학연구 제54권 제4권에 발표한 것을 수정 · 보완한 것임.

** 연세대학교 법학연구원 연구교수

이라는 문제가 맞물려 있기 때문에 특히나 예민한 문제이다. 그런데 신흥시장과 개별 국가의 법문화의 차이는 회사에 전략적으로 실질적인 영향을 주게 된다. 물론 아직은 기후변화 관련 문제가 구체적인 사안에서 법제화가 되지 않은 상태에서 법원에서 다투기는 어려운 것이 사실이나 점차 제도 안으로 관련 사안들이 흡수될 것으로 보인다. 이는 회사의 주주나 법원이, 기후변화와 관련한 사안에서는 이사회나 경영진이 기존과는 다른 방식으로 업무수행을 할 것을 기대하여, 기존의 회사법적 원리들을 수정하여 적용할 가능성을 보여주는 것이다.

이하에서는 먼저 기후변화와 관련한 문제를 회사의 기회와 위기, 법적인 상황의 변화를 통해 살펴보고자 한다. 다음으로 이사의 의무와 책임 판단에 대한 회사법적 이론을 간단히 검토하면서, 기후변화 문제와 유사한 구조를 가진 미국의 판례 사안을 살펴보기로 한다. 마지막으로 기후변화 문제가 개입된 상황에서 이사의 의무와 책임을 판단하는 데 있어서 이사의 의사결정에 필요한 요소들에 대하여 검토해 보기로 한다. 우리나라에서는 아직 기후변화 관련 이사의 책임에 대한 논의가 없는 것으로 보이므로 본 논문에서는 미국에서의 논의를 중심으로 내용을 전개하였다.

Ⅱ. 기후변화와 기업환경의 변화

1. 기후변화에 대한 논의

기후변화와 그 원인으로 지목되는 지구온난화에 대한 물음은 일찍이 19세기 말에 제기되기 시작하였다. 당시 한 과학자는 산업화로 인한 지구대기의 온실효과를 주장하였으나,[1] 이에 대한 논의가 본격적으로 이루어진 것은 20세기 후반기에 와서이다. 레이첼 카슨의 침묵의 봄[2]과 로마클럽의 성장의 한계[3]는 환경에 대한 관심을 촉발시켰고, 유엔은 이산화탄소가 지구온난화의 주범임을

1) Svante Arrhenius, “On the Influence of Carbonic Acid in the Air upon the Temperature of the Ground”, Philosophical Magazine and Journal of Science, Series 5, Vol. 41, No. 251, April 1896, pp. 237-276.

2) 봄이 되어도 더 이상 새가 지저귀지 않는 마을에서, 신속하고 효과적으로 해충을 박멸하기 위하여 사용되고 있는 DDT로 대표되는 화학물질의 위험성을 경고하고 있다. Rachel Carson, Silent Spring, Riverside Press, 1962 참조.

3) 다양한 국제정치문제를 다루는 로마클럽(Club of Rome)은 1972년 성장의 한계(The Limits to Growth)라는 보고서를 발표하여, 급격한 경제성장과 폭발적인 인구증가의 결과는 파국을 초래할 수 있음을 경고하였다. Donellar H. Meadows et al., The Limits to Growth, Universe Books, 1972 참조.

선언하면서 유엔기후변화기본협약(UN Framework Convention on Climate Change, UNFCCC, 이하 '기후변화협약')과 교토의정서를 채택하기에 이르렀다.[4)]

기후변화에 대한 논의는 지구온난화와 기후변화의 진위 여부에서부터 시작하여, 인위적으로 배출한 이산화탄소가 원인인지 여부, 기후변화가 인류에게 재앙이기만 한 것인지 여부, 현세대가 반드시 기후변화에 대응해야 하는지 여부를 쟁점으로 진행되었다. 기후변화의 진위 여부라는 근본적인 의문이 여전히 완전히 해소된 것은 아니다. 그러나 이에 대한 과학적 불확실성이 점차 줄어들고 있고, IPCC의 보고서[5)]가 꾸준히 기후변화의 위험성을 경고하면서 현재 논의의 방향은 기후변화의 존재를 인정하는 것을 전제로 이에 대한 대응 및 적응 방안을 마련하고, 기후변화의 영향 및 미래에 대한 불확실성을 제거하기 위한 방안에 대한 논의로 전개되고 있다.[6)]

기후변화협약을 전후로 하여 국제사회는 각종 법과 제도를 정비하여 기후변화에 대응하기 위하여 노력하고 있다. 특히 기후변화협약과 교토의정서에 따라 온실가스 감축의무를 부담하는 선진국들은 에너지 효율화, 대체에너지 개발 등을 통하여 온실가스를 감축함으로써 지구온난화의 속도를 늦추기 위한 노력을 경주하고 있다. 그리고 기후변화협약과 교토의정서상의 의무감축국가가 아니면서 세계 최대의 온실가스 배출국가인 중국의 경우에도 태양광이나 풍력 발전 등 재생에너지에 대한 투자를 국가 차원에서 지원하고 있다. 우리나라도 각종 에너지 및 환경관련 법제를 정비하고 있는 상황이다.

그런데 이러한 기후변화로 인한 사회, 경제 및 법적 환경의 변화는 단지 기후변화의 진위 문제로만 설명할 수 있는 것은 아니라고 할 것이다. 기후변화는

---

4) 유엔환경회의(UN Conference on Environment and Development, UNCED)는 1992년 기후변화의 대응방안으로 온실가스를 감축하기 위하여 기후변화협약을 채택하였다. 그러나 이후에도 온실가스의 배출은 감소하지 않았고, 이에 국제사회는 온실가스 감축에 법적 구속력을 부여하기 위하여 1997년 교토의정서를 채택하였다. 현재 OECD 가입국 대부분이 온실가스 감축의무를 부담하고 있고, 교토체제는 2013년부터 제2단계에 진입하였다. 〈http://unfccc.int/2860.php〉 (최종방문일 2013. 9. 21.).

5) IPCC는 현재까지 4차례 보고서를 발간한 바 있다. 1990년 8월의 제1차 보고서는 기후변화협약의 초안을 작성하는 데 영향을 주었고, 1995년 11월의 제2차 보고서는 교토의정서를 채택하는 계기를 제공하였다. 2001년 4월의 제3차 보고서는 마라케시에서 교토의정서의 원칙을 확립하는 데 촉매제 역할을 하였고, 2007년에 발표된 제4차 보고서는 기후변화의 속도와 그 영향에 대한 연구결과가 우려할 만한 것임을 보여주고 있다. 제5차 보고서는 2013년 9월 Working Group I의 보고서가 나온 것을 시작으로 2014년에 나머지 보고서가 발간될 예정이다. 〈http://www.ipcc.ch/publications_and_data/publications_and_data_reports.shtml〉 (최종방문일 2013. 10. 9.).

6) 박환일, "불편한 진실 Revisited", Issue Paper, 삼성경제연구소, 2010. 8. 27, 10면.

단순히 대기 상태의 변경과 이의 유지를 위한 노력만을 의미하는 것이 아니라, 크게는 환경문제에 대한 고려를 의미한다. 즉, 기후변화에 대한 대응 및 적응이란 단순히 대기상태의 온전성을 보전하자는 것뿐만 아니라, 대기를 포함한 전체 환경에 대한 고려를 의미한다고 할 것이다. 산업화 이후 경제수준이 향상되면서 소비가 증가하고, 소비의 증가는 자연자원의 소모를 가중시키는 동시에 환경용량[7]의 한계를 초월하여 이상기후와 자연재해의 증가라는 부작용을 초래하고 있다. 이로 인하여 자연자원의 고갈에 대비하는 대체에너지원의 개발과 환경용량을 넘어서지 않는 범위 내에서의 환경의 이용이 중요하게 되었다. 이는 인식의 전환을 가져오게 되었고, 새로운 패러다임의 등장은 기존의 질서와는 다른 무언가를 요구하고 있는 것이다.

즉, 기존의 개발위주의 사고방식에서 벗어나 환경과 사회, 경제가 조화를 이루는 것을 목표로 하게 되었으며, 기후변화는 환경을 고려하는 개발, 혹은 발전이라는 새로운 패러다임의 상징이라고 할 수 있을 것이다. 따라서 지구온난화의 진위 여부와는 별개로 기후변화로 대변되는 새로운 패러다임은 사회적, 경제적, 법적으로 새로운 환경을 조성하고 있으며, 이는 회사의 입장에서는 위기인 동시에 산업구조의 판도를 바꿀 수 있는 기회로 작용할 수도 있을 것이다. 이하에서는 기후변화와 관련한 경제적, 법적 환경의 변화가 회사에 어떠한 위기와 기회로 작용하는지 검토해 보기로 한다.

2. 경제적 환경의 변화

탄소배출은 지구온난화의 주범으로 꼽히고 있기 때문에 기후변화 패러다임에서 가장 우선시 되는 것이 탄소로 대변되는 온실가스의 배출을 제한하는 것이다. 이는 기존의 소위 굴뚝산업은 직접적인 타격을 받게 되는 한편, 기후변화 관련 기술을 가지고 있는 회사로서는 새로운 도약의 발판이 될 수도 있는 사건이다. 실제로 탄소배출을 제한하면서 태양광이나 풍력과 같은 재생에너지원에 대한 의존도가 높아지고 있는 상황에서 관련회사들이 크게 성장하고 있는 것이 좋은 예이다.

새로운 패러다임에 적극적으로 대처하는 회사 중 하나인 제너럴 일렉트릭(General Electric, GE)은 일찍이 2005년에 에코메지네이션(ecomagination)을 통한 녹색전력(green power)으로의 이전을 공표한 바 있다.[8] 당시 GE는 2010년

7) 환경정책기본법 제3조는 환경용량의 정의를 "일정한 지역에서 환경오염 또는 환경훼손에 대하여 환경이 스스로 수용, 정화 및 복원하여 환경의 질을 유지할 수 있는 한계"로 규정하고 있다.

8) 〈http://www.ge.com/about-us/ecomagination〉 참조 (최종방문일 2013. 10. 8.).

까지 에너지 효율성과 환경 관련 기술에 15억 달러를 투자하겠다고 발표하였다. GE는 유통구조의 최상층부에 있기 때문에 이와 같은 GE의 발표는 회사의 1차적인 부품업체들은 물론이고 관련 산업계 전반에 엄청난 영향을 줄 수 있는 일이었다. GE의 한 기관주주는 이에 대하여 회사의 지구온난화 정책과 관련된 과학적 · 경제적 분석 자료를 요구하였다.[9] 이는 표면적으로는 기후변화 문제에 대한 투명성을 요구한 것이었지만 실제로는 지구온난화에 대한 엄격한 규제를 위한 GE의 활동이 회사의 재무제표에 악영향을 가져올 수 있다는 것을 우려한 것이었다. GE의 이사회는 이에 대하여 에코메지네이션은 고객의 요구에 부응하기 위한 사업전략으로 회사의 운영을 보다 효과적으로 하려는 것이며 궁극적으로 주주의 가치를 증대시키기 위한 것이라고 답변하였다. 이는 GE의 에코메지네이션이 '기후변화정책'의 일환으로 하는 것이 아니며, 인간의 활동으로 기후변화를 완화시킬 수 있다는 기대감에서 회사의 자산을 이용하고 있는 것이 아니라는 의미였다.[10][11] 결과적으로 GE의 에코메지네이션은 대성공을 거두었고, 2011년까지 목표를 초과달성하여 1,050억 달러의 수익이 발생하였다. 특히 풍력발전 부문에서만 300억 달러의 수익을 거두었고, 2010년부터 2015년까지 연구개발에 100억 달러의 투자를 약속하는 한편, 호주와 중국 등과 협력체제를 구축하여 그 범위를 확대해 나가고 있다.[12]

GE와는 달리 포드자동차는 새로운 패러다임에 소극적으로 대처하는 회사 중 하나로, 탄소배출을 저감하기 위한 하이브리드 자동차의 개발에 소극적이었고, 이 와중에 도요다가 하이브리드 자동차인 프리우스를 도입하여 시장을 잠식하는 상황이 발생하였다. 포드의 경영진과 이사회가 구조적으로 이에 관한 정보를 얻지 못하고 있어서 주가가 하락하고 하청업체들이 회복할 수 없는 손

---

9) 〈http://freeenterpriseactionfund.com/release050206.htm〉 참조(최종방문일 2013. 10. 8.).

10) GE Annual Report, Form 10-K, for the Fiscal Year Ended Dec. 31, 2005, p. 50.

11) GE의 연차보고서에는 에코메지네이션이 에너지, 환경, 경제와 관련하여 세계가 직면한 난제들을 해결하기 위한 전략이라고 되어 있다. "Ecomagination is GE's strategy to help tackle the world's biggest energy, environmental and economic challenges", GE, Ecomagination, 2010 Annual Report, General Electric, 2011, p. 16〈http://files.gecompany.com/ecomagination/progress/GE_ecomagination_2010AnnualReport.pdf〉(최종방문일 2013. 10. 8.).

12) 2011년 연차보고서에 따르면, 온실가스 배출은 2004년 대비 29% 감소하고 2010년 이후 물은 13.5%를 절약하였다. 에코메지네이션이 자원의 효율성과 생산성을 증진시키는 것으로 단순한 지속가능성 프로그램 이상의 것이라고 평가하고 있다. GE Ecomagination Report 2011, General Electric, 2012 참조〈http://files.gecompany.com/ecomagination/progress/GE_ecomagination_2011 AnnualReport.pdf〉(최종방문일 2013. 10. 9.).

실을 보게 되더라도 포드 이사회의 부작위는 전통적인 감독의무의 범위 안에서 면책되는 것이다.[13)]

3. 법적 환경의 변화

기후변화는 법적 환경에도 많은 변화를 가져오고 있다. 기후변화협약 이후 각국은 기후변화에 대응하기 위한 법제를 정비하고 있는데, 미국 역시 온실가스 배출을 줄이기 위하여 법과 제도를 정비하고 있다.

미국은 기후변화협약 가입 국가이기는 하나 교토의정서에는 참여하지 않고 있으며, 기본적으로 미국의 기후변화 관련 정책은 자발적인 제도에 중점을 두고 있었다. 미국은 다른 나라와는 달리 기후변화에 대한 대응이나 온실가스 배출감축을 직접적인 목표로 하여 법제를 정비하는 것은 아니다. 에너지 효율성 증진, 연료 절감 등의 차원에서 정책을 입안하고 이러한 과정에서 자연스럽게 온실가스 배출을 줄이고 기후변화에 대응하겠다는 것이 미국의 기본적인 입장이다. 이를 "No Regret" 정책이라 한다.[14)]

자발적인 제도와 부수적인 온실가스 감축효과를 지향하는 미국의 정책적 입장에 변화를 가져오게 된 것이 메사추세츠주와 미국 환경보호청(Environmental Protection Agency, EPA) 간의 소송이다.[15)] 자동차의 배출규제기준 설정에 대한 청원에 대하여 미국의 환경보호청이 이를 거부하자 청원자들이 소송을 제기한 사안이다. 환경보호청의 거부사유는 첫째, 자동차에서 나오는 온실가스는 청정대기법(Clean Air Act, CAA)상 대기오염물질이 아니므로 환경보호청은 이를 규제할 권한이 없다는 것과 둘째, 환경보호청에 규제권한이 있다 하더라도, 기후변화 문제는 과학적으로 불확실하고, 자발적 배출 감축 등의 프로그램으로 대응할 수 있는 문제이므로 직접적으로 규제할 필요가 없다는 것이었다.[16)] 이에 대하여 미국 연방대법원은 온실가스는 환경보호청의 규제대상에 해당하고, 환경보호청의 규칙 제정에 대한 청원거부는 자의적인 것이었다는 판단을 내려

---

13) Jeffrey A. Smith & Matthew Morreale, "The Fiduciary Duties of Officers and Directers", Michael B. Gerrard, ed., Global Climate Change and U.S. Law, American Bar Association, 2008, pp. 518-520.

14) Brent D. Yacobucci and Larry Parker, "Climate Change: Federal Laws and Policies Related to Greenhouse Gas Reductions", Jean-Francois Masson, ed., Climate Change Litigation and Law, Nova Science Publishers, Inc., New York, 2010, pp. 64-82 참조.

15) Massachusetts v. EPA, 549 U.S. 497 (2007).

16) 〈http://yosemite.epa.gov/opa/admpress.nsf/fb36d84bf0a1390c8525701c005e4918/694c8f3b7c16ff6085256d900065fdad!OpenDocument〉(최종방문일 2014. 3. 18.).

원고 측 주장을 받아들였다. 그 결과 오염물질을 배출하는 자들은 환경보호청의 온실가스 배출규제를 용인해야만 하게 되었다.

미국에서 제기된 기후변화 관련 최초의 소송은 American Electric Power Co. v. Connecticut 사건이었다.[17] 뉴욕시와 8개주 등이 동 전력회사가 화석연료를 이용하여 발전을 함으로써 지구온난화에 기여하는 것이 연방 보통법상의 불법행위를 구성한다고 주장한 사안이다. 그러나 이 소송은 후에 제기된 환경보호청 사건이 먼저 결론이 나면서 기각되었다. 환경보호청 사건으로 인하여 이산화탄소의 배출규제권한이 환경보호청에 인정이 되었고, 이는 관련 문제에 대하여 연방이나 주의 제정법이 보통법을 대신하여 규율하게 되었다는 것을 의미하는 것인데, 당해 사건은 보통법을 근거로 하여 제기된 것이므로 주장의 근거가 잘못되었다는 것이 이유였다.

이러한 일련의 사건들을 종합해 볼 때, 이제 미국에서도 온실가스 배출규제나 기후변화 관련 문제를 자발적인 정책에만 의존하게 되지는 않을 것임을 알 수 있다. 실제로 미국에서도 연방법으로 종합기후법안이 발의된 적이 있었고, 주정부나 지역 단위로는 이미 구속력 있는 제도들이 시행되고 있다.[18]

종합기후법안으로는 하원안인 청정에너지안보법안(American Clean Energy and Security Act)과 상원안인 전력법안(American Power Act)이 있다. 두 법안은 청정에너지와 에너지 효율성에 관한 내용과 연방 배출권거래제에 대한 구체적인 내용을 담고 있었다. 왁스만-마키 법안으로 불리는 하원안은 하원을 통과하였으나, 케리-리버만 법안으로 불리는 상원안이 상원을 통과하지 못하면서 최종 입법이 되지는 못하였으나, 두 법안은 여전히 향후 미국 연방기후관련법안의 준거가 될 것으로 보인다.

주정부나 지역 단위의 제도들 중 대표적인 것이 북동부지역온실가스협정(Regional Greenhouse Initiative, RGGI)이다.[19] 이는 북동부 지역 10여개 주정부가 자발적으로 만든 제도로 해당 주의 발전부문을 대상으로 하는 이산화탄소 배출규제제도이다. 교토의정서를 비준하지 않은 미국 내에서 교토의정서를 비준한 것과 동일한 법적 효과를 보이고 있다. 2009년 시행된 동 제도에서는 분기별 경매를 통하여 배출권을 할당하고 경매 대금은 저탄소 산업을 지원하는데 이용하고 있다.

기후변화와 직접적인 관련성이 있는 것은 아니나 미국에서 발생한 환경관련

---

17) AEP v. Connecticut, 564 U.S. (2011).

18) 조현진, 배출권거래제와 자본시장법, 한국학술정보(주), 2013, 115-127면 참조.

19) 〈http://www.rggi.org/〉 참조 (최종방문일 2013. 10. 9.).

사건 중 가장 큰 사건이 바로 종합환경보상대응책임법(Comprehensive Environmental Response, Compensation and Liability Act, CERCLA)의 제정이라고 할 수 있다.[20] 동 법을 제정하게 된 계기는 소위 러브운하(Love Canal) 사건이다.[21] 20세기 초반에 건설이 중지된 폐운하에 매립한 유해폐기물로 인하여 지역 주민들이 피해를 입은 사안에서 폐기물을 매립한 회사는 막대한 손해배상책임을 지게 되었다. 당해 회사는 해당 토지를 매도하면서 사후의 책임면제를 계약조건으로 삼았으나, 결국 도의적인 책임을 지고 막대한 금액을 피해주민들에게 배상하게 되었다. 이는 행위 당시 적법한 작위나 부작위로 인하여 사후에 책임을 지게 될 수 있음을 보여주는 것인데, 우리나라에서도 소급입법이 금지되어 있기는 하나 회사가 도의적인 책임을 도외시하는 경우에는 회사 이미지 제고에도 불리하게 되기 때문에 유사한 상황이 발생할 가능성이 있음을 부인할 수는 없을 것이다.

기후변화가 회사에 미치는 영향은 특히 공개회사의 경우에 기후변화 관련 위험의 공시와 관련하여 크게 나타난다. 앞서 GE의 경우에도 주주가 주주결의안에 회사의 에코메지네이션 관련 정보를 포함시킬 것을 요구한 바 있었다. 기후변화 관련 위험의 평가와 관리에 대한 회사의 입장을 알 수 있는 정보는 주주가 회사가치를 평가하는 데 있어서 핵심적인 자료가 될 수 있다. 이는 이사의 의무와 관련한 내용이기도 하므로 이하에서는 이사의 회사에 대한 의무에 대하여 검토해 보기로 한다.

Ⅲ. 이사의 의무와 책임

1. 이사의 의무

상법상 이사는 선관의무, 충실의무, 감시의무, 비밀유지의무, 경업금지의무, 보고의무, 이사회출석의무 등을 부담한다. 이들 이사의 의무 중에서 선관의무, 충실의무에 대하여 간단히 살펴보기로 한다.

이사는 회사에 대하여 선량한 관리자의 주의의무를 진다(상법 제382조 제2항, 민법 제681조). 따라서 이사는 회사가 이사를 선임한 본지에 따라 선량한 관리

20) 수퍼펀드법이라고도 한다. 주로 석유화학산업 부문으로부터의 세금으로 기금을 조성하여 폐쇄 혹은 방치된 유해폐기물 오염지역을 정화하는 것을 목적으로 한다. 〈http://www.epa.gov/superfund/policy/cercla.htm〉 (최종방문일 2013. 10. 9.).

21) 〈http://www.epa.gov/region2/superfund/npl/lovecanal/〉 (최종방문일 2013. 10. 9.).

자의 주의를 기울여 이사에게 위임된 사무를 처리하여야 한다.

선관의무에 대한 판단은 당해 이사의 개인적인 능력이나 주관적인 사정 등을 참작하지 아니하고, 동등한 지위의 합리적인 자를 기준으로 하여 객관적으로 판단한다. 그러므로 이사의 능력 여하는 선관의무의 이행 여부를 판단하는 데에 고려되지 아니한다.[22] 이는 이사가 회사운영의 주체가 되기 때문에 요구되는 매우 높은 수준의 주의의무라고 할 수 있다. 그러므로 이사의 업무수행은 법령을 준수하는 것은 물론이고 영리단체인 회사의 이익을 극대화하기 위하여 주의를 기울일 의무를 포함한다.[23]

한편 이사는 법령과 정관의 규정에 따라 회사를 위하여 그 직무를 충실하게 수행하여야 한다(상법 제382조의3).

영미법상 신인의무(fiduciary duty)의 내용에 비추어, 우리 상법상 선관의무와 충실의무의 관계에 대하여는 견해가 나뉘고 있다. 먼저 양자를 본질적으로 같은 것으로 보는 견해는 충실의무규정이 주의의무를 부연 설명한 것에 불과하다는 입장인 반면,[24] 양자를 서로 다른 것으로 보는 견해는 충실의무규정이 선관의무와는 다른 영미법상 이사의 충실의무(duty of loyalty)를 규정한 것이라는 입장이다.[25]

충실의무는 주의의무(duty of care)와 함께 영미법상 신인의무의 내용을 이루고 있다. 신인의무는 이사가 회사에 대하여 수탁자 유사의 지위를 갖는다는 사고에서 유래하는 것으로, 판례법으로 발달하여 일부 제정법으로 편입되었다. 이사의 주의의무는 이사가 회사의 업무를 집행하는 데 있어서 "통상의 신중한 자가 유사한 상황에서 행사하는 정도의 주의를 가지고 성실하게 회사에 최선의 이익이라고 믿어지는 방법에 의하여 이사로서의 임무를 수행"하는 것을 의미한다.[26] 그러므로 이사의 주의의무는 객관적으로 유사한 상황에 있는 평균인을 기준으로 하여 판단하게 된다.

이사의 충실의무는 이사가 회사의 업무를 집행하는 데 있어서 "회사에게 가장 유리하도록 성실하게 권한을 행사하여야 하고 회사의 이익과 자기의 이익이 충돌하는 경우에는 항상 회사의 이익을 우선하여야 하고, 자신의 우월적 지위를 이용하여 회사의 이익을 희생시키면서 자기의 이익을 추구하여서는 아

---

22) 임재연, 회사법 Ⅱ, 개정판, 박영사, 2013, 378면.
23) 이철송, 회사법강의, 제21판, 박영사, 2013, 712면.
24) 이철송, 위의 책, 721면; 정찬형, 상법강의(상), 제15판, 박영사, 2012, 958면.
25) 정동윤, 상법(상), 제6판, 법문사, 2012, 628면.
26) 임재연, 미국회사법, 수정판, 박영사, 2004, 304면.

니"된다는 것을 의미한다.[27] 자기거래금지, 회사의 기회유용금지, 경업금지, 내부자거래금지, 지배권 양도금지 등이 이사의 충실의무로부터 파생된 내용들이다.[28]

영미법상 이사의 주의의무 위반 여부에 대한 판단을 하는 데에는 경영판단의 원칙이 적용된다. 즉, 신탁자로서 적절한 주의를 행해야 하는 의무를 위반한 이사의 책임은 첫째, 이사회의 결정으로 손실이 발생한 경우에 당해 결정이 충분한 정보가 없었거나 부주의하게 내려진 경우, 둘째, 적절한 주의를 기울였다면 반드시 손실을 방지했을 수 있었던 상황에서 이사의 사려깊지 못한 실수로 발생한 경우 등의 맥락에서 발생하게 되고, 이는 경영판단의 원칙에 따라 판단된다.[29]

2. 경영판단의 원칙

경영판단의 원칙이란 이사의 경영판단은 이사가 합리적인 정보에 기하여, 회사의 최선의 이익이라고 믿으면서, 성실하게 한 것이라면, 그것이 비록 사후에 잘못된 판단이었다고 판명이 나더라도 이를 신인의무에 위반한 것으로 보지 않는다는 원칙이다. 다만 재량권의 남용, 사기나 위법 또는 이해상반이 있는 경우에는 여기에 해당하지 아니한다.[30]

다시 말해서, 이사는 업무집행을 함에 있어서 회사에 가장 이익이 되는 것이라는 선의와 정직한 믿음에서 가지고 있는 정보에 기초하여 행위를 한 것이라고 추정하게 되는데 이것이 바로 경영판단의 원칙이다. 경영판단의 원칙은 미국 판례법상 발전된 이론으로, 경영판단을 함에 있어서, 당해 이사는 합리적인 정보에 기하여, 성실하게 그리고 회사에 최선의 이익이 되는 것이라고 믿고 당해 행위를 하는 것이라고 추정을 하는 것이다.[31] 따라서 경영판단의 원칙에 따라 이루어진 이사의 결정은 재량의 남용이 없으면 법원에서도 존중해주며, 당해 이사는 법적으로 보호를 받는다. 그러므로 경영판단의 원칙은 자신의 경영능력에 따라 행위를 한 이사에 대한 법적 방어선을 구축하여 이사를 보호하는 역할을 하게 된다.[32]

---

27) 임재연, 위의 책, 330면.
28) 이철송, 앞의 책, 722-724면.
29) In re Abbott Labs, Derivative Shareholders Litigation, 325 F.3d 795, 805, 7th Cir. 2001.
30) 임재연, 회사법 Ⅱ, 449면.
31) Aronson v. Lewis, 473 A.2d 805, 812, Del. 1984.
32) 홍복기, 회사법강의, 제2판, 법문사, 2011, 366-369면.

우리 상법상 경영판단의 원칙 도입 여부에 대한 논의는 여전히 진행 중이다. 다만 대법원은 경영판단을 함에 있어서 통상의 합리적인 임원으로서 그 상황에서 합당한 정보를 가지고 적합한 절차에 따라서 회사의 최대이익을 위하여 신의성실에 따라 판단을 한 것이라면 그 의사결정과정에 현저한 불합리가 없는 한 이는 허용되는 재량의 범위 내의 것으로 보고 있다.[33] 미국의 델라웨어 주 대법원은 디즈니사의 전직 최고경영자에 대하여 제기된 퇴직금 관련 소송에서, 이사가 이해관계가 있거나 독립성이 없고 선의로 행위를 한 것이 아니거나 중과실로 당해 결정에 이른 것이 아니라면 법원은 이러한 결정을 존중할 것이며, 이사가 상당한 주의를 기울였는지 여부는 법원이 판단할 사항이 아니고, 법원은 이사들이 내린 판단에 대하여 그 옳고 그름이나 합리적이었는지 여부를 따지지 않으며, 이사들이 주의를 기울였는지 여부는 절차적인 문제일 뿐이라고 판시한 바 있다.[34]

따라서 이사의 행위는 이사가 독립성, 선의, 합리적으로 구할 수 있는 모든 중요한 사항을 고려하지 못한 데 대한 중과실이 없다면 경영판단의 원칙으로 보호받을 수 있으며,[35] 이사의 행위에 대한 추정은 이사가 신인의무를 해태하였다는 반증으로 번복할 수 있을 뿐이고 이 경우 증명책임은 원고에게 있다.[36]

아래에서는 이사의 업무상 의사결정과 관련하여 기본적인 신인의무와 이사의 책임 판단에 관한 경영판단의 원칙이 적용된 전형적인 사례를 검토하기로 한다.

3. 이사의 책임에 관한 판례

이사의 업무상 의사결정이 심각한 문제를 안고 있는 것으로 판단되는 상황에서 법원이 이사의 의무를 판단하는 방식을 보여주는 전형적인 사안을 살펴보기로 한다.[37] 포드 자동차의 주주들은 주주대표소송(derivative suit)을 제기하여 이사진의 업무수행에 대한 책임을 묻고자 하였다. 당해 사안은 포드사에는 재정적인 충격을 안겨주고, 전 세계적으로 상당한 수의 사상자를 낼 수도 있는 문제에 관한 것이었다.[38]

주주들이 주장하는 쟁점은 세 가지였다. 먼저, 엔진이 과열되거나 가끔은 속

33) 대법원 2002. 6. 14. 선고 2001다52407 판결.
34) Brehm v. Eisner, 746 A.2d 264 n.66, Del. 2000.
35) Ibid.
36) 이철송, 앞의 책, 754-755면 참조.
37) Jeffrey A. Smith & Matthew Morreale, op. cit., pp. 514-516.
38) Salsitz v. Nasser, 208 F.R.D. E.D. Mich. 2002, p. 589.

도를 높이는 경우에도 엔진이 꺼지거나 시동이 걸리지 않는 경우가 있음에도 불구하고, 수년 간 엔진 바로 위에 있는 점화 스위치의 결함에 대한 경영진의 조사가 늦어졌고 분석에도 하자가 있었다. 다음으로, 주주들은 회사의 부품업체와의 관계에 대한 이사진의 감독과 처리방식을 비판하였다. 동 부품업체는 포드사와 아주 오랜 기간 같이 일을 해온 회사로 포드사의 탐사용 차량 대부분의 타이어를 제작하고 있었는데 그 동안 여러 가지 문제가 많았다. 당해 타이어들은 고속에서 접지면이 손실되어 폭발하면서 사상자를 내었다. 마지막으로, 보다 일상적인 회사 경영상 문제로, 포드 경영진은 구리 및 철의 매수에 전문적인 자들을 금속원자재의 매수인으로 지정하여 유동성이 높은 고가의 금속, 특히 팔라듐 거래를 위한 대리상(agent)으로 정하였다. 대리상은 비싼 가격에, 위험분산도 되지 않은 상황에서 매수를 하였고, 이는 상당한 재고의 적재로 이어졌으며 10억 달러의 대손상각을 하는 결과로 이어졌다.

이에 대하여 법원은 포드 이사진에 대한 비난가능성을 부정하면서 원고의 주장을 기각하였다.[39] 먼저 발화스위치와 관련하여, 법원은 당해 조사에 대하여 회사 내부에서 의견의 차이가 있었다는 것과 이사회가 당해 논쟁에 대하여 지속적으로 정보를 얻고 있었다는 것에 주목하였다. 법원은 어떠한 결정이 절차적으로 당해 회사의 최선의 이익을 증진하기 위한 성실한 노력에서 혹은 이성적으로 이루어진 것인 한, 그 결정이 결과적으로 심지어는 어리석고 비이성적인 것으로 판명되었다 하더라도, 중요한 결정에 대한 사후의 분석이 이사의 책임의 근거가 될 수 없다는 기존의 확고한 법리, 즉 경영판단의 원칙을 적용하였다.

부품업체의 타이어와 관련하여 법원은 동일한 방식으로 분석하였다. 법원은 이사회가 포드사와 부품업체와의 관계 및 당해 타이어 문제가 계속 있어 왔고 심각성이 더해가고 있는 것에 관하여 정기적으로 받고 있던 정보를 기초로 하여 사안을 분석하였다. 법원에 의하면, 이사회가 당해 타이어의 안전성 기록을 세부적으로 추적하지 못한 것을 이유로 이들에게 개인적인 책임을 지울 수는 없었다. 당해 문제에 대하여 그들이 상대적으로 무지하다는 것이, 현명하지 못하거나 부주의한 것이라 할지라도, 이를 두고 의식적으로 묵살했다거나 업무상 중과실 정도에 해당하는 것으로 보기에는 부족하다는 것이다.

법원은 팔라듐 사안은 아주 간단하게 처리했다. 법원은 경솔한 부작위를 기준으로 이사회의 부작위를 판단하였다. 동 기준은 확고한 법리에 따라, 합리적

39) Ibid., pp. 591-592.

인 보고 체계가 존재하지 않는다는 것을 알고 있었다는 등의, 이사회가 감독을 하지 않은 데 대한 지속적인 혹은 구조적인 잘못이 있을 것을 요건으로 하고 있다. 팔라듐에 관해서는 매수초보자였던 자들을 통해 이를 매수한 것은 이 정도로 중대한 과실은 아니었던 것이다.

당해 사안은 경영판단의 원칙과 이사의 성실 및 주의의무에 관한 대부분의 법적 기준과는 달리, 일련의 서로 연관성이 없는 경영상 의사결정에 대한 주주의 반응과 관련된 것이었다는 이유에서도 흥미로운 것이었다. 각각의 사건은 재정적으로나 평판에 있어서나 포드사에 손실이 되는 것이었지만, 어느 것도 파국적인 것은 아니었다. 당해 사건에서, 이사회의 감독은 중대한 단일 시점에서가 아니라, 오히려 그 효과가 다양한 서로 다른 경영상황에서 시차를 두고 발생했기 때문에 문제가 되는 것이었다. 그 범위는 회사 직원의 적절한 이용과 훈련에서부터, 위험한 디자인상의 하자에 대한 관리까지, 제3자의 수요에 대응하는 유연성까지 아우르는 것이었다. 델라웨어 법을 적용하는 법원의 입장에서는, 부주의가 있었던 경우에는 이는 용납이 되는 것이었고, 잘못된 선택이 이루어진 경우에는 이는 사후의 관점을 이용하여 법원이 재조사할 수 없는 것이었고, 실질적인 위험의 신호가 명백하게 무시된 경우에는 이사회 수준에서 보유한 지식과 이를 바탕으로 이루어진 논쟁 정도의 수준이라면, 기존의 법적 한계에 따르면 충분한 것이었다.[40]

이사가 감독해야 할 업무분야에서 발생한 당해 사건에 대한 법원의 판단은 회사의 기후변화 정책에 유사한 영향을 줄 수 있는 것이기 때문에 주목할 만하다. 첫째는 기술적 문제의 내부 조사가 지연되었고 부실했다는 주장이다. 이는 전력회사가 발전소의 온실가스 감축 전략을 결정하는 데 있어서 해야 할 것과 다르지 않다. 두 번째는 외부적 요인에 대한 잘못된 분석과 대응이다. 이 사안에서는 한 외주업체가 별도의 문제를 제기하여 회사 자체의 기왕의 불안정한 입지를 악화시켰는데, 이는 분명히 회사의 기후변화 전략과 온실가스 배출에 대한 지역적 규제의 복잡한 영향에 비견할 만한 것이다. 마지막으로, 금속거래 전략을 평가하고 집행하기 위하여 자격미달인 피용자를 이용한 것에 대하여 논하고 있다. 이는 탄소배출 감축이 당면과제인 회사가 필요한 기량을 갖추지 않은 피용자에게 기술적 평가를 위탁하고 있는 것과 마찬가지이다.[41]

40) Jeffrey A. Smith & Matthew Morreale, op. cit., p. 516.
41) Ibid., p. 516.

Ⅳ. 기후변화 관련 의사결정과 이사의 책임의 관계

1. 기후변화 관련 이사의 책임에 대한 논의

기후변화 문제에 직면한 이사의 책임과 의무에 대한 논의는 세 가지로 이루어지고 있다. 첫 번째 견해는 전통적인 신인의무는 회사의 소유권이 소수의 주주에게 귀속되어 있고, 회사의 경영권은 더 제한된 범위의 이사들에게 귀속되어 있는 데에서 파생하는 것인데, 회사가 기후변화와 같은 전 세계적인 위기상황에 일조하고 있는 경우에는 신인의무를 그대로 적용하는 것은 시대에 뒤떨어지고 부적절하고 때로는 위험하기까지 한 것이라고 주장한다.[42]

다른 견해는 이와 상반되는 입장에서 공개회사를 경영하는 데 있어서 소유권을 일반화하려는 시도는, 그것이 위임장을 통해서이든 이사의 책임과 의무에 대한 기본적인 원칙의 변경을 통해서이든, 시장의 변화에 자유롭게 적응하는 회사의 능력에 대한 도전이라고 주장한다. 이 견해에 의하면 회사의 구성원의 범위를 확장하는 것은 회사의 사회적 책임, 지배구조의 투명성, 환경 문제 등과 마찬가지로 단일 회사가 통제할 권한과 의무를 넘어서는 전형적인 문제이다.[43]

세 번째 견해는 중간적인 입장으로, 기후변화 문제에 본질적인 특수성이 있다는 것을 확신하지 못하고 있으며, 이에 따라 자연히 기후변화와 관련한 명백한 내외부적인 사업상 문제들에 대한 경영진의 대응방안을 지배구조의 견지에서 기존의 법리에 따라 사안별로 판단하는 것이 합리적이라고 주장한다.[44]

이러한 견해의 차이는 기후변화 문제에 대한 시각의 차이와도 관련이 있을 수 있다. 기후변화 문제를 특수한 사안으로 간주하는 경우에는 이사의 의무와 책임이 가중되는 요소가 발생한 것으로 보게 되는 한편, 기후변화 문제를 새로운 경영상 요소가 발생한 정도로 보는 경우에는 기존의 법리로 판단하면 족한 것으로 보게 될 것이다. 여기서 중요한 것은 기후변화 문제를 이사가 의사결정

---

42) Business for Social Responsibility, "The Stakeholder Fiduciary: CSR, Governance and the Future of Boards", April 2006 〈https://bsr.org/reports/BSR_AW_Corporate-Boards.pdf〉(최종방문일 2013. 10. 10.).

43) Martin J. Lipton, "Twenty-Five Years After Takeover Bids in the Target's Boardroom: Old Battles, New Attacks and the Continuing War", Business Law, Vol. 60, 2005, pp. 1369-1370.

44) The Honorable E. Norman Veasey, A Perspective on Liability Risks to Directors in Light of Current Events, Annual Audit Committee Issues Conference Keynote Speech, 1486 PLI/Corp., May 2005, pp. 1232-1233.

을 하는 데 필수적인 요소로 고려해야 한다는 것은 거의 부인할 수 없다는 것이다. 그리고 이사가 의사결정을 하는데 참고로 하는 정보의 범위에는 기후변화와 관련한 위험 관리에 대한 내용이 포함되어야만 할 것이다.[45)]

2. 기후변화 관련 위험 관리

이사의 의무는 결국 주어진 정보로 최대한의 합리적인 결정을 해야 한다는 것으로 요약할 수 있을 것이다. 이렇게 보았을 때 기후변화 관련 이사의 의무를 제대로 수행하기 위해서는 기후변화와 관련한 충분한 정보를 이사가 보유하고 있어야 한다는 의미가 된다. 그런데 기후변화 관련 정보는 기존에 경영상 판단을 위하여 필요했던 정보들과는 다른 독특한 성질을 가지고 있는 내용에 대한 정보가 압도적으로 많을 것이다. 예를 들어 기후변화 과학, 홍수 · 가뭄 · 태풍 등 관련된 사실적 문제들, 온실가스 감축 관련 국내외적 동향과 이로 인한 규제환경의 불확실성, 온실가스 배출 감축 비용 등을 고려하여 기후변화의 저감과 적응을 위한 대응방안을 마련하는 시점과 이를 시행하는 시기 등을 결정해야 하는데, 여기서 고려되는 요소들은 기존에 경영상 판단을 하는 데에는 중요하게 여기지 않은 것들이었다. 기후변화 대응 문제는 시기와 방안이 문제되기도 하지만 그 이전에 대응 여부를 결정하는 데에도 관련 정보가 핵심적인 역할을 할 수 있다. 그러므로 이사는 기후변화 관련 위기를 평가하고 이를 관리하는 체계를 구축하고 또한 충분히 활용하여야만 한다.

회사가 위험을 평가하고 관리하는 것은 경영상 필수적인 요소이다. 기후변화 관련 위험을 평가하고 관리하는 것도 마찬가지라 할 것이다. 기후변화와 관련한 위기를 관리하기 위하여 회사는 온실가스 배출이력을 평가하고 기후변화의 영향과 관련한 위기와 기회를 평가한 다음, 대응방안의 평가 후 목표를 설정하는 방식으로 회사의 기후변화 전략을 수립하여, 내부적으로 재정 메커니즘을 관리하고 외부적으로 회사의 기후변화 전략을 공표하는 등 대외적인 관계를 관리하여야 할 것이다.[46)47)]

회사의 기후변화 관련 위험은 앞서 말한바와 마찬가지로 규제적인 위험과 규제외적인 위험으로 나눌 수 있다. 규제외적인 위험은 기후변화가 회사의 경영상 환경에 가져올 위기와 기회를 말하는데, 날씨 관련 사고들로 인한 직접적

45) Jeffrey A. Smith & Matthew Morreale, op. cit., pp. 516-518.

46) Perry E. Wallace, “Climate Change, Corporate Strategy, and Corporate Law Duties”, Wake Forest Law Review, Vol. 44, No. 3, 2009, pp. 758-759.

47) Andrew J. Hoffman, Carbon Strategies, Pew Center, 2007.

인 피해로부터 패러다임의 변화로 인한 산업 환경의 변화에 이르기까지 회사는 모든 위험을 평가하고 관련 기술과 장비를 구비하여 위험을 관리하여야 할 것이다. 규제적인 위험은 에너지 효율성 규제 등 기존의 법적 규제뿐만 아니라 배출권거래제나 탄소세 등 새로운 시장기반 유인방식의 규제에 이르기까지를 포괄한다. 또한 우리나라에서는 아직은 기후변화 관련 소송은 제기된 바 없지만 앞으로는 이에 대한 대비도 해야 할 것이다.[48]

기후변화 관련 위험을 평가 및 관리하기 위하여 이사회 내 위원회의 하나로 기후변화 위험관리위원회를 두고 모든 회사의 경영상 의사결정을 함에 있어서 위원회의 의견을 듣는 시스템을 구축하는 것도 한 가지 방안이 될 수 있을 것이다. 즉 회사 내에 기후변화 전담위원회를 설치하여 이로 하여금 기후변화 관련 모든 정보를 수집, 평가하여 관리하도록 함으로써 이사는 동 위원회에서 정보를 취득하고 이에 따라 경영상 의사결정을 할 수 있도록 하는 것이다. 현재 온실가스 배출을 제한하는 국제적인 추세에 따라 각 회사 내에 있는 관련 부서에서 산발적으로 해당 업무를 하고 있겠으나, 이사에게 이들 정보가 모두 보고된다는 보장이 없고, 이사가 관련 부서로부터 일일이 보고를 받는 것도 번거로운 일이다. 따라서 관련 정보를 전담 위원회에서 취합하여 이사에게 보고를 한다면 업무의 효율성 측면에서도 바람직한 일이 될 것이다.

3. 이사의 책임의 강화 여부

기후변화 관련 의사결정은 정치, 경제, 과학, 심지어는 사실적인 문제에 이르기까지 모두 고려하게 된다. 이러한 요소들은 사실 지금까지 경영상 재량의 주요요소로서 그 동안 판례를 생성해냈던 경영상 의사결정에서는 전혀 고려하지 않던 사항들이었다. 기후변화의 기초가 되는 과학의 복잡성, 규제의 불확실성, 특정 회사나 산업에 대한 파급효과 예측의 곤란성 등은 이사가 합리적인 정보에 기해서 경영상 결정을 함에 있어서 스스로 알아내야 하는 정보의 범위에 대한 의문을 생기게 한다. 이사의 의무를 '환경에 대한 책무'라든가 '공공재의 관리'와 같은 의미로 사용하는 자들은 기존의 법리와는 상반되는 방식으로 결과지향적인 결론을 내고자 한다. 즉 경영판단의 원칙에 따르면, 법원은 어떠한 결정의 시비를 가리기보다는 절차의 온전함을 따지게 되는데, 이와 달리 이

48) 환경보호와 관련하여 도롱뇽을 원고로 하여 소송이 제기되어 도롱뇽의 원고적격이 부정된 사례가 있었다. 민중소송이 인정되지 않는 우리 소송법상 당연한 결과이겠으나, 이것이 기후변화 관련한 소송제기의 가능성에 대한 고려를 할 때 시사하는 바가 크다고 할 것이다. 대법원 2006.6.2. 선고 2004마1148 · 1149 병합 결정 참조.

사의 결정으로 이루어진 행위의 시비를 가리자는 것이다.[49)]

기후변화는 또한 일상적인 업무상 문제들에 적용되는 것보다는 엄격한 기준으로 이사회의 행위를 판단할 것을 요구하는 요소들을 내포하고 있다. 회사의 행위는 지엽적인 것으로 보일 수 있지만, 당해 결정의 영향은 경제적으로 그리고 환경적으로 지구의 장래에 기여하게 되기 때문이다. 한편 이사들은 기후변화와 관련된 지식을 충분히 가지고 있지 않기 때문에 전문가의 의견을 듣는 것 역시 중요하다.

그러나 회사나 심지어는 사회 혹은 생태계의 붕괴라는 결과로 이어질 수도 있는 기후변화 등 외부적 요소로부터의 위협은, 그 결과의 참혹성과는 별개로, 현재로서는 법원이 경영판단의 원칙을 적용함에 있어 기존의 법리보다 엄격한 조사를 이행할 것을 요구할 수 있는 것은 아니라고 할 것이다. 앞서 살펴본 사례의 경우와 마찬가지로 이사의 경영상 의사결정은 그것이 합리적인 범위 내에서 이루어진 것인 한 이사에게 개인적인 책임을 부담시키는 데에는 상당한 어려움이 따르는 것이 사실이기 때문이다. 이는 회사의 존속이라는 측면에서도 그러하다.

한편, 이사의 충실의무는 그들이 자신의 지위를 이용하여 사적인 이익을 도모하는 것을 허용하지 아니한다.[50)] 이러한 충실의무가 기후변화에 대하여도 동일하게 적용되지는 않는다 하더라도 이사회는 회사에 관하여 적절한 정보를 취득할 것이 요구되고, 이를 하지 못하는 경우에는 이사의 책임면제를 판단하는 데 영향을 미치게 될 것이다.[51)]

이사의 개인적 책임과 관련하여 델라웨어주 대법원의 Van Gorkom 사건에 대한 판단 이후에 델라웨어 일반회사법(Delaware General Corporate Law)에는 회사의 원시정관에 신인의무의 위반으로 인한 금전적 손해에 대하여 이사의 개인적 책임을 면제할 수 있도록 허용하는 조항이 신설되었다. 다만 이사가 회사나 주주에 대한 충실의무를 위반한 경우, 신의성실의 원칙 위반이나 고의의 위법행위를 한 경우, 불법적인 배당금 지급이나 주식 취득 혹은 상환을 한 경우(s.174), 부당한 이득을 취한 거래를 한 경우 등에는 책임이 면제되지 않는다(s.102(b)(7)).

또한 회사는 이사나 임원의 행위가 충실의무, 자기거래, 형법 등을 위반한 경우가 아니라면 모든 행위에 대하여 회사의 정관으로 면책할 수 있게 되었다

49) Jeffrey A. Smith & Matthew Morreale, op. cit., pp. 500-502.
50) Guth v. Loft, 5 A.2d 503, 510, Del. Ch. 1939.
51) Jeffrey A. Smith & Matthew Morreale, op. cit., p. 504.

(s.145).

우리 상법은 고의 또는 과실로 법령 또는 정관에 위반한 행위를 하거나 그 임무를 게을리한 때에는 이사가 책임을 지도록 하고 있다(제399조). 여기서 임무를 게을리한 때란 선량한 관리자의 주의의무를 다하지 않은 것이고, 이는 영리단체의 경영관리자로서의 주의로 업무의 적법성, 합리성, 효율성에까지 미친다.[52]

이사의 행위가 경영판단의 재량 범위 내에서 이루어진 것이라면 이사의 책임을 묻는 것이 곤란한데, 여기서 경영판단의 재량 범위 내라는 것은 기후변화와 관련한 적절한 정보와 합리적인 판단에 기한 것이어야 하고, 그 정보는 위험의 평가와 관리가 충분히 이루어진 상태에서 주어진 것이어야 한다.

V. 결 론

기후변화 문제는 그 규제적 환경의 불확실성, 탄소배출 감축환경에 대한 적응비용, 기후변화에 대한 대응 시점 등 복잡한 문제를 안고 있다. 이런 상황에서 이사가 회사의 기후변화 전략으로 선택하는 것은 그것이 어떠한 형태로 나타나든 신중한 선택이 될 것이다. 그리고 이는 분명히 경영판단의 원칙으로, 혹은 경영상 재량범위 내의 것으로 인정되어 방어하는 것이 가능하다는 것을 강력하게 시사한다. 오히려 실제로는 정작 신중하지 못한 결정이라 하더라도 이러한 결정은 경영판단의 원칙에 따라 방어할 수 있을 것으로 보인다. 예를 들어 철강회사가 기후변화와 관련한 어떠한 정책을 위하여 자금을 지출하기로 약속하였는데, 이것이 사후에 불필요한 것으로 증명된다거나, 아니면 온실가스 배출을 감축하기 위하여 설비를 보강하는 데 너무 오랜 시간이 걸린다거나, 배출권거래제가 시행되는 경우에 배출권 크레딧에 지나치게 많은 프리미엄을 지불해야 한다거나 하는 등이다.

기후변화 문제가 선관의무나 충실의무 그리고 경영판단의 원칙 등 이사의 경영상 특권의 대부분을 규율하는 기본적인 법리를 근본적으로 바꾸어 놓을 수는 없을 것이다. 그러나 합리적으로 이용가능한 중요한 정보라는 관점에서 보았을 때, 이사가 회사의 업무를 감시하고 제공된 정보에 기초하여 결정을 하는 데 있어서 고려해야 할 사항이 새로운 국면을 맞이했다는 것을 알 수 있다. 즉, 신중한 이사회는 새로운 기후변화 과학에 대한 이해, 자신들이 관여하고

52) 이철송, 앞의 책, 750-753면.

있는 사업과 과학적 발견의 연관성, 중요한 이해관계자와의 관계에서의 회사의 기후변화 관련 공식적인 입장, 주주의 이해와 기후변화로 직 · 간접적으로 나타나는 사업기회 및 위험에 대한 이사회의 대응방안, 회사의 자본시장에서의 성과들에 대하여 지금까지와는 다른 보다 강화된 주의를 기울여야만 할 것이다.

회사의 기후변화에 대한 대응이 경영진과 회사의 관리업무가 되는 한에서는, 이사는 경영진이 회사의 수익을 극대화하고, 경제적 위기를 줄이면서 회사의 명성을 보전하거나 증진시켜 왔다는 것을 확신하는 데에 있어서 점차적으로 주의를 해야 할 유인을 갖게 되었다. 또한 주주에게 부담하고 있는 주의의무나 충실의무를 수행하고, 자본시장에서 효과적으로 회사의 입지를 결정하는데 있어서, 이사는 그들의 행위가 시장의 기준과 과학적 및 상업적 실재로서 기후변화에 대한 합리적인 일반인의 인식수준에서 단기간에 중요한 사항이 될 전망이며, 기존의 일상적인 업무수행과정에서 경영판단의 원칙에 따라 보호되던 바와는 다른 판단을 받을 수도 있다는 것을 인식해야만 할 것이다.[53]

즉, 기후변화에 관련된 회사의 의사결정은 예상할 수 없을 정도로 넓은 범위에서 엄청난 효과를 나타낼 수 있다. 따라서 이사의 선관의무와 경영판단의 원칙이 이러한 경우에도 동일하게 적용이 된다하더라도 그 원칙의 적용기준이나 내용에 있어서는 종전과는 다른 판단이 가능할 수도 있을 것이다.

회사의 지배구조 문제와 기후변화 문제는 우리나라에서 아직 연구된 바가 없는 것으로 보인다. 본 논문은 기후변화와 관련한 이사의 책임에 대한 문제를 생각해 보는 기회를 제공하고자 하였다. 그런데 국내에 관련 논의가 없는 상황에서 미국에서의 논의를 기초로 하여 내용을 전개하는 과정이 다소 산만하고 중언부언하고 있어, 차후 이에 대한 연구를 지속적으로 진행하여 좀 더 깊이 있고 정리된 생각을 다시 발표할 수 있기를 바란다.

53) Jeffrey A. Smith & Matthew Morreale, op. cit., pp. 528-529.

제 4 장

기후변화 적응 향상을 위한 전제로서의 환경정의

제 1 절 환경정의 개념의 외연과 내포 -헌법해석론 및 환경법적 함의*

이덕연**

I. 개요 및 문제의 제기

환경적 편익과 부담의 공정한 배분을 요구하는 환경정의의 명제는 1980년대부터 미국을 중심으로 하여 사회운동의 차원에서 원주민과 African-American 등 사회적 약자집단의 권익향상을 비롯한 다양한 민권운동과 풀뿌리 환경운동의 슬로건으로 주목되었다.[1] 특히 1990년대 초반 이후 소수민족과 빈곤층이 거주하는 지역이 환경위험을 과잉 부담하고 환경편익으로부터 소외되는 불평등 문제와 관련하여 법 및 정치 · 사회적 이슈로 부각되기 시작하였다.[2] 인종이나 계층 등 정치 · 경제 · 사회적 조건들을 고려하지 않고 중립적으로, 오로지 자연환경의 보호 자체에만 초점을 맞추었던 종래의 환경운동의 이념 및 목표와 상충되는 것으로 인식되는 등 개념과 운동노선상의 혼란이 빚어지기도 했다. 하지만 오늘날에는 적어도 인종주의적인 관점은 넘어서는 포괄적인 개념으로 정립되었고 또한 '환경보호주의'(environmentalism)와도 이념적으로 상충되지 아니하고 전략적인 목표에서는 상호 보완의 관계에 있는 것으로 이해되고 있다.[3]

---

* 이 논문은 환경법연구 35권 2호(2013)에 발표된 논문임.

** 법학박사, 연세대학교 법학전문대학원 교수

1) 미국에서 환경정의운동이 사회적 이슈로 부각된 것은 North Carolina의 Warren County 매립장의 폐기물매립에 대한 시민불복종 운동의 과정에서 500여명이 체포되었던 1982년부터였다. 이에 관해서는 Dale Jamieson, "Justice: The Heart of Environmentalism", in: R. Sandler/Ph. C. Pezzullo (ed.), Environmental Justice and Environmentalism-The Social Justice Challenge to the Environmental Movement, MIT Press, 2007, p. 88.

2) Thomas Lambert, Christopher Boerner, "Environmental Inequity: Economic Causes, Economic Solutions", Yale Journal on Regulation, Vol. 14, No. 1, 1997, pp. 195-234. 미국에서 환경정의운동과 환경정의 개념의 발전 및 제도적 수용의 과정과 현황에 관해서는 김은주, "공생발전을 위한 이론적 토대, 환경정의론 - 미국에서의 이론과 법제도를 중심으로", 공법연구, 제41집 제3호, 2013, 319-323면.

3) 환경정의론의 이념적 통합의 흐름은 '물질만능주의의 극복'과 '정신문화의 창달', '과학기술의 환경친화성 증진' 등과 함께 '환경정의의 추구'의 원칙을 천명한 「환경윤리에 관한 서울 선언문」(1997년 6월 5일)에서 잘 드러난 바 있다. 동 선언문은 세계환경의 날 제25주년을

주지하는 바와 같이 이른바 개발과 자연보전이 무조건적으로 상호배척의 구도로 주어지는 양자택일의 대안이 아니라 적정한 절충과 조화의 대상으로 인식되고 또한 구체적인 실천의 전략에서는 여전히 차이가 적지 아니하지만, 이 절충과 조화의 과정 속에서 인간중심의 사회정의와 함께 또는 이를 넘어서서 생태계 전체의 차원에서 인간과 자연의 상호인정(認定)과 공생(co-life)을 요구하는 환경친화의 명제는 더 이상 단순히 분파적인 진보적인 사회운동 차원의 강령에 그치지 않는다. 이미 견고한 인식론 및 존재론적 기반을 갖춘 '본원적 당위의 명제'[4]로 설정되어 있고 또한 상당한 정도로 숙성된 환경법이념 및 원칙으로 정착되었다.

생태철학(ecosophy)[5]과 심층생태주의(deep ecology)[6]의 인식이 그 지평을 확

기념하여 개최된 '세계환경지도자 서울원탁회의'에서 채택되었고, UN환경계획(UNEP) 사무총장이 선언하였다: 『지구는 인간을 비롯한 모든 생명체의 삶의 터전이다. 따라서 지구환경을 이용함으로써 얻어지는 혜택과 그에 따르는 책임은 지구공동체의 모든 구성원에게 공평하게 나누어져야 한다. 특히 국제사회는 개발로 얻는 사회적 · 경제적 이익을 국가와 민족, 그리고 세대 간에 최대한 공평하게 분배하고, 그에 따르는 부담이 편중되지 않도록 더욱 노력해야 한다. 환경윤리의 모색에서, 우리는 어느 누구에게나 온전한 환경을 누릴 권리와 번영을 추구할 권리가 있음을 인정하고 이를 존중해야 한다. 아울러 환경오염의 영향은 누적적이고 장기적임에 비추어. 철저한 사전예방조치로 미래세대의 환경권을 보호해야 할 의무를 지고 있다.』 최병두, 비판적 생태학과 환경정의, 한울, 2010, 17-18면에서 재인용함.

4) 물리학자이면서 '온생명'의 화두를 쥐고 생태적 과학철학을 탐구해 온 장회익은 "인류문명은 한 단계의 커다란 정신적 도약을 이루어내지 않으면 안 될 상황에 놓여 있다"고 단언하고, 시급한 실천의 지침으로 '기존 가치 이념에 대한 철저한 비판적 검토와 새 가치 이념에 대한 필요성의 분명한 자각', '과학적 지식의 균형잡힌 추구와 정리 및 보급'과 함께 '인류사회의 모든 계층에서 합의할 수 있는 본원적 명제의 설정'을 제시하면서, 종래 윤리규범의 바탕이 되어 온 전통적 가치와 이념은 이러한 '본원적 당위의 원칙' 아래 재검토되어야 하며, 특히 과학기술의 대규모 활용과 관계되는 모든 산업계획은 새로운 가치와 이념에 입각하여 비판적으로 검토된 후에 시행되어야 한다는 점을 강조한다. 과학과 메타과학, 현암사, 2012, 13면, 368-370면.

5) 영미권에서는 '생태철학' 대신에 '환경철학'이라는 용어가 일반적으로 사용되고 있지만, 대체로 '반응용윤리'의 인식틀, 즉, 후술하는 바와 같이 '인간중심주의'의 극복을 통한 인간과 자연의 조화라는 지향점과, 전통적인 형이상학적 전제와 그에 따른 도덕이론과의 단절을 주문하는 철학적 입장에서는 차이가 없다. 이에 관해서는 구승회, 생태철학과 환경윤리, 동국대학교출판부, 2001, 236면. 현대의 생태철학의 개념이 서양에서 유래된 것이기는 하지만, 그 바탕인 세계관과 생명관은 오히려 동양 또는 우리의 전통적인 사상과 정서에 더 가깝다고 할 수 있다. 이러한 점에서 우리의 독창적인 과학문화를 정립해나가야 한다는 학문론적 전제 하에 기존의 생명개념, 즉 하나하나의 개별 생명체들에 대한 경험을 통해서 이들이 지닌 공통점을 추상하여 정립한 생명개념과는 그 내포와 외연이 크게 다른 이른바 '온생명'(global life)이라는 개념을 통해 제시된 새로운 생명관은 시사하는 바가 매우 크다. 장회익, 삶과 온생명, 솔, 1998, 167-218면. 자연과학적 성찰을 토대로 하여 생태철학을 체계화하고 구체적인 생태윤리의 실행프로그램을 마련하는 데는 뒤처졌지만, 우리의 전통적

대하여 나감에 따라 환경법 및 정책을 포함한 환경 관련 담론의 공용어로 자리를 잡은 환경정의는 다분히 규범적이고 윤리적인 개념이고, 또한 그렇기 때문에 "매우 이데올로기적인 개념"이다.[7] 환경정의의 개념에는 도덕적 가치나 정치적 이상이 이념으로 함축되어 있고, 구체적인 목표와 실천의 방향과 구체적인 프로그램은 다르지만[8] 이 이념을 공유하는 모든 개인과 집단들은 "자신의 주장을 윤리적으로 의미 있는 것", 즉 당위적인 것이라는 인식공유의 폭과 깊이를 더하고자 하고, 궁극적으로는 이를 환경법제와 정책에 반영시키기 위하여 자신들의 주장을 이데올로기적으로 정당화시키는데 관심을 갖기 때문이다.[9]

환경정의는 대체로 광협의 두 가지 개념으로 구별된다. 우선 광의의 개념은 일종의 문화적 명제로서 "지속가능한 발전과 환경의 안전성 및 생산성에 대한 확신을 가질 수 있는 삶의 조건을 뒷받침하며, 분배적 정의가 우선하는 지역사회를 지지하는 제도적 정책, 결정 및 문화적 형태"[10]로 정의된다. 협의의 환경정의는 환경재(가치)의 배분에 특유한 평등원칙, 말하자면 환경적 편익과 부담의 정당한 배분에 대한 준거로 제시되는 이른바 '공정한 대우'(fair treatment)[11]의 원칙으로 파악된다. 그 핵심은 개발정책을 비롯한 모든 환경(규제)정책의 기획과 집행, 환경법의 입법과 집행, 강제, 특히 환경영향평가 단계에서 인종과 피부색, 출신국가 또는 소득 등과 무관하게 모든 사람들이 공정한 취급

인 정신·문화적 토대가 근본적으로 생태철학의 세계관과 가치관, 그리고 생태윤리와 맥락을 같이 한다는 점에서 적어도 근원적인 철학과 사상 및 정서의 잠재력에서 뒤질 것이 없다고 여겨진다. 정신적 조건과 관련하여 이원적인 세계관과 방법론을 가진 서양에서는 의식의 혁명, 즉 인식패러다임의 변화가 필요하지만, 우리의 경우에는 잠시 잊었던 문화적 기억과 그 속에 담긴 잠재인자를 되살리기만 하면 된다.

6) 생태철학을 토대로 하는 생태주의는 크게 '심층생태주의'와 '사회적 생태주의'(social ecology) 및 '여성주의적 생태주의'(feminist ecology) 또는 생태여성주의(ecofeminism)로 대별되는데, 이 세 가지 입장들은 서로 경쟁관계에 있기보다는 생태주의의 패러다임에서 중요한 측면들을 상이한 시각에서 접근하는 것으로 이해된다. Fritjof Capra, The Web of Life, Anchor Books, 1997, 8면. 생태철학과 심층생태주의 및 생태윤리에 관해서는 아래 Ⅲ장에서 상론함.

7) 최병두, 앞의 책, 7-8면.

8) 환경정의에 관한 연구동향과 다양한 이론유형들에 관해서는 위의 책, 29-38면.

9) 위의 책, 8면.

10) Bunyan Bryant, Issues and Potential and Solutions for Environmental Justice, An Overview, in: B. Bryant(ed.), Environmental Justice, California Island Press, 1996, p. 5.

11) A. Ramo, "Environmental Justice as an essential Tool in Environmental Review Statutes: A New Look at Federal Policies and Civil Rights Protections and California's recent Initiatives", Hastings West-Northwest Journal of Environmental Law & Policy, Winter 2013, p. 45 이하.

되어야 하고 또한 정책결정의 전 과정에 관련 당사자들의 실질적인 참여가 보장되어야 한다는 요청이다.[12)]

후자의 협의의 환경정의 개념이 구체적으로 환경정책과 법제에 수용된 가장 결정적인 계기는 미국의 Clinton 전 대통령이 발령한 방대한 내용의 행정명령 제12898호(Executive Order, 1994. 2. 11)라고 할 수 있다. 그 핵심 내용은 모든 연방기관에게 소수집단과 저소득계층에 대한 환경영향과 관련된 데이터를 수집하고, 이를 토대로 하여 실행가능하고 또한 법상 허용되는 최대한의 범위에서 환경평등을 실현할 수 있는 정책을 수립할 것을 지시하는 것이었다.[13)] 동 행정명령은 일면 중요한 사회적 현안으로서 환경정의문제에 관한 정치적, 정책적 결단이었지만, 타면 강력하게 착근된 환경운동의 성장세가 반영된 것인 동시에 1992년 선거 당시에 자신을 지지하였던 민권운동집단의 로비에 따른 정략적 수용의 산물이기도 하였다.[14)] 하지만 동 명령 제6-609조는 동 명령이 행정부의 내부적 규율을 개선하기 위한 것일 뿐이지 국가 및 행정기관 등에 대한 당사자의 실체적, 절차적 권리와 책임을 인정하기 위한 것이 아니라는 것, 즉 법규적 효력을 갖지 않는다는 점을 분명하게 규정하고 있다. 말하자면 원칙적으로 대외적 구속력이 부인되는 행정규칙 성격의 재량준칙 또는 내부법적 지침일 뿐이라는 의미다. 또한 그 후 환경정의를 수용 및 반영한 이론과 제도가 지속적으로 발전되어왔지만, 환경정의의 규범적 효력, 특히 재판규범으로서 효력은 아직 미지수로 남아 있다. 특히 행정작용과 관련하여 환경정의는 법적 논거로서보다는 다분히 정치적, 경제적 쟁점으로 제기되고 있는 바, 헌법재판을 비롯한 소송실무상 직접 구속력 있는 통제 및 준거규범으로서 효력, 특히 평등원칙 위반을 이유로 하는 위헌 주장의 논거로서 독자적인 효용은 미흡하고, 불명확한 것이 현실이다.[15)]

---

12) 미국 환경청(EPA)도 유사한 내용으로 환경정의의 개념을 규정하고 있다. 이에 관해서 상세한 내용은 김은주, 앞의 글, 320-321면. 이 개념은 환경법에 의한 평등한 보호를 의미하는 이른바 '환경평등', 예컨대 Peter S. Wenz가 정의한 환경정의와 다르지 아니하다: "환경정의는 우선 배분적 정의의 문제로서, 인간의 욕구나 수요에 비해서 편익은 희소한데 부담은 과대하게 존재하는 세계에서 편익과 부담을 (정당하게: 필자 부기) 배분하는 방법에 관한 이론이다.", Environmental Justice, State University of New York Press, 1988, pp. xi-xii. 토다 키요시, 김원식(역), 환경정의를 위하여, 창작과 비평사, 1996, 299면에서 재인용.

13) Bradford C. Mank, Executive Order 12,898, in: M. B. Gerrard/Sh. R. Foster(ed.), The Law of Environmental Justice, 2nd. Ed. American Bar Association, 2008, Chapter 4, p. 101 이하.

14) M. Kloepfer, Umweltgerechtigkeit – Environmental Justice on der deutschen Rechts- ordnung, 2006; ders., JoeR 56(2008), p. 1 이하.

우리 입법자도 「환경정책기본법」 제2조 제2항에서 "국가와 지방자치단체는 지역 간, 계층 간, 집단 간에 환경 관련 재화와 서비스의 이용에 형평성이 유지되도록 고려한다"(2012.2.1 신설)고 규정하여 환경정의를 환경법상 기본원칙의 하나로 수용한 바 있고, 각급 법원도 일부 전향적인 판례들을 통해 환경보호우선의 명제를 (헌)법해석의 관점으로 수용하고 있다. 하지만 이념과 인식패러다임의 폭과 깊이가 다양한 생태철학의 세계관과 가치관, 그리고 이를 기초로 한 환경운동의 차원에서 논의되고 주장되는 진보적인 법 및 정책적 요구들을 아무런 법철학적 성찰과 법이론 및 법정책론적 여과와 변용의 과정을 거치지 않고 법적 담론이나 법제에 그대로 담아내는 것은 한계가 있을 수밖에 없다.[16] 규범적 당위성과 함께 실효성, 그리고 규범체계적 정합성을 고려해야 하기 때문에 근본적으로 현실과 이상의 조화, 즉 보수와 진보 간의 건강한 타협을 지향해야 하는 법적 담론에서는 전향적인 태도 그 자체가 정당성을 담보하지는 못한다. 적어도 늘 일반적으로 그렇지는 않다.

일반적으로 법적 담론과 그 결과로 형성되는 법제도는 다분히 보수편향의 속성을 갖는 것으로 여겨지고 또한 그래야 한다. 이는 법영역에 따라 상대적인 차이는 있을망정 정치철학이나 사회운동과는 목적과 기능이 다른 법규범의 본질과 독자적인 기능, 특히 법적 안정성의 요청에 따른 당연한 것이다. 법이론과 실무상 환경정의의 원칙이 종래 공법상 일반원칙으로 정립된 일반적인 평등원칙과 구별되는 독자적인 법원칙으로서 또한 입법 및 법집행에 대한 지침 및 재판통제규범으로서의 효력과 그 구체적인 내용이 충분히 해명 및 정리되지 못하고 있는 것은 우선 환경문제 자체가 긴박하고 불가측한 급변의 상황 속에서 복합적이고 다면적인 문제로 주어지고 있기 때문이기도 하거니와, 근본적으로는 사회운동 차원의 이념적 목표와 요청을 신속하고 유연하게 수용할 수 있는 법적 담론과 법제설계의 한계에 기인되는 것으로 이해된다. 이러한 문제는 비단 우리만의 특유한 것은 아니되, 다만 우리 환경법담론의 폭과 깊이, 특히 다양한 실행 프로그램으로 연결되는 구체적인 환경규제입법과 법집행 실무상의 적극적인 수용의 속도와 밀도는 국제환경법의 흐름에 부응하지 못하고 있는 것으로 생각된다.

본 논문은 이 흐름에 적극적으로 합류해야 하고, 더 나아가서 우리가 선도적인 역할을 수행할 수 있는 정신적, 철학적 토양을 갖추고 있고 또한 이를 적

15) 김은주, 앞의 글, 326면 이하.

16) 동지, 한상운, "환경정의의 규범적 의미-환경, 정의 법의 3면관계를 바탕으로", 환경포럼, 제12권 제2호, 2008. 3, 4면.

극적으로 발전시켜 법제에 반영해야 한다는 당위적 전제 하에 이를 위한 효과적인 법적 담론의 틀을 정립하는데 일조하고자 하는 의도를 갖고 있다. 우선 두 가지, 즉 광협의 환경정의의 개념을 광의의 환경정의는 '환경정의'로, 협의의 환경정의는 '환경적 정의'로 구별하는 제안을 하면서, 법언어로서 '환경'과 '정의', 그리고 이 두 개념을 합한 '환경정의'의 개념을 언어철학적 관점에서 비판적으로 재검토하고, 그 자체가 근본적인 가치관 및 세계관이면서 동시에 가치관과 세계관의 전환을 요구하는 '가치전환적 명제'인 환경정의 및 환경적 정의의 법원칙, 법해석의 방법과 관점, 법집행의 지침으로서 그 법적 함의와 내용을 정리한다(Ⅱ). 이어서 생태철학과 심층생태주의, 그리고 이를 기초로 한 생태윤리의 논의 현황과 내용을 정리하고(Ⅲ), 이를 토대로 환경정의의 이념과 원칙이 환경법제와 환경관련 법의 해석과 집행에 수용된 현황을 검토하고 향후를 전망해본다(Ⅳ). 마지막으로 헌법해석의 관점(topos)으로서 환경정의를 대입한 일종의 시론으로 우리 헌법상 '인간의 존엄성'에 대한 생태철학적 해석론을 제시한다(Ⅴ).

Ⅱ. 환경 및 환경정의 개념의 재구성 및 변용 - 언어철학 및 법학방법론상 반성

1. 개 요

환경과 정의는 각각 다의적이기 때문에 정의(定義) 또는 기술(記述)되기 어려운 복잡개념이고, 더욱이 환경과 정의를 연결하여 복합개념을 구성하여 실정법에 수용하는 것은 그 필수성과 규범적 효용에 대한 정밀한 검토가 선행된 후에야 가능하고 타당하다. 사회운동이나 정치운동 차원의 슬로건이 아니라 법개념으로 정립하여 법적 담론에서 사용하고, 실정법으로 포섭하는 것은 비교대상(개념)과의 차이와 동일성에 대한 정치한 검토과정, 말하자면 개념의 무용한 중복과 혼란을 피하기 위해 필요한 준비작업을 생략하고 진행될 수 없다. 법과 언어의 관계와 관련하여 Morawetz는 "(법 또는 법학은: 역자 부기) 적어도 현상적으로, 제도적으로 일종의 정확성과 해석에 따른 가변성과의 거리를 열망해왔는데, 이는 모든 형식의 소통에서, 특히 텍스트를 준거로 하여 의미를 되살리는 것에 의존하는 모든 제도들에서 불가능하다"고 단언하고 있는 바,[17] 환경

17) T. Morawetz, Law and Language, 2nd Series, Introduction, p. vi.

법의 경우가 가장 전형적으로 이에 해당하는 분야라고 할 수 있을 것이다.

개념은 대상에 대한 경험과 인식의 수준과 내용, 그리고 궁극적으로는 문제의 인식과 제기의 적확성을 결정한다. Deleuze[18]의 말대로, 개념은 '본질'이나 '사물'이 아니라, 그 자체가 본체성(entité)을 갖는 일종의 순수한 '사건'(event)이다. 말하자면 이념과 접근의 관점을 비롯한 개념의 구성요소들의 강조적 특질(trait intensif)은 대상 또는 문제의 본질과 성격 및 구조에 대한 조감(鳥瞰: suvol)을 돕는 기능을 수행하는 바, 개념을 정립한다는 것은 새가 하늘을 날아올라 아래 펼쳐진 광경을 한 눈에 내려 보듯이 대상을 단번에 개관하여 비교대상과의 차이와 그 자체의 동일성, 즉 정체성을 파악할 수 있게 하는 것으로 의미를 응축하고, 대상의 자리매김을 하는 적극적이고 형성적인 '분류와 종합', 그리고 '정돈'의 작업이다. 결국 이름을 붙이고, 개념을 바로 잡는 것 또는 세우는 것은 잘못 제기된 문제에 대하여 정확한 답을 제시하[19]는 우(愚)를 피하고, 옳게 제기된 문제에 대하여 미흡하더라도 유용한 답을 찾아 나가는 현명한 담론의 출발점인 동시에 그 종착점이기도 하다.

이러한 관점에서 우선 '인간을 둘러싼 주변부'를 뜻하는 영어 environment나 독일어 Umwelt의 번역어인 환경과, 환경과 사회정의의 조합어인 환경정의 등의 이름붙이기, 즉 용어와 개념의 적확성을 비판적으로 검토하여 '사건'으로서 환경과 환경정의의 개념을 재구성해본다.

2. 환경의 개념 - 용어상의 오류

우리 「환경정책기본법」 제3조는 '환경'(環境)은 "자연환경과 생활환경"을 말하고(제1호), '자연환경'은 "지하 · 지표(해양을 포함한다) 및 지상의 모든 생물과 이들을 둘러싸고 있는 비생물적인 것을 포함한 자연의 상태(생태계 및 자연경관을 포함한다)" 를(제2호), '생활환경'은 "대기, 물, 토양, 폐기물, 소음 · 진동, 악취, 일조(日照) 등 사람의 일상생활과 관계되는 환경"을 말한다고 규정하고 있다. 환경 자체의 개념에 대해서는 직접 구체적으로 규정한 바 없고, 추측건대, 표의(表意)문자인 한자 용어 자체에 내포되어 있는 '인간을 둘러싼 주변부'라는 일반적인 뜻으로 전제하고 있다. 이러한 추측이 틀리지 않는다고 하면, 이는 잘못된 이름붙이기이고, 원천적으로 인식의 오류를 내포하고 있는 것으로 생태철학과 생태윤리의 관점에서는 수용하기 어려운 존재론과 가치관을 전제하는

18) 질 들뢰즈/펠릭스 가타리, 이정임/윤정임(역), 철학이란 무엇인가, 현대미학사, 1995, 35면.
19) 위의 책, 34-35면.

것이 아닐 수 없다.

인간을 둘러싸고 있는, 인간을 위하여 봉사하는 주변부라는 뜻의 환경이라는 번역어 자체가 인간과 자연을 대립적인 관계로 이해하고, 자연을 지배 또는 조작, 그리고 일방적인 파악의 대상으로만 인식하는 서양의 2분법적인 세계관 또는 '신인동형설'과 같이 인간 종을 동식물을 비롯한 자연세계와는 차원이 다른 존엄한 존재로서 인식하는 기독교적 인간관과, 이를 토대로 하는 인간중심의 가치관이 전제된 존재론적 관념의 산물이다. '철학문제'를 "문제를 언급하면서 사용하는 어휘 속에 선재하는 가정들을 무의식적으로 채택한 결과 – 문제 자체가 진지하게 파악되기 전 단계에서 문제가 되는 가정"[20]이라고 보는 R. Rorty의 인식과 지적의 타당성은 바로 환경이라는 번역어의 무의식적인 채택과 사용에서 분명하게 드러난다.

Holmes 대법관의 말대로 어휘는 "수정같이 투명하고, 분명한 불변의 것이 아니라 살아 있는 사유의 표피일 뿐이고, 그것이 사용되는 때와 상황에 따라 다분히 그 성격과 내용이 달라질 수 있는 것"이다.[21] 이러한 점에서 환경보호가 인류의 지속가능성을 결정하는 긴절한 명제로 자리를 잡은 오늘의 상황에서 또한 생태철학에 기초한 세계관과 가치관을 단순한 환경운동의 차원이 아니라 그것을 넘어서 (헌)법언어로 수렴하여 정리하고, 그 존재론적 의미와 법적 사유의 단초로서 효용을 발전시켜 나가야 하는 현재 시점에서 환경이라는 용어의 부적절성은 단순히 번역기술상 흠의 문제로만 평가하고 넘어갈 수는 없다. 이미 오랜 기간 동안 환경(법)담론 속에서 적어도 더 이상은 주변부의 의미만을 갖지는 않게 된, 상당한 정도로 개념이 정립된 보편적인 용어로 정립되었고, (헌)법언어로도 수용된 현실을 고려하건대, 더 적확한 대체용어를 제안하는 것은 무리라고 하더라도, 적어도 용어 속에 담겨져 있는 생태계의 존재와 가치질서에 대한 인식론적 오류의 위험성에 대한 구체적인 반성, 그리고 인식 패러다임 변환의 당위성과 필수성에 대한 성찰은 외면되거나 생략될 수 없다.[22]

---

20) Richard Rorty, Philosophy and the Mirror of Nature, Preface, xii.

21) Towne v. Eisner, 245 U.S. 418, 425(1918).

22) 이러한 맥락에서 환경 대신에 '살림터'라는 우리말 용어를 사용할 것을 제안한다. '살림'이라는 단어는 생태계를 살려나가는 타동사로서 의미와 함께 '살림을 살다'라는 자동사로서 의미도 함축하고 있고, 또한 살려나가면서 동시에 살아나가는 상생의 과정과 그 결과로서 이루어진 것을 의미하는 '살림'의 의미와 함께 '터'라는 말의 폭과 깊이, 특히 개방성과 내재적인 발전의 동인의 함의를 가다듬어 나간다면 적확한 개념으로 정립될 수 있을 것으로 생각된다. 살림의 어의에 관해서는 이덕연, "헌법명제로서 '살림'의 패러다임과 경제와 재정의

3. '환경정의'와 '환경적 정의'의 구별

(1) 개 요

D. Harvey는 차이와 타자성에 초점을 맞추어서 환경운동의 방식을 분석하면서 '타자'로서 자연의 물신화와 외부화, 그리고 정치적 수사로 '정의'를 동원하는 공통된 경향이 있음을 지적하고, 바람직한 환경정의운동의 방향과 전략의 수립에서 사회정의의 문제를 불변의 자연법적 정의나 도덕성의 문제가 아니라 사회적 과정 속에서 형성 및 변화되어 나가는 상대적인 것으로 보는 인식의 전환이 중요하다는 점을 제시한다.[23] 맑스주의적 변증법의 관점에서 생태철학을 다양한 사회정의운동을 통합하는 인식틀로 제시하는 Harvey는 기존의 환경담론을 '표준적 견해', '생태적 근대화론', '현명한 이용' 및 '환경정의운동론'의 네 가지 유형으로 구분하고, 이들이 각각 공리주의, 사회계약론, 자유주의 그리고 급진적 호혜주의 등 특정한 정의의 개념과 연계되어 있음을 지적하면서 환경담론을 사회적 권력이 표현된 것으로 이해하고, 환경(정의)적 담론이 항상 사회에 대한 주장이라는 점을 강조한다.[24]

그러나 후술하는 바와 같이, Harvey의 분류에 따른 이 네 가지 유형의 환경담론 중에 환경정의운동론은 자연의 타자화가 아니라 인간과 자연의 동기화를 주장하고 또한 모든 생물 종들의 가치를 인정하는 생태윤리를 토대로 하는 점에서, 사회적 권력이 표현되는 사회적 주장이기는 하지만, 적어도 인간중심주의를 넘어서는 점에서 다른 환경담론들과는 철학적, 윤리적 인식의 패러다임 자체가 근본적으로 다르다. 말하자면 인간을 위한 자연의 보호나 환경재의 정당한 배분에 초점을 맞춘 환경적 사회정의의 관점이 아니라, 인간 종이 그 일부인 일종의 유기적인 전체로서 생태계 자체의 통일성과 자연의 가치적 주체성을 전제하는 관점에서 그 외연이 확장되고 심화된 정의개념을 토대로 한다.

환경담론에 특유한 평등원칙으로 이해되는 환경정의의 개념에 포섭될 수 없는 이러한 생태학적 정의의 개념과 이를 토대로 하는 생태철학과 '환경정의운동론'의 담론을 규명하고, 독자적인 법원칙, 입법 및 법해석의 준거와 지침으로 법적 담론에 수용해야 할 필요성과 함께 그 가능성과 한계를 검토하는 것이 법학의 과제로 주목되어야 하는 것은 바로 이 때문이고, 여기에서 법개념으로서 환경정의를 재구성하는 것은 바로 그 출발점으로서 의미를 갖는 작업이다.

지속가능성", 법학연구, 제21권 제4호, 2011. 12, 연세대 법학연구원, 201면, 주석 4번 참조.

23) 최병두, "데이비드 하비의 환경정의론과 희망의 공간", 공간과 사회 제14호, 2000, 255면.

24) 위의 글, 256면.

(2) 인간중심적 윤리와 연관된 환경정의 개념의 이념적 함의와 한계

이른바 '도롱뇽사건'[25]에서 자연의 당사자적격이 쟁점으로 주목되기도 하였으나, 동물을 비롯한 자연 생태계의 주체성, 즉 독자적인 '자연적 가치'(natural value)[26]의 전제와 자연의 권리주체성을 (헌)법이론적으로 용인하는 것은 쉽지 않다. 모든 법질서는 "인간의 의지와 이에 기초한 행태를 규율대상으로 한다"는 점에서 독자적인 의사능력이 없고, 자신의 의사에 기초하여 행태를 조절할 수 있는 능력을 갖지 못하는 자연은 주관적 공권인 기본권의 주체가 될 수 없다는 점이 논거로 제시되고 있다.[27] 요컨대, 환경보호의 관점에서 기본권이론상 관심의 초점은 자연보호의 당위성과 자연보호에 대한 인간의 의지와 행태에 맞추어지는 것이지, 자연 자체가 기본권적으로 보호될 수는 없다는 논지이다.[28]

이러한 종래의 인간중심적 법학방법론의 맥락에서 보면 관점과 논증은 적확하다. 적극적인 환경활동가의 입장에서라면 몰라도 적어도 기본권이론의 차원에서 의미 있는 이견은 제기될 수 없을 것이다. 이른바 '생태적 파괴'(ecotage: ecological+sabotage)나 '생태계보호를 위한 방해꾼'(monkey-wrenching) 등과 같이 자연세계를 훼손하는 데 이용되는 기계와 재산들을 파괴하는 방식의 과격한 급진주의에서 '인간이 아니라 지구 자체의 보호'를 이념으로 내세우는 운동강령적 성격의 구호[29]를 기본권이론으로 포섭하는 것은 가능하지도, 타당하지도 않기 때문이다. 말하자면 '인간의, 인간에 의한, 그리고 인간을 위한 법'의 패러다임을 벗어나지 않는 한, '환경의 정의' 또는 '환경에 의한 정의'의 의미를 갖는 환경정의의 개념을 헌법과 환경법의 이념과 원리로 포섭하는 것은 무리다. 더 나아가서 평등의 관념과 연계된 정의 또는 분배적 정의의 이념과 이론은 원천적으로 가치를 창출하고, 교환하며 이 교환을 통하여 가치를 확대 재생산해내는 과정인 동시에 그 결과이기도 한 문화적 존재로서 인간의 본질과 속성에서 그 당위성과 필요성의 결정적인 논거가 찾아진다.

M. Walzer의 말대로 "의미 있는 세계들을 만들고 의미 있는 세계들 안에

---

25) 대법원 2006. 6. 2. 자 2004마1148 결정.

26) Andrew Dobson, Justice and The Environment, Oxford Univ. Press, 1998, p. 216 이하.

27) 전광석, "지속가능성과 세대 간 정의", 지속가능성과 법학의 과제, 연세대학교 출판문화원, 2012, 68면.

28) 위의 글, 69면.

29) 이에 관해서는 Kristin Schrader-Frechette, Environmental Justice: Creating Equity, Reclaiming Democracy, Oxford Univ. Press, 2006, p. 3.

거주"하는 '문화적 피조물'인 인간에 의해 이해 또는 전제되는 세계들에 대하여 사회적 가치들을 이해하는 방식과 관련하여 서열과 순위를 매기는 것은 불가능하고, 바로 그렇기 때문에 실존하는 모든 사람들과 그들의 특수한 문화적 성과물들을 존중함으로써 모든 사람을 공정하게 취급하라는 것이 정의의 지침이다.[30] 말하자면 자유와 평등의 내재적인 연관관계 속에서만 이해될 수 있는 정의는 본래 이성적 존재인 인간 모두에게 자신을 발전시켜 나갈 수 있는 자유의 지위가 평등하게 부여되어야만 한다는 요청인 바, 이는 자율적인 의사능력과 행위능력이 있는 인간에 의해 인식되고 구성되는 사회적 가치와 이를 토대로 하는 인륜(人倫)과 문화의 세계에 국한되어 논구되는 명제이다.

하지만, 후에 상술하는 바와 같이 인간중심적인(anthropocentric or human-centered) 세계관과 가치관의 변환과 극복을 요구하는 이른바 '생태철학'과 이에 기초한 '심층생태주의'의 인식패러다임을 적극 수용하는 입장[31]에서 보면 '인간의 탈중심화'(decentering of human being)와 '환경을 위한 정의'의 의미를 갖는 환경정의의 이념과 원리를 법적 개념으로 정립하고, 이를 기본권이론에 포섭하는 것은 충분히 가능하고, 또한 시도해봄직한 과제이다. 2원론적 세계관을 토대로 하여 특정 종에 속한 존재라는 점에 따른 인간 우선의 차별의 원칙과 비인간 종이 단기간 또는 중기간의 인간의 기본욕구를 충족시키기 위해 어떤 방식으로든 지배되고 조작될 수 있다는 인식은[32] 전통적으로 자연과 인간의 조화를 지향해 온 동양 또는 우리의 일원론적 세계관에 합치되기 어려운 것은 물론이고, 더 이상 서구 세계에서도 당연한 것으로 여겨지지 않는다. N. Chomsky의 말대로 인류의 존속가능성은 지혜를 갖고 있는지 여부가 아니라, 알고 있는 것을 활용할 수 있는 능력, 즉 실천의 의지와 능력에 달려 있다. 관건은 '가치변환적 가치'(transvaluative value)의 형성과 그에 부응하는 집합적 행동 자체에 대한 요청이다.

문제의 근원은 오히려 지적 존재로서 인간 종의 본질과 특성에 있다. 종의 존속을 위해서는 영리한 것보다 둔한 것이 더 유리하다는 진화생물학의 연구성과는 시사하는 바가 적지 아니하다.[33] 재승덕(才勝德)의 천박한 영리함이 아니라 인간중심의 세계관과 이기심을 버리는 덕승재(德勝才)의 큰 바보로 '살림

30) Michael Walzer, 정원섭 외(역), 정의와 다원적 평등, 철학과 현실사, 1999, 475면.
31) 이에 관해서는 다음 Ⅲ장에서 상론한다.
32) P. Wenz, 최병두(역), 환경정의, 2007, 한울, 61-62면.
33) Noam Chomsky, Hegemony or Survival, Metropolitan Books, 2005, p. 1, W. Baber/R. V. Bartlett, Global Democracy and Sustainable Jurisprudence, MIT Press, 2009, p. 1에서 재인용.

터'의 한 구석에 자리를 잡는 것이 최선의 전략이다. 인간 종의 생존 여부에 대해서 자연은 철저하게 무관심하다. 생태철학의 관점에서 볼 때 인간 종은 문제해결의 주체가 아니라 문제의 근원이다. 환경법의 기본원칙의 하나인 '원인제공자책임의 원칙'을 원용하여 말하자면 인간은 유일무이한 원인제공자인데 책임을 져야 하는 자가 높은 중심의 자리를 고집하는 것은 말 그대로 자연의 이치, 즉 '자연법'에 맞지 않는다. 이러한 자연의 이치, 즉 생태윤리와 인륜을 동기화하는 것이 책임을 지는 출발점인 동시에 종착점이다.

(3) '환경적 정의'와 '환경정의' - 개념 구별의 필수성과 의의

지속가능성을 담보하는 인간화가 바로 자연화, 즉 자연의 타자화가 아니라 중심과 주변의 패러다임 자체를 넘어서 인간 종을 자연 속에 일부로 인식하는 일종의 자연과의 동기화이고, 법 또는 법적 담론도 궁극적으로 인간화를 지향하는 것이라고 본다면, 이러한 생태철학의 인식은 법개념의 정립에서부터 수용되어야 한다. 인간과 자연의 불평등을 전제로 하는 인간중심의 패러다임 속에서 환경적 부담과 편익의 공정한 배분과 그 결정과정에의 실질적인 참여의 보장을 내용으로 하는, 말하자면 '인간을 위한' 환경정의의 개념과, 인간과 자연의 대등한 지위 또는 자연우선의 패러다임을 토대로 하는 '환경을 위한' 환경정의의 개념은 법적 담론의 마당에서도 구별될 수 있고, 또한 그래야 한다. 이러한 맥락에서 미국을 중심으로 하여 정립되어 형성되어 온 환경정의(environmental justice)는 '환경적 정의'로, 후자의 경우를 '환경정의'로 용어를 구별하여 사용할 것을 제안한다.[34)]

이는 단순히 용어 사용상의 혼란을 피하고자 하는 기술적인 목적 때문만은 아니다. 전술한 바와 같이 '환경' 및 '정의'라는 용어 자체에 전제 또는 내포되어 있는 '인간중심주의', 즉 인간과 자연을 '중심과 주변부'로 구별하는 제국주의적 세계관과 가치관을 해체하고, 이를 통해 오히려 인간과 자연의 관계를 부분과 전체의 관계로 보는 자연중심적 세계관을 수용하고자 하는 의도에서이다. 말하자면 '자연을 위한 정의'가 바로 인류의 존속가능성을 담보하는 '인간을 위

---

34) 다만 이 제안은 영미권 국가에서 정착된 환경평등을 의미하는 환경정의(environmental justice)라는 번역어가 일반적인 용어로 자리를 잡은 사정을 고려한 것일 뿐이다. 따라서 '환경평등'을 환경법에 의한 평등한 보호를 의미하는 용어로, '환경정의'를 환경평등보다 넓은 개념, 즉 '정의롭고, 안전하고, 지속가능한 지역사회를 지원하는 생활규범과 가치관, 규칙, 규제, 행동, 정책 및 의사결정'의 뜻으로 사용하는 경우에는 여기에서 제안하는 '환경적 정의'는 '환경평등'과 유사한 개념이 되고, '환경정의'는 이러한 용례에 따른 '환경정의'와는 다른 개념이 될 것이다. 예컨대, 토다 키요시, 김원식(역), 앞의 책, 302-303면.

한 정의'라는, 근본적으로 중심 자체를 탈중심화하는 기본인식의 지평이 확대되고 공유되어야 한다는 생태철학적인 세계관으로의 변환을 법적 담론에 수용해야 하는 당위성과 그 가능성을 제시하고자 하는 법언어학 및 언어철학적인 구상과 연계되어 있는 제안이다.[35]

물론 이러한 개념의 구별이 1990년대 초까지 미국에서와 같이 환경 자체의 보전에 초점을 맞춘 '환경운동'(environmental movement)과 환경재의 적정한 정당한 배분과 관련된 정책결정에의 참여기회의 보장에 관심을 기울이는 '환경정의운동'(environmental justice move-ment)을 대립적인 사회운동의 분파로 분리해서 보는 오류로 귀착되어서는 아니 된다. 이 두 사회운동은 관점과 접근방법이 다르기는 하지만 환경보호라는 근본적인 명제와 그에 대한 전략적 지향점과 열정은 공유하는 하나의 포괄적인 운동이 두 가지 측면으로 표출된 것일 뿐이다.[36] 상호 적대적이라기보다는 경쟁과 협력의 관계로 이해되어야 하고, 또한 그렇게 발전시켜 나가야 한다.[37] 두 운동 중 어떤 것이 더 가치 있는 목표와 우월한 도덕적 권위를 갖는가 하는 것은 관심의 대상이 아니다. 관건은 이 두 운동의 목표들이 연계되어서 함께 효과적으로 달성될 수 있는 방법을 찾아내는 것이다.

요컨대, '환경정의'와 '환경적 정의'로 용어를 구별하여 사용하자는 것은 '차이'와 함께 '동일성'을 확인하는 개념의 핵심기능에 충실하되, 상호 보완적인 관계 속에서 각각의 함의와 기능적 독자성을 주목하자는 의도에서 제안하는 것이다. 특히 인간 중심의 '환경적 정의'에 포섭되지 않는 환경 중심의 '환경정의' 명제의 중요성과 그 함의가 외면되거나 희석되어서는 아니 된다는 점을 강조하고자 하는 것이다. 또한 이러한 두 개념의 차이와 연계성을 확인하는 구별은 궁극적으로 일견 대립의 관계에 있는 것으로 여겨질 수 있고 또한 미시적으로는 상충되기도 하는 환경의 지속가능성과 사회정의의 이념 간의 조화의 가능성을 확인하는 것이기도 하다. A. Dobson이 적확하게 단언한 바와 같이, 사회정의와 환경의 지속가능성의 이념은 둘 중 어느 것도 다른 하나의 포기를 요구할 수 있는 정당성의 우위를 점할 수 없고, '환경의 지속가능성이 담보되

35) 이에 관한 상론은 A. Dobson, op. cit., pp. 216-239.

36) 이에 관해서는 R. Sandler/Ph. C. Pezzullo, Introduction: Revisiting the Environmental Justice Challenge to Environmentalism, in: R. Sandler/Ph. C. Pezzullo(ed.), Environmental Justice and Environmentalism-The Social Justice Challenge to the Environmental Movement, MIT Press, 2007, pp. 3-4.

37) Ibid., p. 4.

지만 부정의한 사회'나 '환경의 지속가능성의 포기를 대가로 한 정의사회', 즉 '정의롭지만 생태계의 궤멸이 불가피한 사회' 그 어느 것도 이념의 차원에서든, 실존의 맥락에서든 선택의 대안이 될 수는 없다는 당위적, 현실적 명제를 분명히 전제하는 것이다.[38]

이렇게 구별된 '환경정의', 즉 인간의, 인간을 위한 '환경적 정의'가 아니라 자연의, 자연을 위한 '환경정의'의 개념은 헌법철학과 헌법이론, 특히 기본권이론상 충분히 유의미한 독자적 효용을 갖는 언어로 성립될 수 있고, 특히 '인간의 존엄성'을 비롯한 환경권 등 개별 기본권의 해석론에서 기본권의 객관적 질서의 측면이나 환경보호와 관련된 국가 목표규정의 해석과 관련하여 전향적인 관점과 준거를 제공할 수 있을 것이다. 아래 제V장은 이러한 준거와 지침을 적극 수용하려는 헌법철학 및 헌법해석론적 시도의 일환이기도 하다.

Ⅲ. 생태철학 및 심층생태주의와 생태윤리[39]

1. 생태철학과 심층생태주의

이른바 생태주의의 대표적인 선도자라고 할 수 있는 A. Naess는 생태주의와 관련하여 문제인식과 구체적인 실천의 관점에서 다음과 같은 4가지의 접근단계를 제시하면서 총체적인 관점에서 이른바 '생명철학'을 토대로 하는 생태주의의 윤리적 타당성을 제시한다.

그의 이른바 심층생태주의는 기후변화 문제를 비롯한 환경 문제가 더 이상 적확하게 대응하지 않으면 파국을 면하기 어렵고 또한 부분적이고 피상적인 대응만으로는 극복될 수 없다고 보는 절박한 문제인식과 이를 토대로 한 치열하고 근본적인 반성적 사유의 결과가 응축된 생태철학의 실천전략이라고 할 수 있다. 말하자면, 생태철학에 의해 도덕적 정당성의 준거가 제공되는 심층생태주의는 일면 생태중심의 철학과 가치체계를 제도와 행동으로 연결해주는 매개체인 동시에, 또 한편 구체적인 실천의 관점에서 보면 생태철학을 구현하는 구체적인 정책들과 대응방안들이 적실성과 계속성을 확보할 수 있게 해주는 정신적 기반이기도 하다.

---

38) A. Dobson, op. cit., p. 3.

39) 이 장의 내용은 기존의 발표하였던 논문 중의 일부를 선별, 축약 및 보정한 것임을 밝혀둔다. "생태철학과 심층생태주의의 헌법적 함의 – '녹색성장' 개념의 의미확산과 심화를 위한 시론", 연세 공공거버넌스와 법, 제2권 제1호, 2011, 31-36면.

≪표 1≫ Four Levels of Organization: For the Questioning and Articulation of Total Views[40)]

물음의 깊이 ↑	Level Ⅰ	궁극적인 철학	기독교, 불교, 생태철학 등	구체화의 ↓ 정도
	Level Ⅱ	운동의 기본원칙	평화운동, 심층생태주의, 사회정의운동	
	Level Ⅲ	정책	A, B, C 등	
	Level Ⅳ	실천행동	W, X, Y 등	

제일 높은 차원의 개별 종교의 교리적인 논의나 문화철학적 접근은 여기에서 생략하고,[41)] 생태철학의 개념을 중심으로 하여 핵심적인 내용만을 개관한다. 우선 생태철학은 그 원래 용어인 'ecological philosophy'의 합성어인 'ecosophy'의 어원에서부터 담론의 차원과 기본적인 함의를 가늠해볼 수 있다. 'eco'는 라틴어의 'oikos', 즉 'household'(살림)의 뜻을 갖고, 'sophia'는 "wisdom"(지혜)에 해당하는 바, 'ecosophy'는 "살림의 지혜"라는 의미이다.[42)] 다만, 여기에서 '살림'의 의미는 개별 가구나 가정 또는 공동체의 차원보다는 더 넓은 의미, 즉 "지구살림"(Earth household)을 뜻하는 것으로 이해되는 바, 어원으로 본 생태철학은 전 지구 차원에서 존속의 조건에 초점을 맞춘 새로운 패러다임의 철학이다.

'지구살림의 지혜'로 파악되는 생태철학은 우선 학문론의 관점에서 보면 유기체, 사회체제 및 생태계 등을 '살아있는 체계'(living system)의 차원에서 생명에 대한 새로운 이해, 즉 자연과학과 정신과학의 경계를 허무는 통합적인 방법론을 취하고,[43)] 인식론의 관점에서 보면 일종의 '패러다임의 변환', 즉 근본적이고 포괄적인 세계관의 혁신에 해당되고, 또한 문화적 관점에서 보면 다분히 교리적 성격의 근본적인 믿음과 의식의 전환을 내용으로 하는 점에서 거의 종

40) Arne Naess, Ecology of Wisdom, Alan Drengson/Dill Devall(ed.), Counterpoint, 2008, p. 33.

41) 실제로 서양의 전통적인 세계관과 형이상학적 전제에 대한 근본적인 재고를 요구하는 생태철학의 뿌리는 유대-기독교적인 전통에 기초한 철학의 환경윤리적 토대로서의 적실성에 대한 회의에 있다. 실제로 영미권을 중심으로 하여 좀 더 자연친화적인 동양의 종교와 사상에서 생태철학의 돌파구를 찾으려는 다양한 시도가 있어 왔다. 이에 관해서는 구승회, 앞의 책, 233-244면.

42) 이에 관해서는 A. Naess, op. cit., p. 32.

43) 지구 자체를 자정력을 갖는 의인화된 인간 외의 정신적 존재, 말하자면 유기체적 구조의 하나의 '살아있는 생명체'로 보는 J. Lovelock의 이른바 'Gaia가설'이 대표적인 예이다. 가이아 : 살아있는 생명체로서의 지구, 홍욱희(역), 갈라파고스, 2004. 생명개념과 관련한 Gaia 개념에 대한 분석과 비판으로는 장회익, 앞의 책, 178-187면 참조.

교적 차원의 가치관와 윤리의 변환을 지향한다.[44] 무엇보다도 생태철학은 인간(人間), 말 그대로 사람과 사람을 포함하여 지구 또는 자연세계(입장에 따라서는 비생물체인 물질을 포함)와 인간이 대립되는 이원적 관계에 있는 것으로 보지 않는다. 자연과 인간의 관계를 근원적으로 서로 의존하는 공생을 위한 조화와 협력의 동반자의 관계로 본다.

시각과 관점의 층위에 따라서 강조점은 다르지만, 생태철학의 핵심은 조화와 평형이고, 이를 행동지침으로 전환시키는 출발점은 '인간중심주의'에 대한 존재론적 반성이다. 또한 자연과학적인 물리적 관점과 정신과학적인 윤리적 관점의 조화의 가능성과 필수성을 강조하는 생태철학은 단순히 파편화된 폐쇄적인 지식이 아니라 일종의 '통합적 지혜'로 이해될 수 있다. Naess의 말대로, 생태철학은 규범과 규칙, 전제 및 가치의 우선순위에 대한 공언과 함께 전 우주의 상태에 관한 새로운 가설들을 포함하는 바, 말하자면 생태철학의 지혜는 환경오염이나 자원고갈, 인구증가 등의 사실과 관련된 상이한 변수들과 그에 따른 변화들을 단순히 과학적으로 기술하고 실증적으로 예측하는 데 그치는 것이 아니라, 이를 토대로 하여 가치우선순위의 전환과 그에 따른 공적 정책패러다임의 변환의 필수성과 사고 및 생활양식의 실천적 변화의 지침을 제공하기 때문이다.[45]

요컨대, 새로운 세계관과 가치관을 토대로 하는 총체적인 문제인식과 이에 대한 대응의 예지와 함께 윤리적 호소가 농축되어 있는 생태철학은 심층생태주의의 도덕적 정당성의 철학적, 가치적 근거를 제공하고, 반면에 심층생태주의는 생태철학을 구현하기 위한 매개체 또는 전략적 교두보에 해당하는 바, 양자는 이념과 원리 및 제도적 실천의 연관체계 속에서 그 자체가 서로 연계 및 의존되는 상보적 관계에 있다.

2. 심층생태주의와 생태윤리

인간과 자연의 조화를 위하여 인식과 가치 및 행동의 근본적인 새로운 변환을 주문하는 생태철학은 심층생태주의의 플랫폼(platform)[46]과 연결되어 지구촌

---

44) 이에 관한 개요는 F. Capra, op. cit., pp. 3-13. Capra는 생태철학의 관점과 원칙들을 제대로 이해하고 구현하기 위한 수단으로 이른바 '생태학적 독해'(Ecological Literacy)를 제시한다. 이에 관해서는 297-304면.

45) Arne Naess, "The Shallow and the Long Range Deep Ecology Movement: A Summary, Inquiry 16", 1973, pp. 95-100; Alan Drengson/Bill Deval(ed.), op. cit., p. 32에서 재인용함.

46) A. Naess는 전술한 4차원의 접근틀 속에 심층생태주의를 자리매김하면서 'platform'이라는

차원의 풀뿌리운동으로 확산되고 있다. 전술한 바 있듯이 심층생태주의는 생태철학의 가치관과 세계관을 수렴하여 효과적인 대응수단으로 연결해주는 전략적인 연결고리인 동시에, 구체적인 제도와 정책 및 행동에 대하여 기본적인 지침과 윤곽을 제공한다. 말하자면 생태철학으로부터 새롭게 제기되는 다양한 문제인식을 수용하여 '깊은 물음'으로 정리하고 답을 찾아가는 담론의 공간이고, 이를 옮겨 담아서 상시적으로 정치와 행정, 교육 및 개인과 기업의 일상생활의 현장으로 전달해주는 탑승대이다.

Naess는 현대의 환경보호론을 대별하는 유용한 기준으로 생태주의의 깊이를 제시한다. 우선 '얕은 생태주의'(shallow ecology)는 생태계의 보호와 환경보전의 명제는 공유하지만 인간중심적인 세계관과 가치질서를 고수하는 입장이다.[47] 즉 자연이 그 상위의 중심 또는 그 바깥에 있는 인간을 보필하는 것으로 보는 인식틀 속에서 인간을 모든 가치의 유일한 최고의 준거로 전제하고, 이러한 가치질서에서 자연에는 주체로서의 인간의 생명과 삶을 위한 객체와 수단으로서의 효용만 인정되는 것으로 보는 인식론이다.

이에 반해 심층생태주의는 기본적으로 인간과 자연환경이 분리되어 있는 것으로 보지 않는다. 이른바 '주체와 객체'의 대립을 전제하는 전통적인 인식틀을 해체하고, 이른바 '총체적인 관점'(holistic view)에서 생태계 전체를 유리된 객체들의 집합체가 아니라 서로 연결되어 있고 의존되는 현상들의 '관계망'(network of relations)으로 이해한다. 모든 자연적 존재 자체의 내재적인 가치를 인정하는 전제 하에, 인간도 '생명의 망'(the web of life) 전체 속에 있는 하나의 홑 줄에 불과한 것으로 보는 것이다.[48] 이러한 생태철학적인 세계관과 생명관은 심층생태주의의 핵심인 '보다 깊은 질문'의 준거가 되는 바, 인간과 자연, 생물체와 비생물의 물질, 정신과 신체, 가치와 사실을 분리하는 근대 이후 데카르트식의 단절적인 이원주의를 완전히 부정하는, 자연과학을 넘어서는 하나의 근본적인 형이상학(metaphysics) 적 차원의 인식패러다임의 전환과 그에 따른 새로운 환경윤리의 정립을 촉구하는 계기와 근거를 제공한다.

용이와 연관하여 사용하고 있다. 기반이나 딥승대 등 일상적인 의미와 함께 정당의 정강 또는 선거공약 등의 정치적인 의미도 포함되는 점을 고려하여 의도적으로 용어를 선택한 것으로 여겨진다.

47) Capra, op. cit., p. 7.

48) A. Naess, op. cit., pp. 106-139; Capra, op. cit., pp. 7-8.

3. 소 결

Naess가 제시하는 8가지의 심층생태주의의 기본원칙[49]은 피상적이고 즉응적인 사소한 환경친화적 행동(지침)에만 관심을 갖고 정작 인간중심적 가치관과 세계관의 반성과 그에 따른 근본적인 태도의 변화는 외면하는 이른바 '부띠크 환경주의'(boutique environmentalism)[50]와는 거리가 멀다. 심층생태주의와 생태윤리적 행동원칙은 현대의 과학, 산업, 성장지향적인 자본주의와 물질주의적 가치관의 토대와 삶의 방식 자체에 대한 '깊은 물음'에 대하여 '인간중심주의'의 극복과, 윤리적 관심과 배려의 범위의 생태계 전체로의 확장을 요구하는 최소한의 답을 환경윤리의 강령으로 표현한 것이고, 이는 환경친화적인 법제의 모색과 이에 부응하는 법운용과 법리의 발전에 유용한 철학적, 정신적 준거가 될 것으로 믿고 또 기대한다.

Ⅳ. 환경법상 환경정의 이념과 개념의 법제 및 사법(司法)적 수용과 실천의 현황

1. 개 관

전술한 바와 같이, 환경적 정의를 '환경정책집행의 대상이 되는 하위 인구집단들 간의 환경위험의 불균등한 부담을 시정하고 불평등한 영향을 미치는 관련 법령, 제도, 정책의 변경 및 형평성 있는 적용을 요구하는 사회적 정의에 대한 주장, 말하자면 '환경평등'의 내용으로 전제하는 경우, 이른바 '환경정의

---

49) ⅰ) 모든 생물체는 내재적인 가치를 갖는다. ⅱ) 생명의 풍부성과 다양성은 내재적인 가치를 갖는다. ⅲ) 기본적인 수요를 충족하기 위한 경우 외에 인간은 이 풍부성과 다양성을 감소시킬 수 있는 권리를 갖지 못한다. ⅳ) 인간을 위한 것이 적어지고 다른 생명체에 좋은 것이 많아지면 인간에게도 좋을 수 있다. ⅴ) 오늘날 다양한 생태계에 대한 인간의 개입의 범위와 성격은 더 이상 지속될 수 없고, 지속가능성은 점점 감소되고 있다. ⅵ) 결정적인 개선을 위해서는 사회적, 경제적, 기술적 그리고 이데올로기적으로 근본적인 변화가 요구된다. ⅶ) 이데올로기적 변화에는 근본적으로 생활수준의 향상보다는 좀 더 나은 삶의 질을 추구하는 것이 포함된다. ⅷ) 위에 적시된 사항들을 용인하는 사람들은 직간접적으로 필요한 변화를 위해 기여하는 노력을 기울여야 할 책임을 진다. A. Naess, Life's Philosophy, pp. 108-109; 앞의 책, p. 28에서 재인용함.

50) '다문화주의'와 관련하여 말투나 억양과 외모, 음식 등 일상의 사소한 차이에만 관심을 갖고 용인할 뿐, 근본적인 문화적 성찰과 그에 따른 사회심리적 분위기의 조성 등에는 주목하지 않는 현상을 Stanley Eugene은 'boutique multiculturalism'이라고 칭하였는데, 이는 같은 맥락에서 환경주의에도 원용될 수 있을 것으로 생각된다. The Trouble with Principle, Harvard Univ. Press, 1999, p. 56.

론'의 범주, 즉 "환경정의운동의 주장 내용과 함께 지속가능한 지역사회를 유지하기 위한 환경정책, 법령의 입안, 결정, 집행 등 전 과정에서의 형평성 확보를 주장하는 이론들"[51)]에 자연의 독자적인 가치를 인정하고 생태계 자체의 보전을 목표로 하는 환경정의의 이념은 포섭되지 아니한다.

따라서 여기에서는 종래의 환경정의론의 지평을 넘어서, 말하자면 생태철학과 심층생태주의의 플랫폼을 토대로 하는 환경정의의 이념이 환경입법을 비롯하여 환경정책의 수립과 집행, 그리고 사법(司法)을 통한 환경법의 해석과 적용에 수용 및 반영된 현황을 검토하고, 향후 발전의 필요성과 방향을 전망해본다.

2. 환경입법적 수용의 현황과 전망

(1) 개 요

집단과 계층에 따라, 더 나아가서는 개인별로 다른 가치관과 세계관, 삶의 목표 및 그에 따라 다양한 행동전략과 지침과 연계되어 있는 환경 문제의 본질과 구조를 고려하건대, 환경 문제의 해결을 위한 환경정책과, 이를 담아내는 환경법제의 결정은 근본적으로 경제적 · 기술적 문제인 동시에 가치 및 정치의 문제일 수밖에 없는 정치문제 또는 정치적 법의 문제이다. 오늘날 환경법은 긍정 또는 부정적으로 공적 생활의 양태를 결정하는 문화적 충돌의 한 부분이다. 특히 정치 및 사회운동의 맥락에서 보면, 예컨대 기후변화 문제만을 보아도 이에 관한 문제인식과 신념은 실증적인 판단의 문제라기보다는 오히려 피아진영을 나누는 문화적 정체성의 표식이다.[52)]

그렇기 때문에 오늘날 '도덕적 다원주의'(moral pluralism)의 사회에서 환경문제와 관련하여 환경적 정의와 환경정의의 이념을 입법적으로 수용하는 과정은 가치와 자원, 편익과 부담의 분배에 대한 공시적, 통시적 타협일 수밖에 없다. '도덕적 반성'(moral reflection), 그리고 이를 위하여 가능한 한 최대한으로 '건강한 머뭇거림'(healthy hesitation)과[53)] 최대한의 숙고가 요구되는 것도 바로 이 때문이다. 환경 문제는 과학적, 경제적 관점과 윤리적 관점, 즉 효율성과

---

51) 홍준형, 환경법, 박영사, 2005, 95면.

52) Dan M. Kahan et al., "Second National Risk and Culture Study: Making Sense of--and Progress in--the American Culture War of Fact", Yale Law Sch. Publ. Law Working Paper No. 154, 2007, pp. 1-2; Jedediah Purdy, "American Natures: The Shape of Conflict in Environmental Law", in; Harvard Environemntal Law Review, Vol. 36, 2012에서 재인용.

53) Done E. Marietta Jr., Beyond Certainty A Phenomenological Approach to Moral Reflection, Lexington Books, 2004, p. 64.

정당성 또는 현실과 가치 간의 바른 조화를 통해서만 적확한 대응책이 마련될 수 있고, 이는 오로지 환경입법의 내용의 측면에서는 대립 갈등관계에 있는 가치적 선판단과 가치관 간의 융복합을 통해서, 절차의 측면에서는 최대한의 실질적인 참여의 기회가 보장되는 열린 대화와 공정한 토론을 통해서만 가능하다.

또한 불가측의 상황 속에서 새로운 문제가 발생되고, 좋은 것이든 새로운 것이든 새로운 가능성이 확인되는 극단의 가변성의 조건 속에서 일반적이고 추상적인 규범인 법률을 통해서 환경규율을 담아내는 것은 입법의 현실적 한계가 가장 극명하게 드러나는 경우에 해당한다. 적어도 법률유보 또는 의회유보의 원칙을 비롯하여 법적 안정성과 명확성, 예측가능성과 객관적 타당성 등의 법치국가적 요청은 '유토피아적 희망'이라고 하여도 무리가 아닌 분야가 바로 환경입법이다.[54)]

다음에서는 이러한 환경입법의 일반적인 특성을 개관하고, 특히 환경정의의 이념이 환경법제에 반영되고 있는 현황을 검토해본다.

(2) 환경입법의 특성

환경입법의 분야에 특유한 문제로는 우선 자연과학적인 전문성이 특별하게 요구되는 점에서 입법기술적인 한계와 함께 이에 대한 대응방안으로 국회의 입법기능을 강화하는 방안이 제시된다.[55)] 하지만 이미 발생한 또는 우려되는 환경오염의 원인과 처방에 대하여 자연과학적으로도 객관적으로 확실하게 규명되지 못하는 것은 물론이고, 항상적으로 복잡한 양태로 새로운 문제가 발생하기 때문에 이른바 '본질성이론'에 따라 환경과 관련된 근본적인 사항은 의회가 법률의 형식으로 결정해야 한다는 '국회중심입법주의'가 이론과 원칙 그대로 관철되기는 어려운 것이 사실이다.[56)] 기본적인 지침만 법률로 정하고, 중요한 결정을 행정입법에 위임할 수밖에 없고, 그것도 법규명령이 아니라 상당 부분을 행정규칙에 의해서 규율하고 있는 것이나,[57)] 독립된 위원회나 공무수탁사인 성격의 agency에게 환경규제 관련 업무를 위탁하고 있는 것도 같은 맥락에서 이해된다.

하지만, 기술적이고 전문적인 규준을 정하는 것은 입법적으로 포착하기 어

54) H. Sendler, 40 Jahre Rechtsstaat des Grundgesetzes: Mehr Schatten als Lichte?, DOEV 1989, p. 483.

55) 예컨대, 허영, 한국헌법론, 박영사, 2013, 469-470면.

56) H. Sendler, 앞의 글, 485-486면.

57) 우리나라 환경법체계의 문제의 하나로 '지나친 하위법령 위임방식'을 적시하는 비판적인 의견은 김홍균, 환경법, 홍문사, 2012, 28면.

려운 규율대상의 속성에 따른 불가피한 것이라고 하더라도, 환경보전과 개발정책 간의 선택 또는 절충을 내용으로 하는 거시적인 정책기조의 설정이나, 예컨대, 대규모 개발사업을 비롯하여 원자력발전소나 핵폐기물 저장소, 공항, 철도, 고속도로, 기타 변전소, 고압 송전탑, 쓰레기매립지 등 대규모 사회기반시설이나 혐오시설 등의 위치설정 등과 관련한 중요한 환경 관련 결정은 환경재의 공정한 배분의 문제, 즉 환경적 정의의 관점에서 접근해야 하는 동시에, 자연과 인간의 편익이 대립되는 환경정의의 복합적인 문제로 주어지기 때문에 상충되는 가치관과 세계관, 그리고 경제 사회적 이해관계를 조정하는 정치 문제인 바, 말 그대로 '타협의 기술'인 정치를 통해 결정되어야 하는 점에서 결국 이 결정의 주체와 형식은 의회이고, 법률일 수밖에 없다.

(3) 환경정의 이념의 입법적 수용의 현황

최근에 개정된 우리 「환경정책기본법」이 제2조에서 기본적인 관점과 지향점으로 '인간과 환경 간의 조화와 균형의 유지' 및 '환경보전우선의 원칙'을 천명하고, "국가와 지방자치단체는 지역 간, 계층 간, 집단 간에 환경 관련 재화와 서비스의 이용에 형평성이 유지되도록 고려한다"고 규정하여(제2조 제1항) 환경정의와 환경적 정의를 환경정책의 기본이념으로 수용한 것은 이러한 맥락에서 적절한 입법으로 평가된다.[58]

2013년 9월 23일부터 시행되는 개정 「자연환경보전법」[59]도 자연환경보전 기본원칙의 하나로 "자연생태와 자연경관은 인간활동과 자연의 기능 및 생태적 순환이 촉진되도록 보전·관리되어야 한다"라고 규정하여2 생태윤리적 인식을 수용하고 있다. 특히 기존의 법체계와 그 토대, 말하자면 인간중심주의의 관념과 그에 터잡은 가치질서를 기빈으로 하는 전통적인 법치국가체제와의 부정합성의 한계를 고려하건대,[60] "환경의 질적인 향상과 그 보전을 통한 쾌적한 환경의 조성 및 이를 통한 인간과 환경 간의 조화와 균형의 유지"가 "국민의 건강과 문화적인 생활의 향유 및 국토의 보전과 항구적인 국가발전에 반드시 필요한 요소"라는 점을 분명하게 확인하고 '인간과 환경 간의 조화와 균형의 유지', 즉 환경정의 이념을 천명한 것은 생태철학과 생태윤리의 관점에서 적확한 문제인식과 전향적인 세계관의 전환으로 주목된다.

또한 「야생생물 보호 및 관리에 관한 법률」도 "야생생물과 그 서식환경을

---

58) 2012. 2. 1. 개정(2012. 7. 22. 시행; 법률 제11268호).
59) 법률 제11671호(2013. 3. 22).
60) 한상운, 앞의 글, 2면.

체계적으로 보호·관리함으로써 야생생물의 멸종을 예방하고, 생물의 다양성을 증진시켜 생태계의 균형을 유지함과 아울러 사람과 야생생물이 공존하는 건전한 자연환경을 확보함을 목적으로 한다"고 규정하여(제1조) 전향적인 환경친화의 정책목표를 제시하고 있다.특히 기존의 법체계와 그 토대, 말하자면 인간중심주의의 이념적 전제와 그에 터잡은 가치질서를 수용한 전통적인 법치국가체제와의 부정합성의 한계를 고려하건대,[61] "환경의 질적인 향상과 그 보전을 통한 쾌적한 환경의 조성 및 이를 통한 인간과 환경 간의 조화와 균형의 유지"가 "국민의 건강과 문화적인 생활의 향유 및 국토의 보전과 항구적인 국가발전에 반드시 필요한 요소"라는 점을 분명하게 확인하고 '인간과 환경 간의 조화와 균형의 유지', 즉 환경정의 이념을 천명한 것은 생태철학과 생태윤리의 관점에서 적확한 문제인식과 전향적인 세계관의 전환으로 주목된다.[62]

환경적 정의와 환경정의의 이념의 규범적 효용은 바로 이러한 환경법입법의 현실적, 규범적 여건에 대한 문제인식과 이를 토대로 한 적확한 접근의 태도와 지침을 제공하는 법 및 (법)정책적 숙고의 과정 자체인 동시에 그 결과라는 점에서 찾아진다. 특히 이 효용을 전자보다는 후자의 환경정의, 즉 '환경을 위한 정의'의 플랫폼으로 더욱 발전시켜 나가면서 정치하게 가다듬어나가고, 의회입법과 행정입법, 그리고 국가와 사회 또는 시장 간의 적정한 역할분담의 체계 속에서 환경정의의 이념을 구체적인 환경정책의 기획과 법령의 해석 및 집행 과정에서 실천의 프로그램으로 연결하여 구현해나가는 것이 향후 환경법학과 법실무상의 긴절한 과제의 하나이다.[63]

3. 환경정책의 수립 및 집행을 통한 반영

「환경정책기본법」과 「자연환경보전법」 등에 적극 수용된, 적어도 부분적으로는 '인간중심주의'를 탈피한 환경정의의 이념과 환경보전우선의 원칙은 모든 환경정책의 수립과 집행 및 평가에서, 특히 대규모 개발사업을 비롯하여 직·간접적으로 자연환경에 심대한 영향을 미치는 환경유해시설의 설치와 운용 및 입지결정 등 중요한 결정의 과정에서 시종일관 관철되어야 한다. 「자연환경보

61) 위의 글, 2면.

62) 1999년 2월(법률 제5866호)에 제정된 「습지보전법」도 '습지와 그 생물다양성의 보전'을 목표로 하는 점에서 생태윤리의 관점에서 중요한 의미를 갖는다. 특히 습지보호지역의 지정 등과 관련된 실천지침을 규정하고 있는 제8조 참조.

63) 우리나라 환경법의 연혁과 체계에 관해서는 박균성, 환경법, 박영사, 2012, 30-36면; 김홍균, 앞의 책, 11-21면.

전법」도 제6조 제2호에서 자연환경보전기본방침에 포함되어야 하는 것으로 '자연환경의 체계적 보전 · 관리'와 '자연환경의 지속가능한 이용'을 비롯하여 '중요하게 보전하여야 할 생태계의 선정, 멸종위기에 처하여 있거나 생태적으로 중요한 생물종 및 생물자원의 보호', '자연환경 훼손지의 복원 · 복구', '생태 · 경관보전지역의 관리 및 해당 지역주민의 삶의 질 향상', '산 · 하천 · 내륙습지 · 농지 · 섬 등에 있어서 생태적 건전성의 향상 및 생태통로 · 소생태계 · 대체자연의 조성 등을 통한 생물다양성의 보전' 등을 적시하고 있다.

문제는 이러한 환경친화적 원칙과 방침들이 단순히 법문상의 전향성에 그치지 않고 모든 국가작용에서는 물론이고 자연환경에 관한 교육을 비롯하여 민간활동[64]을 통해서도 활성화되는 것이다. 환경오염시설물의 입지결정 등 중요한 환경정책결정의 절차와 방식의 전환을 통해서 이해관계자, 특히 환경부담을 지게 되는 당사자집단의 실질적인 참여가 보장되어야 하고, 합리적인 환경영향평가제도 등 환경법제의 공정성을 담보할 수 있는 전제조건과 제도설계 및 운영의 지침을 비롯하여 객관적인 지표가 개발되어 환경친화적인 환경정책의 준거로 활용되어야 한다는 적확한 지적은 환경적 정의와 함께 환경정의의 이념의 측면에서도 주목되어야 한다.[65]

여기에서는 전술한 생태철학과 심층생태주의적 인식과 윤리, 특히 '무지(無知)의 전제'를 전제로 한 겸손과 절제의 태도가 환경정책의 수립과 집행에서 환경정의이념을 구현해낼 수 있는 유일한 전략적 플랫폼이라는 점과 함께, 이러한 플랫폼은 단순히 환경친화를 명분으로 한 관념적인 구두선만이 아니라 이미 환경정책의 합헌성과 합법성, 그리고 정책집행의 행정재량에 대한 위법성 심사의 준거로 반영되고 있고, 앞으로 이러한 경향이 더욱 가속화될 것이고 또한 그래야 한다는 점만을 강조하고,[66] 환경정의론과 관련한 환경법제의 현황과 보완의 필요성과 내용에 대한 개별적이고 구체적인 검토는 생략한다.[67]

4. 사법(司法)적 반영

환경정의론은 환경법의 해석과 적용에도 적극적으로 반영되어야 한다. 해묵은 논제이지만 환경소송에서 주관적 공권의 인정 범위와 관련한 제3자보호의

---

64) 이는 「자연환경보전법」에서도 기본방침으로 규정되어 있다(제6조 제2항 제6호).

65) 홍준형, 앞의 책, 98-100면.

66) 이에 관해서는 다음 절에서 상론하는 '새만금사건판결'의 반대의견 참조.

67) 이에 관해서는, 본고의 용례에 따르면 '환경적 정의'에 국한된 논의이지만, 김은주, 앞의 글, 333-336면 참조.

범위, 즉 원고적격확대의 문제는 물론이고, 환경 관련 행정행위의 재량하자에 대한 사법적 통제의 밀도를 비롯하여 입증책임론의 분야에서 생태철학과 생태윤리적 관점을 반영한 법리를 적극적으로 발전시켜 나가야 할 것이다. 환경적 정의는 평등심사의 범주에 포함하여 논의될 수 있고 또한 그래야 한다고 보는 입장에서 여기에서는 환경정의에 초점을 맞추어서 주목되는 우리나라의 선도판례를 중심으로 그 현황을 살펴보고, 향후 추세를 전망해본다.

우리 법원은 이미 상당한 정도로 환경정의의 요청에 부응하는 판례를 축적하고 있다. 우선 비록 상급심에서 취소되기는 하였지만, 새로운 생태철학적 관점에서 매우 전향적인 법해석을 시도한 부산지방법원 제10민사부의 판결은 시사하는 바가 크다.[68] '종래의 접근방법'에 따라 사법(私法)상의 구체적인 권리의 범위가 설정된다면 '일반공중의 이익'은 그것이 아무리 중대한 것이라도 법적으로 고려될 수 없고, 결국 이는 헌법 제23조 제2항이 규정한 재산권 행사의 공공복리적합성을 전혀 반영할 수 없는 결과로 귀착된 된다는 전제 하에 일반공중의 생활환경상의 이익에 대하여 종래와는 다른 법적 판단이 요구되는 바, "모든 생태계 내의 현상을 개인에 국한된 윤리(와 법)을 기준으로 재단하는 것이 당연시되던 시대"와 달리 생물종과 생태계 수준으로 확장된 윤리(와 법)"이 법적 판단의 기준으로 반영되어야만 한다고 설시하면서 『살아가는 곳에 대한 연구(생태학 ecology)와 사는 곳에 대한 관리(경제학 economics)가 통합될 수 있을 때, 그리고 윤리학(ethics)이 연장되어 인간의 가치와 아울러 환경가치도 고려할 수 있을 때, 인류의 미래는 낙관적일 수 있다. 따라서 이들 3E를 하나로 묶는 것이 궁극적인 총체주의이며 우리의 미래를 위한 위대한 도전이 된다』는 주장을 인용하고 있다.[69]

대법원도 일찍이 이른바 '서산시 러브호텔사건'에서 환경훼손을 예방하고 자연환경 및 생활환경을 적정하게 관리·보전할 책무는 일차적으로는 법집행을 직접 담당하고 있는 행정기관의 책무가 될 것이지만, 환경보전이 국가와 국민 모두에게 부과된 의무인 이상 가능한 한 구체적인 법규를 해석·적용함에 있어 전체 공동체의 삶의 질을 높여야 하는 의무는 법원에도 해당한다는 점을 재확인하면서 환경친화적인 법해석을 주문하고 있다.

「헌법과 환경관련 법률을 비롯한 전체 법질서와 모순을 초래하지 않도록 환경보전의 이념에 부합하게 합목적적으로 해석하여야 하는 것이지, 그 자구에만

68) 부산지법 1998. 9. 15 선고 97카합9776 판결, 법률신문(1998.10.5), 11면.
69) 전거를 확인할 수 없어서 직접 인용한 위 판결문에서 재인용하였음을 밝혀둔다.

매달려 형식적으로 해석하여 헌법과 환경관련 법률이 지향하는 법의 이념을 몰각하는 결과를 초래케 하여서는 아니 된다. 그러한 형식적이고 기능적인 해석은 헌법이 지향하고 있는 환경보전을 통하여 공동체의 삶의 질을 높여야 할 우리 모두의 임무를 저버리는 일이 되는 것임은 물론이고, 법해석의 일반원칙에도 반하는 것이다. 반대의견이 다수의견을 공격하는 것처럼, 헌법 및 환경관련 법률의 정신을 바탕으로 하여 아무런 근거도 없이 국민의 자유와 권리를 무작정 제한하자는 것이 아니라, 이를 제한하는 각종 법규를 합리적으로 해석하여 오늘날 개발이라는 이름아래 행하여지고 있는 자연환경 및 생활환경의 훼손을 막는 데 법원도 그 책임의 일부를 담당하여야 한다는 취지이다.

법원은 마땅히 이러한 헌법 및 환경관련 법률의 정신을 존중하여 환경을 보전하려고 하는 행정기관의 노력을 지지하고, 오히려 지방자치단체를 비롯한 일선행정기관이 목전의 이익에 집착하여 환경을 훼손하는 행정을 펴나가는 것을 엄히 견제하여야 할 것이다. 그리함으로써 무분별한 환경훼손을 방지하여 후손들에게 쾌적한 삶의 토대를 물려주어야 함은 오늘을 사는 우리 세대의 임무이기도 하다.」[70)]

환경정의의 관점에서 가장 획기적인 계기로 주목되는 것은 '새만금사건'[71)]에서 제시된 반대의견이다. "인류를 비롯한 지구상의 모든 생명체는 지구라는 환경에 기초하여 생존하고 있다. 인간의 생존은 지구환경에 절대적으로 의존하고 있으며 그 환경조건의 변화에 따라 생존 자체가 위협받기도 하고 엄청난 재앙에 맞닥뜨리기도 한다"는 생태철학적 세계관을 기초로 한 문제의식과, "인간의 능력은 무한하고 놀랄 만한 정도로 문명을 발달시켜 이제는 지구를 거의 정복할 단계에 이르렀다고 자만하고 있지만, 대기 중의 탄산가스 농도가 몇 퍼센트만 변하여도, 북극 바닷물의 온도가 몇 도만 상승하여도, 지구 중력이나 자전속도가 조금만 변하여도 인간의 생존조건에는 엄청난 변화가 초래되고 경우에 따라 당장 수억의 인류가 죽음에 직면하게 될 수도 있다는 학자들의 연구"를 원용한 반대의견의 생태철학적 관점과 생태윤리적 인식은 향후 우리 법원이 좀 더 환경친화적인 방향으로 법리를 발전시켜 나갈 것으로 전망할 수 있게 하는 결정적인 단초를 제공한 것으로 여겨진다. 특히 다음과 같은 겸손과 절제의 태도는 전술한 '무지의 전제'를 십분 고려한 것으로 대법원의 최고법원으로서의 위상에 걸 맞는 단론의 수준과 무게를 잘 보여주는 증좌로 보기에 충분

70) 대법원 1999. 8. 19. 선고 98두1857 전원합의체판결(보충의견)[(법원공보 1999. 9. 15.(90), 1889].

71) 대법원 2006. 3. 16. 선고 2006두330 전원합의체판결.

하다. 또한 이러한 생태윤리적 인식을 토대로 하여 환경권을 기본권으로 보장하고 있는 우리 헌법 제120조 제2항의 '균형있는 개발'의 요청에 '자연환경과 인간의 편익 사이의 균형'도 포함되어 있는 것으로 보는 반대의견의 헌법해석론도 '인간중심주의'를 탈피한 점에서 주목된다.

「인간은 강한 것 같지만 이와 같이 지극히 취약하고 지구환경에 전적으로 생존을 의탁하고 있다. 그런데도 인간은 아직 지구환경이 인간의 생존에 미치는 영향을 아주 작은 일부밖에 알지 못하고 그 대부분은 알지 못하는 미지의 영역으로 남겨두고 있다. 이와 같이 인간의 생존에 절대적으로 영향을 미치는 지구환경의 의미와 가치를 제대로 알지 못한 상태에서 함부로 환경을 변화시키는 것은 지극히 위험한 일이고 경우에 따라서는 자기 생존의 기반을 파괴하는 어리석은 일이다. 별 문제 없을 것으로 생각하여 자연환경을 변화시킨 것이 나중에는 엄청난 악영향을 미치는 결과로 나타난 경우를 우리는 여러 번 경험하고 보아 왔다.」

이러한 인식 하에 입증책임을 준거로 하여 원고 측의 사정변경의 주장을 배척한 다수의견에 대하여 환경친화적 관점에서 정반대의 결론을 제시한 논증도 향후 대규모 개발사업과 관련된 환경소송에서 새로운 입증책임론의 지평을 연 것으로 평가될 수 있다. 입증책임과 관련한 환경친화적 판단, 즉 '입증의 중간영역', 즉 "환경 변화로 인하여 나타날 구체적 위험성이나 훼손될 환경 가치의 중대성 등에 관하여 어느 정도의 가능성까지는 입증하였지만 정확하게 확인되는 정도까지 입증하지 못한 경우"라도 "환경 변화의 영향력이 미치는 범위가 아주 넓고 예측되는 환경 변화의 폐해가 심각한 것이어서 혹시라도 그 가능성이 현실화되는 것을 도저히 용인하기 어려운 사정이 있는 경우라면 희생되는 환경의 가치나 환경 훼손으로 인한 폐해의 위험성과 관련하여 경제성이나 안전성이 확인되지 않은 것"으로 보아야 한다는 입장이다.

V. 헌법해석론적 함의 - 인간의 존엄성과 환경정의[72]

1. 개 요

전술한 바와 같이, 생태철학적 인식의 전환과 모든 생활영역에서 생태윤리

72) 이 장은 기존에 발표하였던 논문의 일부를 보정 및 재편하여 전재한 것이다. 이덕연, "생태철학과 심층생태주의의 헌법적 함의 - '녹색성장' 개념의 의미확산과 심화를 위한 시론", 연세 공공거버넌스와 법, 제2권 제1호, 2011, 37-46면.

의 생활화를 요구하는 심층생태주의는 우선은 개인과 기업에 대한 윤리적 요청이지만, 궁극적으로는 공공선의 실현이라는 국가의 정치적 과제로 주어진다. 인류공동체 전체의 차원에서 근원적이고 총체적인 문제로 주어져 있지만, 반면에 정치경제적인 이해관계가 크게 엇갈리는 문제로 주어진 환경위기에 대하여 유효한 해결책을 강구하는 선도적인 역할은 일차적으로 국가의 몫이다. 또한 자연에 대한 적실한 이해가 자연스럽게 정치경제적 합의로 직결되어서 구체적인 제도와 정책으로 표현될 수 있는 것은 아니다. 기본적으로 막대한 비용부담이 수반될 수밖에 없고, 비용부담배분의 불균형성을 포함하여 보상으로 해소될 수 없는 손해와 혜택의 적지 않은 편차 또한 불가피하다. 현실적인 경제 및 사회상황, 특히 정치지형의 변화에 휩쓸리지 않고 생태윤리에 충실한 정책과 프로그램이 수립되고, 일관성이 유지되는 가운데 지속되기 위해서는 관심과 배려, 조정과 설득의 정치가 필수조건임은 물론이다.

그 자체가 가치적 타협의 산물이고 최고의 정치경제규범, 문화규범인 헌법은 생태계보전의 당위성에 대한 규범적 토대와 함께 그 실천을 위해 필수적인 합리적인 조정과 설득의 준거를 제공한다. 환경권을 기본권으로 규정하고 있는 우리 헌법상 가치질서체계의 정점에 있는 헌법 제10조의 '인간의 존엄성'의 개념을 중심으로 하여 헌법해석론상 생태윤리와의 접점을 찾고, 그 함의를 발전시켜나가야 할 필요성과 그 가능성을 검토해본다.[73)]

2. 생태윤리와 인간의 존엄성

인격의 주체로서 모든 인간에게 내재적인 윤리적 가치로서 부여되는 '인간의 존엄성'은 우리 헌법의 가치질서체계상 정점에 있는 최고의 가치이다. 헌법의 궁극적인 존재의의는 '인간의 존엄과 가치'의 실현에 있기 때문에 헌법을 준거로 하는 모든 국가작용에 대하여 '인간의 존엄성'은 구속력 있는 지침과 한계

73) 같은 맥락에서 헌법해석론상 초점을 맞출 수 있는 대표적인 헌법조항들로는 환경권과 함께 국가목표규정의 형식으로 국가 및 국민의 '환경보전 노력의무'를 규정한 제35조를 비롯하여, 기타 제12조의 영업의 자유, 제23조의 재산권 등 경제활동 관련 기본권 규정들을 들 수 있을 것이다. 또한 우리 헌법상 최고의 가치지표인 '인간의 존엄성' 규정에서 생태윤리적 함의에 대한 공감대를 도출할 수 있다면, 이는 예컨대, 탄소배출권거래제도가 직업의 자유 능의 기본권을 침해하는지 여부에 대한 과잉금지심사를 하는 경우에, 목적의 정당성은 물론이고, 특히 법익균형성의 원칙과 관련하여 공익의 우위성에 대한 유력한 토대가 될 수 있을 것이다. 배출권거래제의 직업의 자유와 관련한 과잉금지심사에 관해서는 한상운, "온실가스 배출권거래제의 헌법적 정당성에 관한 사례분석", 공법연구, 제39집 제2호, 2010. 12, 440-444면.

를 제시한다. 그 구체적인 규범적 의미와 기본권으로서의 효력에 대해서는 견해가 엇갈리나 '인간의 존엄성' 규정의 이념적 근원을 자연법사상에서 찾는 점에 대해서는 이견이 없는 것으로 보인다. 이데올로기적인 스펙트럼에 따라 헌법철학 및 헌법이론적 근거와 범주, 그리고 강조점이 다를 수는 있겠지만, 그 핵심은 선국가적이고 초국가적인 천부인권을 강조하면서 그 당위성과 규범적 실천의 과제에 대하여 결정적인 윤리적, 철학적 토대를 제공한 자유주의적 인권사상을 뿌리로 하는 근대의 인권사상이라고 할 수 있을 것이다.

이러한 관점에서 '인간의 존엄성'을 인간의 내재적인 인격가치에 대한 도덕적 평가를 핵심으로 하는 하나의 문화적인 개념으로 본다면 그 규범적 의미는 필연적으로 '인간중심주의'와 연관되어서 파악될 수밖에 없다. 예컨대, 개인의 종교나 사상에 따라 전지전능한 절대자나 신의 존재를 전제하는 경우에는 '인간의 존엄성' 자체를 인정하기 어렵겠지만, 개인 차원에서의 가치적 또는 세계관적 선판단과는 무관하게 이를 헌법상 객관적인 규범으로 수용한 '인간의 존엄성' 규정에는 인간을 지배하는 절대존재에 대한 부정의 뜻이 내재되어 있기 때문이다.[74] 하지만 '인간중심주의'의 포기 또는 적어도 상당한 절제를 요구하는 생태철학의 세계관과 가치관, 특히 '지배와 복속'의 관점이 아니라 '조화와 공생'의 관점에서 생태계의 모든 존재의 내재적인 상호 연관성과 의존성을 주목하는 맥락에서 보면, 생태계 내에서 인간을 독립된 존재로 이해하고, 인간의 생태적 안전에만 초점을 맞추어서 자연에 대한 배려의 이유와 그 대상의 범위를 설정하는 기존의 '인간중심주의'의 의미구조와 그 속에서 파악되는 '인간의 존엄성'의 이념과 개념으로는 새로운 생태윤리의 철학과 정신을 포섭하기 어렵다.

환경윤리는 인간과 대비되는 도덕적 관심 및 배려대상의 범위에 따라 '강한 인간중심주의', '의식(감각)중심주의', '생명(생물)중심주의' 및 '생태중심 전체론' 등 네 가지로 대별되는데,[75] 우선 기본적으로 인간과 자연을 대립되는 이원적 관계에 있는 것으로 전제하는 '강한 인간중심주의'는 '인간에 의한, 인간을 위한, 인간 중심의 환경윤리'의 한계와 이에 따른 가치적 우선순위의 고착성 때문에 도덕적 관심과 배려의 대상으로 포섭할 수 있는 생태계의 범위가 제한될 수밖에 없고 또한 구체적인 실천의 정책과 프로그램도 일관성과 계속성을 확보하기 어렵기 때문이다. 둘째로 '의식중심주의'는 의식을 가진 모든 자연존재

74) 정종섭, 헌법학원론, 박영사, 2010, 400-401면.
75) 이에 관한 개략적인 논의로는 특히 구승회, 앞의 책, 298-308면.

에게 도덕적 관심 또는 배려가치를 인정하는 입장이다. 동물을 비롯하여 의식과 감각을 갖는 고등생물에 대한 보호론의 핵심논거라고 할 수 있다. 생각건대, 이 입장은 '의식' 자체가 상대적인 개념일 뿐만 아니라, 인간의 가시권 또는 감응능력의 한계가 그대로 도덕적 배려의 범위를 정하는 기준으로 적용된다는 점에서 본질적으로 인간중심의 이원적인 세계관에 따른 '인간중심주의'의 틀을 벗어나지 못한다. 셋째로 생물계 전체를 도덕적 배려의 대상으로 포섭하는 '생명중심주의'와, 마지막으로 세계를 하나의 유기체적 구조를 갖는 복합체로 보고 물질세계를 포함하는 생태계 전체를 도덕적 관심으로 대상으로 하는 '생태중심 총체주의'가 있다. '생명중심주의'와 '생태중심 총체론'은 둘 다 총체적 세계관을 토대로 하는 바, '인간의 탈중심화'를 요구하는 심층생태주의의 플랫폼을 공유하고, 따라서 적어도 '인간중심주의'의 편협성의 한계를 넘어선다는 점에서 일단 전향적인 환경윤리로 평가될 수 있다.

다만, 여기에서 관심의 대상은 단순히 이 네 가지 환경윤리관에 대한 철학적 평가나, 도덕적 배려대상의 적정성에 대한 가치판단이 아니라 생태계위기의 사태에 대한 공유인식의 지평을 넓히고 유효한 대응책을 마련해야 하는 정치적 과제와 관련하여 헌법상 '인간의 존엄성'의 개념 속에서 환경윤리의 요청들을 수용해야 할 필요성과 그 가능성에 대한 검토이다. 세계관과 가치관의 철학적 깊이만을 추구하거나, 대중적 인기에 영합하는 이른바 이데올로기적인 전위성이나 진보성이 아니라 현실정합성과 함께 구체적인 실천의 가능성을 동시에 확보할 수 있는 규범적, 현실적 조건을 찾아내는 것이 관건이고, 그 핵심은 공동체 구성원 모두가 환경문제의 심각성에 대하여 공감하고 함께 고민하고 동참하는 협력적인 태도를 갖추는 것이다. '인간중심주의'를 벗어난 총체론적 환경윤리가 하나의 전위적인 문제제기와 정서적인 호소의 차원을 넘어서 구체적인 정책과 프로그램으로 이어지지 못하고 있는 것은 바로 그 철학적 토대인 세계관과 생명관이 '논증의 문제'가 아니라 일종의 자연에 대한 '직관적 경험'을 토대로 하고 있기 때문이다.

3. '무지의 전제' - 심층생태주의와 인간중심주의의 조화

이러한 과학적 객관성과 공감대 흠결의 한계를 갖는 생태철학의 정신과 생태윤리적 가치를 구체적인 실천을 전세로 하여 제도와 정책의 규범적 플랫폼인 헌법, 특히 핵심적인 가치개념인 '인간의 존엄성'의 해석을 통해 수렴할 수 있는 가능성은 우선 그 진리성의 한계를 인정하는 데서 찾아진다. 선교(宣敎)가 아닌 헌법해석론, 즉 이견의 존재를 전제로 하여 조화와 타협을 지향하는 개방적인 담론의 광장에서 그 한계에 대한 긍정을 통한 한계극복의 계기와 단초는 전술한 바 있는 '무지의 전제'에서 찾아진다.

'인간의 존엄성'에 대한 유력한 철학적 근거의 하나로 제시되는 '의식'(consciousness)의 능력, 즉 자신이 무엇인가를 안다는 것뿐만 아니라 그 '앎'(knowledge) 자체에 대하여 아는 인간의 자기성찰의 능력에는 '무지에 대한 앎'도 포함되는 것으로 이해되어야 한다. 헌법해석론의 차원에서 쉽게 벗어나기 어려운 '인간중심주의'를 고수하는 경우에도 현 상태에서의 인간의 인지능력을 기준으로 하는 앎 속에서만 '인간의 존엄성'의 근거를 찾고, 인간의 생존과 안락을 위한 효용에만 가치를 부여하면서 '존엄한 인간'의 지속가능성을 극대화하려는 것은 유아독존의 자기확신에 불과하다. '인간의 존엄성'은 자연법사상에서 유래된 것이기는 하지만, 정작 '자연'과는 아무 관계도 없는 인간(세계)의 명제일 뿐이다. 역사적인 관점에서 볼 때, '인간의 존엄성' 규정의 규범적 의미는 국가권력과 국민 또는 공동체 전체와 개인의 관계에서 반전체주의를 선언한 것이고, 헌정사적으로 본다면 신이나 군주 등 절대자를 포함하는 강자 또는 다수의 지배집단이 부정하고 유린하였던 소수 약자집단에 속하는 인간의 내재적인 가치를 회복시킨 것이다. 자정체로서 자원과 생명의 순환에 자신을 그대로 맡기는 인간 이외의 생태계는 지배의 탐욕도, 과도한 욕망을 충족시키기 위한 부정직도 없기 때문에 '인간의 존엄성'을 알지도 못하고, 그렇기 때문에 그것을 침해한 일도 없다.

J. Lifkin의 말대로, 인간이 역사 속에서 형성해 온 모든 단계의 의식은 정도의 차이가 있을 뿐 여전히 우리의 문화 속에 현존하고 있다.[76] 그 의식들 속에는 아마도 세계를 하나의 유기체적 전체로 이해하는 생태윤리적 의식의 파편들이 신화나 종교 또는 심리학적 틀의 형태로 생생하게 간직되어 있을 것이다. 기후변화로 인해 인간이 다른 모든 생물들과 공유하면서 전적으로 의존하고 있는 생태계 전체가 위험에 빠지고, 하나의 종으로서 인류의 생존 자체가 절박한 위협에 처해 있는 상황에서 모든 인간이 공유해야 하는 것이 무엇인지는 이미 문제가 아니다. 생물학적 관점에서 볼 때 답은 분명하게 주어져 있는데 '인간의 탈중심화'를 용납하지 않는 '인간중심주의'의 장막에 가려서 그것을 제대로 인식하지 못하고 있을 뿐이다.

'인간중심주의'의 인식틀을 한 치의 양보도 없이 고수하지 않는 한 외면할

76) Jeremy Rifkin, 이경남(역), 공감의 시대, 민음사, 2010, 733면.

수 없는 생태철학의 핵심주문이 자연에 대한 적실한 이해를 통해 인간의 본질과 좌표를 되짚어볼 것을 촉구하는 것이라고 한다면, '인간의 존엄성'을 '인간중심주의'를 토대로 하는 정언명제에서 가설의 단계로 격하시켜서 인간(人間)이 아니라 자연 속에서, 즉 인간과 자연의 구조적인 의존관계에서 재구성하는 것이 이 촉구에 부응하는 시발점이 될 것이다. '무지에 대한 앎'이 필수적인 전제조건임은 물론이다. 개념 내재적으로 존엄의 주체는 유일무이하다는 전제 하에 인간만이 그 주체로 인정될 수 있다는 것인지,[77] 그렇다면 그 근거는 무엇인지, 인간이 중심이고 나머지 모든 생태계는 '환경'(環境), 전술한 바 있듯이 말 그대로 '인간을 둘러싼 주변부'이기 때문에 그렇다고 한다면 무한의 생태계 속에서 과연 중심과 주변의 구분이 성립될 수 있는 것인지 또는 중심에 있는 것이, 좀 더 정확하게 표현한다면 스스로 중심에 있다고 생각하는 자의식 또는 그 인식능력 자체가 도덕적인 가치판단의 객관적인 준거가 될 수 있는 것인지 등등, 인간중심적인 자기정당화의 폐쇄적인 순환론을 벗어나서 보면 '무지의 전제'가 불가피한 난제들이 잇닫는다. 심층생태주의의 생명관과 가치관에 대한 동의 여부와 무관하게 관용과 절제의 태도가 요구되는 것은 바로 이 때문이다.

예컨대, 의식능력이 있는 인간의 공동체와 의식능력, 언어, 정의, 그리고 민주주의도 없는 생태계를 구별하는 입장에서 생태계로부터 인간의 가치나 단점 등에 관해서 아무 것도 배울 것이 없다고 보는 경우에도 가장 중요한 한 가지, 즉 수 십 억년에 걸친 '공생의 진화' 속에서 찾아지는 '지속가능한 삶의 방법'을 배울 수 있고 또 그래야만 한다고 주장하는 생태윤리[78]를 외면하는 태도는 인간 의식의 핵심요소인 반성의 능력을 스스로 부정하는 것이다. 또한 생물계 또는 생태계 전체를 도덕적 배려의 대상으로 포섭하지 않는 경우에는 인류공동체의 생존이 지속될 수 있는 자연환경의 보전이 불가능하다고 보는 총체론적 생태윤리에 대해서도 적어도 아직까지는 공유하기 어려운 '주관적인 직관의 경험'이라고 하더라도 그 철학과 정신을 원천적으로 배척하는 것은 생태위기시대에 적합한 태도가 될 수 없다. 빨리 내닫거나 무엇인가를 하는 것과 함께, 또는 그 보다 앞서서 무엇인가를 하지 않으면서 머물고 또는 늦추는 것에 더

77) 1991년 7월 1일부터 시행된 「동물보호법」(법률 제8282호, 2007. 1. 16 전부개정시 규정)에는 "인류의 복지의 증진과 동물 생명의 존엄성을 고려하여 실시하여야 한다"는 동물실험의 원칙이 명시적으로 규정되었다(제23조 제1항). 헌법상 '인간의 존엄성'과 그 규범적 의미와 내용이 다를 수 있고 또 그럴 것으로 생각되지만, 법률 차원에서 동물을 '존엄'의 자격을 갖는 도덕적 배려의 대상으로 포섭한 것은 적어도 '강한 인간중심주의'를 넘어서 '의식중심주의' 단계의 생태윤리를 입법적으로 수용한 것으로 볼 수 있는 점에서 주목된다.

78) Capra, op. cit., p. 298.

관심을 가져야 한다. '불확실성의 시대'에 '무지의 전제'와 절제의 요청이 특히 강조되는 것은 비로소 이들에 의해서만 '건강한 머뭇거림'을 가능하게 하는 도덕적 다원주의(moral plural- ism)가 형성될 수 있기 때문이다.

이러한 맥락에서 인간 신체의 잠재력의 무한한 가능성과 관련하여 인식론의 차원에서 '무지의 전제'에 대한 G. Deleuze의 독창적인 해석이 주목된다. 존재론적 차원에서 이른바 '큰 윤리적 물음'들과 관련된 함축의 주체인 동시에 그 대상이기도 한 인간의 신체에 내포된 잠재력의 크기와 가능성은 논증이 될 수 있는 것이 아니라 오로지 경험적 근거에 의해서만 가늠될 수 있다고 보는 것은 이 문제를 단순히 지식상의 결함인 '무지의 문제'로 돌리는 것이 아니라 "미래의 감응적 진화가 가지는 실험적이고 개방적인 특성의 문제"로 이해하는 태도로 파악되어야 한다는 것이다.[79] 같은 맥락에서 '무지의 전제'를 다양성과 균형성의 조건이 유지되는 가운데 진행되는 '개방적인 감응의 진화'의 필수적인 조건으로 이해한다면, 이른바 "위험으로서의 앎"(Wissen als Risiko)과 "기회로서의 무지"(Unwissen als Chance)[80]라는 발상의 전환과 법학적 문제의식은 극단의 불확실성에 대처해야 하는 생태위기시대에 헌법해석론상 생태윤리를 숙성시켜 나가고 또 그 실천의 토대로 공동체 구성원들의 윤리적 공감대를 확장해 나가야 하는 관점에서도 매우 적실한 것으로 주목된다. 이러한 의미의 '무지의 전제'와 이에 따른 절제의 태도를 유지한다면, 한편으로는 '인간중심주의'를 벗어난 생태윤리 및 그에 함축된 의미와 가치의 잠재적인 가능성을 원천적으로 배제하는 폐쇄적인 태도와, 또 한편으로는 당장 '인간중심주의'의 완전포기를 요구하는 성급하고 비현실적인 태도를 동시에 피해나갈 수 있을 것으로 생각된다.

생태계 전체 또는 적어도 생물계 전체를 도덕적 배려의 대상으로 포섭할 것을 주장하는 심층생태주의자들의 윤리적 입장에 대하여 회의적인 사람들이 제기할 수 있는 의문, 즉 "그렇다면 사람보다 동물을 또는 물질세계를 더 선호한다는 것인가?"라는 질문에 대하여 Naess가 제시하는 답은 양 극단의 불합리한 태도를 지양하면서 심층생태주의와 '인간중심주의'의 조화의 가능성을 찾아낸 모범답안으로 생각된다: "동물이나 야생의 보호를 위한 열정과는 무관하게 심층생태주의자들도 우선 동료 인간들에 대한 특별한 의무들은 인정한다. 우리가

79) 이에 관해서는 Keith Ansell Pearson, 이정우(역), 싹트는 생명, 산해, 2005, 33면.
80) 이 논제에 관해서는 W. Hoffmann-Riem, "Wissen als Risiko-Unwissen als Chance", in; Ingo Augsberg(Hr.), Ungeswissheit als Chance, Mohr Siebeck, 2009, pp. 17-38.

지향하는 것은 관심과 배려의 대상을 인간에서 비인간으로 전환하는 것이 아니라 이 배려를 확장하고 심화하는 것이다. 배려의 잠재능력이 항구적이고 제한된 것이라거나 또한 어떤 종에 대한 배려가 증대되는 것이 필연적으로 다른 대상에 대한 배려의 감소를 초래할 것이라고 보는 가정은 확인되지 않은 추측일 뿐이다."[81]

요컨대, 심층생태주의와 '인간중심주의'의 조화의 당위성을 전제로 그 가능성을 주목하는 관점에서 보면 우리 헌법상 '인간의 존엄성' 규정은 어떤 특정한 생태윤리와도 연계되어 있지 않고, 다만 내재적인 선악의 가치판단을 유보하면서 모든 가치의 균형성과 다원성을 강조하는 생태철학적인 태도, 즉 투쟁을 통한 지배와 배제가 아니라 조화와 통합을 지향하는 동반적 협력의 태도를 요구하는 것으로 이해된다. 궁극적으로 인간의 생명과 인류공동체의 지속가능성을 전제로 하는 동 규정에 '존엄한 인간'의 생존을 위한 조건에 관심을 가질 것을 요구하는 명령이 포함된다고 본다면, 헌법상 '인간의 존엄성'의 개념과 심층생태주의, 즉 '인간에 의한 인간의 지배'뿐만 아니라 '인간에 의한 자연의 지배'도 부정하면서 '인간의 탈중심화'와 '도덕적 배려 대상의 확장'을 주장하는 전체론적 생태윤리는 상충되는 것이 아니라 상호 포섭이 가능하고 또 당위적으로 그래야만 하는 상보적인 관계에 있다.

4. 소 결

오늘날 생태위기의 심각한 사태와 헌법규범의 교차점에서 볼 때, '인간의 존엄성'의 개념에는 '인간중심주의'에 대한 포기의 뜻이 포함되어 있는 것으로 이해된다. 하지만 '인간중심주의'의 포기나 근본적인 수정이 '인간의 존엄성'의 폐기를 의미하는 것은 아니다. 오히려 그것을 지속하기 위한 필수조건으로서 일종의 사고의 혁신, 즉 근본적인 인식틀의 변화를 요구하는 것이다. 이러한 변환의 요청에 부응하는 해석론을 통해서 재정립되는 경우에 '인간의 존엄성'의 개념은 생태철학 및 생태윤리와의 교섭을 통해서 인간의 본성과 자연에 대한 적실한 이해의 새로운 계기와 단서를 함축할 수 있게 되고, 이를 토대로 하여 심층생태주의와 '인간중심주의'의 조화를 지향하는 헌법해석론에 유용한 창구와 공간을 제공할 수 있을 것이다.

---

81) A. Naess, op. cit., p. 311.

Ⅵ. 맺는 말

인간 종을 포함하는 생태계 자체의 보전에 초점을 맞춘 환경정의는, 단기적으로나 부분적으로는 상충될 수 있지만, 궁극적으로 또한 기본적으로는 인간을 중심으로 하여 환경재의 공정한 배분을 내용으로 하는 환경적 정의를 포섭할 수 있지만, 그 역은 성립되지 않는다. 인간세계에만 국한된 '공생'과 정의가 아니라 '인간중심주의'의 극복과 인간과 자연의 '공생'과 화해를 요구하는 생태철학과 총체적인 생태윤리의 관점에서 환경적 정의와 환경정의를 구별하고, 환경정의의 이념을 독자적인 헌법 및 환경법의 이념으로 설정하여 그에 따른 법리발전의 필요성과 가능성을 검토한 것도 바로 이 때문이다.

인간의 생존에만 초점을 맞춘, 심지어는 필요 이상의 안락을 추구하는 무분별한 개발정책과 생태계의 조작이나 파괴에 대하여 자연은 적어도 단기, 중기적으로는 아무런 자기방어의 수단을 갖고 있지 못하다. 자연은 소송은 물론이고, 법적 담론도 시위도 모른다. 환경적 정의든, 환경정의든 정의는 인간의 논리이고 언어일 뿐이다. 생태철학적 세계관의 관점에서 보면 인간 종의 지속가능성은 인간의 관심사일 뿐이지 자연은 전혀 관심을 갖지 아니하고 또한 그럴 필요도 없다. 궁극적으로 또한 장기적으로 자연은 '인간의 자연법'과는 무관한 '생태계의 자연법'을 근거로 하는 '공멸(共滅)의 선택권'을 갖고 있기 때문이다.

이미 자연은 친절하게도 공생의 방법을 제시해주면서 충분할 정도로 수 없이 많이 경고의 신호를 보여주었다. 정의론과 법적 담론이 환경평등, 즉 환경적 정의와 함께 또는 그에 앞서서 인간 종의 당장 내일의 생존을 위한 또는 인간의 지속가능성을 전제로 하는 논제이고 공론의 마당이라고 한다면, '인간의 탈중심화'와 이를 토대로 하는 환경정의의 이념, 즉 Kant의 말을 빌려서 말하자면 사람과 마찬가지로 '자연을 단순한 객체로 다루지 말라!'는 요구는 지구적 차원이든, 지역의 차원에서든 모든 생활영역에서 인간중심의 세계관과 가치관의 근본적인 전환과 집합적인 행동의 변화를 촉구하는 '정언명제'이다. 환경정의를 헌법과 환경법상 최우선의 이념으로 자리매김하고, 즉각적이고 효과적인 실천의 전략과 수단을 마련해야 하는 법학의 과제는 더 이상 미루거나, 천천히 서두를 일이 결코 아니다. '부티끄 환경주의'식의 대응으로 해결하기에는 문제가 심각하고 긴절하다. Nietzsche가 차라투스트의 입을 통해 말한 다음과 같은 경고가 예사롭게 들리지 않는 것이 필자만의 느낌은 아닐 것으로 믿고 또 기대한다.

「인간의 위대함은 그가 다리(橋)일 뿐 목적이 아니라는 데 있다. 인간이 사랑스러울 수 있는 것은 그가 건너가는 존재이며 몰락하는 존재라는 데 있다… 이제는 인간이 자신의 목표를 세워야 할 때다. 이제는 마지막 희망의 씨앗을 뿌릴 때다…인간의 대지는 아직도 씨앗을 심기에 충분할 만큼 비옥하다. 그러나 이 대지는 언젠가 메마르고 생기를 잃게 될 것이다. 그렇게 되면 이 대지에서 다시는 나무가 자라지 못할 것이다.」[82)]

82) F.W. Nietzsche, 장희창(역), 민음사. 2004, 19, 22면. 일부 표현은 필자가 수정하였음.

제 2 절 환경정의의 관점에서 본 환경책임법제에 대한 소고*

장 욱**

Ⅰ. 서 론

2012년 9월 경북 구미 불산누출사고로 인해 재산과 인명에 커다란 피해를 발생시켜 사회적 파장을 일으킨데 이어 2013년에도 경기도 화성에 있는 삼성전자에서 불산 누출로 인해 사람의 생명을 앗아가는 사고로 국민의 공분을 사고 있다. 그 외에도 최근의 사업장 또는 환경시설에서 발생하는 유해물질 또는 위험으로부터 피해를 당하는 사례들이 빈번하게 보고되고 있음에도 당해 사고의 순간적인 미봉책에 불과하고 지속적이고 신뢰할 만한 환경안전대책이 담보될 수 있는 환경책임법제를 제정하여야 한다는 목소리 또한 커지고 있는 것이 사실이다. 국제적으로도 오늘날 기후변화로 인한 생태계의 위기의식이 고조되는 가운데 국제적으로 환경문제에 적극적으로 대처하기 위한 노력이 이루어지고 있고 그 중의 하나가 환경손해에 대한 책임의 법제화이다. 미국 및 독일을 비롯한 선진국에서 환경손해에 대한 책임법제를 정립하여 시행하고 있으며 우리나라의 경우에도 그 필요성을 인식하고 계속해서 환경책임법을 제정하려는 움직임을 보이고 있는 중이다.

환경책임법제를 정립하고자 하는 이유는 기존의 과실책임원칙에 입각한 환경책임제도로는 오늘날 빈번하게 발생하는 환경피해사례에서처럼 환경오염의 원인을 명확히 규명하기 어렵고, 그 피해 또는 손해의 정도를 계량화하거나 과실 비율에 상응하는 만큼 비용을 분담하기도 어려워 그 정책적 목적을 달성하기 어렵기 때문이다.[1] 특히 과실책임원칙에 입각한 환경책임제도는 기업의 입

---

* 이 논문은 환경법연구 제35권 제3호(2013)에 발표된 논문을 수정 · 보완한 것임.

** 연세대학교 법학연구원 연구교수

1) 환경위험에 따라 초래된 손해에 관한 배상책임이 존재하지 않으면 기업 또는 개인은 단지 사적인 생산비용에만 관심을 가지기 때문에 외부화되는 비용을 고려하지 않게 된다. 이는 결국 기업이나 개인과 같은 환경오염원인자의 한계생산비용에 환경위엄에 따른 비용이 산입하지 않게 되어 사회전체적인 환경위험의 분배가 최적화 단계에 이르지 못하게 되고 이는 오염원인자의 환경오염에 대한 주의의무를 최적화 상태보다 하락하게 하는 압박요인으로 작용한다고 한다. 한상운 외, 환경책임과 환경피해보험의 제도화 방안에 관한 연구Ⅱ,

장에서 환경오염비용이 외부화되어 있어 부정의한 상태가 발생하게 된다고 한다. 이에 환경오염비용을 내부화할 수 있도록 위험책임의 법리를 도입한 환경책임법을 제정하려고 하고 있다. 그러나 우리나라에서 입법을 시도하고 있는 환경책임법은 환경오염시설 운영자에 대한 엄격책임을 중심으로 하여 입증책임의 완화 등을 규정하는 등 기본적으로 사법상의 구제제도에 입각하여 사후적인 손해배상제도에 초점을 맞추고 있다.

그러나 환경법 영역에서 환경오염 및 생태계 파괴 등으로 인한 사후적인 구제에는 그 한계가 있고, 근원적인 대책이 되지 못한다는 점에서 사전배려의 원칙(Precautionary Principle)이 제1차적이고 근원적인 원칙으로 여겨지고 있다. 사전배려의 원칙에 근거하여 국가 또는 사회는 미래를 예측하고 계획성 있는 행위를 함으로써 발생할 수 있는 위험에 대비하고 생태계 보존 및 자연자원 관리를 위한 대책을 강구하도록 요구하고 있다. 이러한 사전배려의 원칙에 근거하여 국가는 능동적으로 위험의 발생을 배제하고 위험을 관리하여 할 적극적 의무가 나온다고 볼 수 있다. 사전배려의 원칙은 사전에 환경기준 설정 내지 환경에 위해를 가할 시설의 설치에 인·허가 제도의 강화 등 공법상의 조치들을 그 목적이 원활히 달성될 수 있기 때문에 환경책임법제를 제정함에 있어서 사법상의 제도 보완 이외에 공법상의 제도들이 같이 병행되어야 환경보전의 목적을 달성할 수 있을 것으로 보인다. 그런데 공사법의 조치 내지 구제제도를 포함한 환경책임법제를 구성함에 있어서 고려되어야 할 중요한 이론적 기반이 환경정의가 될 것이다.

이하에서는 환경정의의 관점에서 발생하는 환경피해 또는 환경손해를 어떻게 배상할 것인지 사회적으로 환경책임을 분담하는 것이 바람직한지에 대해 살펴보고, 환경책임법제의 정립방향을 제시하고자 한다.

Ⅱ. 환경손해 및 환경책임법제의 정립에 관한 국제적 동향

1. 2004년 유럽연합 환경책임지침(EU Environmental Liability Directive)

1987년 EU체제가 성립된 이후 환경보전정책은 EU를 지탱하고 유지해온 중요한 정책 중의 하나였으며 1993년의 Lugano협약(Convention on Civil Liability for Damage Resulting from Activities Dangerous to the Environment)을 채택하고, 같은 해에 환경피해구제에 관한 그린 페이퍼(Green Paper on Remedying

---

한국환경정책평가연구원, 2011, 23면.

Environmental Damage), 2000년 환경책임에 관한 화이트 페이퍼(White Paper on Environmental Liability) 등을 거쳐 2004년에는 EU 환경책임지침(EU Environmental Liability Directive)[2]을 제정하게 된다. 동 지침은 기존의 환경관련 협약 내지 지침들과는 달리 사법상의 손해배상문제들은 각 회원국의 국내법적 문제로 남겨두고 환경 그 자체에 대한 보호 및 피해의 회복에 중점을 둔 공법상의 질서구조와 결부되어 있다. 그리고 환경책임지침이 적용되는 범위와 관련하여 제3조에서 환경손해의 직접적 위험이 부속서 Ⅲ에 열거된 모든 영업활동(occupational activities)에 의하여 발생한 환경피해와 그러한 행위를 이유로 하여 발생할 그러한 피해에 대한 모든 급박한 위협(imminent threat)에 적용되어야 한다고 규정하고 있다.[3] 한편, 부속서 Ⅲ에서 예정하고 있는 이외의 모든 영업활동로 인해 보호받는 종과 자연서식지에 피해를 입히거나 그러한 활동으로 인해 야기되는 모든 급박한 위험에 적용되어야 한다.[4] 그리고 지침 제8조에서 행정청이 환경손해에 대한 예방 및 복구를 위해 위험방지와 위험제거 조치를 취할 수 있도록 하고 그 비용은 원인자부담의 원칙에 따라 사업자는 지침에 따라 실시된 회피조치 및 정화조치 비용을 부담하도록 하고 있다. 또한 동 지침 제12조와 제13조에 따르면 사인과 이해관계인[5]도 자신이 알고 있는 환경손해 또는 그러한 손해의 직접적 위험에 관한 의견을 소관 행정청에 제출하고 조치를 취해줄 것을 요구할 수 있는 권리를 가진다고 규정하고 있다.

2. 독일의 환경책임법(Umwelthaftungsrecht)과 환경손해(Umweltschadensgesetz)

독일은 환경피해 내지 손해에 대한 회복 및 배상조치와 관련하여 민사적으로는 환경책임법[6]을 공법적으로는 환경손해법[7]을 제정하여 시행해오고 있다.

---

2) Directive 2004/35/CE of the European Parliament and of the Council of 21 April 2004 on environmental liability with regard to the prevention and remedying of environmental damage〈http://www.ecolex.org/ecolex/ledge/view/RecordDetails;jsessionid=89C66581DE944CDA055A58847C773532?id=LEX-FAOC043202&index=documents〉.

3) EU 환경책임지침 제3조 1(a)항.

4) EU 환경책임지침 제3조 1(b)항.

5) EU 환경책임지침 제12조 1항에서 제소가능한 자연인 또는 법인으로서 ① 환경손해에 의해 악영향을 입고 있거나 또는 악영향을 입을 개연성이 있는 자연인이나 법인 또는 ② 손해와 관련하여 환경에 관련된 결정절차에 충분한 이해관계를 가진 자연인이나 법인 또는 대안적으로 ③ 가맹국의 행정절차법 또는 행정소송법이 권리의 침해를 요건으로 요구하는 한도 내에서 권리의 침해를 주장하는 자연인이나 법인을 들고 있다.

6) Umwelthaftungsgesetz(UmweltHG) vom 10. Dezember 1990(BGB1. I S.2634).

7) Gesetzüberdie Vermeidung und Sanierung von Umweltschäden(Umweltschadens-gesetz-UShadG) vom 10. Mai 2007(BGB. 1 S.666).

먼저 1991년부터 시행되어 오고 있는 환경책임법은 보호법익의 개별적인 침해에 대한 정당한 보상을 함을 목적으로 무과실의 위험책임을 기초로 하면서 가해행위와 손해 사이의 인과관계를 추정하는 방법을 통하여 입증책임을 완화하는 방법을 택하고 있다. 동법 제2조에서 시설에서 발생한 환경작용으로 인하여 생명이나 신체, 건강에 손상을 주거나 재산에 침해가 있으면 시설 보유자는 손해배상을 하도록 함으로써 시설책임을 규정하고 있다. 시설 보유자는 위험책임의 법리에 따라 공법상의 법규를 준수한 정상조업의 경우라 하더라도 오염물질이 방출되게 되면 위험원으로 평가받아 책임을 지도록 하고 있다. 특히 이 법에서 환경정의의 절차적 정의 실현과 관련있는 정보청구권을 규정하고 있다. 동법 제8조 제1항에서 정보청구의 대상으로서 사용하는 시설에 관한 정보, 사용하거나 방출한 물질의 종류 및 농도, 그 외 시설로부터 발생할 수 있는 효력작용 등을 들고 있다. 다만 예외적으로 법률이 이들 정보의 유출을 막고 있거나 정보의 공개가 시설보유자나 제3자의 중대한 이익의 손상을 줄 염려가 있는 때에는 정보청구가 제한된다. 동법 제8조 제3항에서는 시설보유자로부터 제시된 정보의 내용이 불완전하거나 시설과 다르거나 불충분한 경우 또는 정보의 제공이 합리적인 기간 내에 이루어지지 않은 경우에는 피해자는 시설보유자의 문서정보에 대한 열람을 청구할 수 있다. 환경책임법에서 보상되는 책임의 범위와 관련하여 생태계 손해도 포함하고 있으나 보호법익에 대한 침해와 결부되는 한도 내에서 인정된다(동법 제16조).

EU 환경책임지침에 따라 2007년 제정된 환경손해법은 환경손해를 정화하는데 있는 것이 아니라 연방자연보호법, 수자원관리법 등 개별 환경관련입법 규정에 따른 환경피해를 방지하기 위한 틀을 제공하기 위해 제정된 것이다.[8] 즉 환경손해법은 개별법의 규정에 의한 구체화와 보충을 필요로 하는 대강만을 규정하고 있으며, 다른 한편으로 연방 또는 주의 법 규정들이 환경손해의 회피와 정화를 자세히 규정하고 있지 않거나 혹은 그 요건에 있어서 환경손해법에 상응하지 않는 경우에만 적용되며, 아울러 환경손해법보다 더 넓은 요건을 정하고 있는 법규정들은 그 적용을 받지 아니한다(동법 제1조). 한편 국제협약에서 해결이 유보되어 있는 환경손해는 환경손해법의 적용영역이 아니다.

---

8) 공법적 규정들은 장해제거를 지향하기 때문에 손해배상법상의 원상회복을 실현하고 공법적 질서법은 급박한 위험을 방지함으로써 피해가 발생하기 이전에 그 효력이 발생할 가능성을 가진다. 따라서 이러한 점에서 사법과 비교해 공법상의 책임 효과가 더 크다고 지적한다. 서보국, "독일의 환경책임법: 현황, 성과 및 발전전망, 환경법과 정책, 강원대 비교법학연구소", 2010, 49면.

3. 미국 종합환경대책법(CERCLA)

미국은 화학공장 등에서 나오는 유해물질로 인해 토양 및 수질이 오염되어 많은 피해가 발생하였지만 그 책임소재를 밝힐 수 없는 경우가 많이 발생하였다. 이에 1980년 산업체 등에서 나오는 유해물질로 오염된 부지 등을 신속하고 효과적으로 정화하고 그 비용을 책임당사자에게 부과하기 위한 법의 제정을 추진하였다. 이 법이 슈퍼펀드법으로 알려진 종합환경대책법(Comprehensive Enviromental Response Compensation and Liability Act : 이하 CERCLA)이다.

CERCLA는 원인자부담의 원칙에 따라 오염발생자가 오염지역에 대한 정화책임 및 피해에 대한 원상회복을 하도록 하면서, 오염발생에 직·간접적으로 관계되거나 주의의무 내지 관리의무 해태 등 조금이라도 책임을 물을 여지가 있는 자에 대해서까지 책임당사자의 범위를 광범위하게 확대하고 있다. 이는 원인자책임의 원칙을 최대한 충실하게 반영함으로써 사회적 형평성 및 환경정의를 실현하고자 하는 의도에서 제정된 입법이라고 할 수 있다.[9)]

미국 환경청(EPA)는 슈퍼펀드에서 우선적으로 정화비용을 사용한 후 동법 제107조의 잠재적 책임당사자들[10)]로부터 소요된 정화비용을 구상하도록 하고 있다. 아울러 EPA는 잠재적 책임당사자에게 오염부지의 정화를 명령할 수 있도록 하고 있다.

CERCLA상의 책임은 엄격책임(Strict Liability), 부진정연대책임(Joint and Several Liability), 그리고 소급책임(Retroactive Liability)의 세 가지로 특징지을 수 있다.[11)] 엄격책임(Strict Liability)하에서는 책임당사자의 고의 또는 과실이 없었다든지 책임당사자가 관련 업계의 관행기준을 준수하였다고 해서 책임이 면책되지 않기 때문에 원고는 책임당사자의 유책사유를 입증할 필요없이 오염과 관련되어 있다는 사실만 입증하면 된다. 그리고 복수의 책임당사자가 있는

---

9) 책임자의 범위를 지나치게 확대하고 면책의 가능성이 거의 없음으로 인하여 사업자들로 하여금 오염행위에 무감각하게 만들어 오히려 오염원인자부담의 원칙을 왜곡시키는 결과를 초래하는 문제점이 있다고 지적되기도 한다. 김홍균, "미국의 종합환경대응책임법(CERCLA)상의 책임당사자와 토양환경보전법상의 오염원인자", 환경법연구, 제24권 제1호, 2002, 90-91면.

10) 잠재적 책임당사자들로 i) 현재 시설 또는 선박을 소유하고 있는 자와 운영하는 자, ii)유해물질의 배출시점에 그러한 유해물질이 배출된 시설을 소유하였거나 또는 운영하였던 자, iii) 자기 소유의 유해물질을 다른 당사자가 소유, 운영, 보관하고 있는 시설에서 처리 또는 취급하기 위하여 계약·합의를 한자 또는 유해물질을 그 곳으로 운반하기 위하여 운반자와 계약을 맺은 자, iv) 유해물질을 자기가 선택한 처리 또는 취급시설, 소각용 선박 또는 부지로 운반하기 위해 수령 또는 수령하였던 자가 해당한다(CERCLA §107).

11) 자세한 내용은 김홍균, 앞의 글, 76-78면 참조.

경우 오염지역 정화비용에 대해 부진정연대책임을 지도록 하고 있다.[12] 또 다른 특성은 CERCLA가 제정되기 이전에 유해물질을 배출한 경우에도 현재의 오염행위에 대해 책임을 질 수 있도록 함으로써 법의 소급적용을 가능하게 하였다. 법의 소급적용과 관련하여 위헌성 여부에 대한 문제가 제기되었으나 미국 연방대법원은 국민의 건강과 환경에 중대한 영향을 주는 오염지역의 정화는 목적의 정당성이 인정되고, 처리시설을 설치하여 그로부터 이익을 얻은 자에게 합리적인 책임을 물리는 것은 위헌이 아니라고 판시하였다.[13]

4. 소 결

환경피해 내지 환경손해에 대한 배상 내지 책임을 규정하기 위해 제정되어지고 있는 외국의 법제들은 기존의 사회체제에서의 환경부정의 상태를 교정하기 위한 노력의 일환으로 법리를 구성하고 있다고 보여진다. 비교적 초창기에 제정되어진 독일의 환경책임법이나 미국의 CERCLA는 기본적으로 교정적 정의의 차원에서 환경정의를 실현하기 위해 전통적인 과실책임 원칙을 포기하고 위험책임 또는 엄격책임으로서 법리의 전환을 모색하였다. 또한 이러한 교정적 정의 차원에서 새로운 책임원리의 도입은 사업자들로 하여금 자발적으로 환경위험을 예방하고 위험요인을 제거하기 위한 노력들을 촉발시키게 됨으로써 위험의 감소라는 분배적 정의차원에서 환경정의를 실현하는 기능을 하기도 한다. 한편으로는 정보공개청구권 및 열람청구권 등을 규정함으로써 절차적 정의 차원에서 환경정의를 구현하고, CERCLA에서와 같이 환경기금의 조성 등을 통한 손해배상 및 오염지역 정화의 비용에 충당함은 사회적 정의 차원에서 사회적 경제적으로 우월한 지위에 있는 자에게 보다 많은 비용을 분담케 함으로써 공정한 사회로의 발전을 도모하는 것이라고 평가할 수 있다. 나아가 최근 제정된 유럽 환경책임지침이나 독일 환경손해법의 경우에는 인간중심주의에서 벗어나서 생태계 그 자체에 대한 배상 내지 회복조치를 법제화하였다는 점에서 환경정의 실현의 범위를 확대하고 환경법의 지속가능한 발전의 측면을 구현하였다는 점에서 그 의의가 있다.

---

12) 부진정연대책임은 CERCLA에서 명시적으로 규정하고 있지는 않지만 법원이 판결을 통해 이를 인정하고 있다(United States v. Rohm & Haas Co., 2 F. 3d 96, 100(1st Cir. 1993); United States v. Colorado & Eastern R. R Co., 50 F. 3d 1530, 1535(1oth Cir. 1995).

13) U.S v Hooker Chemicals & Plastic Corp, 680 F. Supp. 546, 557(W.D.N.Y. 1988); U.S v Olin Corp. 107 F. 3d 1506(11th Cir. 1997).

Ⅲ. 환경정의의 관점에서 본 환경책임법의 쟁점

1. 환경정의의 개념 및 기능

환경정의의 개념은 대단히 사변적 개념으로서 철학적 기저에 따라 보는 관점이 달라지긴 하지만 사회정의가 상대적으로 자원사용에 따른 이익의 공정한 분배에 초점을 맞추고 있는데 반해, 환경정의는 그것 이외에도 자원사용으로 초래되는 불이익의 공정한 분해에 더 주안점을 두고 있다고 본다.[14] 따라서 환경을 보존하는데 제약이 필수적인 경우에는 합리적인 정의 원칙에 따라 모든 사람이 공정한 몫을 받고 공정한 정도로 제약을 받아야 하는 것이 환경정의이다.[15] 전통적으로 환경법은 분배 문제에 대해서는 관심이 없었고, 환경법 옹호주의자들은 환경권만을 강조해왔던 반면에 경제주의자들은 비용 문제에 더욱 큰 관심을 두고 있다.[16] 따라서 환경과 경제는 공존하기 어려운 개념으로 치부되어 왔었지만 환경정의는 환경과 경제 사이의 화합을 이어주는 가교 역할을 하는 중요한 규범적 개념이 된다고 볼 수 있다. 그러한 점에서 환경정의는 발생하는 환경위해와 그에 대한 규제들을 한 사회 내의 개인 및 집단 사이에 어떻게 분배하고 나눌 것인지에 관심을 가지고 중요한 판단기준이 된다.[17] 그러므로 자연자원의 이용 및 환경으로 입은 혜택과 그 환경오염 및 훼손에 대한 비용부담에 있어서 각자의 고유한 몫을 초과하는 경우 환경부정의가 있는 상태라고 할 수 있다. 이러한 환경부정의의 상태는 한 국가 내에서 발생할 뿐만 아니라 전지구적 차원에서 국가 간에 발생할 수 있고, 미래세대가 누릴 환경편익을 고려하지 않은 채 현재세대만의 환경이익을 공유하고 환경훼손을 할 경우 세대 간의 환경부정의가 발생할 수 있다. 또한 나아가 생명의 주체를 인간에게만 한정하지 않고 그 주체를 확장할 경우에는 인간의 편익을 위해 자연자원을 이용하고 환경이익을 향유할 경우 다른 생물종 및 생태계의 생존에 심각한 위협을 초래하게 되어 환경부정의가 발생하게 된다. 이는 오늘날 환경문제에 있어서 중요한 원칙인 지속가능성의 원칙의 관점에서도 사람들이 스스로 제어하거나 제어 받아야 하는 환경적 제약은 필요하고, 사회질서 유지 차원에서도 대다수의 자발적 협력을 필요로 하고 이러한 협력을 제공받기 위해서는 사

14) 한면희, "환경정의의 이론과 실제", 환경과 생명, Vd. 21, 1999, 132면.

15) 피터벤츠 지음/최병두 외 역, 환경정의, 한울, 2007, 32면.

16) James Salzman/Barton H. Thomson, Jr, Environmental Law and Policy, Foundation Press, 2007, p. 38.

17) Ibid., p. 38.

회질서가 용인할 수 있을 정도로 공정하다고 인지되어야 한다.

환경정의는 인간중심의 이익의 분배적 정의에서 벗어나서 환경문제가 가지는 특수성 및 복합성 등으로 인해 피해 분배의 문제에 보다 관심을 가지기 때문에 환경정책이나 환경관련 입법에서 중요한 지침이 된다. 환경정의는 사회정의를 포함해 문화다양성과 생물다양성을 함께 존중하고 분배적 정의가 두루 확산되는 공동체를 지향하기 때문에 선진국과 후진국, 성인과 아동, 현세대 인간과 미래세대 간의 차이에 따른 환경적 불공정을 시정하는데 중요한 지침이 되고, 생태정의 관점에서 다른 생물종 및 생태계에 위해를 가하는 인간의 행태를 제동을 걸 수 있는 중요한 이론적 근거가 된다.[18] 궁극적으로 환경정의는 자원배분의 기준으로 작용하고 자연생태계와 공존질서를 도모하게 함은 물론 인간 사회의 제반 문제와 복잡하게 얽힌 환경 문제를 합리적으로 해결할 수 있는 중요한 지침이 된다고 할 수 있다. 우리 법에서도 환경정의를 명시적으로 규정한 것은 없지만 환경정책기본법 제2조 제1항 기본이념에서 "환경을 이용하는 모든 행위를 할 때에는 환경보전을 우선적으로 고려하며, 지구환경상의 위해(危害)를 예방하기 위하여 공동으로 노력함으로써 현 세대의 국민이 그 혜택을 널리 누릴 수 있게 함과 동시에 미래의 세대에게 그 혜택이 계승될 수 있도록 하여야 한다."고 함으로써 환경정의의 이념을 간접적으로 반영하고 있다고 할 수 있다.

환경정책 및 환경문제 해결에 중요한 지침이 되는 환경정의를 Robert Kuhen 교수는 분배적 정의(distributive justice), 절차적 정의(procedural justice), 교정적 정의(corrective procedure)와 사회적 정의(social justice)를 중요한 개념요소로 제시하고 있다.[19] 환경적 정의에서 의미하는 분배적 정의는 오염이나 위험을 재분배하는 것이 아니라 모든 이에게 동일한 보호 및 환경적 위해의 제거를 의미한다고 한다. 즉 분배적 정의는 현존하는 위험을 전가시키거나 균등화하는 것이 아니라 위험을 감소시키는 것으로 목적을 달성할 수 있게 된다.[20] 절차적 정의는 재화나 기회의 분배에 대한 평등한 권리가 아니라 재화나 기회

18) 환경개발에 따른 피해를 피해당사자인 약자의 입장에서 그런 유형의 피해가 구조적으로 더 이상 야기되지 않게 하거나 또는 불가피하게 피해가 초래되었다면 기울어진 정의의 추를 다시 원상으로 돌리는 모든 시도가 환경정의의 이름으로 진행될 수 있다고 한다. 전재경, 환경정의의 하제저 고찰-정부, 시장, 과학기술의 조화 , 한국법제연구원, 2000, 28-31면 참조.

19) Clifford Rechtschaffen/Elleen Gauna/Catherine A. O'Neill, Environmental Justice Law, Policy & Regulation, Carolina Academic Press, 2009, pp. 6-13.

20) Ibid., p. 7.

가 어떻게 분배되어지느냐에 대한 정치적 결정과정에서의 동등한 존중 및 참여의 기회를 의미한다.[21] 환경정의는 분배적 문제 이외에 환경결정을 하는 데 있어서 절차 문제에 중요한 관심을 가지고 있기 때문에 모든 사람이 정책결정과정을 이해하고 평가할 수 있는 자료들에 대한 접근권이 보장되어야 한다.[22] 교정적 정의는 위법한 침해행위를 한 자에 대한 처벌이 부가되고, 개인 또는 지역사회에 가한 손해를 보상함에 있어서의 공정해야 함을 의미한다. 즉, 교정적 정의는 법률 위반자에 대한 처벌의 집행뿐만 아니라 손실에 대한 배상의무를 포함한다.[23] 사회적 정의는 보다 공정한 사회가 될 수 있도록 하는 움직임이다. 모든 계층의 구성원이 인간으로서 누려야 할 충분한 자원과 권한을 가져야 하고, 특권층은 그들의 권한을 이용하는 방식에 있어서 사회에 대해 폭넓게 책임져야 한다.[24] 따라서 환경정의에 입각하여 환경피해 내지 환경손해에 대한 회복이 이루어질 수 있기 위해서는 이들 중요한 환경정의의 요소들을 고려한 환경책임법제를 구성하여야 할 필요가 있다.

2. 환경정의에 입각한 환경손해의 재분배

(1) 환경손해의 정의

환경정의의 관점에서 배상가능 한 또는 배상하여야 할 손해의 범위를 정하기 위해서는 환경손해가 무엇인지에 대해 명확히 정의할 필요가 있다. 그러나 우리 현행법제에서는 환경손해가 무엇인지에 대해 명확히 규정하는 바는 없다. 따라서 일반적으로 논의되는 환경손해의 개념은 강학상의 개념이고, 그 배상의 범위가 어디까지인지에 대해서는 학설에 맡겨져 있다고 볼 수 있다. 다만 우리나라의 경우 환경정책기본법에서 환경손해에 대해 직접적인 개념정의는 없지만 “환경오염”이란 사업활동 및 그 밖의 사람의 활동에 의하여 발생하는 대기오염, 수질오염, 토양오염, 해양오염, 방사능오염, 소음 · 진동, 악취, 일조 방해 등으로서 사람의 건강이나 환경에 피해를 주는 상태를 말하고,[25] “환경훼손”이란 야생동식물의 남획(濫獲) 및 그 서식지의 파괴, 생태계질서의 교란, 자연경관의 훼손, 표토(表土)의 유실 등으로 자연환경의 본래적 기능에 중대한 손상을 주는 상태를 말한다[26]고 정의하고 있다. 그리고 이러한 환경오염 및 환경

21) Ibid., p. 8.
22) James Salzman/Barton H. Thomson, Jr, op. cit., p. 41.
23) Clifford Rechtschaffen/Elleen Gauna/Catherine A. op. cit., p. 9.
24) Ibid., p. 10.
25) 환경정책기본법 제3조 제4호.

훼손에 대해 국가가 이를 예방하고 보호하기 위한 조치를 취할 의무를 규정하고 있고,[27] 또한 사경제주체인 사업자에 대해서도 환경오염 및 환경훼손을 방지할 조치를 의무화하고 있다.[28] 이를 통해 국가 또는 개인이 책임져야 할 환경손해를 간접적으로 유추할 수 있다.

이에 반해 환경관련 국제협약 내지 외국의 법제에서는 환경손해에 대해 개념을 명시적으로 정의하고 있는 경우가 있다. 2004년 EU 환경책임지침(EU Environmental Liability Directive)[29] 제2조 제1항에서 환경손해(Environmental damage)는 보호 종 및 그 자연서식지 손해(damage to protected species and natural habitats), 토양 관련 손해(Land damage)와 물 관련 손해(water damage)를 의미한다. 여기서 손해(damage)란 주목할 만한 천연자원의 역전(adverse change) 혹은 눈에 띄는 천연자원 서비스 이용의 제한이나 장애가 직·간접적으로 발생하는 것을 의미한다고 정의하고 있다. 이 지침에 따라 2007년 제정된 독일의 환경손해법(Umweltschadensgesetz)[30]은 법 제2조 제1호에서 환경손해를 연방자연보호법 제19조의 기준에 의한 종(Arten) 및 자연적인 생활공간에서의 훼손과 수자원관리법 제90조에 의한 수자원의 훼손, 연방토양보호법의 제2조의 제2항의 토양기능의 침해 침해를 통한 토양에 대한 훼손으로 정의하고 있다. 그런데 EU 환경책임지침과 독일의 환경손해법이 예정하고 있는 환경손해는 권리의 객체로서가 아닌 환경재 자체에 대한 손해를 의미한다고 한다. 이러한 환경손해는 공법상의 구제 내지 책임 차원에서 다루고 있다. 따라서 환경손해를 권리의 객체로의 환경재에 대한 것이냐 환경 그 자체에 대한 것이냐에 따라 나누어 그 책임을 논할 필요가 있다.

(2) 환경손해에 대한 인과관계 입증책임의 완화

일반적 불법행위로 인해 생명, 신체 또는 재산상의 손해가 발생한 경우 이를 구제받기 위해서는 피해자는 가해행위와 손해발생 사이의 인과관계를 입증

---

26) 환경정책기본법 제3조 제5호.

27) 환경정책기본법 제4조.

28) 환경정책기본법 제5조.

29) Directive 2004/35/EC of 21 April 2004 of European and Council on Environmental Liability with Regard to the Prevention and Remedying of Environmental Damage (이 지침은오염자부담원칙(Polluter-Pays Principle)에 토대힌 환경책임체제를 구축하고 합리적인 사회적 비용으로 환경피해 예방 및 구제의 공동의 틀 마련을 위해 2004년 제정되어 2004 .4. 21 공포되었다. 이 지침에 따라 회원국들에게는 2007년 4월까지 동 지침을 국내법으로 전환시킬 의무가 부과되었다).

30) BCBI. I Nr. 19 VOM14.5.2007. S. 666 UND 19.7.2007 S. 1462.

하여야 한다. 그런데 환경침해로 인한 불법행위의 경우에도 소송의 일반원칙에 따라 입증책임을 지우는 것은 환경정의 관점에서는 사회구성원 간의 환경위해의 공정한 부담을 추구하는 환경정의의 관점에서도 바람직하지 않은 것이다. 따라서 환경침해로 인한 피해의 경우 그 인과관계 입증을 완화하고자 하는 개연성설, 표현증명의 법리, 역학적 인과관계론, 신개연성설, 위험영역설, 환경기준 초과배출 시 입증책임전환이론 등 다양한 이론들이 제기되었다.[31] 이러한 인과관계가 입증책임 완화법리가 명문화된 규정은 없었지만 환경관련소송에 있어서도 가해행위와 손해 사이의 인과관계 입증은 과학적으로 엄밀한 증명을 요하지 않고 상당한 정도의 가능성이 있다는 것을 입증하면 족하고, 가해자는 이에 대해서 반증을 한 경우에만 인과관계를 부정할 수 있다는 개연성설이 실무적으로 확립되어 왔다.[32]

최근 제출된「환경오염피해 구제에 관한 법률안」에서도 환경오염피해에 대한 인과관계 입증책임 완화를 명문화하고 있다. 즉 손해의 공정한 분해라는 환경정의의 관점에서 피해자의 입증부담을 완화하기 위해 시설이 피해발생 원인을 제공한 것으로 볼 상당한 개연성이 있는 경우 인과관계를 추정하도록 하고 있다.[33] 그리고 상당한 개연성이 있는지 여부는 시설의 가동과정, 사용된 설비, 투입·배출 물질의 종류와 농도 등을 고려하여 판단하도록 규정하고,[34] 피해가 전적으로 다른 원인에 의하여 발생한 것이 아니한 그러한 추정은 배제되지 않는다고 하고 있다.[35] 즉 입법안의 경우에는 인과관계 입증책임 완화이론 중 (우월한) 개연성설의 입장에서 인과관계를 명문화한 것이다. 이러한 개연성설을 법률안에서 명문화한 것에 대해 환경남소를 유발하여 행정적, 경제적 부담을 가중시키고 경제활동을 위축시킬 우려가 있기 때문에 추정하도록 규정하면서 적법하게 가동된 시설의 경우에는 인과관계 추정을 배제할 수 있는 규정을 두도록 요구하고 있다.[36] 그러나 산업계가 주장하는 바와 같이 적법하게 시설을 가동함으로써 발생한 손해라 하더라도 적극적으로 오염방지시설을 설치하거나 피해확산에 대한 예방조치를 취하지 않는 경우까지 인과관계 추정을

31) 이에 대한 자세한 내용은 전경운, "환경소송에서의 인과관계 입증에 대한 소고", 환경법연구, 제32권 제2호, 2010, 68-84면 참조.
32) 1974년 한국전력사건을 기화로 우리나라에서는 개연성이론이 확립되었다고 보는 것이 일반적인 견해이다. 대법원 1974.12.10. 선고 72다1774 판결.
33) 환경오염피해에 관한 법률안 제6조 제1항. 환경오염피해 구제에 관한 법률안 공청회 자료집, 환경부, 2013.6.15, 51면.
34) 환경오염피해에 관한 법률안 제6조 제2항(위의 자료집, 51면).
35) 환경오염피해에 관한 법률안 제6조 제3항(위의 자료집, 51면).
36) 최광림, "환경오염 피해 구제에 대한 법률제정에 대한 산업계의 시각", 위의 자료집, 21면.

배제하도록 하는 것은 우월적 지위에 있는 사업자를 더욱 두텁게 보호하는 결과를 초래하는 것으로 환경정의 관점에서 바람직하지 않은 것으로 보인다. 따라서 현행 법안에서와 같이 개연성설의 입장에서 인과관계를 추정하고, 사업자가 다른 원인으로 발생했음을 반증하도록 하여 인과관계를 부정하도록 하는 것이 타당하다

(3) 환경손해의 유형에 따른 책임의 재분배

환경손해 내지 피해는 권리의 객체 내지 사적 이용의 대상이 될 수 있는 환경재에 대한 손해(사유재산, 공유재산으로서의 토지의 토양기능, 수역, 동식물, 미생물, 역사적 · 문화적 · 자연적 유산에 부대하는 공공재로서의 가치)와 권리의 객체가 아닌 환경재에 대한 손해(대기 · 수질 등의 환경매체 및 기후, 야생생물 · 미생물 등의 생태계, 경관, 생물다양성 종의 보존 등의 관념적 가치 등)[37] 손해로 나누어 볼 수 있다. 이 중 권리의 객체가 될 수 있는 환경손해는 주로 개인적 법익의 침해가 문제되는 경우로서 사법상의 책임의 영역에서 다루어질 수 있고, 권리의 객체가 되지 않는 환경재에 대한 손해에 대해서는 공법상의 책임영역에서 다루어질 수 있을 것이다.

개인적 법익이 침해되는 경우에도 권리주체의 신체 또는 재산에의 피해 등 그 손해가 한정되는 경우가 있고, 권리주체의 신체 또는 재산상의 피해에 수반하여 생태계 파괴 등 자연환경이 훼손되는 경우가 있을 수 있다. 개인적 법익의 침해에 수반되어 환경 자체에 대한 손해가 발생하는 경우에는 사법상의 구제영역에서 포괄하여 다루고 있다.[38] 그런데 전통적인 불법행위책임의 영역에서는 과실책임의 원칙 하에 권리주체의 신체 또는 재산상의 피해 구제에 제한을 두고 해결해왔으나 이러한 방식은 환경오염이나 위험을 사회에 전가하거나 책임의 공동화 현상이 발생하는 현상을 초래하여 사회갈등을 증폭시키는 요인이 되었다. 이는 오늘날 위험의 단순한 재분배가 아니라 사회가 위험의 감소를 향해 나아가도록 하는 분배적 정의 차원에서의 환경정의에도 부합하지 않는 결과가 발생하였다. 이러한 측면에서 환경오염 내지 위험을 유발할 수 있는 시

---

37) 한귀현, “환경손해에 대한 책임법제-유럽의 환경손해지침과 독일의 환경손해법안을 중심으로-”, 공법연구, 제35집 제1호, 2006, 703면(이 글에서 권리의 객체가 아닌 환경재에 대한 손해를 협의의 환경손해라고 하고, 협의의 환경손해와 권리의 객체가 되는 환경손해를 합쳐 광의의 환경손해로 분류하고 있다).

38) 독일의 환경책임법 제16조에서 물건의 훼손이 자연 또는 경관의 침해를 수반하는 경우에 피해자가 당해 훼손이 없었으면 존재했을 상태로 복원하게 되는 때에는 그 비용을 부담하도록 함으로써 환경책임법의 적용을 받도록 하고 있다.

설을 보유하거나 이용하는 자는 그로 인한 수익을 향유하고 있기 때문에 그로 인한 악결과 발생에도 일정한 책임을 부담하는 것이 합리적이라는 차원에서 위험책임이론[39]이 발전되게 되었다. 이러한 위험책임의 법리는 교정적 정의 차원에서 환경정의에 부합하는 것이다.

그런데 개인적 법익이 수반되지 않은 환경 자체에 대한 손해의 경우[40]에는 권리구제를 구할 수 있는 자를 특정할 수 없기 때문에 사법상의 영역에서는 손해의 책임을 물릴 여지가 없게 된다. 그럼에도 불구하고 환경정의의 관점에서 볼 때 환경 자체에 대한 손해배상 내지 회복조치는 지속가능한 환경의 보존이라는 측면에서 현재세대와 미래세대 간의 환경정의를 실현하는 것이라고 할 수 있다. 따라서 개인적 법익의 침해가 없는 환경재에 대한 손해라 하더라도 구제를 받을 수 있는 방법을 강구하여야 할 것이고 공법적 조치나 구제수단이 적절한 방안이 될 것이다.

3. 환경정의 관점에서 환경책임의 제한 및 한계

환경손해가 발생한 경우 오염원인자비용부담의 원칙에 따라 환경위험 또는 환경손해를 발생시킨 자가 그 책임을 부담하는 것이 환경정의에 부합하는 것으로 보인다. 그런데 환경손해의 범위를 환경 자체에 대한 손해, 즉 생태계 손해까지 확대할 경우 그 배상하여야 할 범위는 무한히 확대될 수 있고, 오염원인자비용부담의 원칙을 철저하게 고수할 경우 많은 경우에 사업자로 하여금 책임 자체를 방기하거나 영업 내지 직업적 활동을 포기하게 만드는 결과를 초래할 수 있다. 이에 입법적으로 손해배상책임의 한도를 정하자는 논의들이 있다.[41]

---

39) 위험책임이론은 위험시설의 사업자 또는 이용자가 위험 발생의 과실 여부를 묻지 않고 책임을 부담하는 사법상의 위험책임론과 국가 또는 공공단체가 행정행위 등을 통해 일정한 위험상태를 야기하였으므로 위험시설로 인해 피해를 입은 국민에 대해 책임을 부담하여야 한다는 공법상의 위험책임이론으로 나누어 볼 수 있다. 환경책임법에 있어서 위험책임과 관련된 구체적인 내용에 대해서는 Ⅳ에서 자세히 다루도록 하겠다.

40) 이러한 손해를 생태계손해라고도 하며 특정행위로 인하여 자연계에 나타나는 모든 불이익한 결과를 의미하며 재산적 이익의 침해가 주된 것이 아니라 자연보호에 관련된 이익의 침해가 주요내용이 되는 경우를 말한다. 이러한 생태계 손해의 배상문제는 개별적 소유권의 대상이 아닌 경우가 많고 소유권의 대상이 되는 경우라 하더라도 침해되는 자연환경의 중요성에 비추어 볼 때 개인적 이해관계는 미미하고 공적인 이해관계가 더욱 큰 경우가 이에 해당한다. 따라서 이러한 생태계 손해에 대해서는 사법적인 구제수단보다는 공법적인 수단을 이용하는 것이 바람직한 해결방법이라고 하고 있다. 자세한 내용은 류지태, “환경책임입법론”, 공법연구, 제20집, 1992, 308-309면 참조.

41) 배상책임액 한도의 설정은 손해배상범위의 협소화를 의미하고 종국에는 환경책임법의 주된

이러한 논의들은 일견 현실적 실현가능성의 논리에 따라 환경부정의 상태를 용인하는 것처럼 보인다. 그러나 환경정의가 모든 사람이 공정한 몫을 받고, 공정한 부담을 진다는 편익과 비용의 분담 문제를 고려할 때 오염원인자비용부담의 원칙을 무제한하게 확대할 수는 없다.[42)]

우리 헌법재판소는 토양오염과 관련하여 오염원인자에게 과도한 책임을 부과하는 토양환경보전법상의 무과실책임 규정의 무제한한 확대적용에 제한을 가하였다. 먼저, 한국철강부지 사건(구 토양환경보전법 제2조 제3호 등 위헌소원)[43)]에서 헌법재판소는 '토양오염관리대상시설을 양수한 자'와 관련하여 구 토양환경보전법 제10조의3 제3항 제3호를 토지환경영향평가가 실시된 때인 2002년 1월 1일 이전에 토양오염관리대상시설을 양수한 자에게 까지 토양오염피해에 대해 책임을 지도록 하는 것은 신뢰보호의 원칙에 반한다고 판시하였다.[44)] 즉 이 사건에서 헌법재판소는 토양오염의 장기성으로 인해 토양오염관리대상시설의 양수자에 대해 그 양수의 시기를 불문하고 오염원인자로서의 책임을 부과할 필요가 있다는 오염원인자조항이 추구하는 공익과 토양오염대상관리시설의 양수자도 오염원인자로 규정되기 시작한 구 토양환경보전법(2001.3.28. 법률 6452호)의 시행일인 2002.1.1. 이전의 양수인이 가지는 신뢰이익과 비교형량을 통해 2002. 1. 1. 이전의 양수인에게는 그 보호할 만한 신뢰이익이 있어 오염원인자 조항이 가지는 공익적 성격으로도 제한할 수 없다고 판시하였다.

다음으로 유류저장탱크사건(토양환경보전법 제2조 제3호 등 위헌소원)[45)]에서 헌법재판소는 "토양오염관리대상시설의 소유자·점유자·운영자가 사실상 면책이

목적인 환경보호를 강화하기보다는 그 반대의 효과를 야기하게 된다는 비판이 있고 산업계의 입장에서는 책임한도액의 설정이 없는 환경책임법제의 도입은 사실상의 환경위해시설의 운영자에게 무한책임을 부담시키게 되어 시설운영자의 파산을 양산하게 된다는 점에서 한도액 설정은 필요하다는 입장이다. 한상운 외, 앞의 책, 82면 참조.

42) 앞서 본 미국의 CERCLA의 문제점에서 지적된 바와 같이 오염원인자 책임원칙의 지나친 확대는 사업자로 하여금 오염방지대책에 대한 노력의 무용성을 느끼게 만들고, 투자기피와 산업의 위축을 초래하는 악영향을 미치고 있다고 지적한다. 김홍균, 앞의 글, 91면 참조.

43) 헌법재판소 2012. 8. 23. 자 2010헌바28 결정.

44) 2002. 1. 1. 이전의 양수인에게 구 토양환경보전법(2001. 3. 28. 법률 제6452호로 개정되고, 2004. 12. 31. 법률 제7291호로 개정되기 전의 것) 제10조3의 제3항 제3호의 양수인으로 볼 수 없다는 근거로서 동법 제10조의3의 제3항 단서에서 선의이며 무과실인 경우 면책조항에 대한 실질적인 적용가능성을 들고 있다. 토양오염관리대상시설의 양수자는 통상 토양오염사실 또는 가능성에 대해 알거나 알 수 있는 위치에 있고, 그 면책을 위해 2002. 1. 1. 토지환경영향평가제도를 도입하였다. 따라서 2002. 1. 1. 이전의 양수자에게는 면책조항이 사실상 의미가 없기 때문에 신뢰이익보호의 차원에서 토양오염피해책임을 부과할 수 없다고 한다.

45) 헌법재판소 2012. 8. 23. 자 2010헌바167 결정.

불가능한 1차적인 무과실책임을 부담하고, 경우에 따라 파산에 이를 정도로 거액에 이르는 비용을 그 범위의 제한 없이 전부 부담하여야 한다는 점, 이 사건 오염원인자 조항으로 인하여 얻게 될 공익보다 토양오염관리대상시설의 소유자 · 점유자 · 운영자가 입게 되는 불이익이 더 클 수도 있다는 점 등을 근거로 다른 책임 완화 수단을 마련하지 아니한 채 무제한의 손해배상 및 토양정화책임 등을 부담하도록 하는 것은 과잉금지원칙에 반하여 재산권을 침해한다." 고 판시하였다. 나아가 "토양오염관리대상시설의 양수자 · 인수자가 부담하는 책임과 동일한 상태책임을 부과하는 것임에도 토양오염관리대상시설의 소유자 · 점유자 · 운영자에게 천재 · 지변, 전쟁으로 인한 면책만을 허용하고(구법 제10조의3 제1항 단서), 다른 면책사유 또는 책임 제한수단을 전혀 인정하지 않은 것은 합리적인 이유가 있다고 할 수 없어 이 사건 오염원인자 조항은 평등권을 침해한다."고 판시하였다.

결론적으로 입법자에게 환경오염에 대한 책임을 부담하는 오염원인자의 범위 및 그 책임 내용을 정함에 있어서는 입법형성의 자유가 있다. 그러나 그러한 입법형성의 자유는 무제한적인 것일 수 없고 일정한 한계가 있는데, 이때 비례의 원칙인 목적의 정당성 및 수단의 적합성, 침해의 최소성, 법익의 균형성을 고려하여 그 한계를 설정하여야 한다. 한편으로는 입법자가 비례의 원칙을 넘어서 오염원인자에게 과도한 환경손해에 대한 책임을 부담하도록 규정하는 것은 환경정의에 반하는 것으로 볼 수 있다는 것이다. 따라서 오염원인자라 하더라도 무제한적인 손해배상책임을 부과하는 것은 환경부정의를 강요하는 것이 되므로 손해배상책임에 일정한 제한 내지 한계를 설정할 필요가 있다.

Ⅳ. 환경책임법 제정에 있어서의 주요과제

1. 위험책임의 법리 도입

(1) 과실책임주의의 한계

우리나라 판례와 학설의 주류는 환경피해에 관한 손해배상책임을 불법행위에 관한 법리로 구성하고 있다. 즉, 민법 제750조에서 "고의 또는 과실로 인한 위법행위로 타인에게 손해를 가한 자는 그 손해를 배상할 책임이 있다"고 규정함으로써 동법에 따라 손해배상책임이 성립하기 위해서는 다음의 요건을 충족하여야 한다: ⅰ) 환경오염의 원인을 제공한 자는 고의 또는 과실로 환경오염을 유발한 것이어야 한다; ⅱ) 환경오염 등에 따른 일련의 행위가 위법한 행위여야 한다; iii) 이러한 행위로 피해자에게 손해를 야기해야 한다; iv) 이때 가해행위와 손해발생 사이에 인과관계가 존재해야 한다.

특히 우리 민법은 과실책임주의를 취하고 있기 때문에 피해자가 환경오염피해에 대한 구제를 구하기 위해서는 주관적 요소로서 가해자의 고의·과실을 입증해야 한다. 일반적으로 환경피해는 사업자의 사업활동으로 인해 발생하기 때문에 통상의 경우에 고의는 문제되지 않지만, 과실[46]의 경우에는 과실의 기준을 어떻게 보느냐가 문제될 수 있다. 대체로 판례와 학설은 일반인·보통인의 주의정도를 그 기준으로 삼고, 그 주의정도는 예견가능한 범위 내라고 해석하고 있다.[47] 즉, 손해를 예견하였음에도 주의를 다하지 않아 이를 회피하기 위한 조치를 취하지 못했거나 또는 손해를 예견할 수 있었음에도 불구하고 예견하지 못하여 필요한 결과회피조치를 취하지 못한 경우에 과실이 있다고 할 수 있다.

그러나 이러한 과실의 판단기준에 따르게 되면 환경오염으로 인한 피해, 환경피해에 대해서 현재의 과학기술 수준으로 오염원인자의 과실 여부를 명확히 판단하는 데 있어 일정한 한계가 존재한다. 그 결과 과실 여부의 판별에 있어 고도의 과학기술이나 전문성을 필요로 하는 행위에 대해서는 사실상 과실에 기하여 오염원인자에게 책임을 부과하기 어려울 수 있다. 또한 손해배상책임에

---

46) 종래 과실에 대해서는 일정한 결과가 발생하는 것을 알고 있어야 함에도 부주의로 알지 못한 채 어떤 행위를 하는 심리상태를 말하나 환경오염피해에 있어서 부주의란 일반적인 부주의가 아니라 가해자인 사업자가 주의하여야 할 주의의무를 태만히 한 것을 의미하였다. 곽윤직, 채권총론, 박영사, 2003, 389면; 이태영, "환경오염피해에 대한 배상책임의 구조 - 고의, 과실과 위법성을 중심으로 -", 강원법학, 제23권, 2006, 242면. 그러나 현재 통설과 판례는 과실을 당해 사실관계에서 제반사정에 비추어 행위자에게 객관적으로 부과되는 예견의무와 결과회피의무에 기초하여 객관적·규범적으로 판단한다. 대법원 1994. 3. 11. 선고 93다33296 판결; 대법원 1998. 7. 24. 선고 98다12997 판결; 대법원 1998. 2. 13. 선고 96다7854 판결.

47) 곽윤직, 채권각론, 박영사, 1995, 689면. 과실의 근거인 주의의무의 내용에 관하여 결과 발생의 예방을 위하여 일정한 방지시설을 하여야 할 의무에 위반한 것을 과실로 보는 회피가능성설과 손해발생에 관한 예견가능성이 있으면 손해를 방지할 수 있다고 보는 예견가능성설 등의 학설이 존재하나, 일반적으로 통설과 판례는 예견가능성설을 취한다고 본다. 손윤하, 환경침해와 민사소송, 청림출판, 2005, 62면. 대법원은 "공장설립 당시나 그 가동에 있어 현대과학이 가능한 모든 방법을 취하여 손해를 방지하는 시설을 갖추고 있었다 하여 과실이 없었다 할 수 없다"고 판시하여 예견가능성설에 따라 과실의 개념을 보다 넓게 인정하려고 하였다. 대법원 1973. 10. 10. 선고 73다974 판결. 이에 대해 우리 대법원이 어떠한 이론을 채택하거나 배척하였다고 볼 수 없고, 사안의 타당한 해결을 위해 필요한 주의의무 기준을 개별적으로 구체화한 것이라 보는 견해도 있다. 김형석, "민사적 환경책임", 서울대학교 법학, 제52권 제1호, 2011. 3, 216면 참조.

근거한 환경피해의 구제는 소송의 장기화, 과도한 소송비용 등 그 구조적 한계를 지니고 있다.[48)]

이에 대해 과실 판단에 있어 예견가능성 또는 객관적 주의의무의 정도를 넓힘으로써[49)] 환경피해 구제의 효율성을 제고하고, 민법 제750조의 과실 판단범위를 탄력적으로 설정함으로써 이러한 한계를 극복할 방안을 모색할 필요성이 제기되고 있다.[50)]

그러나 이러한 노력에도 불구하고 오염원인자를 명확하게 확정하기 어렵고, 또한 환경오염의 원인과 유형, 그로 인한 결과와 이들의 상관관계를 분명히 규정하는 일도 쉽지 않다. 나아가 개별적 손해에 대한 중요한 원인이 입증되더라도 그 원인자가 무수히 많거나 또는 구체적으로 누구인지를 확정하지 못하는 경우에는 일반적인 과실책임원칙이나 상린관계 원칙과 같은 기존의 전통적 책임법리를 적용하기에 적합하지 않을 수 있다.[51)]

(2) 위험책임으로서의 무과실책임의 적용

위험책임이란 비록 완전하게 통제할 수 없는 것이나 한편으로는 그 시설이 가져오는 유용성으로 인해 허용되어 있는 위험으로 인하여 손해가 발생하는 경우 당해 위험시설을 보유하고 있는 당사자에게 책임을 부담하도록 하는 일종의 무과실책임이다. 위험책임의 법리는 국가가 피해자를 사회적 약자로 규정하고 위험을 재분배하고자 하는 것이기 때문에 헌법상의 사회국가원리에도 부합할 뿐만 아니라 분배적 정의 측면에서 환경정의를 실현하는 것이다. 위험책임의 법리는 사법상의 구제에서뿐만 아니라 시설운영자에게 환경오염 손해에 대하여 책임을 부여할 수 있는 가능성이 높아져 환경오염 관련 시설운영자는 현재의 기술상태를 넘어서는 환경보호조치를 취하고자 할 것이기 때문에 공법적 측면에서 중요하다.[52)]

환경책임법은 없지만 많은 환경관련 법률에서 환경손해에 대한 무과실책임을 규정하고 있다. 환경정책기본법 제7조는 "자기의 행위 또는 사업활동으로

---

48) 김홍균, 환경법 제2판, 홍문사, 2012, 1050면.

49) 대법원 1997. 6. 27. 선고 95다2692 판결. 하수를 공유수면으로 흘려보내는 방법 이외에 다른 방법이 없었다 하더라도 공유수면을 오염시키지 않을 주의의무가 있고 하수의 방류로 인해 농어 폐사의 결과가 발생한 경우 시설물 설치와 같은 필요한 조치를 다하지 아니하여 과실이 있다는 판결을 내림으로써 주의의무의 범위를 확대 해석하고 있다.

50) 김홍균, 앞의 책, 1050면.

51) 정진영, "환경오염 피해에 대한 사법적 구제 -위험책임의 입장에서-", 환경법연구, 제21권, 환경법학회, 1999, 163면 참조.

52) 정진영, 앞의 글, 184쪽.

인하여 환경오염 또는 환경훼손의 원인을 야기한 자는 그 오염 · 훼손의 방지와 오염 · 훼손된 환경을 회복 · 복원할 책임을 지며, 환경오염 또는 환경훼손으로 인한 피해의 구제에 소요되는 비용을 부담함을 원칙으로 한다."고 규정함으로써 원인자책임의 원칙을 명시적으로 규정하였다. 또한 동법 제44조 제1항은 "환경오염 또는 환경훼손으로 피해가 발생한 경우에는 해당 환경오염 또는 환경훼손의 원인자가 그 피해를 배상하여야 한다."고 규정함으로써 무과실책임에 대한 규정을 두고 있다. 개정 전 동 조항은 "사업장 등에서 발생되는 환경오염으로 인하여 피해가 발생한 때에는 당해 사업자는 그 피해를 배상하여야 한다(제31조 제1항)"고 규정하여 환경오염피해를 발생시킨 사업자에게 과실이 없어도 당해 환경오염으로 인한 책임을 부담하도록 하였다.[53)]

그러나 구 환경정책기본법 제33조 제1항은 '사업장등'[54)], '사업자의 범위'와 관련하여 논란이 있어 왔다. 이에 개정된「환경정책기본법」제44조 제1항은 원인자를 폭넓고 유연하게 해석함으로써 '원인자'의 범위를 확대하고 있다. 문제는 구 환경정책기본법상의 무과실책임 규정과 관련하여 그 구성요건과 효과의 비구체성 등을 이유로 구체적 효력을 부인하는 견해가 있어 왔는데[55)] 원인자의 범위를 확대하는 것은 무과실책임을 지나치게 확대 해석 · 적용하는 것이라는 비판에 직면할 수 있다. 특히 불가항력에 기한 면책규정의 부재, 책임의 한도가 없어 원인자에게 상당한 부담을 지울 수 있다.[56)]

환경정책기본법이 기본법으로서 그 구체적 효력을 긍정하는 상당한 논의들이 있으므로 적용의 가능성은 충분히 있다고 여겨진다. 대개「환경정책기본법」을 제외하고 무과실책임 규정을 두고 있는 개별 법률[57)]의 경우에는 그 오염

53) 구 환경정책기본법 제31조 제1항의 실체법적 효력 여부와 관련하여 대법원은 "사업장 등에서 발생되는 환경오염으로 인하여 피해가 발생한 경우에는 당해 사업자는 귀책사유가 없더라도 그 피해를 배상하여야 하고, 환경오염에는 소음 · 진동으로 사람의 건강이나 환경에 피해를 주는 것도 포함되므로, 이 사건 원고들의 손해에 대하여 피고는 그 귀책사유가 없더라도 특별한 사정이 없는 한 이를 배상할 의무가 있다고 할 것이다"라고 판시하여 실체법적 효력을 인정하고 있다. 대법원 2001. 2. 93 선고 99다55434 판결.

54) 사업장등과 관련하여 사업장은 물건을 제조 또는 가공하는 장소이며 독일 환경책임법 제3조 제2항에서는 사업장 또는 이러한 시설을 토지에 고정된 설비라고 규정하면서 소규모 농업과 이동오염원인 선박과 자동차 등은 제외하고 있다. 이승우, "공해무과실책임법에 관한 고찰", 환경법연구, 제29권 제1호, 2008, 271-272면 참조.

55) 이러한 견해로는 이은영, 채권각론, 박영사, 1993, 714면; 동 규정의 구체적 효력을 부인하면서 이를 선언적 규정 또는 방침규정일 뿐이라고 보는 견해로는 손윤하, 환경침해와 민사소송, 청림출판, 2005, 66면 또는 318면.

56) 전경운, "환경정책기본법 제31조에 의한 무과실책임의 문제점과 개정방향", 환경법연구, 제31권 제2호, 2010, 328-330면.

이 광범위하고, 지속적이며, 조속한 조치가 필요하며, 막대한 재원을 요하는 경우가 많다. 가령 대기 및 수질 오염원의 경우에는 자연적으로 대기 또는 수(水) 중에 확산·정화되기 때문에 시간이 갈수록 오염이 저감되지만, 토양오염, 유류오염 및 방사능오염 등은 오랜 기간 오염상태가 유지되거나 오염원이 확산되면서 그 피해가 증대되는 경향을 지니고 있다. 따라서 이러한 환경오염에 대해서는 무과실책임 등 그 책임을 두텁게 할 필요가 있다.[58]

그리고 환경정책기본법 외에도 토양환경보전법, 광업법, 유류오염손해배상보장법 등 개별 환경관련 법률들에서 환경오염에 따른 무과실책임을 인정하고 있는 경우가 있다. 그러나 해당법률이 적용되는 영역에서는 가해자의 과실입증이 없더라도 손해배상이 인정되지만 이들 법률이 적용되지 않는 영역에서는 불법행위책임에 따라 손해배상청구가 인정되기 때문에 불합리한 차별입법으로서 헌법상 평등원칙의 위반의 소지가 있다고 한다.[59] 따라서 이러한 각 영역 간의 불합리한 차별을 받는 경우를 제거하기 위해서라도 일반법으로서의 환경책임법 제정은 필요하다.

시설운영자에게 위험책임의 법리에 따라 환경손해책임을 부담하게 하는 경우에도 구체적으로 오염을 발생시킨 원인자가 분명한 경우에도 기업이 아닌 개인에 의한 경우에는 이러한 피해의 발생 책임을 부과하기 용이하지 않거나, 기업이라 하더라도 당사자의 파산 등으로 인하여 그 책임을 부담할 수 없는 경우가 존재한다. 이 경우에 그 책임을 어떻게 부여할 것인가 또한 문제가 될 수 있다. 일반적으로 환경피해는 그 원인행위에 비해 그 결과로서 피해규모가 광범위하게 확대되고 단기간에 회복이 불가능하기 때문에 장기간에 걸쳐 막대한 재원이 소요될 수 있다. 더욱이 그 원인자가 개인이거나 사업주체라고 하지만 충분한 자력을 갖지 못한 영세업자나 소규모 사업자인 경우에는 그 책임을 묻는 것이 더욱 힘들 수 있다.

2. 환경보험의 활용

최근의 환경피해는 급격하고 우연한 사고로 인한 경우뿐만 아니라 점진적인 유출에 의한 경우도 증가하고 있다. 더욱이 환경피해의 광역화, 대형화 또는

57) 우리나라의 경우 광업법 제75조, 원자력손해배상법 제3조 제1항, 토양환경보전법 제10조의 4, 유류오염손해배상보장법 제5조 제1항 등이 있다.

58) 이처럼 오염원인자책임의 원칙이란 실현의 방법과 정도에 대하여는 입법자가 결정한다는 입법정책적인 원칙이다. 정하중, “배출부과금의 제도적 근거와 법적 개선 방향”, 환경법연구, 제15권, 1993, 50면.

59) 한상운 외, 앞의 책, 29면.

집단화 추세에 있다. 즉, 환경오염피해는 인과관계의 입증이 곤란하고, 대기, 물, 토양 등의 매체를 통해 확산되어 불특정 다수에게 피해를 입히는 광역성을 가지며, 그 결과 피해의 구제에 필요한 막대한 비용을 가해자가 보상하기 어려운 특징을 지니고 있다.[60] 그럼에도 불구하고 국내 환경관련 법률 및 민법의 책임에 관한 규정들은 환경오염 피해로 인한 피해 배상에 충실하지 못하다는 비판이 끊임없이 제기되고 있다.[61]

환경보험은 피보험자인 오염원인자의 오염행위를 보험조건이나 보험료를 직접 반영함으로써 오염원인자의 활동을 규제하는 역할을 수행함과 동시에 피해자에게 적절한 보상을 보장해주는 기능을 수행한다. 이러한 이유로 국내 환경오염피해의 구제를 위해 환경보험의 필요성이 증가하고 있으나, 환경오염피해만을 담보하기 위한 환경오염배상책임보험이 마련되어 있지 않다.

대개 환경보험제도가 운영되기 위해서는 발생하는 보험사고가 우연하게 발생하여야 하며, 다수의 동질 위험집단이 존재하여야 하고, 담보하는 위험의 손실규모를 측정할 수 있어야 한다. 또한 계약자가 부담하는 보험료는 보험업자가 보험사고시 보상함에 부족함이 없어야 하고, 수익이 확보됨과 동시에 계약자들도 부담가능한 수준이어야 한다.[62] 그러나 환경피해는 피해의 범위(손해의 범위)를 특정하기 어렵고, 불특정 다수에게 손해를 발생시키며, 피해가 누적적으로 발생하거나 확대되기 때문에 이를 관리하기 위해 보험제도를 운영하기 위해서는 일정한 제약이 따를 수밖에 없다. 미국을 비롯하여 환경보험을 적용하는 국가에 있어서도 그 활용이 제한적이라는 점은 현실적으로 국내 보험시장에 이와 같은 제도를 도입하는 데 어려움을 미루어 짐작할 수 있다.

국외의 사례를 살펴보면, 미국의 경우, 환경보험의 유형으로는 '사고(accident)'에 의해 야기되는 신체상해와 재물손해를 보상하는 것으로 규정하고 있는 일반종합배상책임보험(Comprehensive General Liability Insurance: CGL)과 전통적인 일반배상책임보험(CGL)에서 다루지 않는 점진적 오염피해를 보상하기 위한 환경오염배상책임보험(Environmental Impairment Liability Insurance: EIL)이 일

60) 이봉주, "환경오염 피해구제에 대한 환경정책과 환경오염배상책임보험", 리스크 관리연구, 1996, 79-80면.

61) 환경정책기본법, 토양환경보전법을 제외하여 여타의 환경 관계 법률에서는 피해구제를 위한 규정이 제대로 마련되어 있지 못하고, 관련 법률들 간의 관계가 불분명하고, 규정의 충돌이 예상되며, 오염원인자에 대한 엄격한 책임부담과 환경오염으로 인한 피해자 보호를 위한 재정책임 확보에 있어 미비한 실정이다. 이기형, 환경오염리스크관리를 위한 보험제도 활용방안, 보험연구원, 2008. 3.

62) 이기형, 앞의 책, 40면.

반적으로 논의되어 왔다.

독일은 1990년 제정된 환경책임법(Umwelthaftungsgesetz)에 따라 물적, 인적, 생태학적 손해에 대해 엄격한 책임을 부여하고 있으며, 환경책임법 부칙2에 정하는 시설의 소유자는 보험계약법 제158조 b항에 의하여 책임보험에 가입하도록 하고 있으며, 점진적인 손해도 보상하도록 규정하고 있다(제19조).

우리나라의 경우에는 '영업배상책임보험'의 담보특약에 의하여 운영되고 있다. 이 경우, 시설과 업무로 급격하게 발생된 오염사고에 의해 타인에게 신체장애나 재물손해를 입힘으로써 법률상 배상하여야 할 책임 있는 손해 및 오염제거비용을 담보하지만 점진적인 오염으로 인한 피해비용은 담보하지 않는다.[63] 그 밖에 「폐기물관리법」상 보험가입 규정(제43조의2, 제48조)과 「야생생물의 보호 및 관리에 관한 법률」상 수렵보험(제51조) 등의 법률상 규정하고 있는 보험의 유형도 있다.

그러나 현행 환경관련 법제는 피해자구제의 측면에서 미흡한 점이 많다. 또한 영업배상책임보험의 특약의 형태로 운영되는 보험체계 역시 한계가 있다. 이에 독립적인 환경오염책임보험의 도입이 필요하다. 이를 위해 환경관련 법률을 통해 보험 가입을 강제화하는 방안을 고려해 볼 수 있으며, 이를 실현하기 위해서는 환경책임법의 제정이 필수적이다.

3. 정보제공의무

절차적 정의 측면에서 환경정의를 실현하기 위해서는 환경시설 및 위험에 관한 정보공개를 청구하고 수집할 수 있도록 할 필요가 있다. 환경손해에 대해 충분한 배상 내지 복구에 대한 적절한 조치가 이루어지기 위한 필요조건으로 관련 환경시설에 대한 정보가 제공되어야 한다. 또한 정보제공은 사후적인 보상 내지 회복조치뿐만 아니라 사전적 예방 내지 대응책을 마련하는 데 있어서도 중요한 역할을 한다. 이러한 정보제공의무는 피해자 또는 피해가 예상되는 자에 대한 사법상의 의무가 있고, 관할 관청에 대해 부담하는 공법상의 의무가 있을 수 있다. 독일의 환경책임법 제8조 제1항[64]에서도 시설의 운영자에 대해

---

63) 김홍균, "환경보험제도의 도입과 정착을 위한 제언", 저스티스, 통권 65호, 2002, 150면.

64) 독일 환경책임법 제8조 제1항에서 어떠한 시설이 손해를 발생시켰다는 가정이 존재하는 겨우 피해당사자는 이 법에 따른 손해배상청구권의 존재를 결정할 필요성이 있을 때 시설의 운영자에게 정보를 요구할 수 있다고 규정하는 한편 동법 제9조에서 만일 어떠한 시설이 손해를 야기했다는 가정을 정당화할 사실이 존재할 경우 피해당사자는 이 법에 따른 손해배상청구권의 존재를 결정할 필요성이 있을 때 당해시설을 허가한 행정청 또는 그 시설을 감독하는 행정청 또는 그 시설의 환경에 대한 영향을 기록할 책임이 있는 행정청에게 정보

서 정보공개를 요구할 수 있는 권리를 규정함과 동시에 관련 시설을 허가한 행정청 또는 관리 감독청에 대해서도 정보공개청구권을 행사할 수 있도록 규정하고 있다. 정보공개청구권은 일정한 경우에 제한을 받을 수 있는데, 독일 동법 제8조 제2항에도 관련 정보가 법률의 규정에 근거하여 비밀을 유지해야 할 필요가 있거나 시설운영자나 제3자에 의한 중대한 비밀유지의 이익이 있는 범위내에서는 정보공개가 제한될 수 있음을 예정하고 있다. 아울러 동법 제9조에서 행정청은 정보의 제공이 당해 행정청의 직무수행을 훼손하거나 정보공개가 연방이나 주의 복리에 불이익을 끼치거나 또는 특별히 당사자들이 제3자의 합법적인 이익 때문에 기밀이 유지되어야 하는 경우에는 행정청도 정보제공의 의무가 없음을 규정하고 있다.

우리나라의 경우 환경정책기본법이나 개별환경법에서 정보공개청구권을 규정하고 있는 경우가 없기 때문에 시설 운영자에게 환경시설 또는 환경위험에 대해 정보공개를 청구할 수 있는 권리가 없다. 다만 일반 행정법상의 정보공개청구권에 근거하여 환경시설을 인·허가한 행정청 또는 공공기관을 상대로 정보공개를 청구할 여지는 있다.[65] 그러나 공공기관의 정보공개에 관한 법률에서는 국가의 기밀, 개인정보, 기업의 비밀 등 많은 비공개정보 사유들을 규정하고 있다. 주민참여를 위한 정보공개는 환경정보의 특성을 감안하여 청구인적격이나 공개대상범위를 확대할 필요가 있다. 그리고 주민참여는 통합배출규제의 투명성이나 공정성을 담보하는 제도적 요소로서 의견제출, 공청회 등과 같이 행정절차법상 제도가 보장됨과 동시에 이의신청을 인정함으로써 지역주민의 이익이 보다 폭넓게 보호되어야 할 필요가 있다.[66] 따라서 환경책임법의 제정을 통해 환경손해를 받거나 받을 염려가 있는 피해자는 시설 운영자 또는 행정청에 대해 정보공개를 요구할 수 있는 권리를 규정하는 것이 바람직하다. 정보공개청구권 외에 정보열람청구권도 함께 규정할 필요가 있고 독일 환경책임법에서도 피해자가 제공받은 정보가 불완전하거나 불충분하다고 판단될 경우 당해 시설 운영자에게 자료를 열람할 있는 청구권을 인정하고 있다.

피해자에 대해서는 정보공개청구권 및 정보열람청구권을 인정할 것이 아니

를 요구할 수 있다고 규정하고 있다. 독일 환경책임법상의 이러한 정보공개청구권 규정은 사업자 이외에 시설의 허가권이나 감독권을 가진 행정청에게까지 인정하여 피해자의 정보공개청구권의 실질적인 효과를 제고시키고 있다고 한다. 한상운 외, 환경책임과 환경피해보험의 제도화 방안에 관한 연구(Ⅱ), 한국 환경정책 평가연구원, 2011, 81-82면.

65) 공공기관의 정보공개에관한법률 제5조, 제6조.

66) 한상운 외, 통합적 환경관리체계 구축을 위한 정책방안연구(Ⅱ), 한국 환경정책 평가연구원, 2008, 141-151면.

라 시설 운영자에게도 자신의 손해배상책임을 면책하기 위한 정보에 대하여 청구할 수 있는 권리를 인정하는 것이 형평에 부합한다고 한다.[67]

4. 행정청의 관리 · 감독 의무

환경손해에 책임이 있는 자는 지체없이 위험을 방지하기 위하여 필요한 회피조치를 취하여야 하고 위험을 제거하기 위한 조치를 취하여야 한다. 그러나 개인의 자율 또는 사법상의 구제에만 맡겨둘 경우 환경부정의의 상태가 오랜 기간 지속될 가능성이 있고, 이로 인해 지역주민 또는 국민들이 그 고통을 감수하여야 하는 문제가 생긴다. 따라서 이러한 위험방지 및 손해제거조치가 제대로 수행되고 있는지 여부에 대해서는 공법상의 권한 있는 기관인 행정청이 관리 · 감독 의무를 부담하여야 한다. 독일의 경우 환경책임법과는 별도로 환경손해법을 제정함으로써 환경손해의 회피[68] 및 제거조치[69]에 대한 행정청의 관리 · 감독 의무를 규정하고 있다. 또한 환경손해법 제8조에서 관할 행정청이 필요한 제거조치를 조사하고 동의를 위해 관할 관청에 제출하여야 한다. 관할 관청은 관련 법규정의 기준에 따라 행해야 할 제거조치의 유형 및 범위를 결정한다. 다수의 환경손해 사례에서 필요한 제거조치가 동시에 행해질 수 없는 경우 관할 관청은 각 환경손해사례의 유형과 정도, 중대성, 자연적 재생의 가능성, 인간의 건강에 대한 위험을 고려하여 제거조치의 순서를 확정할 수 있다. 관할 관청은 행정청의 환경손해 제거를 신청할 권한이 있는 관련자 및 단체에게 규정된 제거조치에 대하여 보고하며 이들에게 의견을 진술할 기회를 부여하도록 하고 있다.

독일의 경우와 달리 아직 일반법으로서의 환경책임법이 제정되지 않은 상황이기 때문에 만약 환경책임법 제정을 추진한다면 사법상의 구제와 관련된 규정뿐만 아니라 공법상의 환경구제수단에 대해서도 동시에 규정하는 것이 바람직할 것으로 보인다. 환경책임법에서 사법상의 구제수단과 공법상의 구제수단이 동시에 규정될 경우 배상되어야 할 손해도 환경 자체에 대한 손해배상까지 규정될 수 있을 것이다.

---

67) 한상운 외, 앞의 책(각주 64), 2011, 88면.

68) 손해회피조치(Schadensbegrenzungs)는 관련된 유해물질 또는 기타 유해요소를 지체없이 통제하고 방지하며 제거 또는 기타 방법으로 다루는 조치로서 계속적인 환경손해 및 인간의 건강에 대한 불리한 작용 또는 그 기능의 침해를 제한 또는 회피하는 조치를 말한다.

69) 손해제거조치(Sanierungsmaβ nahmen)는 각 분야의 법규정의 기준에 따라 환경손해를 제거하기 위한 조치이다.

Ⅴ. 결 론

오늘날 과학기술의 발달함에 따라 자연자원 또는 환경을 이용하여 누리는 편익도 커지는 한편 그로 인한 환경피해 내지 환경손해도 심각한 수준에 이르고 있다. 그러나 인류 공통의 유산인 환경을 담보로 누리는 이익은 일부 계층 내지 일부의 사회구성원들에게 집중되는 경향이 많고 이에 반해 그로 인한 피해 내지 손해는 공통의 책임이 되는 불합리한 경우가 많았다. 따라서 많은 나라들이 이러한 환경부정의 상태를 개선하고 구성원 각자가 환경이익에 대한 공정한 몫을 받고 손해에 있어서도 공평하게 분배될 수 있는 환경책임법을 제정하고 환경책임법제 체계를 정립하려고 노력하고 있다. 이러한 환경책임법은 환경손해에 대해 책임 있는 당사자들로 하여금 적절하게 배상하도록 보장하도록 함과 동시에 배상책임을 강화함으로써 관련 당사자로 하여금 신중한 태도를 유도하여 환경침해가 발생하지 않도록 하는 조치를 취하게 하는 등의 예방적 기능을 수행한다는 측면에서 현재세대뿐만 아니라 미래세대를 고려한 환경정의를 실현하는 중요한 의미를 가진다고 할 수 있다.

일반법으로서의 환경손해에 대한 책임법을 제정함에 있어서 사법상 구제제도와 공법상의 구제제도를 같이 구현할 수 있도록 구성하는 것이 바람직하다. 사법상의 구제제도가 사후적인 환경손해에 대한 구제제도에 중점을 두고 있다면 공법상의 구제제도는 사전적인 환경피해를 예방할 수 있는 조치나 보다 광범위한 범위에서의 환경피해에 대한 손해배상을 예정할 수 있다. 그리고 환경책임법에 규정하여야 할 사항으로 환경손해의 개념을 정립하고, 회복 또는 배상되어야 할 환경손해의 범위를 결정하여야 한다. 배상되어야 할 환경손해의 범위에는 권리의 객체가 될 수 있는 환경손해뿐만 아니라 권리의 객체가 되지 않는 환경손해도 포함되어야 한다. 이러한 환경 자체에 대한 손해는 공법상의 구제를 통해 배상책임을 물을 수 있다. 그리고 오염원인자가 환경손해에 대한 책임을 부담하는 경우에도 일정한 제한 또는 한계를 정할 수 있는데 환경정의의 원칙에 어긋나는 것은 아니다.

환경손해에 대한 책임법리를 구성함에 있어서도 과실책임원칙에서 벗어나서 피해자를 사회적 약자로 보고 위험재분배할 수 있는 위험책임법리를 도입하는 것이 타당하다. 위험책임의 법리는 사법상의 구제에서뿐만 아니라 환경시설운영자에게 현재의 기술상태를 넘어서는 환경보호조치를 자발적으로 취하도록 유도하는 기능을 하기 때문에 국가 행정목적 달성 측면에서 유효하다. 환경손해가 발생한 경우 예측불가능한 손해 또는 관련 시설자가 얻게 되는 편익에 비해 지나치게 불균형한 손해책임을 부담하게 하는 것은 분배적 정의의 측면에서도 맞지 않기 때문에 배상책임의 제한 내지 한계를 설정하는 것은 환경정의에 부합하는 것이다. 그리고 이러한 오염원인자에 의해 담보되지 않는 배상책임은 기금제도 또는 환경보험제도를 통해 구제받을 수 있도록 규정하는 것이 타당하다.

절차적 정의의 측면에서 환경정의를 실현하는 정보제공청구권 또는 정보열람청구권도 환경책임법에서 규정되어야 할 사항이다. 정보제공청구권 또는 정보열람청구권의 대상은 관련 행정청 또는 공공기관뿐만 아니라 환경관련 시설의 운영자에 대해서도 인정할 수 있도록 하여야 한다. 마지막으로 사후적인 환경손해구제보다는 사전에 환경피해 또는 손해가 발생하지 않도록 행정청에 위험 회피 조치 또는 제거 조치를 할 수 있는 관리감독의무를 환경책임법에 규정할 필요가 있다.

제 5 장

기후변화 적응·완화를 위한 환경행정과 법·정책적 과제

제 1 절 환경계획재량의 통제규범으로서의 형량명령*

정영철**

Ⅰ. 문제의식의 출발

밀양 송전탑사태로 대변되는 대규모의 국가개발사업의 혼란과 갈등, 4대강 사업에 대한 감사결과에 대한 정부교체 전후의 변화무쌍한 번복, 이른바 도심 재개발사업인 뉴타운사업의 지지부진과 출구전략, 그리고 사업의 변경 등을 단순한 상황변화나 사정변경에 따른 가치판단의 변화 내지 정권교체에 따른 정치적 타협이나 결정만으로 설명하기에는 어딘가 허전한 구석이 있으며, 그리하여 이러한 대형개발사업에서의 이익충돌에 대하여 법학적 관점, 특히 공법적 시각에서의 대안 제시가 무엇보다도 필요한 시점이다.

날마다 반복되어 너무나도 흔한 풍경이 되어 버린 대규모 국가정책에서의 高麗公事三日式의 잦은 변경과 사업기간의 연장, 공사비의 증액, 이로 인한 관련 당사자 간의 첨예한 이해관계의 대립, 정부교체 전후의 감사결과의 현격한 차이 등에 대한 惰性的인 비판과 견제를 넘어 이제 행정법학이 이에 대한 건설적인 대안과 해법을 제시해야 된다는 시대적 요청과 사명이 게재할 시점이다.

특히 이러한 현상은 제주해군기지, 밀양 송전탑사태, 새만금간척사업 등 환경과 관련된 대규모의 국가정책에서 두드러지게 나타나고 있어 이에 대한 대안마련이 시급한 상황이다. 일차적으로 이해관계인, 무엇보다도 '참여 없이 개발 없다'는 개발원칙에 따라 주민들의 참여와 의견제출이 보장된 공청회 등의 절차적 규정의 완비가 대안으로 제시되기는 하지만, 미흡한 면이 존재하는 것도 현실이다. 더불어 국토개발과 환경보호에 대한 다층적인 규율구조, 즉 국토기본법과 국토의 계획 및 이용에 관한 법률, 그리고 환경정책기본법을 필두로 한 정책분야에 대한 여러 개의 기본법의 존재로 인한 규범 간의 상충 문제의 해결, 환경정책기본법의 실효성 확보 등도 해결방안의 하나로 제기된다.[1)]

오히려 이보다 환경계획 분야에서의 '선계획 후개발의 원칙'이 확고부동하게 확립되어 난개발이나 막개발은 허용되어서는 아니 되며, 이에 따라 환경친화적

---

* 이 논문은 공법학연구 제14권 제4호(2013)에 발표된 논문을 수정·보완한 것임.
** 광운대학교 법과대학 교수
1) 김홍균, 환경법, 홍문사, 제2판, 2012, 888-891면.

인 개발이 자리 잡기 위해서는 환경개발사업 인허가처분보다는 환경계획 자체에 대한 법리적 · 사법적 통제가 우선적으로 이루어져야 할 것임은 자명하다.

행정계획의 특성상 행정목표 달성을 위한 전문적이며 기술적인 면이 강조되고, 미래지향적인 정책적 의도로 인해 공익간의 충돌을 넘어 공익과 사익의 충돌, 현재와 미래의 충돌 등 수많은 이해관계를 내포하고 있다. 행정계획의 일종인 환경계획도 이러한 특징과 아울러 미래의 환경행정방향을 제시하는 성격을 갖고 있어 필연적으로 광범한 계획형성의 자유(planerische Gestaltungsfreiheit)를 가진다.[2] 이러한 환경계획의 특징인 전문성과 기술성, 정책성과 복잡성, 그리고 계획재량성은 사법통제의 필요성과 당위성을 환기시키는 측면도 있지만, 동시에 사법통제의 어려움을 반영하기도 한다. 특히 행정청의 광범위한 계획형성의 자유는 그 '광범위성'에 비례하여 사법통제의 어려움이 배가되며, 이로써 행정계획에 대한 통제척도인 형량명령의 적용이 절실히 요구된다.

따라서 행정계획에 대한 사법통제의 이론적 논의는 필수적으로 환경분쟁해결을 위한 환경계획에 대한 사법심사론으로 이어지며, 좀더 구체적으로는 계획재량과 형량명령론, 형량하자론에 대한 밀도 있는 논의를 통하여 환경계획에 대한 사법통제론에서 精緻한 법리의 구성이 기대될 수 있을 것이다.

본고에서는 이상의 문제의식을 바탕으로 행정계획에서의 계획재량과 형량명령론에 기초하여 환경계획에서의 환경분쟁해결을 위한 제언에 대하여 논의를 전개하고자 한다. 이러한 논의의 출발은 행정계획에서의 계획재량에서 시작하기로 한다.

Ⅱ. 행정계획에서의 계획재량과 형량명령

1. 행정계획의 의의

(1) 행정계획의 개념

행정계획의 개념에 대한 실정법상의 정의는 현재 존재하지 않는다. 하지만 대체로 '행정주체가 일정기간 내에 도달하고자 하는 목표를 설정하고 그를 위하여 필요한 수단들을 조정하고 통합하는 작용 또는 그 결과로 설정된 활동기준'으로 행정계획의 개념을 정의한다.[3] 이러한 개념정의에 의하면 미래와 관련

---

2) 김정중, "도시계획변경 거부의 처분성", 행정재판실무연구집, 재판자료 제108집, 법원도서관, 2005, 64-65면.

3) 김동희, 행정법 Ⅰ, 박영사, 제17판, 2011, 182면.

된 체계적인 결정의 과정이나 결정행위로 이해되는 계획(Planung)과 그 과정과 행위의 결과물로 정의되는 구체적 계획(Plan)으로 구분되기도 하나,[4] 구체적 계획(Plan)은 결정과정으로 이해되는 계획(Planung)의 대상으로 남아 있기 때문에 그러한 구체적 계획도 결코 정적이거나 최종적이라고 할 수 없어 양자의 개념적 차이는 그리 크지 않다고 할 수 있다.[5]

그리하여 대법원은 도시계획시설결정처분무효확인 사건[6]에서 "행정계획이란 행정에 관한 전문적 · 기술적 판단을 기초로 하여 특정한 행정목표를 달성하기 위하여 서로 관련되는 행정수단을 종합 · 조정함으로써 장래의 일정한 시점에서 일정한 질서를 실현하기 위한 활동기준으로 설정된 것"으로 이해하여 결정과정이나 행위적 측면과 그러한 과정의 결과물을 아우르는 개념을 설정하고 있다고 보인다.

이것은 행정계획이 다른 행정작용과 달리 종합적 성격으로 인하여 특수한 규범형식과 구조를 가진다는 것을 의미하며, 그러한 특이한 행위형식(Handlungsform)은 개념필수적으로 법적 성격과 대상적격으로서의 처분성에 대한 견해의 대립으로 연결된다.

(2) 행정계획의 법적 성격과 처분성

1) 법적 성격에 대한 논의

행정계획이 대부분의 행정법 문헌에서 다루어지기는 하나 그것을 독립된 하나의 행정작용형식으로 보는 데는 견해가 일치하지 않고 있다.

행정계획은 향후에 일정한 행정질서의 형성이라는 목표를 설정하고 이를 달성하기 위한 수단을 동원하는 활동의 기준을 설정하는 것이므로 일종의 일반적 · 추상적 성격을 갖는 규범의 설정행위와 유사하다. 그리하여 행정계획은 법률, 법규명령, 행정규칙의 형식으로 결정되는 경우가 많은데, 이 경우의 행정계획은 입법행위로 볼 수 있다.[7]

일반적으로 최협의의 행정행위는 행정청이 법 아래서 구체적 사실에 대한 법집행으로서 행하는 권력적 단독행위인 공법행위로 정의된다.[8] 행정계획 중에는 법률관계의 변동이라는 효과를 가져오는 행정행위의 개념적 징표에 포섭되는 행정행위적 성질을 가지는 것도 존재한다.

---

4) Maurer, Allgemeines Verwaltungsrecht, 17. Aufl., 2009, C. H. Beck, §16, Rn. 14.
5) Hoppe, Planung, in: Isensee/Kirchhof (Hrsg.), HStR Ⅲ, 2. Aufl., 1996, §71, Rn. 3.
6) 대법원 1996. 11. 29. 선고 96누8567 판결.
7) 김성수, 앞의 책, 383면.
8) 홍준형, 행정법, 법문사, 2011, 111면.

이에 대한 반대해석으로 행정청만을 구속하고 국민에 대한 법적 효력을 미치지 않는 행정계획, 예를 들어 도시기본계획[9]과 환경정책기본법상의 국가환경종합계획이나 행정내부적인 효력만을 갖는 예산안은 국민의 구체적 권리의 무관계에 직접적 영향을 미치지 않으므로 행정행위적 성격을 가지지 않는다고 볼 것이다.[10]

다시 말해 행정소송법 제2조 제1호에서 행정청이 행하는 구체적 사실에 관한 법집행으로서의 공권력의 행사 또는 그 거부와 그 밖에 이에 준하는 행정작용으로 지칭되는 처분 개념에 특정 공공시설의 건설을 위한 전문계획(Fachplanung)이나 직접적으로 국민의 권리와 의무관계를 규율하는 구속적 계획은 국민의 구체적 권리의무에 직접적인 변동을 초래하므로 행정행위적 성격을 가진다.[11] 이와 관련하여 판례는 구속적 계획에 대하여는 행정처분의 성격을 인정하고 있으나, 행정내부적 결정에 해당하는 혁신도시 입지선정행위에 대하여는 행정처분성을 부인하는 것으로 보아[12] 아직은 실체법상의 행정처분개념에 정주하고 있는 듯한 인상을 주고 있다. 이것은 곧 하명적 계획과 정보제공적 계획, 그리고 유도적 계획으로 분류되는 행정계획의 법적 성격을 하나로 귀일할 수 없어 구체적 · 개별적으로 판단할 수밖에 없으며, 그리하여 행정계획의 법적 성격의 문제는 결국 행정계획의 처분성을 인정할 것인가의 문제로 귀착된다는 것을 의미한다.[13] 즉, 행정계획이 항고소송의 대상이 되는지 여부에서 행정계획의 법적 성질보다는 처분성 유무에 더 논의의 초점을 두어야 할 것이다.[14]

---

9) 대법원 2007. 4. 12. 선고 2005두1893 판결(도시기본계획은 도시의 장기적 개발방향과 미래상을 제시하는 도시계획 입안의 지침이 되는 장기적 · 종합적인 개발계획으로서 행정청에 대한 직접적인 구속력은 없다.)

10) 김성수, 앞의 책, 380면.

11) 대법원 2000. 9. 8. 선고 99두1113 판결 참조(일반적으로 항고소송의 대상이 되는 행정처분이라 함은 행정청의 공법상의 행위로서 특정 사항에 대하여 법규에 의한 권리의 설정 또는 의무의 부담을 명하고 기타 법률상의 효과를 발생케 하는 등 국민의 권리의무에 직접적 변동을 초래하는 행위를 가리킨다.)

12) 대법원 2007. 11. 15. 선고 2007두10198 판결(국가균형발전특별법과 법시행령 및 이 사건 지침에는 공공기관의 지방이전을 위한 정부 등의 조치와 공공기관이 이전할 혁신도시 입지 선정을 위한 사항 등을 규정하고 있을 뿐 혁신도시입지 후보지에 관련된 지역 주민 등의 권리의무에 직접 영향을 미치는 규정을 두고 있지 않으므로, 피고가 원주시를 혁신도시 최종입지로 선정한 행위는 항고소송의 대상이 되는 행정처분으로 볼 수 없다.)

13) 백윤기, "도시계획결정에 있어서 이웃사람과 계획재량", 원광법학, 제23권 제2호, 2007, 301면.

14) 박균성, 행정법론(상), 박영사, 제11판, 2012, 242면.

2) 처분성에 관한 판례의 태도

행정계획의 법적 성질에 대한 논쟁의 핵심은 항고소송 중심의 현행 권리구제절차로 인하여 종국적으로 행정계획의 처분성 인정 여부에 있고, 특히 우리나라에서는 구속적 · 명령적 계획인 도시계획의 법적 성질에 초점을 두어 논의가 전개되었다.

행정계획의 처분성 인정단계의 전환점 판결로 거론되는 도시계획시설지정승인취소처분취소 사건[15]에서 제소기간의 도과로 인하여 도시계획결정처분에 대한 행정소송을 제기하지 못해 원고가 패소하였으나 적어도 이 판결에서 도시계획결정처분에 대한 행정소송의 제기가능성을 언급한 점으로 보아 도시계획결정의 처분성을 인정하였다고 볼 여지가 있다.[16]

그럼에도 이 판결에서 명시적으로 도시계획의 처분성 인정에 대하여 언급을 하지 않아 이를 도시계획의 처분성을 긍정한 최초의 판결로 거시하기에는 遲疑하게 된다. 그 후 행정계획의 처분성 인정에 대한 최초의 명시적인 결정인 도시계획변경처분취소 사건에서 대법원은 "도시계획법 제12조 소정의 도시계획결정이 고시되면 도시계획구역안의 토지나 건물 소유자의 토지형질변경, 건축물의 신축, 개축 또는 증축 등 권리 행사가 일정한 제한을 받게 되는바 이런 점에서 볼 때 고시된 도시계획결정은 특정 개인의 권리 내지 법률상의 이익을 개별적이고 구체적으로 규제하는 효과를 가져 오게 하는 행정청의 처분이라 할 것이고, 이는 행정소송의 대상이 되는 것이라 할 것이다."라고 언급하여 행정계획인 도시계획결정의 처분성을 긍정하였다.[17]

또한 도시계획변경결정에 대하여도 대법원은 "공람공고절차를 위배한 도시계획변경결정신청은 위법하다고 아니할 수 없고 행정처분에 위와 같은 법률이 보장한 절차의 흠결이 있는 위법사유가 존재하는 이상 그 내용에 있어 재량권의 범위 내이고 변경될 가능성이 없다 하더라도 그 행정처분은 위법하다."라고 판시하여 그 처분성을 인정하고 있다.[18]

---

15) 대법원 1978. 12. 26. 선고 78누281 판결(피고의 지형도면의 승인은 승인의 대상인 그 도면이 건설부장관이 결정한 도시계획과 사이에 착오가 없는 한 승인하도록 되어 있는 것으로서 그 자체 새로운 법률적 효과가 형성되는 것은 아니라 할 것이므로 전제되는 선행처분인 건설부장관의 도시계획결정의 위법을 이유로 피고의 도면승인처분의 위법을 주장할 수 있을 것이지만 위 도시계획결정처분에 대하여 소원이나 행정소송을 제기할 법정기간을 경과하여 그 위법성을 주장할 수 없게 된 이상 후행행위인 피고의 승인처분이 위법하다고 말할 수 없다.)

16) 신봉기, "형량하자 있는 행정계획에 대한 사법심사", 행정판례연구 Ⅴ, 서울대학교출판부, 2000, 109면.

17) 대법원 1982. 3 9. 선고 80누105 판결.

3) 소 결

행정계획은 독립된 법형식이 아니라 법률, 법규명령, 조례, 행정내부적 결정, 행정행위, 행정규칙, 사실행위 등의 전통적인 법형식에 의거하여 표시된다는 점에서 개별 계획의 법적 성질이 먼저 탐색되어야 할 것이다. 행정계획이 전통적인 법형식의 외피를 착용하고 있지만 독자적 작용형식이 인정된다는 점에서 계획마다 구체적 · 개별적으로 그 법적 성격을 논구하는 것이 타당하다고 본다.[19]

이러한 견지에서 행정계획의 법적 성격 및 처분성 인정 여부에 관한 논의보다는 처분성인정을 전제로 한 행정청의 계획재량과 통제규범인 형량명령론에 더 논의가 집중되어야 할 것이다.

2. 계획재량의 문제

(1) 계획재량의 의의

행정계획이 독자적인 정체성을 가진 법형식은 아니지만 다른 행정법형식과는 대비되는 행위형식으로서의 통일적 징표는 행정청의 계획재량이라 할 수 있다.

행정계획을 규정하는 계획법률은 추상적인 목표를 제시하나 그 구체적인 계획의 내용에 관하여는 상세히 규정하지 않기 때문에 행정주체는 계획법률에 근거한 구체적인 계획을 확정하는 과정에서 일반 재량행위의 경우에 비하여 더욱 광범위한 판단여지(Beurteilungsspielraum) 내지는 형성의 자유(Gestaltungsfreiheit) 를 가지게 된다.[20] 이러한 형성의 자유는 행정재량보다 더 넓은 형성의 여지를 행정청에게 부여하는 것으로서 일반적으로 행정재량과 대비되는 개념[21]으로 계획재량(Planungsermessen)이라 지칭한다. 이러한 형성의 자유를 인정하는 경우에는 일반적인 행정행위의 요건을 규정하는 경우보다 추상적이고 불확정적인 개념을 사용하여야 할 필요성이 더욱 커진다.[22]

다만 이러한 행정주체가 가지는 계획재량 내지 계획형성의 자유는 무제한적인 것이 아니라 그 행정계획에 관련되는 자들의 이익을 공익과 사익 사이에서

---

18) 대법원 1988. 5. 24. 선고 87누388 판결.

19) 김성수, 앞의 책, 385면; Wallerath, Allgemeines Verwaltungsrecht, 6. Aufl., 2009, ESV, §10, Rn. 106.

20) 헌재 2007. 10 .4. 선고 2006헌바91 결정.

21) 물론 여기에 대하여 계획재량은 행정재량의 亞流的 개념이라거나 아니면 동등한 對照群的 개념이라는 학설의 대립이 있다.

22) 헌재 2007. 10 .4. 선고 2006헌바91 결정.

는 물론이고 공익 상호간과 사익 상호간에도 정당하게 비교 · 교량하여야 한다는 제한이 있다.[23)]

(2) 계획재량의 독자성

1) 행정재량과의 구별

현대행정의 복잡다기한 특성으로 행정의 독자적인 영역을 존중하는 영역이 생겨나게 되었는데, 그 대표적인 것이 행정재량영역이다. 이에 더 나아가 독일의 다수설과 판례는 행정계획에 특유한 계획재량의 관념을 인정하였고 우리의 학설과 판례도 이를 수용하고 있다.[24)]

그러나 이러한 주류적인 입장에 대하여 계획재량 역시 행정재량의 일종으로 양자 간에는 질적인 차이는 없고 양적인 차이만이 존재한다거나 행정재량에 관한 원칙의 유추적용이 가능하다고 보는 반론이 있다.

재량의 내용이나 그 범위는 입법자의 수권을 근거로 논의되어야 하며, 이때 입법자의 수권목적에 따라 행정청이 갖는 재량의 범위나 내용은 다를 수 있는 것이며, 그에 상응하여 당연히 규범구조도 다르게 나타난다는 것이다.[25)] 이러한 수권규범 구조상의 차이가 본질적이 아니라는 전제 하에 양자 간에 재량이 인정되는 부분은 다르지만 재량의 의미는 동일하게 행정청에게 선택의 자유를 인정한다는 것이고, 따라서 계획재량은 일반 행정재량에 비해서 재량권이 폭넓게 인정된다는 양적인 차이가 존재할 뿐이다. 또한 계획재량의 하자이론으로 제시되는 형량명령은 협의의 비례원칙의 계획재량에서의 적용이론에 불과하다고 한다. 그러므로 계획재량은 일반 행정재량의 한 유형이다.[26)]

이에 대하여 양자 간에는 질적이든 양적이든 일정한 차이가 있다는 점은 부인할 수 없으며, 오히려 중요한 것은 일반 행정재량이론에서 발전한 원칙들을 어느 범위에서 직접 또는 유추적용할 수 있느냐의 문제로 행정계획의 특유한 성질로 인해 적용불가능한 경우를 제외하고는 계획재량에 대하여 일반 행정재량에서 발전된 원칙들을 직접 또는 유추하여 적용가능하다고 보는 입장도 보인다.[27)]

그러나 다수의 견해는 계획재량은 전통적인 행정재량과 달리 계획규범에 의하여 정하여진 상태의 실현을 목적으로 하고 또한 전형적인 행정구제를 동반

---

23) 대법원 1996. 11. 29. 선고 96누8567 판결.
24) 정남철, "도시계획결정과 형량명령", 행정판례평선, 박영사, 2011, 170면 이하.
25) 류지태 · 박종수, 행정법신론, 박영사, 제15판, 2011, 93면.
26) 박균성, 앞의 책, 249면.
27) 류지태 · 박종수, 앞의 책, 95-96면.

하는 행정상 법집행으로서가 아니라 모든 관계된 이익의 형량 · 조정을 목표로 하는 형성적 기능을 그 본질로 한다는 점에서 일반 행정재량과는 다른 '재량의 특수형태'로 이해하고 있다.[28] 행정재량은 구체적 사실과 결부시켜 판단하고 결정하며, 행정재량권 행사의 위법성 여부의 판단은 재량권의 외적 · 내적 한계를 기준으로 행하는데 반해 계획재량은 계획규범이 규정한 목적의 범위 안에서 광범위한 형성의 자유를 가지고 행정정책적으로 행정목표를 설정하기 때문에 그 재량권이 광범위하게 인정되고, 계획재량권 행사의 위법성 여부의 판단은 목적 · 수단을 기준으로 하면서 재량권 행사의 절차적 과정을 중심으로 절차하자의 구성을 통하여 이루어진다는 점에서 계획재량의 특유성이 인정된다.[29]

2) 계획재량 인정의 논거

① 행정계획의 특성에서 유래하는 계획형성의 자유

행정주체가 구체적인 행정계획을 입안 · 결정함에 있어서 비교적 광범위한 형성의 자유를 가진다는 것은 계획작용의 복잡한 사실관계구조, 종국적 규범구조, 계획목표의 다면성에 대응하는 것이다.

행정계획을 미래에 달성하고자 하는 상태를 현재 시점에서 결정하는 행정작용으로 정의한다면 입법자는 스스로 엄격한 법적 요건을 정하기 어렵고 미래적 사항에 대한 일정한 결정을 법규정의 효과부분에서 예비적으로 제시할 수도 없다. 더더욱 일반적인 행정행위보다 추상적이고 불확정적인 개념에 의지하여야 한다는 점에서 조건규범적 구조는 행정계획의 근거규범으로서 적절하지 않다고 할 수 있다.[30] 이러한 의미에서 행정계획의 수립에서 행정청에게 부여되는 형성의 자유는 행정계획의 본질적 요소이며,[31] 형성의 자유가 없는 행정계획은 그 자체가 모순이라는 표현[32]은 이 점을 적확하게 지적하고 있다고 할 수 있다.

② 목표규범구조

행정재량은 행정법규에서 정한 요건규정과 효과규정의 한계 내에서 재량이 인정되고, 그렇게 인정된 재량은 요건 · 효과규정의 구체적 사실에 대한 적용에서 문제가 된다. 행정청이 의사결정 과정이 법적 요건에 부합하는 사실관계를 확인하고 법규에서 예정하고 있는 행정작용을 행하는 것을 요구하는 조건규범

---

28) 신봉기, "한국 행정판례에 있어서 형량하자론의 도입과 평가", 행정판례연구 XIII, 박영사, 2008, 114-115면.

29) 백윤기, 앞의 논문, 303면.

30) 김해룡, "법치국가의 원리로서의 형량명령", 외법논집, 제34권 제1호, 2010, 225면.

31) BVerwGE 72, 15, 20; 75, 214, 232.

32) BVerwGE 34, 301, 304.

(Konditionalprogramm)에 행정재량이 근거한다.

그러나 전통적인 법률구조형태인 '만약 … 그러면'의 형식(Wenn-Dann Schema), 즉 요건-효과-규정은 복잡한 계획상황에는 적절하지 않으며, 행정계획의 근거규범은 복잡한 사실관계 속에서 다양한 이해관계의 조화를 도모할 수 있는 행정계획의 본질상 특정한 목표와 개별수단 또는 작용권한을 열거하는 목적규범에 근거하며, 따라서 이 목적규범은 목표-수단 구조(Zweck-Mittel Schema)라는 특성을 지닌다.[33)]

행정계획규범이 목표규범에 기초하고 있다는 것에 대하여 유력한 반론이 제기되는데, 계획규범에서도 목표설정이 충분히 구체적으로 규정된다면 행정청이 목표달성을 위해서 가지는 행동의 여지를 좁게 할 수 있고 행정작용법상의 일반조항들을 고찰해 볼 때 조건규범이라 하더라도 행정청에게 매우 넓은 행동의 여지를 부여할 수 있으므로 이러한 근거에서 목표규범이 조건규범보다 반드시 광범하고 질적으로 다른 행동의 여지를 부여한다고 할 수는 없다.[34)] 또한 법발견의 목적지향성은 흔히 볼 수 있는 현상에 불과한 것으로서 계획법에서는 물론 헌법영역이나 통상적인 행정재량, 법률의 목적해석(teleologische Gesetzesauslegung)에서도 확인될 수 있다는 것이다.[35)]

그러나 조건규범은 복잡한 상호관계를 정서하고 상반된 이해관계를 가진 다양한 행위자로 연결된 네트워크 구조에서의 과제수행을 정서하는데 부적합하다.[36)] 행정재량은 포섭(Subsumtion)에 의해 재량권이 발동되나, 이러한 포섭은 조건프로그램을 요건으로 하기 때문에 목적프로그램에 근거한 계획규범에서는 명확하게 고려대상이 되지 못할 수도 있거나 충분하지 못할 수도 있다.[37)] 이것은 계획법규범이 계획목표만을 제시할 뿐 사실관계를 법해석을 통해 보충할 만한 아무런 사실관계적인 법적 요건을 규정하고 있지 않다는 점에서 극명하게 드러난다.[38)] 이러한 점에서 목적규범이 계획법규의 해석과 적용에서 조건규범에 비하여 비교우위를 가지며, 목적규범 하에서 어떠한 수단들을 취사선택하여 그것들을 어떻게 조화시킬 것인가에서 광범위한 결정재량이 인정되는 것이다.

---

33) 김해룡, 앞의 논문, 226면; Hoppe, a.a.O., Rn. 19f.

34) Krebs, in: Schmidt-Aßmann/Schoch (Hrsg.), BesVerwR, 14. Aufl., 2008, De Gruyter Recht, 4. Kap, Rn. 99f.

35) 김현준, "계획법에서의 형량명령", 공법연구, 제30집 제2호, 2001, 366면.

36) Hoffmann-Riem, Tendenzen in der Verwaltungsrechtsentscheidung, in: DÖV 1997, S. 433ff., S. 434.

37) v. Arnim, Wirtschaftlichkeit als Rechtsprinzip, Duncker & Humblot, 1988, S. 34f.

38) 김해룡, 앞의 논문, 226면.

Ⅲ. 환경계획에서의 형량명령의 적용을 통한 환경분쟁해결

1. 환경계획의 의의

(1) 환경계획의 개념과 필요성

환경보전이란 아주 복합적인 과제이므로 개별적 명령이나 규제수단만으로는 이를 달성하기 난망하다. 이러한 이유에서 환경보전의 실행수단으로서 등장하는 것이 계획이란 활동형식으로서 이것은 환경정의의 원칙 중 하나인 사전배려원칙을 실현시키기 위한 가장 적합한 수단으로 평가받고 있다.[39]

그리하여 환경계획이란 건강하고 쾌적한 환경의 보전 및 관리 등과 같은 일정한 환경목표를 실현할 목적으로 환경자원의 효율적인 관리 및 환경문제와 관련한 이해관계를 조절하기 위하여 필요한 수단들을 조정하고 종합하는 환경정책수단이라고 이해할 수 있다.[40]

특히 우리나라와 같이 국토는 좁고 자연자원이 부족한 상태에서 인구밀도가 높은 경우에 환경계획은 지속가능한 개발의 전제조건이 되고 있다. 이를 통하여 환경피해를 미리 예방한다는 데 초점을 맞출 경우 사전예방적 · 통합적 환경보전을 위한 주된 수단으로 각광을 받게 된다. 그러므로 개발계획을 수립하거나 개발사업을 시행하기 앞서 환경계획을 먼저 고려하여야 하며, 이를 위해서는 '선계획 후개발'의 원칙이 철저히 엄수되어야 한다.

(2) 환경계획의 종류와 법적 성질

환경계획도 행정계획의 한 영역이므로 행정계획의 법적 성질을 둘러싸고 이루어지는 논의는 여기서도 유효하다. 행정계획의 법적 성질에 관하여 등장하는 입법행위설, 행정행위설, 독자성설 등은 환경계획에도 그대로 적용된다.[41]

그러나 무엇보다도 환경계획의 법적 성격에 대한 핵심적인 논의는 항고소송과 관련하여 그 처분성을 인정할 수 있는가인데 환경계획도 행정계획과 마찬가지로 구체적인 환경계획의 법적 형태에 따라 다르기 때문에 일률적으로 단정할 수 없다.

일반적으로 행정계획은 여러 가지 기준에 의해 다양하게 분류되나 행정작용법의 차원에서 커다란 의미가 없다. 행정계획의 독자적 행정작용형식을 부인하는 것이 다수의 견해인바, 계획은 행정의 작용형식이 아닌 활동형식이기 때문

39) 홍준형, 환경법특강, 박영사, 2013, 45-46면.
40) 김홍균, 앞의 책, 882-883면.
41) 행정계획 부분에서 언급하였으므로 여기서는 상론을 피한다.

이다.[42] 그리하여 행정계획의 구속력 여부를 기준으로 하명적 계획(imperative Pläne), 정보제공적 계획(indikative Pläne), 유도적 계획(influenzierende Pläne)으로 나뉘는데,[43] 환경계획은 개인의 권리나 법률상 이익을 개별적 · 구체적으로 규제하는 경우보다는 국가의 환경보전행위와 관련된 청사진의 성격을 띠는 경우가 일반적이므로 처분성이 인정되는 경우가 그리 많지 않다. 예를 들어 환경정책기본법 제14조 및 제15조의 국가환경종합계획이나 대기환경보전법 제11조의 대기환경개선종합계획 등은 정보제공적 계획으로 데이터와 미래전망을 담아 정보를 제공하는 것이어서 사실행위에 해당하고, 국민의 권리의무관계에 직접적으로 변동을 일으키지 않는 비구속적 계획인 경우가 많아 항고소송에서의 처분성을 인정하기에는 난점이 존재한다.

유도적 계획은 하명적 계획과는 달리 구속력을 갖지 않고 권리나 의무를 발생시키지도 않지만 수범자의 행위를 간접적으로 조종하고 영향을 미치므로 환경보전에 적합한 수단으로 간주된다. 그러나 대기환경보전법 제19조의 대기환경실천계획과 자원의 절약 및 재활용촉진에 관한 법률 제7조 제4항 및 동법 시행령 제6조 제6항의 자원순환집행계획과 같은 유도적 계획은 법적으로 파악하기가 아주 어렵다. 단순한 의도표시인 경우에는 구속력이 부인되나 자금지원이나 조세감면 등의 특혜조치가 법률적으로 확정되어 있는 경우에는 하명적 계획으로 보아야 할 것이다.

국민에 대하여 법적인 구속력을 발휘하는 하명적 환경계획은 입법자가 미리 법형식을 설정한 경우에는 그에 따라 환경계획의 법적 성격을 규명하나, 그렇지 않은 경우에는 당시의 상황, 계획주체, 계획내용, 구속효 등에 의거하여 그 법적 성질이 결정되고 처분성도 인정될 수 있다.[44]

결국 환경계획이 국민의 권리와 의무에 대하여 직접적으로 변동을 초래하는 하명적 성격의 것이라면 그것은 법규범 형식의 법규하명이거나 행정행위 형식의 처분하명에 속한다. 여기서 환경계획이 법규범적 계획이라면, 그것이 처분적 법률에 해당되는 경우는 제외하고 규범통제에 의지하겠지만 처분하명에 해당되면 바로 처분성이 인정되어 항고소송의 대상이 됨은 자명하다.

---

42) 김중권, 김중권의 행정법, 법문사, 2013, 374면.

43) Köck, Pläne, in: Hoffmann-Riem/Schmidt-Aßmann/Voßkuhle (Hrsg.), GVwR Ⅱ, 2. Aufl., 2012, C. H. Beck., §37, Rn. 45ff.

44) 김중권, 위의 책, 376-377면.

2. 환경계획의 실체적 심사기준으로서의 형량명령

(1) 형량명령의 의의

계획재량은 그 성질상 통상의 행위재량(Handlungsermessen)에 비하여 비교적 광범한 형성의 자유가 인정됨으로 인하여 특별한 통제기준을 별도로 요청하고 있는 것이 독일의 판례와 학설이며 이러한 입장을 우리의 판례와 학설도 수용하고 있다. 이러한 통제기준으로 제시된 것이 형량명령(Abwägungsgebot)과 형량하자론(Abwägungsfehlerlehre)이다.

형량명령은 계획과 관련된 공익과 사익 상호간, 공익 상호간 및 사익 상호간에 정당한 형량이 행하여져야 한다는 원칙으로 1960년 독일 연방건설법전(BBauG; Bundesbaugesetz)에서 최초로 등장하였다.[45] 현행 건설법전 제1조 제7항[46]은 "건설기본계획의 수립에서 공익과 사익을 서로 정당하게 형량하여야 한다."라고 규정하여 형량명령을 명문으로 인정하고 있다.

이러한 형량명령은 독일 건설법전에 명문으로 규정되어 있지만 명문규정이 없더라도 형량명령은 계획법에서 불문의 행정법의 일반원칙으로서의 효력을 지닌다.[47] 더욱이 형량명령은 법치국가원리에서 도출되는 일반원칙으로 헌법적 지위를 지닌다.[48] 이에 따라 형량명령은 법치국가적 계획의 중심을 이루는 명령으로 평가되는데, 이것은 행정계획결정의 실체적 위법성을 판단하는 중요한 척도가 되고 있다.[49]

(2) 형량명령의 헌법적 근거와 독자성

1) 헌법적 근거

형량명령원칙은 현행 독일의 건설법전에 명문으로 규정되어 있으나 독일 연방행정법원은 이보다는 법치국가적 계획의 본질에 내재하는 기본원칙으로 규명하였다.[50] 다시 말해, 법치국가적 계획은 건설법전 제1조에 관계없이 계획과 관련된 공익과 사익의 정당한 형량을 전제로 하며,[51] 형량명령은 독일 기본법

---

45) 송동수, "독일에 있어 토지에 관한 공익과 사익의 조정 - 형량명령을 중심으로", 토지공법연구, 제16집 제1호, 2002, 60면.

46) Bei der Aufstellung der Bauleitpläne sind die öffentlichen und privaten Belange gegeneinander und untereinander gerecht abzuwägen.

47) Kopp, Ferdinand, O./Ramsauer, Ulrich, VwVfG, 11. Aufl., 2010, C. H. Beck., §74, Rn. 51.

48) BVerwGE 41, 67; 48, 56; 64, 270.

49) 정남철, 앞의 논문, 173면.

50) BVerwGE 34, 301.

51) BVerwGE 41, 67.

제20조 제3항의 법치국가적 요청의 하나로 볼 수 있다.[52)]

그런데 법치국가원리에서 추출된 형량명령은 기본법 자체에서도 도출될 수 있는데 이것은 기본법이 상충하는 여러 이익들의 해결규범으로서의 성격도 아울러 보유하고 있기 때문이다. 일반적 행동자유권(allgemeine Handlungsfreiheit)을 규정한 기본법 제2조 제1항의 일반조항처럼 동시에 여러 가지 법적 이익들을 보호하고 있다면 그러한 기본법의 의도는 이러한 이익충돌의 문제를 기본법의 틀 내에서 해결하는 것이다. 그래서 기본권에 의하여 보호되는 여러 가지 공사익들의 정당한 형량명령은 법치국가원리보다는 기본법 그 자체에서 도출된다고 할 수 있다.[53)]

이러한 형량명령의 헌법적 근거에 관한 독일의 논의는 형량명령을 수용한 우리 실정법체계에도 많은 시사점을 던져준다. 독일 기본법 제2조 제1항처럼 우리 헌법 제10조 제1문은 인간의 존엄과 가치 및 행복추구권을 보장함으로써 일반적 행동자유권,[54)] 개성의 자유로운 발현권,[55)] 계약의 자유[56)] 등이 도출된다. 헌법 제10조 제1문의 일반조항은 헌법이념의 핵심이자 헌법의 기본원리를 선언한 조항[57)]으로 국가는 헌법에 규정된 개별적 기본권을 비롯하여 헌법에 열거되지 아니한 자유와 권리까지도 이를 보장하여야 하므로 당연히 여러 이익과 가치들 간의 상충과 조정을 전제로 한다고 볼 수 있다. 그러므로 우리 헌법 그 자체에서 상충이익 간의 형량을 예정하고 있으며, 헌법 제10조 제1문과 헌법에 열거되지 아니한 자유와 권리의 보장을 규정한 제37조 제1항이 그 헌법적 근거가 될 수 있다.

또한 과잉금지원칙은 법치국가원리에서 당연히 파생되는 헌법상의 기본원리의 하나인 비례의 원칙을 말하며,[58)] 이것은 형량명령원칙과 일맥상통한다. 과잉금지원칙의 하위구성원칙의 하나인 법익의 균형성은 입법에 의하여 보호하려는 공익과 침해되는 사익을 비교형량하여 공익이 더 커야 한다는 것으로 이 역시 헌법상의 원칙이다.[59)] 공익과 사익 간의 이익형량만을 요구하는 과잉금지

---

52) Heinze, Keine Heilung der Nichtber cksichtigung relevanter Belange bei einer planerischen Abwägung in gerichtlichen Verfahren?, in: NVwZ 1989, S. 121ff., S. 121.
53) Bleckmann, Begründung und Anwendungsbereich des Verhältnismäßigkeitsprinzips, in: JuS 1994, S. 177ff., S. 178f.
54) 헌재 2003. 10. 30. 선고 2002헌마518 결정 등.
55) 헌재 1998. 10. 29. 선고 97헌마345 결정 등.
56) 헌재 2002. 1. 31. 선고 2000헌바35 결정 등.
57) 헌재 2000. 6. 1. 선고 98헌마216 결정.
58) 헌재 1992. 12. 24. 선고 92헌가8 결정.
59) 헌재 1990. 9. 3. 선고 89헌가95 결정.

원칙의 구성원칙인 법익균형성의 원칙을 포함하여 공익 간, 공사익 간 그리고 사익 상호간의 이익형량까지 확장된다[60]는 점에서 형량명령은 법치국가원리에서 파생된 과잉금지원칙과 그 근본적 연원을 같이하며, 또한 형량명령원칙도 헌법상의 법치국가원리에 그 근거를 두고 있다고 해야 할 것이다.

2) 협의의 비례원칙과의 구별

행정재량과 계획재량의 차이를 부인하는 견해는 형량명령의 독자성을 부인한다. 즉, 계획재량에 특유한 하자이론으로서 주장되는 형량명령은 그 실질적 내용에서 법치국가원리에서 도출되는 헌법적 원칙인 비례원칙의 세 번째 내용에 해당하는 것이고 계획재량에만 특유한 것이 아니다.[61] 양자가 이익을 조정한다는 측면에서 외형상 유사하다는 것이고 형량명령은 비례의 원칙으로 귀결한다는 것이다.

협의의 비례원칙이란 특정한 행정목적달성을 위하여 적합하고 필요한 수단이 있다고 해도 그러한 수단을 통하여 달성하려는 공익과 이를 자제함으로써 보호될 수 있는 사익을 비교교량하여 전자의 이익이 큰 경우에 비로소 그러한 목적과 수단 간에 적법한 균형관계가 유지될 수 있다는 상당성의 원칙(Grundsatz der Angemessenheit)을 말하는 것[62]으로 동기 · 목표 · 규율의 범위 사이에 합리적인 관계를 요구한다.[63]

이러한 개념정의에서 알 수 있듯이 협의의 비례원칙이 기본권침해를 위한 공익과 그 방어를 위한 사익의 양자적 관계(zweipoliges Verhältnis)에서의 조정인 것에 비하여 형량명령은 다자적 관계(mehrpoliges Verhältnis)에서의 조정이라는 점에서 양자는 근본적으로 차이가 있다. 그래서 형량명령은 공익과 사익의 조정인 협의의 비례원칙을 포함하며 공익 상호간과 사익 상호간의 조정을 그 내용으로 한다.[64]

원래 침해적 행정을 전제로 하여 개인의 권익을 행정목적상 침해하는 경우의 한계논리로 정립된 광의의 비례의 원칙을 계획행정의 영역에서도 동일하게 적용하는 것은 차원이 다른 문제라고 할 수 있다.[65] 더욱이 형량명령에서 문제되는 것은 협의의 비례원칙이며, 이마저도 공익과 사익 간의 비교형량이라는 점에서 형량명령이 협의의 비례원칙에 해당한다는 입론은 수긍하기 어렵다. 행

60) Bleckmann, a.a.O., S. 182.
61) 류지태 · 박종수, 앞의 책, 93면.
62) 김성수, 앞의 책, 96면.
63) 홍정선, 앞의 책, 81면.
64) 송동수, 앞의 논문, 63면.
65) 김현준, 앞의 논문, 370면.

정계획에서의 계획재량과 형량명령의 독자성이 인정되는 이유가 여기에 있으며, 이로써 형량명령을 환경계획에 적용함은 물론 환경정책의 입안과 시행 초기부터 형량명령과 형량하자론을 통한 분쟁해결에 논의의 초점을 이동하여야 할 시점이 도래하고 있다.

3. 환경계획에서의 형량명령의 적용과 문제점

(1) 환경계획의 처분성과 형량명령원칙의 적용문제

판례는 계획법규의 특수성을 염두에 두고 행정의 광범한 계획형성의 자유를 인정하였으며, 또한 이를 전제로 형량명령의 법리를 인정하여 왔다는 것은 주지의 사실이다. 이러한 행정계획에 대한 판례의 입장은 크게 행정계획의 처분성 인정 여부에 관한 논의단계, 처분성 인정단계 및 처분성 인정을 당연한 전제로 한 형량명령과 형량하자론의 판례적용단계로 나눌 수 있다는 점이다.[66]

이러한 판례의 단계는 환경계획의 형량명령의 적용과 관련하여 주의하여야 할 점을 제공한다. 이러한 단계론적 접근에 따르면 환경계획의 처분성이 인정되지 않으면 행정계획의 행위규범이자 통제규범인 형량명령이 적용되지 않으며, 이 경우 그러한 환경계획에 근거하거나 또는 이와는 별개로 구체적인 행정청의 행정작용에 의한 환경개발사업은 형량명령의 법리가 적용되지 않아 기존의 사법통제의 척도로써 환경계획을 통제해야 한다는 문제점이 발생한다. 예컨대 자원의 절약 및 재활용촉진에 관한 법률 제7조의 자원순환기본계획이나 지방자치단체장이 시행하는 자원순환시행계획과 자원순환집행계획은 정보제공적 계획이나 유도적 성격의 계획으로 국민의 권리의무에 직접 영향을 미치지 못하므로 처분성을 인정하기는 어려울 것이다. 그러나 행정청 내부에서는 구속력이 있는 계획으로 자리매김할 것이고, 이 경우 행정계획의 통제규범인 형량명령이 자리할 여지는 없다. 그렇게 때문에 이 계획에 근거하여 행한 구체적인 행정작용에 대하여는 기존의 사법통제척도가 적용될 뿐이지 형량명령이 적용될 여지는 없다.

하명적 성격의 계획이 아닌 정보제공적 계획이나 유도적 계획의 경우에는 사실상 행정계획의 통제법리인 형량명령이 개입할 여지는 없으며, 이로 인하여 형량명령의 입지는 그만큼 좁아지게 된다. 더군다나 정보제공적 계획의 경우에는 행정청의 행정행위가 아닌 사실행위로서 헌법소원심판의 대상이 되기에도 부적합하여 그에 대한 통제규범을 원용할 여지가 원천봉쇄되는 결과를 초래한다.

---

66) 신봉기, "형량하자 있는 행정계획에 대한 사법심사", 109면.

이러한 난점을 해결하기 위하여 환경계획이 먼저 입안되고 이에 근거하여 구체적인 개발사업이 진행되어야 할 것이다. 이때 환경계획은 구속력이 있는 하명적 성격의 계획으로서 당연히 형량명령으로 통제가능하며, 또한 개발사업 역시 구체적 행정작용으로서 사법심사가 가능해진다. 여기에 계획재량의 한계로 논의되는 형량명령의 과정과 그 하자가 중요한 문제로 등장하게 된다.

(2) 환경계획형성의 자유에 대한 법적 한계

1) 계획재량의 한계

환경계획의 근거 법령은 대체로 추상적인 환경목표와 절차만이 규정되어 있을 뿐 환경계획의 내용에 대하여는 별다른 규정을 두고 있지 아니하므로 환경행정주체는 구체적인 환경계획을 입안 · 결정함에 비교적 광범한 형성의 자유를 가진다. 이는 그만큼 사법통제가 쉽지 않다는 것을 의미한다.

이러한 환경계획형성의 자유는 두 가지의 구별된 법적 구속, 곧 외적 한계와 내적 한계를 갖는다. 강행적인 법률상의 규율이 그것의 외적 한계가 되는데 이는 형량명령에 의하더라도 극복될 수가 없다. 이러한 규율은 계획법에 직접 규정될 수 있거나 다른 법령에 규정될 수 있다.[67)]

계획재량의 내적 한계와 관련하여 그 핵심에 해당하는 것이 관련 이익에 대하여 정당한 형량을 요구하는 형량명령이다. 독일의 경우 이를 건설법전에서 명문으로 인정하고 있지만 우리의 경우는 그 실정법적 근거가 없다는 것은 기술한 바와 같다.

특히 환경계획은 지침제공이나 미래에 대한 청사진 제시의 성격을 강하게 드러내어 형량명령을 통한 사법통제가 불가능한데다 환경은 원상복구가 아주 힘든 경우가 대부분이어서 환경계획의 수립 시에 모든 이익들에 대한 형량을 통한 환경개발사업의 시행이 이루어져야 한다는 점에서 형량과정과 결과에서의 하자가 더 중요한 의미를 가진다.

2) 형량명령의 과정과 하자

① 형량과정과 결과

형량명령원칙을 발전 · 적용함에 형량과정(Abwägungsvorgang)과 형량결과(Abwägungsergebnis)를 구분하게 되었는데 이로써 형량과정과 형량결과의 내용과의 상관관계가 문제점으로 등장하기 시작한다. 양자의 개념에 대하여 아직까지 충분히 해명되지 못하고 있음에도 계획확정은 형량과정과 형량결과의 관점에서 형량명령원칙을 충족하여야 하므로 이러한 구분은 형량하자이론과 밀

---

67) Köck, a.a.O., Rn. 99.

접한 관련성을 가진다.[68]

양자의 개념에 대한 구체적인 설정을 통하여 통제대상(Kontrollgesgenstände)에 대한 형량명령의 법적 효과가 어떻게 분명하게 구분될 수 있는지, 즉 형량하자를 심사할 때 두 가지 통제대상을 모두 심사하여야 하는지 아니면 어느 하나의 통제대상에 중점을 두고 심사하면 충분한지, 그리고 어떠한 통제기준(Kontrollmaßstab)들이 이러한 통제대상에 적용되어야 하는지의 문제에 대하여 소명이 이루어져야 한다.[69] 다시 말해, 행정계획에서 형량에 대한 통제는 궁극적으로 형량과정과 형량결과의 법적 의미를 어떻게 이해하느냐에 따라 달라진다고 할 수 있다.[70]

우선 개념정의에서 출발하면 형량과정이란 이익형량을 실시하는 절차적 흐름을 의미하고 형량결과란 이러한 형량과정을 통하여 결론적으로 도출되는 유형의 결정을 말한다. 좀더 자세하게 언급하면, 형량과정은 형량의 실제적인 과정(Vorgang)으로서 형량자료를 조사·수집하고 이를 객관적 평가기준에 의해서 평가하는 이익형량의 동적인 요소를 의미하며, 형량결과는 이러한 형량과정을 통하여 도출된 결정으로서 정적인 요소를 의미한다.

이렇게 형량과정과 형량결과로 구분하는 것은 형량하자의 유형으로 분류되는 형량누락(Abwägungsausfall), 형량결함(Abwägungsdefizit), 형량과오평가(Abwägungsfehleinschätzung), 형량의 불비례(Abwägungsdisproportionalität)의 통제기준이 양자에 동일하게 적용될 수 있는가와 연결된다. 행정계획에 대한 형량명령의 요청은 형량과정과 형량결과 모두에 적용되며, 다만 통제기준은 동일하지 않다는 것이다. 형량과정 통제요소는 형량불개시, 형량흠결, 형량오판이며, 형량결과 통제요소는 형량불비례가 해당된다.[71]

한편 형량과정과 관련하여 문제가 되는 것은 형량과정의 구조에 대한 의문이다. 즉, 형량과정을 내용적으로 3단계 구조로 볼 것인가 또는 2단계 과정으로 볼 것이냐의 문제인데, 이것은 형량하자의 유형으로 분류되는 형량누락, 형량결함, 형량과오평가, 형량의 불비례가 형량과정에 대한 적법성 여부, 곧 사법통제기준을 어떻게 세분할 것인가 하는 점과 관련이 있다.

형량과정에 대한 3단계설은 행정계획자료의 수집 이후에 2단계로 개별적 고려사항들에 대한 가치판단(Gewichtung) 내지 비중의 평가과정이 이루어지며, 3

68) Kopp/Ramsauer, VwVfG, a.a.O., §74, Rn. 53f.
69) 강현호, "형량과정과 형량결과의 법적 의미", 공법연구, 제26집 제1호, 1998, 248-249면.
70) 신봉기, "한국 행정판례에 있어서 형량하자론의 도입과 평가", 134면.
71) 강현호, "형량과정과 형량결과의 법적 의미", 258-261면.

단계로 각종 이해관계 또는 고려사항들에 대한 비교선택 내지 조정(Ausgleich) 과정이 수반된다고 보는 반면에 2단계설은 가치판단과 조정이 한 단계에서 동시에 수행된다는 것으로 본다. 이에 대하여 형량하자인 형량의 불개시, 형량의 흠결, 형량의 오판이 형량과정에서의 통제기준으로 작용하고, 이러한 형량하자들은 형량자료의 수집, 가치판단 내지 비중평가, 이익의 조정 및 결정으로 구성된 3단계의 형량과정론에 보다 부합하는 것으로 판단된다.[72)]

그런데 이러한 3단계의 형량과정에서 가장 중요한 단계는 어떠한 종류의 형량자료를 수집하여 형량에 포함시킴으로써 결과적으로 형량원칙을 충족하게 하는 것인가라는 점에서 가장 핵심적인 사항은 형량자료의 수집이라고 할 수 있다. 형량과정에서의 형량자료의 수집을 법규해석에서의 구성요건의 포섭으로 본다는 견해에 대하여 행정계획은 '정보의 수집 · 선택 · 처리', '목표의 발견 · 검증' 및 목표의 실현을 위한 '수단의 선택 · 조율' 등의 복잡한 절차에 따른 결과라는 관점에서 형량자료의 선택은 형량과 무관한 것까지 모두 편입되는 것이 아니라 '사안에 따라(nach Lage der Dinge)' 편입되어야 할 것이다. 이는 곧 행정계획이 행정재량에 근거한 것이 아닌 계획 특유의 재량에 근거한 형량이라는 것을 의미한다고 할 수 있다.[73)]

② 형량하자와 효과

계획상의 형량명령은 우선 형량결과를 목표로 한다. 따라서 계획은 실체적으로 타당하여야 한다. 형량결과의 이러한 실체적 타당성은 형량과정이 고도로 실체에 합당하였는지에 좌우된다. 그래서 형량과정은 해당 중요사항을 조사하여 그것을 형량대상에 포함시키는 것을 출발점으로 하여 그 다음 계획목표와 관련하여 중요사항을 평가하고, 마지막으로 어떤 중요사항을 우선하고 어떤 것을 후위에 둘 것인지에 관한 이익의 조정과 결정을 한다.[74)] 이런 의미에서 최종결정은 조정결정(Ausgleichentscheidung)임과 동시에 최적화결정(Optimierungsentscheidung)이라고 할 수 있다.[75)]

이러한 형량과정에서 행정주체가 행정계획을 입안 · 결정함에 이익형량을 전혀 하지 아니하거나(형량누락), 이익형량의 고려대상에 마땅히 포함시켜야 할 사항을 누락한 경우(형량흠결) 또는 이익형량에서 중요한 이익들의 객관적 가치의 평가에서의 하자로 어떠한 이익이 규범적으로 인정된 평가원칙이나 일반적

72) 김해룡, 앞의 논문, 227-228면.
73) 신봉기, "한국 행정판례에 있어서 형량하자론의 도입과 평가", 135-136면.
74) 김중권, 앞의 책, 385면.
75) 송동수, 앞의 논문, 64면.

인 기본원칙에 어긋나게 평가된 경우(형량오판), 행정계획에 관계된 이익들의 상호비교가 객관적인 비중에 어긋나서 이루어진 경우로 개별 이익들의 평가 자체는 공정하게 이루어졌으나 이익들의 상호비교의 경우에 공평성을 상실한 경우(형량불비례)[76]에는 그 행정계획결정은 형량에 하자가 있어 위법하게 된다. 다만 계획결정주체가 어떤 중요사항을 우선하고 다른 것은 후위에 두는 식으로 결정을 내렸다고 하여 그것을 형량명령에 위배된 것으로 볼 수는 없다.[77]

독일의 경우 형량하자를 지닌 건설기본계획은 법이론적으로 형량하자의 정도에 따라 무효가 되거나 취소될 수 있다. 그러나 형량명령의 하자에 대한 법적 효과를 규정하는 건설법전 제214조 제3항[78]은 형량과정에서의 하자가 명백하고 형령결과에 영향을 미치는 경우에만 그 하자는 중대하다고 규정하여 개인의 소구권을 제한하고 있다.

독일과 달리 우리의 경우는 행정계획의 성질별로 형량하자의 효과가 달리 결정된다. 행정처분적 성격의 행정계획은 단순위법이 원칙이고 그 하자가 중대하고 명백하면 무효가 되지만 법규범의 형식인 행정계획은 당연히 무효가 된다.[79]

4. 환경계획에서 형량명령을 통한 환경분쟁해결을 위한 제언

(1) 환경계획의 독자성 강조

행정계획은 종류와 내용이 매우 다양하고 상이하여 모든 종류의 계획에 적합한 하나의 법적 성격을 부여한다는 것은 불가능하고, 따라서 행정계획을 일반적 형태로 추상화하고 범주화하는 것은 그다지 커다란 의미가 없다는 견해[80]에 의하면 환경계획 역시 독립된 행정법적 작용형식인 행정계획의 존재는 부정되고, 그의 법적 성질과 관련 법규정에 비추어 그때 그때 판단되어야 할 천차만별한 현상의 집합개념에 불과하게 된다.[81]

그러나 이것은 환경계획의 행위형식과 법형식(Rechtsform)을 명확히 구별하지 못하는 데서 비롯된 것이다. 이러한 이유에서 '행정의 행위형식에는 정원(numerus klausus)이 있을 수 없다'는 법언이 이를 웅변한다. 복잡다기한 현대

76) Kopp/Ramsauer, VwVfG, a.a.O., §74, Rn. 56.
77) 김중권, 앞의 책, 385면.
78) im Übrigen sind Mängel im Abwägungsvorgang nur erheblich, wenn sie offensichtlich und auf das Abwägungsergebnis von Einfluss gewesen sind.
79) 김중권, 앞의 책, 386면.
80) 홍정선, 행정법원론(상), 박영사, 제21판, 2013, 278-279면.
81) Maurer, a.a.O., Rn. 13.

행정을 고전적인 행위형식으로 범주화하려는 시도는 무리일 것이다.[82] 오히려 환경계획은 이러한 현대행정의 다양성과 복잡성을 반증하는 것으로 특정한 법형식에 구애됨이 없이 다양한 법형식으로 등장하는 것이 특징이다.

따라서 환경계획은 추상적이 아니라 고도의 구체적인 것으로 법규범도 아니고 행정행위도 아닌 특수한 성질의 異種(aliud)으로 독자적인 행위형식으로 구속력을 가진다고 본다.[83]

(2) 형량명령원칙에 대한 재인식과 입법적 명문화

1) 최적화명령으로서의 형량명령원칙의 인식

종래 법익충돌의 해결원칙으로 작용한 이익형량의 원칙은 가치우열질서를 전제로 하여, 그 우열규칙에 따라 서로 대립하는 이익 중 하나의 이익이 우선되면 다른 이익은 전면적으로 배제된다. 그러나 이익형량원칙은 지금까지 명백하고 구체적인 우열 내지 우선의 기준을 제공하지 못하였기 때문에 이익충돌의 해결기준으로서의 의미는 상당 부분 퇴색되었다고 할 수 있다.

그러므로 원칙적으로 충돌 · 대립하는 이익은 추상적 · 일반적으로 同位에 있고 구체적 상황에 따라 이를 판단하는 상대적 우위개념이 오늘날 설득력을 가진다. 그러한 의미에서 최적화명령이 오늘날 중요한 기능을 차지한다고 볼 수 있다.[84]

특히 환경행정영역에서 그 규제수단이 위험방지에 대한 전통적인 명령, 금지 또는 허가유보를 통한 규율에 국한되지 않기 때문에 최적화명령으로서의 형량명령은 다양한 규범적 조정력으로 여러 이익이 충돌하는 환경분쟁의 해결에서 주된 기능을 담당할 수 있다.

2) 형량명령의 명문화와 주관적 공권

독일의 경우 '공익과 사익이 상호간 및 상하간에 공평하게 비교형량되어야 한다'는 형량명령은 건설법전뿐 아니라 원거리도로법(FStrG; Bundesfernstraßengesetz) 제17조 제1항, 수로법(WaStrG; Bundeswasserstraßengesetz) 제14조 제1항, 항공법(LuftVG; Luftverkehrsgesetz) 제8조 제1항 등에도 명문으로 규정되어 있다.[85]

이러한 형량명령원칙과 더불어 '선계획 후개발'의 원칙도 명문화되어 있는데

---

82) 정남철, "이익충돌의 문제해결수단으로서 계획법상 최적화명령", 공법연구, 제31집 제5호, 2003, 301면.
83) 박균성, 앞의 책, 241-242면.
84) 정남철, 앞의 논문(각주 82), 295-303면.
85) 송동수, 앞의 논문, 61면.

원거리도로법 제17조 제1문에서 "원거리도로는 계획이 먼저 확정된 경우에 한하여 변경되거나 건설할 수 있다"거나, 수로법 제14조 제1항에서 "수로의 증설, 개설 또는 폐쇄는 미리 계획의 확정을 필수로 한다"라고 규정하여 계획에 대한 구속력을 부여하고 있다.

앞서도 보다시피 계획재량과 형량명령은 행정계획의 특유한 요소이므로 형량명령원칙이 최소한 계획확정절차와 환경법 영역에서 도입되어야 할 것이다.[86] 형량명령의 원칙과 선계획 후개발의 원칙의 명문화는 환경계획에서의 형량명령을 통한 환경보전에 대한 적절한 통제장치가 될 것이며, 환경계획의 비구속적 성격을 좀더 구속력 있는 계획이나 처분성을 확보하는 방안으로 작용할 것이다. 특히 선계획의 형식으로 법규범을 선택한다면 그러한 법규범은 처분적 법률에 해당함은 별론으로 하더라도 규범통제의 대상이 될 수 있을 것이다.[87]

물론 형량명령 그 자체가 계획행정청의 형성의 자유를 곧바로 통제하는 수단으로 작용하는 것은 아니다. 형량에 대한 하자가 있는 경우 사법심사를 통해서 계획행정청의 광범위한 형성의 자유가 사법적으로 통제된다. 그러한 이러한 형량하자를 통한 사법통제 이외에 개인이 자신의 주관적 공권을 근거로 소를 제기하기 위해서는 형식적 법률에 근거한 법적 근거가 필요하다.[88] 즉, 환경분쟁에서 형량하자에 기한 항고소송의 제기는 형량명령에 대한 법적 근거의 필요성으로 이어진다는 것이다.

(3) 형량명령에서 공익으로서의 환경보호이익의 강조

형량명령의 과정과 결과에서 고려하는 모든 이익에 환경보호이익도 포함되어야 하며, 이를 위해서는 형량명령의 입법화와 더불어 환경보호이익에 대한 고려도 명문화하는 방안이 유력하게 검토될 수 있다.

환경보호수단으로서 계획과 계획법의 중요성은 복잡한 사실관계의 해결에 적합하다는 것이다. 이렇게 전형적으로 복잡한 이해구조의 형성과 관련되는 계획은 다양한 환경오염을 파악하여 환경 문제를 해결하는 데 적절한 수단이 된다. 이른바 '건설계획법의 생태화(Ökologisierung)'라는 명제가 등장한 것도 이러한 배경에서라고 할 수 있다.

환경 문제와 관련된 수많은 이해상충의 해결에서 비계획적 행정수단인 급부행정이나 침해행정만으로는 한계가 있으며, 형성의 자유를 본질적 내용을 하는

86) 오준근, "이익형량의 원칙의 실제적 적용 방안", 공법연구, 제29집 제3호, 2001, 78면.
87) 신봉기, "행정계획에 대한 사법적 통제", 토지공법연구, 제10집, 2000, 204면.
88) 정남철, 앞의 논문(각주 82), 302-303면.

계획이 이에 대한 효율적이고 적절한 수단으로 제시될 수 있고, 이는 곧 환경법상 원칙인 사전배려의 원칙이나 협력의 원칙과도 조화될 수 있다.[89]

이런 맥락에서 형량명령의 원칙을 규정한 독일 건설법전이 1990년대 들어서 형량명령의 원칙에서도 고려되어야 할 공익 중 하나로 환경보호의 이익을 특별히 강조한 것은 이와 무관하지 않다. 결국 1997년 건설법전 개정에서 '형량에서의 환경보호이익(Umweltschutzende Belange in der Abwägung)'이라는 표제어로 제1a조가 추가되었고, 현재는 동조 제2항[90]에서 환경보호이익의 형량을 규정하고 있다.

여기서 문제삼고자 하는 것은 환경보호이익이 계획형량의 단계에서 다른 관련되는 이익에 비하여 일반적 차원에서 우월한 지위를 가지는 이익으로 보아야 할 것인가이다. 기본법 제20a조에서 환경보호를 새로운 국가목표규정으로 하고 있음에 비추어 주장될 법도 하지만 환경보호이익 그 자체가 선험적인 우월성을 가지고 있는 것으로 인정되지는 않는다. 우리 헌법 제35조도 환경권을 규정하지만 다른 공익이나 기본권에 비해서 절대적 우위를 확보한다고는 보기 어렵다. 그러나 입법자의 명시적 표현을 통해서 개별 환경보호이익이 상대적 또는 절대적 우월을 가지게 하는 것은 입법론상 가능하다고 본다.[91]

(4) 환경계획의 입안단계에서부터 형량명령의 확대적용

1) 환경허가결정에서의 적용

형량명령원칙이 관계되는 모든 공익과 사익들의 형량을 통한 조정이라는 점에서 이는 사안이 복잡한 계획법규에 특유한 법리라고 할 수 있다. 이러한 형량명령의 성격을 유추해보면, 사안이 복잡한 환경법상 허가결정 등은 계획결정과 비교하여 결코 간단한 사실관계의 문제가 아니라는 점에서 행정재량과 계획재량 간의 유사성은 매우 크다고 할 수 있다.

물론 이러한 유사성에 착안하면 계획재량은 보통의 행정재량보다 더한 고강도의 형량결정[92]일 수 있지만 환경문제를 해결하는 수단으로서 환경법상의 개

---

89) Schmidt-Aßmann, Struktur und Gestaltungselemente eines Umweltplanungsrechts, in: D V 1990, S. 169ff., S. 169.

90) 토양은 절제되고 소중하게 다루어져야 하며, 이 경우 건설이용을 위한 토양의 추가적인 사용을 줄이기 위하여 특히 내부개발을 위한 토양의 재활용, 재축적, 기타 조치를 통한 게마인데의 발전가능성이 활용될 수 있으며, 토양봉인은 필요최소한으로 제한될 수 있다. 삼림 또는 주거목적으로 사용된 토지는 단지 필요한 범위 내에서 지역경제적으로 새롭게 이용된다. 제1문과 제2문의 원칙은 제1항 제7조에 따른 형량에서 고려될 수 있다.

91) 김현준, "건설계획법을 통한 환경보호", 환경법연구, 제22권, 2000, 522면.

92) 김중권, 앞의 책, 384면.

발허가결정절차에 형량명령을 원용할 소지는 충분히 존재한다고 본다.[93)]

형량명령이론은 입법자가 행정결정 자체를 기속적으로 규율함으로써 행정이 아무런 결정 여지를 갖지 못할 때는 적용되지 않지만, 그렇다고 형량명령론을 행정청의 형성의 자유가 인정되는 행정계획에 대해서만 적용되는 법적 제도로 파악해서는 아니 되며, 오히려 완전 기속적 행위가 아닌 한 복잡한 행정결정에 적용되는 협의의 비례원칙의 발전된 이론으로 파악하는 것이 바람직할 것이다.[94)]

2) 형량과정에 대한 통제

형량명령을 근간으로 하는 계획재량과 행정재량을 구별하는 실익은 무엇보다도 사법통제의 범위 내지 정밀도를 명확히 하기 위한 것이다. 이것은 사법부가 계획행정청이 당해 환경계획에서 요구되는 자료를 다 획득하였는지, 획득한 자료에 대한 과학적 분석이 철저히 이루어졌는지, 각각의 이해관계에 관한 형량이 이루어졌는지를 철저히 심사하여 그에 부합하지 않는 경우에는 형량하자가 발생하여 위법한 환경계획으로 판정된다.[95)]

형량명령을 형량과정과 형량결과로 구분할 때 형량결과에 대해서는 비례원칙으로 판단할 수 있겠지만 형량과정은 단순한 비례원칙보다는 형량명령으로 판정하여야 할 것이며, 이러한 점에서 환경계획의 허가결정이나 사법통제에서 형량명령의 가치는 커진다고 할 수 있다.

3) 계획통제규범으로서의 형량명령의 위상정립

형량명령은 행정계획에서의 통제규범으로 등장한 것이며, 이를 위해서는 형량명령이 적용되는 영역에서는 과잉금지원칙이나 재량권일탈 남용은 그 적용을 유보하게 된다. 그러나 우리 판례는 "행정주체가 행정계획을 입안·결정함에 있어서 이익형량을 전혀 행하지 아니하거나 이익형량의 고려 대상에 마땅히 포함시켜야 할 사항을 누락한 경우 또는 이익형량을 하였으나 정당성·객관성이 결여된 경우에는 그 행정계획결정은 재량권을 일탈·남용한 것으로서 위법하다"라고 판시하여 형량하자를 비례원칙위반인 재량권일탈과 남용으로 보아 위법하다고 하고 있다.[96)]

물론 최근의 판례[97)]가 "행정주체가 행정계획을 입안·결정함에 있어서 이익형량을 전혀 행하지 아니하거나 이익형량의 고려 대상에 마땅히 포함시켜야

93) 이와 유사한 취지로 오준근, 앞의 논문, 76면을 들 수 있다.

94) 김해룡, 앞의 논문, 230-231면.

95) 김해룡, "행정재량론고", 공법연구, 제40집 제3호, 2012, 210-211면.

96) 대법원 1996. 11. 29. 선고 96누8567 판결.

97) 대법원 2011. 2. 24. 선고 2010두21464 판결; 대법원 2012. 1. 12. 선고 2010두5806 판결.

할 사항을 누락한 경우 또는 이익형량을 하였으나 정당성과 객관성이 결여된 경우에는 그 행정계획결정은 형량에 하자가 있어 위법하게 된다"라고 판시하여 형량하자는 형량명령원칙 위반으로 보는 듯한 인상을 주고 있지만 아직도 주류적 입장은 형량하자를 비례원칙위반으로 보고 있다고 할 수 있다.

이에 대하여 전통적인 행정재량과 계획재량의 질적 차이를 인정하여 계획재량의 통제원리로 별도의 형량명령을 도입하면서도 관련 공사익의 형량은 비례원칙에 따라 이루어져야 한다는 것은 이율배반적이라는 비판이 제기된다. 다시 말해, 비례원칙 위반 시 재량권일탈 남용에 해당하여 위법하다고 하여 결정재량 내지 선택재량에 대한 내외적 한계를 인정하고 이를 벗어나는지를 심사하는 전통적 행정재량에 대한 사법적 통제법리를 계획재량에 대한 통제법리인 형량명령에 그대로 적용함으로써 논리적 모순이 발생한다는 것이다.[98]

또한 형량의 과정과 결과에 대한 구분 없이 형량하자를 논하고 있고 형량하자의 유형도 형량누락, 결함과 형량의 과오평가의 인정에 그치고 형량의 불평등, 조사의 누락결함 및 이익의 과오선정 및 형량의 과잉에 대하여는 침묵함으로써 형량하자의 범위를 좁혀 놓았다는 비판도 함께 존재한다.[99]

적어도 계획재량권을 행사함에 있어 공사익 등 다양한 형량요소를 정당하게 형량하여 행정처분적 성질의 행정계획에 대한 통제는 형량명령의 관점에서 위법성 여부를 판단함이 타당할 것이다.[100]

이러한 형량명령과 형량하자론의 계획통제규범으로서의 위상정립은 구속력 있는 법규범형식의 환경계획에 대한 통제에도 확장되게 될 것이다. 선계획 후 개발 원칙에 의거한 환경계획은 자연스럽게 구속적인 하명적 계획의 성격을 띠게 되고 그것이 법형식의 것이라면 처분적 법률을 제외하고는 헌법소원이나 위헌법률심판의 규범통제에 의한 계획통제가 이루어지게 된다. 이러한 경우에는 기본권제한입법의 심사기준인 과잉금지원칙보다는 형량명령원칙이 우선적으로 심사척도로 적용되어야 할 것이다.

물론 현행 항고소송 중심의 권리구제체계에서 비록 형량명령이 요구된다 하더라도 법규범형식의 계획이나 행정처분적 계획까지도 형량명령 위반을 이유로 위법판단을 받기는 매우 어렵다고 할 것이다. 그리하여 계획결정의 위법성이 확인되어도 계획에 따른 구체적 집행으로 기성사실이 현존하면 사정판결이

98) 신봉기, "한국 행정판례에 있어서 형량하자론의 도입과 평가", 143면 이하.
99) 신봉기, "형량하자 있는 행정계획에 대한 사법심사", 115-116면.
100) 정하중, "행정법에 있어서 재량과 판단여지 그리고 사법심사의 한계", 행정법의 이론과 실제, 법문사, 2012, 222면.

내려질 가능성이 농후한 현실에서 사법심사는 자연스럽게 당해 계획이 소정의 절차를 제대로 이행하였는지 여부에 중점을 두게 된다.[101]

그럼에도 형량명령을 통한 사전적 · 예방적 통제는 사후적 통제의 취약점을 보완하는 하는 동시에 계획법제상의 절차와 참여를 통한 조종메커니즘이 아울러 제기능을 발휘하도록 해야 할 것이며, 또한 환경분쟁에서의 절차이행 여부에 대한 사법심사의 척도로서 적법절차원칙을 행정법의 일반원칙으로 수용하는 방안도 고려해볼 만하다.[102]

Ⅳ. 결　론

오늘날 행정의 영역에서는 기존의 전통적인 행정재량과 더불어 행정계획에서의 계획재량이 인정되고 행정계획의 통제규범으로서 형량명령이 등장하고 있다. 복잡다단한 이해관계의 상충구조가 일상인 행정계획에서 계획재량과 이에 대한 통제규범인 형량명령은 아주 유용한 행정법학의 주제를 제공한다. 더욱이 이러한 행정계획에서의 계획재량과 형량명령은 환경영역에서도 그 진가를 발휘하는데, 환경계획재량에서의 통제규범으로서의 형량명령의 역할이 그것이다.

그러나 행정계획은 종류와 내용이 매우 다양하고 상이하여 독자성을 인정한다고 해도 모든 종류의 계획에 적합한 하나의 법적 성격을 부여한다는 것은 불가능하고, 이와 마찬가지로 처분성의 인정도 일률적으로 단정할 수 없다. 이러한 행정계획을 규정하는 계획법률은 추상적인 목표를 제시하나 그 구체적인 계획의 내용에 관하여는 상세히 규정하지 않기 때문에 행정주체는 계획법률에 근거한 구체적인 계획을 확정하는 과정에서 일반 재량행위의 경우에 비하여 더욱 광범위한 형성의 자유를 가지게 된다. 이러한 계획재량은 목적-수단 구조를 지닌 목적규범에 기반을 두며, 그 성질상 통상의 행위재량에 비하여 비교적 광범한 형성의 자유가 인정됨으로 인하여 특별한 통제기준을 별도로 요청하고 있다. 이러한 통제기준으로 제시된 것이 법치국가원리와 헌법 그 자체에서 근거를 가지는 형량명령론과 형량하자론이다.

환경계획도 행정계획과 마찬가지로 구체적인 환경계획의 법적 형태에 따라 그 법적 성격과 처분성을 논의해야 하며, 이러한 연유로 인하여 환경계획에서

101) 김중권, 앞의 책, 386-387면.

102) 정영철, "행정법의 일반원칙으로서의 적법절차원칙", 공법연구, 제42집 제1호, 2013, 603면 이하.

의 계획재량과 형량명령은 행정계획의 특유한 요소이므로 형량명령원칙이 최소한 계획확정절차와 환경법 영역에서 도입되어야 환경분쟁의 해결이 도모된다. 이 외에도 입법자의 명시적 표현을 통해서 개별 환경보호이익을 형량명령에서 고려해야 할 공익 중 하나로 거시하는 것과 완전 기속적 행위가 아닌 한 환경법상 허가결정 등의 복잡한 행정결정에도 형량명령을 적용한다. 보다 근본적으로는 적어도 계획재량권을 행사함에 있어 공사익 등 다양한 형량요소를 정당하게 형량하여 행정처분적 성질의 행정계획에 대한 통제는 최적화명령으로서의 형량명령으로 위법성 여부를 판단해야 할 것이다.

제 2 절 국내 습지의 현명한 이용을 위한 법적 과제*

윤익준**

Ⅰ. 들어가기

최근까지 습지[1]는 버려진 땅이나 무가치한 땅으로 여겨왔으며, 우리나라의 경우 협소한 국토의 확장과 농업 생산량 향상을 위한 간척과 매립의 대상으로 인식해 왔다. 더욱이 1960년대 이후 급속한 산업화와 도시화에 따른 하수정비사업, 택지개발사업, 공장부지 조성 등으로 보전가치가 높은 대규모 습지가 개발우선정책에 떠밀려 훼손되거나 파괴되어 왔다. 하지만 최근 습지가 지니는 생물다양성의 보고로서의 기능과 수질정화 및 홍수조절 등의 환경적 기능에 대한 가치 인식이 제고됨에 따라 그 보전에 대한 자성의 목소리 또한 높아지고 있다.

국제사회는 다른 환경협약에 비해 비교적 이른 1971년에 습지를 보전하는 것을 골자로 하는 "물새서식지로서 국제적으로 중요한 습지에 관한 협약(Ramsar Convention, 이하 '람사르협약')"[2]을 체결하였다. 동 협약은 가입당사국들에게 습지의 다양한 가치를 인식시키고 동·식물 자원의 보고인 습지의 보전을 위해 국제적인 협력을 증진시키기 위해 노력하고 있다.

이러한 국제적 추세에 부응하여 우리나라는 1997년 7월에 101번째로 람사르협약의 회원국으로 가입하였으며, 국내 4곳의 습지를 람사르협약상 중요한 습

---

* 이 논문은 환경법과 정책 제10권(2013)에 발표된 논문을 수정·보완한 것임.

** 연세대학교 법학연구원 연구교수

1) "습지(wetlands)"란 용어는 물과 토지의 분류 체계와 꼭 들어맞지 않으며 넓은 범위의 독특한 서식유형을 포함한다. 습지는 일반적으로 습하거나, 또는 습하고 건조한 환경 사이를 오가거나, 둘 모두의 특성을 공유하는 공간을 말하는데 지속적으로 또는 일시적으로 얕은 물이나 지표수가 고여 있는 젖은 땅으로 분류된다. 습지는 전통적으로 소택지, 늪지나 이탄지(peatland)와 같은 얕은 물이 있는 지역과 밀접한 관계를 가지지만 습지를 엄격히 구별할 수 있는 과학적 정의는 없다. 김귀곤, 습지와 환경: 자연과 인간이 만드는 습지, 아카데미서적, 2003, 52-58면. 습지의 정의는 지역의 특성 및 분류의 목적에 따라 달라질 수 있는데 이러한 습지의 정의는 법적 보호범위 측면에서 중요한 의의를 지닌다.

2) Convention on Wetlands of International Importance, Especially as Waterfowl Habitat, 11 I. L. M., 1972, p. 963.

지목록으로 등록하는 등 협약의 이행을 위해 노력하고 있다. 또한 1999년 2월에는 습지보호를 위한 단일법으로서 「습지보전법」을 제정하여 습지조사 및 습지보전기본계획의 수립, 우수지역에 대한 습지보호지역 지정 등을 통해 국내의 습지를 보전하도록 하고 있다.

그러나 간척이나 매립을 통한 습지 훼손이 대부분 정부나 지방자치단체의 주도 하에 이루어지고 있으므로 「습지보전법」을 비롯한 관련 법률이 근본적으로 습지의 손실과 훼손을 방지하지 못하고 있는 실정이다. 특히, 우리나라는 세계 5대 갯벌 중의 하나로 세계적으로 보기 드문 서해안 갯벌을 비롯하여 4대강 연안의 배후습지를 포함한 다양한 습지자원을 보유하고 있음에도 서해안 일대에 갯벌을 대규모 간척사업인 "시화호 매립사업", "새만금 간척사업" 등으로 훼손하였다.

람사르협약에 따르면 당사국은 협약 가입 시 자국의 영토 내의 습지 중 하나 이상을 국제적으로 중요한 습지목록(List of Wetlands of International Importance, Ramsar List)에 등재해야 하며,[3] 이 경우 당사국이 지정한 장소에 대한 심사없이 그대로 인정해 준다. 더욱이 당사국은 습지목록에 포함된 습지의 '보전(Conservation)'과 자국 영토 내에 있는 습지의 '현명한 이용(Wise Use)'을 촉진하기 위한 국가 차원의 계획을 수립 · 시행하여야 한다.[4] 그러나 무엇이 현명한 이용인지 협약의 문구 내에 정의하지 않고, 현명한 이용을 위한 구체적 기준과 시행을 당사국의 국내법에 일임하고 있다.

이에 본 논문은 람사르협약상 현명한 이용이란 무엇인지, 그리고 현명한 이용의 관점에서 습지의 보전 및 관리에 관한 국내 법률의 내용 및 문제점을 분석하고 습지의 현명한 이용을 위한 관련 법제의 개선방안을 면밀히 제시하고자 한다.

Ⅱ. 람사르협약상 현명한 이용의 개념 및 의의

1. 현명한 이용의 개념

람사르협약은 당사국들에 "그 영역 내에 있는 습지의 가능한 한 현명한 이용을 촉진하기 위한 계획을 작성하고 이행한다"고 규정하고 있다.[5] 이 조항은

---

3) 협약 제2조 제1항, 제4항.
4) 협약 제2조 제5항 내지 제6항.
5) 협약 제3조 제1항.

각 당사국들이 자유롭게 협약의 의도를 달성하기 위한 가장 적절한 수단을 선택하도록 하면서 결과에 대한 의무를 구성한다. 동 협약상 현명한 이용은 동 협약의 가장 중요한 측면이자, 가장 잘못 이해되고 있는 측면이기도 하다. 그 이유는 현명한 이용에 대해서는 협약에 정의하고 있지 않으며, 1987년까지 당사국총회에서 별도의 해석이 이루어지지 않았기 때문이다. 그럼에도 불구하고 동 협약의 당사국들은 그 개념 정의를 위해 노력하였는데, 1987년 제3차 당사국총회에서 처음으로 '현명한 이용'에 대해 "생태계의 자연적 특성의 유지와 양립하는 방법으로 인류의 이익을 위한 지속가능한 이용(sustainable utilization)"이란 공식적인 정의를 채택하였다.[6] 그리고 당사국들은 '지속가능한 이용'을 "미래세대의 수요를 충족하기 위한 잠재력을 유지하는 동시에 현재세대에게 계속적으로 최대한의 이익을 제공할 수 있도록 습지를 사용하는 것"으로 보았으며, 나아가 '생태계의 자연적 특성'에 대해서는 "토양, 물, 동식물과 유기물과 같은 물리적, 생물학적 또는 화학적 요소들뿐만 아니라 이러한 요소들 간의 상호작용을 포함한다"고 정의하였다.[7]

그러나 이러한 현명한 이용에 대한 정의는 여러 차례 수정되었다. 1996년 당사국 총회에서는 람사르협약의 개념과 생물다양성협약에서 사용된 개념 사이의 관계를 고려하여 조약 내에 내재된 현명한 이용의 개념을 실질적으로 발전시켜, 지속가능한 이용과 동일한 것으로 고려된다고 인식하였다. 즉, 협약이 기안되었을 때 제기되었던 '현명한 이용'이라는 개념을 통하여, 협약은 지속가능한 수준에서의 인간의 이용은 람사르협약의 원칙 및 전반적인 습지 보전과 완전하게 양립할 수 있음을 강조하고 있다.[8] 대부분의 습지가 다양한 목적을 위해, 다른 유형의 행위자들에 의해 이용되고 있는 현실을 고려하여 현명한 이용의 개념은 보전과 동일하게 습지의 이용 측면을 배제하지 않고 있다.

당사국총회는 현명한 이용 규정이 모든 습지와 습지를 유지하도록 하는 체계에 적용되어야 하고, 특정 습지의 현명한 이용과 결부된 습지 정책들은 지속가능한 발전(Sustainable Development)의 필수적인 요소라고 보았다. 1987년 채택된 '습지의 현명한 이용에 관한 가이드라인(Guidelines on the Wise Use of Wetlands)'[9]은 현명한 이용을 i) 제도와 조직의 정비를 향상시키고, ii) 법제

6) Third Meeting of the Conference of the Contracting Parties, Recommendation 3.3 on Wise Use of Wetlands, Annex to the Regina Recommendations (1987)〈http://www.ramsar.org/rec/key_rec_3.3.htm〉(최종방문일 2011. 10.).

7) Ibid.

8) 환경부 람사르총회 준비기획단, 람사르 협약 매뉴얼 제4판, 환경부, 2006, 47면.

와 정책적 수요를 다루면서, iii) 습지 가치의 지식과 인식을 증진시키고, iv) 습지의 상태를 목록화 · 모니터링 하며, v) 국가습지정책의 요소로써 특정지역에 관한 조치계획들 간의 우선순위를 정하고 개발하는 프로그램을 확립하는데 필수적인 요소로 인식하였다.[10)]

1990년 채택된 '현명한 이용 개념의 이행을 위한 가이드라인(Guidelines for the Implementation of the Wise Use Concept)'[11)]은 당사국의 국내 제도에 적합한 방법으로 장기간의 포괄적인 국가습지정책을 형성할 필요성을 강조하고 있다. 동 가이드라인은 장소에 특정되지 않은 조치들의 중요성을 강조하면서 국내 습지정책은 국가습지목록의 집행을 포함한 법 · 제도적, 과학적 조치들에 따라 습지에 영향을 줄 수 있는 모든 행위들을 다루도록 권고하고 있다.

1993년 채택된 '현명한 이용 개념의 이행을 위한 추가지침(Additional Guidance for the Implementation of the Wise Use Concept)'은 다음과 같이 정리할 수 있다: i) 사회적 · 경제적 요소들은 습지 상실의 주요한 요인이고 그러므로 습지의 현명한 프로그램 내에 핵심적인 사안으로 고려되어야 한다; ii) 현명한 이용의 주요한 혜택은 지역주민에게 돌아가야 한다; iii) 습지의 현명한 이용은 모든 공적 · 사적인 제도를 포함하여야 한다; iv) 특정지역에 관한 계획은 습지의 현명한 이용을 위한 보다 일반적인 제도적 요건을 위한 수요를 증명할 수 있다; v) 현명한 이용은 습지가 필수적인 부분을 형성하는 경우에 주변의 해안 또는 집수역을 고려해야 한다; vi) 습지에 영향을 주는 행위는 습지의 생물학적 한계에 대한 지식이 유용하지 않은 경우에 사전배려원칙(Precautionary Principle)에 따라 규율되어야 한다.

2005년 제9차 당사국총회에서는 습지의 현명한 이용을 "지속가능한 발전의 맥락에서 생태계를 고려한 접근을 통해 달성되는 습지의 생태적 특성을 유지하는 것"이라고 정의하면서 종래 채용하였던 지속가능한 이용의 개념을 일부 수정하였다.[12)] 이러한 문구의 변화는 접근방법에 있어서의 변화와 람사르협약

9) Annex to Recommendation 3.3, Regina 1987.

10) Clare Shine & Cyrille de Klemm, Wetlands, Water and the Law, IUCN, 1999, p. 49.

11) Annex to Recommendation 4.10, Montreux 1990.

12) Ninth Conference of the Parties, Resolution on A Conceptual Framework for the Wise Use of Wetlands and the Maintenance of their Ecological Character, Resolution Ⅸ. 1, Annex A (2005) 〈http://www.ramsar.org/res/key_res_ix_01_annexa_e.htm〉(최종방문일 2011. 10.). 기존의 현명한 이용 지침 및 추가 지침은 당시에는 획기적인 것들이었으나 그 후 당사국총회가 채택한 다양한 관련 지침에 의해 부분적으로 대체되었고, 결의안 Ⅸ.1 부속서 A, 〈습지의 현명한 이용과 습지의 생태적 특성유지를 위한 개념적 기본틀(Conceptual Framework for the wise use of wetlands and the maintenance of their ecological

을 다른 국제환경협약, 예를 들어 생물다양성협약 등과 근접한 태도를 취하고자 하는 노력의 일환으로 여겨진다.[13)]

2. 현명한 이용 개념의 의의

이러한 현명한 이용의 정의는 물새뿐만 아니라 인류에 대한 습지의 중요성을 인식한 것으로, 람사르협약이 중대한 변화의 기로에 들어섰음을 의미한다. 또한 습지의 생물학적 · 사회경제적 가치가 유지되고, 습지자원을 더 이상 무분별하게 훼손하지 않은 채 미래세대에게 이를 이전하도록 규정함으로써 세대간의 형평의 개념을 반영하고 있다. 람사르협약의 이와 같은 관점 전환은 환경관련 법제에 있어 인간의 수요보다 지정된 종과 서식지를 우위에 두었던 보존주의적 성향에서 지속가능한 이용과 보전을 통합하는 일반적인 환경정책의 변화 경향을 반영한 것으로 여겨질 수 있다.

나아가 당사국은 생물학적 건전성(ecological integrity)의 유지와 현명한 이용 규정을 연계하여 보전이 지속가능한 인간의 이용을 포함하는 것임을 확인함으로써 등재된 습지와 그렇지 않은 습지에 대한 람사르협약의 이중적인 규율의 근거를 확립하고, 나아가 보전과 현명한 이용 사이의 구별을 모호하게 함으로써 습지의 관리를 보전과 현명한 이용 양자 모두를 포함하는 것으로 제시하고 있다.[14)]

람사르의 현명한 이용 개념은 국제적으로 중요한 습지 목록에 등록된 지역뿐만 아니라 당사국 영토 내에 있는 모든 습지 및 수자원에 적용된다. 이 개념의 적용은 습지가 생물학적 다양성을 유지하고 인간 복지를 지원하는 역할을 계속 이행하도록 하는 데 매우 중요하다.

협약의 현명한 이용 해석은 법적인 관점에서 용이하지 않다. 무어보다 자연적 특성의 유지라는 기준은 단순한 해석의 방법을 통해 정립할 수 없다. 가령 대부분의 습지는 수세기 동안 인간의 이용을 통해 그 자연적 특성이 변형되어 왔는데, 이러한 인간의 이용이 습지의 기능과 가치에 부정적 영향을 주지 않았다면 현재와 같은 인간의 이용은 현명한 이용의 개념에 포섭될 수 있다. 반면 인간의 이용에 따른 습지의 생태적 특성의 변형과 손실이 현세대와 미래세대

---

character, 2005)〉은 이런 모든 다양한 측면들에 대하여 일관성 있는 내용을 제공하고 있다.

13) Jonathan Verschuuren, "The Case of Transboundary Wetlands under The Ramsar Convention: Keep the Lawyers Out!", Colo. J. Int'l Envtl. L. & Pol'y, Vol. 19, 2008, p. 58.

14) Clare Shine et al., op. cit., p. 48.

의 수요를 저감시키는 것이라면 현명한 이용은 이용의 금지를 의미하는 것이다.

이러한 현명한 이용의 개념이 가지는 의의는 무엇인가? 협약에 따르면 당사국은 국내 습지 법제 또는 정책을 채택함으로써 그리고 습지목록, 모니터링, 연구와 교육 프로그램을 채택함으로써 또한 개별적인 습지지역에 대한 활동계획을 개발함으로써 현명한 이용의 일반적인 의무를 만족할 수 있다. 특히 현명한 이용의 의무는 미래세대에 부정적인 결과를 발생시키지 않고 인류 발전의 측면에서 토지의 효율적으로 이용하는 것과 관련이 있다. 무엇보다도 현명한 이용은 단지 국제적으로 중요한 습지로 등재된 습지뿐만 아니라 모든 습지에 대해 적용된다는 점에서 큰 의의를 지닌다.

Ⅲ. 현명한 이용의 관점에서 국내 습지보전 법제의 문제점

우리나라는 「습지보전법」을 중심으로 단일법에 의해 습지의 보전과 관리에 관한 규제를 시행하고 있다. 이 외에도 「연안관리법」을 비롯하여 상당수 습지의 현명한 이용과 보전에 관한 법률들이 산재해 있다.[15] 그러나 이렇듯 「습지보전법」을 비롯한 다수의 법률들이 습지의 보전 및 이용에 직 · 간접적으로 관여하고 있음에도 불구하고 습지보전에 관한 국내 법제는 다양한 문제점을 지니고 있다. 현명한 이용 의무는 실제로 부여된 습지이용 또는 개발허가, 완화 및 보상의 조건, 모니터링 그리고 행정당국에 의한 이행절차에 의존하게 된다. 효율적인 습지의 보전을 달성하지 못하고 있다고 여겨진다. 이하에서는 「습지보전법」을 중심으로 현행 습지 관련 법률의 문제점을 살펴보고자 한다.

1. 지정되지 않은 습지의 보호 문제

현행 「습지보전법」은 습지지역을 습지보호지역,[16] 습지주변관리지역, 습지개선지역으로 각각 구분하여 지정할 수 있도록 하여 습지보전의 효율성을 추구하고 있다(제8조 제1항 · 제2항). 그러나 습지보호지역의 지정요건을 자연상태의 원시성 유지, 생물다양성 풍부, 희귀하거나 멸종위기 동 · 식물의 서식지, 특이한 경관 · 지형 또는 지질을 요하면서 그 중에서도 "특별히 보전할 가치가 있

15) 박태윤 외, 연안습지의 보전 및 효율적 이용방안에 관한 연구, 한국환경정책평가연구원, 1997, 102면.

16) 2012년 말까지 국내 습지보호지역은 총 32개소이며 면적은 336.61㎢이다. 이 가운데 환경부지정 18개소(117.126㎢), 구 국토해양부 지정 11개소(212.850㎢), 지자체가 지정한 곳이 3개소(6.634㎢)이다. 한편 람사르 습지는 18개 지역에 면적은 177.172㎢이다.

는 지역"만을 습지보호지역으로 정하고 그 주변을 관리지역으로 한정하고 있다.[17] 람사르협약상 '지역에 특정한(site-specific)' 권고안은 람사르 등재지역에 제한되지 않고 생물학적으로 민감한 지역, 생물다양성이 높은 지역, 멸종위기종을 포함한 지역 또는 습지 자연 보유지에도 적용될 수 있다.[18]

그럼에도 제한된 지역에 대해서만 보호지역을 지정하는 것은, 원칙적으로 습지보전의 취지상 모든 습지를 보호의 대상으로 삼아야 하겠지만 이를 실현하기에는 어려운 점이 많기 때문에 지역주민의 이해와 관련한 행위제한의 문제 등을 고려하여 지정에 신중을 기하고자 제한된 범위 내에서 습지보호지역을 지정하고 있기 때문이다. 그렇다 하더라도 이것이 특별히 보전할 가치가 없는 지역이기 때문에 보전하지 않아도 된다는 취지는 아니다.

2. 규제의 상충 문제

습지와 관련없는 행위의 부수적 효과는 주로 취수로 인한 수문변화 또는 수로 규제 그리고 농업, 산업 그리고 도심으로부터 기인한 수질오염을 포함한다. 이들 요소들의 각각 특정 법제에 의해 규율되며, 그 자체로 습지의 보전이나 현명한 이용을 강제하는 규정을 가지고 있지 않다.

가령 보전이 아닌 이용의 측면에서 주로 활용되는 「공유수면 관리 및 매립에 관한 법률」의 경우에는 오늘날 대규모 간척사업 시행과 관련하여 이용되어 왔고, 생태학적으로 중요한 갯벌을 파괴하는 데 결정적인 역할을 하여 왔다.[19] 비록 1999년 개정된 동법 제1조에서 "환경친화적으로 매립"이란 용어로 매립이 불가피한 경우에 환경을 고려하도록 하고 있지만 미국의 경우 공유수면 매립이 환경오염이라는 접근방식을 취하고 있다는 점에서 과연 공유수면의 매립이 환경친화적일 수 있는가 의문시 된다.[20] 더욱이 우리나라를 포함한 대다수 국가에서 수자원관리법제와 습지 또는 자연보전법제와 분리되어 있는데 이러한 문제는 물관리체제가 다른 의도와 권한을 지닌 다수의 조직들과 결부되어 있는 경우에 발생한다.

습지관련 법제는 람사르에 의해 증진된 현명한 이용의 개념에 일치되기에는

---

17) 공경자, "우리나라 습지보전법상 연안습지 보전의 문제점에 관한 연구", 해사법연구 제12권 제2호, 2000, 188-189면.

18) Clare Shine et al., op. cit., p. 50.

19) 조진상, "공유수면매립 관련법 및 갯벌보전 정책수단", 한국의 갯벌, 서울대학교출판부, 2001, 995면.

20) 박민규, "공유수면 매립면허 업무의 지방이양 결정에 따른 해양생태계 보호를 위한 법과 제도의 연구", 해양정책연구, 제16권 2호, 2001, 158-159면.

너무 협소하다. 보전과 지속가능한 이용 그리고 개발의 의도는 사실 최근에 들어서야 현대 환경법에 포함되었고, 그렇다 해도 그 이행을 촉진하는 데에까지 이르지 못하였다. 대다수 기존의 법률들은 다양한 이용을 배제한 보전의 개념을 증진하도기 위한 최소한의 접근방법을 채택하고 있다. 이는 습지가 전통적으로 환경적인 관점에서 보다는 경제적인 관점에서 다루어졌기 때문이다. 따라서 단기적으로 습지의 보전 및 현명한 이용의 문제는 서로 대립되는 문맥으로 다루어질 수 있다. 이러한 점에서 기존의 자연환경 보전법제 내에서 현명한 이용이 얼마나 진전될 수 있는가에 대해서는 분명한 제약이 존재한다.

더욱이 현명한 이용은 관계기관의 운용상의 취약성에 영향을 받는다. 가령 해양수산부의 경우, 종과 생태계의 보호뿐만 아니라 어족자원 확보, 연안의 개발 및 이용을 포괄하므로 분야가 다르거나 경우에 따라 서로 상충하는 의도를 지니고 있다. 물론 전형적인 개발부처인 국토교통부 소관이던 연안습지가 이제는 신설된 해양수산부로 관할이 이관됨으로써 이전보다 개발압력이 완화될 수는 있지만 본질적으로 보전과 현명한 이용 그리고 개발이라는 측면을 체계적으로 조율하기 위한 이행능력을 가질 것인가 의문시 된다.

나아가 「습지보전법」은 습지를 내륙습지와 연안습지로 구분하면서 연안습지는 해양수산부장관이, 내륙습지는 환경부장관이 관할토록 규정하고 있다. 이처럼 이원화된 관리체계상 습지의 보전에 효율성을 꾀하기 어려울 것이다.[21] 물론 이들 습지의 생태적 · 지리적 특성 및 그 연관 법률 또한 동일하지 않기 때문에 관리방법을 달리 할 수밖에 없다. 가령 연안습지는 「연안관리법」, 「해양환경관리법」, 「해양생태계의 보전 및 관리에 관한 법률」과 연관성을 지니고 있으며, 내륙습지는 「수질 및 수생태계의 보전에 관한 법률」, 「하천법」 등과 연관성을 지니고 있다. 이처럼 상이한 법률과 연계된 이들 습지를 동일하게 관리하는 것은 쉽지 않다.

문제가 되는 것은 이렇게 관할권을 분리할 경우에 해양수산부는 항만 건설, 수산자원 개발 등 해양의 이용에 중점을 둔 기관인 점에 비해 환경부는 환경의 보전에 중점을 둔 기관이라는 점이다. 이에 따라 흔히 갯벌을 의미하는 연안습지의 경우 오늘날 항만 및 공항, 매립지, 준설토투기장 등의 조성으로 대규모 매립 및 간척사업에 희생양이 되고 있다. 또한 이러한 2원화된 관리체계하에서는 연안습지와 내륙습지의 특성을 모두 지니고 있는 하구역 또는 기수

21) 김홍균, "갯벌의 보전 및 관리-습지보전법의 한계와 개선방향", 저스티스, 통권 제69호, 2002, 116면.

역에서의 관할권의 상충 또는 공백의 문제도 발생할 수 있다.

3. 훼손된 습지의 보상 · 완화 규정의 미비

「습지보전법」은 훼손된 습지의 존치,[22] 인공습지의 조성[23] 등을 규정하고 있다. 또한 「연안관리법」은 자연해안에 대한 관리목표를 설정(제32조 제1항)하고, 해수면 상승 및 난개발로 인한 침식 등으로 해안이 훼손된 경우 연안정비사업의 일환으로 자연해안 복원사업을 할 수 있도록 규정하고 있다(제32조 제3항). 이와 같이 불가피하게 매립 또는 훼손된 습지에 대해서 관리의 필요성이 제기되고 있으며 또한 습지의 훼손을 대체할 인공습지의 조성이나 훼손된 습지의 복원은 개발과 보전을 병행할 수 있는 정책이라 여겨진다. 그럼에도 불구하고 이에 대한 의무사항이나 벌칙조항의 미비 또는 기준과 절차의 미비로 인해 사실상 그 실효성이 의문시된다.

이러한 문제를 해결하기 위해서는 훼손된 습지의 보전, 복원, 개선 등을 의무화하는 방안을 고려해볼 수 있다. 통상적으로 이용되는 가장 잘 알려진 습지의 복원 및 개선에 관한 원칙은 순손실방지(No Net Loss)정책이다.[24] 이는 습지의 손실은 습지 획득에 의해 반드시 상쇄되어야 한다는 원칙으로 습지의 손실을 감소시키거나 복원 또는 조성함으로써 국가나 지역 내에 습지의 총량을 유지하는 것을 목적으로 한다. 동 원칙은 확장하거나 전환될 수 있고 적절히 보상되어야 한다는 것을 의미한다.[25] 그러나 대체습지는 대부분 손실된 지역의

---

22) 정부는 국가 · 지방자치단체 또는 사업자가 습지보호지역 또는 습지개선지역 중 1/4 이상에 해당하는 면적의 습지를 훼손하게 되는 경우에는 당해 습지보호지역 또는 습지개선지역 중 공동부령이 정하는 비율에 해당하는 면적의 습지가 존치되도록 하여야 하며(제17조 제1항, 동법 시행령 제14조), 이 규정에 의하여 존치된 습지의 생태계변화상황을 공동부령이 정하는 기간 동안 관찰한 후 그 결과를 훼손지역 주변의 생태계보전에 활용할 수 있도록 하여야 한다(동조 제2항).

23) 환경부장관 또는 국토해양부장관은 생태계보전 · 습지환경개선 등을 위하여 관계중앙행정기관의 장 또는 지방자치단체의 장으로 하여금 인공적인 습지를 조성하도록 권장하고, 훼손된 습지의 주변에 해류 · 사구 등의 변화로 인하여 자연적으로 조성되는 습지를 가능한 한 유지 또는 보전하도록 하여야 한다(제18조).

24) 습지의 순손실 방지 정책은 1988년 미국국가습지 정책포럼에서 처음으로 제안된 것으로 부시 및 클린턴 행정부 때 국가정책으로 채택되었다.

25) 미국 연방 (Clean Water Act, CWA) 제404조(b)(1) 가이드라인에 따르면 습지에 대한 개발행위는 미국 육군 공병대(Army Corps of Engineer)에 의해 허가(permit)를 받아야 하며, 이 경우 습지를 개발하고자 하는 사업자는 습지에 대한 잠재적 악영향을 회피(avoidance)하거나 최소화(minimization)하고, 회피할 수 없는 훼손에 대해서는 습지의 보상 · 완화조치(compensatory mitigation)를 취하여야 한다. Environmental Law Institute, The Status and Character of In-Lieu Fee Mitigation in the United States, 2006. 6, p. 1.

기능과 가치와 동등하지 않으므로 기존 습지의 보존은 항상 최우선적으로 고려되어야 한다.

비교법적으로는 습지의 기능이 습지 생태계의 지속가능성과 관련한 가장 중요한 요소임을 고려하여 다양한 제도를 시행하고 있으나[26] 국내에서는 습지의 가치가 비교적 충분히 고려되지 못하고 있다. 「습지보전법」상의 훼손된 습지의 존치 또는 인공습지의 조성, 자연해안의 복원사업과 같은 규정은 습지총량제의 단초를 제공할 수 있으나, 구체적인 이행기준이 부재하다거나 의무사항이 아닌 단순히 권장사항[27]에 그치고 있어 전시행정에 그칠 가능성이 다분하다.[28]

4. 습지손실의 인센티브 및 가치 왜곡

「자연환경보전법」상의 생태계보전협력금(제49조)의 경우 습지의 훼손 원인을 제공한 개발사업자에게 보전의 책임 또는 재정적 책임을 지우고 있다는 점에서 의의를 지니지만, 그 상한액이 개발이익에 비해 미미하여 실질적으로 습지와 같은 자연환경의 보전에 실효성을 가질 것인지 의문시된다.[29] 더욱이 습지 상실 및 훼손(개발사업)에 대한 부담금 산정에 있어서 습지가치의 왜곡이 문제시 되고 있다. 즉, 생태계보전협력금은 단위면적당 부과금액은 250원/㎡이고, 지역계수는 「국토의 계획 및 이용에 관한 법률」에 의한 토지의 용도를 기준으로 하여 습지인 경우에는 지역계수 1.0, 녹지는 2.0, 농림지역은 3.0, 자연환경보전지역은 4.0으로 책정된다. 그 결과 일반 자연습지의 가치를 녹지가치의 1/2, 농경지가치의 1/3로 평가하여, 선진국들과는 반대로 습지의 가치를 심각하게 왜곡하는 결과를 초래하고 있다.

이는 습지가 가진 환경적 가치를 고려하지 않고 일률적으로 「국토의 계획

---

26) 이러한 보상 · 완화조치의 유형에는 개발사업자가 직접 실행하는 책임완화제(Permittee Responsible Mitigation)와 개발사업자가 아닌 제3자가 대행하는 습지은행제도(Wetland Mitigation Banking), 대체납부금제도(In-Lieu Fee Program)등이 있으며, 이러한 유형에 따라 습지의 복원(Restoration), 조성(Creation), 개선(Enhancement), 보전(Preservation) 등이 이루어져야 한다. 보상 · 완화조치의 방법에 대해서는 Federal Guidance for the Establishment, Use and Operation of Mitigation Banks, 60 Fed. Reg. 228, 58605-58614 참조.

27) 습지보전법상 권고적 성격의 규정들은 국가의 습지보전 책무(제3조 제1항), 습지보전대책의 마련(제9조 제2항), 인공습지의 조성 · 관리 장려(제18조) 등이다.

28) 김홍균, 환경법, 홍문사, 2012, 260면.

29) 생태계보전협력금은 훼손면적당 250원/㎡의 부과액을 설정하고, 그 상한액을 10억원으로 제한함으로써 생태계보전협력금의 도입 취지를 충실히 이행하는 것을 곤란케 함은 물론이거니와 원인자, 수익자부담원칙에도 위배되는 것으로 판단된다. 강만옥 외, 환경관련 부담금제도의 개편 및 환경세 도입방안 연구, 한국환경정책평가연구원, 2004, 157-158면.

및 이용에 관한 법률」상 용도에 따라 부담금을 산정함으로써 녹지나 농림지와 같은 경제적인 목적으로 이용되는 토지에 비해 낮게 책정되는 불합리한 현상이 나타나게 된 것이라 여겨진다. 비록 일반습지의 경우 습지보호지역으로 지정할 정도의 가치는 가지지 않았다 하더라도 일반적으로 습지가 지니는 자연환경적 또는 경제적 가치의 차이, 생물다양성의 유지 및 보전에 있어 그 가치가 제대로 반영되지 못하고 있다. 이는 람사르협약상 목록에 등재된 습지의 보전과 더불어 등재되지 않은 모든 습지에 대해 현명한 이용을 고려토록 하고 있음과 비교해도 적절하지 못하다고 여겨진다.

더욱 문제가 되는 것은 특정사안에서 현명한 이용에 관한 제약으로서 습지의 훼손을 장려하고 있다는 점이다. 일부 법률은 여전히 농업, 도시 그리고 인프라 개발 또는 공중보건의 목적을 위해 습지를 준설하거나 매립하도록 강제하고 있으며, 이러한 법률은 준설, 매립 또는 전환을 위한 보조금 또는 세제혜택을 제공할 수 있다. 즉, 습지에서의 개간, 홍수보험, 조립과 농업, 고속도로 건설, 주택건설 또는 레크레이션 촉진을 위해 보조금 또는 세제혜택을 지원하는 것이다. 가령 습지의 대표적인 손실유형인 간척사업은 장기간, 대규모로 시행되는 사업이므로 국토개발에 관련된 다수의 계획들 간에 상호관련성 및 체계적 종합성이 확보되어야 하고 또 이 과정에서 환경부를 비롯한 정부와 지방자치단체 그리고 이해관계인인 지역주민들에 참여가 보장되고 그들의 의견이 충분히 반영되어야 하는데 이들의 참여정도와 비중이 의문시되고 있다.[30] 또한 「공유수면 관리 및 매립에 관한 법률」은 매립면허자에게 총사업비에 상당하는 매립지의 소유권을 취득하도록 하고 있고,[31] 국가소유에 속하는 잔여매립지의 매수청구권을 허용하면서 국가가 정당한 이유없이 이를 거절하지 못하도록 규정함으로써 매립면허자의 토지 취득에 있어 특혜를 부여하고 있다. 결국 현행 공유수면 관련 법률은 인위적으로 토지를 조성한다는 취지에서 간척사업을 용인하고 매립면허자에게 특혜를 부여함으로써 보전되어야 할 습지의 매립을 부추기는 결과를 초래하고 있다. 이는 국내 습지관련 법제의 규정들이 습지의

30) 박태윤 외, 앞의 책, 50면.

31) 갯벌은 본질적으로 공시지가라든가 거래가격이란 것이 존재하지 않는다. 이에 대해 총사업비에 상당하는 매립지의 소유권을 취득함에 있어 당해매립지의 가격산정은 '인근 유사 토지의 거래가격'을 고려한 적정가격으로 산정하도록 하고 있으나(공유수면관리법 시행령 제20조 제2항), 생산성이나 효용가치가 떨어지는 인근 토지들의 거래가격이 매립지보다 높을 수 없고 또한, '유사한' 토지란 갯벌과 유사한 지 매립 후의 용지와 유사한 것인가에 따라 감정가격이 달라질 수 있으므로 사실상 매립지의 소유권 귀속 범위가 자의적일 수 있다. 전재경, 연안관리법제분석, 한국법제연구원, 2002, 89-90면.

현명한 이용이 아닌 '현명하지 않은 개발'이라는 측면에 치우쳐 있음을 보여준다.

이러한 점으로 인해 생태계보전협력금의 경우, 습지의 현명하지 못한 이용을 방지하고자 하는 정책적 목적의 달성이 어렵고 습지손실에 대한 보조금과 혜택은 현명하지 않은 개발을 촉진하고 있다. 최근 들어 습지에 대한 개발사업이 증가하고 있고 이에 따라 습지의 훼손면적도 증가하는 상황에서 생태계보전협력금의 상한액을 두는 것은 자칫 대규모 습지의 개발사업에 대해 면죄부를 부여하는 방편으로 동 부담금이 오용될 소지가 있으며,[32] 습지의 가치를 왜곡함에 있어서도 일조하는 요인이 되고 있다. 이러한 개발 및 이용법제가 이용자나 개발자 혹은 오염원인자에게 어떠한 방법으로든 습지의 손실 또는 저감에 대해 보상하도록 규정하지 않으면, 그 비용은 납세자로서 일반 국민이나 환경 및 미래세대가 부담해야 하는 문제점을 지니고 있다.

5. 사법심사의 한계와 지역주민의 접근 · 이용권 제한

국가의 행정법의 체계가 개인 또는 비정부기구가 공공기관에 의한 조치의 사법적 심사를 구할 수 있도록 규정하지 않으면, 공공기관의 운용과정에서 습지를 불법적으로 파괴한 공공기관에 대해 실질적인 제재를 취하기 어려울 수 있다. 예를 들어 행정소송에 있어 원고적격[33]과 관련하여 '법률상 이익'이 있을 것을 요구함으로써 '법률상 이익'이 무엇인가에 대한 해석에 따라 사법심사의 여부가 결정된다.[34] 우리나라를 비롯한 많은 국가에서 습지와 습지 자원은 국유재산으로 규정하고 있다. 그 결과 지역주민에게 소유권 등이 인정되지 않는 경우에는 보전지역 내에서의 개발허가에 대하여 사법심사를 제기할 수 없게 된다. 즉, 공익보호의 결과로 일반 국민들에게 공통적으로 부여되는 추상적 · 평균적 · 일반적 이익으로서 환경상의 이익은 항고소송에 있어 법률상 이익의 범주에서 배제하여 왔다. 이러한 관점에서는 국내 법제는 지역주민이나 토착민들의 소유권과 접근권의 안전을 보장하지 못하게 된다. 토지, 물 그리고 자연

---

32) 방성원 · 윤익준, "자연환경 훼손에 관한 부담금의 형평성 제고방안", 환경정책연구, 2008, 51-52면.

33) 행정소송법 제12조는 "취소소송은 처분 등의 취소를 구할 '법률상 이익'이 있는 자가 제기할 수 있다."라고 규정하고 있으며, 이에 취소소송을 제기할 수 있는 자격을 '법률상 이익이 있는 자'로 한정하고 있는데 이를 원고적격이라고 한다. 구형근, "환경행정소송에 관한 소고", 법학연구, 제28호, 2007. 11, 48면.

34) 원고적격이란 행정소송에서 본안인 소송물과 밀접한 관계가 있으나, 그것과는 다른 본안 소송요건의 하나로서 현실적 또는 실체적 소송요건으로서 원고가 될 수 있는 자격을 의미한다. 설계경, "환경행정소송의 원고적격에 관한 소고", 환경법연구, 제27권 제4호, 2005, 185면.

자원에 관한 소유권과 이용자의 권리에 대한 불확실성은 지속가능한 관리 이행에 있어 인센티브 또는 재정투자를 저해하는 원인이 되며, 토지소유권과 자원이용에 관한 부적합한 법제는 전 세계적으로 상당한 지역에서 습지의 손실과 저감에 기여해왔다.[35]

나아가 행정의 효율성이라는 이유로 현명한 이용에 관한 제약은 법률의 문제가 아닌 운영 기준, 한계, 개발의 허가목록, 관련 법률의 이행에 관한 예외 등 부수적인 법제에서 발견될 수 있다. 또한 습지의 이용 허가제도의 적절성 여부에 대해서는 허가요건에서 면제되는 행위 분명하고 누적적인 영향을 평가함으로써 확인할 수 있다. 가령「습지보전법」상 행위제한의 규정은 습지보호지역 내에서의 일정한 행위를 제한하고 있다. 그러나 이 제한에는 간척이나 매립 등과 같은 습지훼손에 가장 큰 영향을 미치는 행위들이 명문의 규정에서 제외되어 있다. 다만 이러한 행위를 하고자 하는 자에 대해서 환경부장관·해양수산부장관 또는 시·도지사의 승인을 받도록 하고 있고 매립면허나 골재채취허가를 원칙적으로 허용하지 않는 것으로 이해될 뿐이다.

이러한 동법의 규정은「자연환경보전법」,「자연공원법」등에서 명문으로 매립과 간척, 준설 등에 대한 금지규정을 마련해 놓은 것과 비교된다.[36] 습지보호지역 내에 간척 또는 매립을 예외적으로 협의를 통해 승인한다거나 습지주변관리지역 또는 습지개선지역 등에 훼손을 가져올 행위를 규제하는 명시적 규정이 미비한 상황에서 동법이 적절한 역할을 수행하기 어려울 것이다. 더불어 동법이 습지지역 내에서의 행위 제한에 대한 예외 사유로 들고 있는 기타 공익상·군사상 부득이한 경우는 그 개념이 모호하고 불명확하기 때문에 경우에 따라서는 남용의 우려가 있다.[37]

---

35) Clare Shine et al., op. cit., pp. 64-65.

36) 공경자, "습지보전법 개정방안의 연구", 해양정책연구, 제17권 제2호, 한국해양수산개발원, 2002, 13면.

37) 부산고등법원 2006.6. 19. 자 2006라64 결정. 낙동강 하구의 습지보호지역이자 철새도래지인 을숙도 일원에 건설예정인 명지대교 건설에 대한 부산녹색연합과 습지와 새들의 친구 등 부산지역 환경단체들로 구성된 낙동강 하구 살리기 시민연대가 부산시와 명지대교 주식회사를 상대로 낸 공사착공금지 가처분신청에 대해 부산고등법원은 공익상의 행위제한의 예외를 인정하였다. 또한 대법원은 공사착공금지 가처분신청 재항고 사건에 대해서도 공익상의 필요성 및 습지훼손의 저감노력 등을 이유로 기각결정을 함으로써 습지보호지역일지라도 사실상 공공개발이라는 미명 하에 훼손될 우려가 있음을 여실히 보여주고 있다. 이에 대해 시민연대측은 "명지대교가 건설되고 있는 지역이 문화재보호법, 습지보호법 등 5개 법으로 중복돼 보호되고 있는 지역인데도 이같은 결정을 내린 것은 이들 법을 사문화시키는 것"이라고 주장했다. "'명지대교 공사금지' 기각", 부산일보. 2006. 11. 3.

6. 재원확보 방안의 미비

국내 습지 관련 법률상 습지에 대한 조사 · 보전 · 복원에는 상당한 비용이 소요됨에도 불구하고 이에 필요한 비용이나 습지조사에 따른 손실보상, 포상금 지급 등을 위한 재원마련에 관한 규정이 미비되어 있다. 더욱 문제가 되는 것은 습지의 훼손을 수반하는 개발사업에 부과된 생태계보전협력금이 습지의 보전 및 복원과 관련하여 직접적으로 이용되지 못하고 있다는 점이다.[38] 이처럼 재정적인 기반이 마련되지 않은 상태에서는 습지조사와 관리의 내실화를 기하기 어렵기 때문에 습지의 현명한 이용 또는 습지의 보전을 위한 실효성 있는 조치를 수행하기 어려울 것이다.

Ⅳ. 국내 습지의 현명한 이용을 위한 법적 과제

현행 「습지보전법」상 현명한 이용과 관련하여 불가피한 개발로 인해 훼손된 자연환경의 복원 또는 인공습지의 조성(제18조)에 대한 규정이 일부 존재하기는 하나, 현실적으로 복원은 의무사항이 아니고 복원의 개념 및 기준에 대해 법·제도적으로 정립되지 못한 실정이다. 이에 현행 「습지보전법」을 비롯한 습지의 보전과 이용에 관련된 법률들이 실효성을 지니기 위해서는 훼손된 습지의 면적뿐만 아니라 그 기능적인 측면까지도 고려하여 더 이상의 습지의 순손실을 방지하고 습지의 현명한 이용을 도모하기 위해 습지총량제의 개념을 도입하고 관련 규정을 개선해야 할 것이다.

이러한 측면에서 국내 습지보전에 관한 법률들에 있어서 습지의 총량관리를 위한 보호대상 습지의 선정과 관련한 문제, 보호대상 습지에 있어서 개발행위를 포함한 행위제한의 강화, 습지의 복원을 포함한 보상 · 완화 규정의 신설, 사유지에 속하는 습지에 대한 재산권 보장, 훼손된 습지의 복원을 비롯한 보전에 필요한 재원확보 방안의 마련 등이 요구된다.

1. 보호대상 습지의 확대

「습지보전법」은 습지보호지역 또는 습지개선지역으로 지정된 습지에 대해서는 예외적 경우를 제외하고[39] 「공유수면 관리 및 매립에 관한 법률」 또는

---

38) 방상원 외, 앞의 글, 54면.

39) 예외적인 경우라 함은 습지보전법 제16조에 규정한 "중대한 공익상 · 군사상 필요가 있는 경우"로서 대통령령이 정하는 경우를 말한다.

「골재채취법」에 의한 매립 면허 또는 골재채취 허가를 받을 수 없도록 규정하고 있다. 그런데 습지보호지역의 지정요건이 제한적이어서 보호대상 습지가 협소하고, 이로 인해 매립이나 골재채취로 인한 습지의 손실을 방지하는 제 기능을 다하지 못하고 있다고 여겨진다. 이를 개선하기 위해서는 「습지보전법」에서는 기본적으로 습지의 유형에 따른 특성을 이해할 필요가 있다. 특히 습지의 정의와 유형화는 법적 · 제도적 관점에서 습지의 변형을 억제하고 조절하려는 목적을 실현하는 데 있어 중요한 요소이기도 하므로 습지의 유형을 구체적으로 살펴보아야 한다.[40] 먼저, 「습지보전법」의 취지상 제한된 범위에서 이루어지는 보호지역의 지정을 확대함으로써 종국적으로는 습지의 총량관리를 위한 모든 습지의 보전에 대한 인식이 제고되어야 할 것이다.[41] 다음으로 습지의 효율적인 관리 · 보전을 위해서 「습지보전법」, 「연안관리법」상의 습지의 범위를 확대해야 한다. 현행 「습지보전법」은 연안습지의 범위는 주로 갯벌만을 의미하는 '갯벌'의 정의에 불과하다. 실질적으로 갯벌을 비롯한 연안습지를 보호하기 위해서는 동법상의 연안습지의 범위를 갯벌뿐만 아니라 갯벌의 주변부까지 확대하여야 한다.[42]

람사르협약은 연안습지의 범위를 간조 시에 수심이 6m를 넘지 아니하는 해역이 포함되는 지역이라고 정의함으로써[43] 「습지보전법」상 포함되지 않는 갯벌의 주변부인 염습지, 사구, 석호, 하도 등도 연안습지 내에 포함된다. 또한 미국의 청정수질법(Clean Water Act: CWA)에서도 연안습지에는 "식물생육이 가능한 곳"이라고 정의하고 있다.[44] 이와 같이 국내 습지 특히 갯벌을 비롯한 연안

40) 이와 관련하여 미국은 1979년 어류 및 야생동 · 식물국(U.S. Fish and Wildlife Service, USFWS)에서 미국 전역을 대상으로 작성한 국가습지목록(National Wetlands Inventory, NWI)를 근간으로 습지분류를 체계화하였다. 김귀곤, 앞의 책, 120-121면.

41) 미국 습지총량제의 근간이 되는 CWA 제404조(a)는 그 적용범위를 "항해가능한 수역(Navigable Waters)"으로 정하고 있으나, 연방대법원에 의해 "미국의 수역(the waters of the United States)"이라는 용어로 재해석되어 광범위하게 적용되고 있다. 또한 CWA 제정 당시에 의회가 습지(wetlands)를 별도로 언급하지 않았기 때문에 습지의 적용범위는 미국의 수역(the waters of the United States) 내 습지에 한하며, 그 규모는 고려하지 않으나 인공습지는 제외하고 있다. Kim Diana Connolly et al., Wetlands Law and Policy, American Bar Association, 2005, p. 75.

42) 공경자, 앞의 글, 182-183면.

43) 람사르협약상 습지란 "자연적이든 인공적이든, 지속적이든 일시적이든, 물이 고여 있거나 흐르고 있거나, 담수이든 기수이든 함수이든 관계없이 소택지, 늪지, 이탄지 또는 수역"을 말하며, 여기에는 간조시 염수를 포함해서 물의 깊이가 6미터를 넘지 않는 해역을 포함한다. 람사르협약, 제1.1조.

44) U.S. FWS, Wetlands Status and Trends in the Conterminous U.S. Mid-1970's to Mid-1980's, First Updata of the National Wetlands Status Report, 1991, pp. 17-18.

생태계의 보전을 위해서는 「습지보전법」상 연안습지의 정의에 있어 간조 시에 일정수심까지를 연안습지 내에 포함하거나 명문으로 염습지, 사구, 석호, 하도 등도 연안습지의 정의 내에 포함시켜야 할 것이다.[45] 나아가 하구습지는 담수와 염수가 혼재되어 있어 내륙습지와 연안습지의 특성을 모두 지니고 있다. 현행 하구습지는 그 훼손 및 오염과 관련해서는 하천과 육상의 오염원이 중요한 영향을 미치고 있으므로 그 관리는 환경부로 일원화하고 내륙 수계의 수량 및 수질관리체계와 연계하여 환경적으로 지속가능하게 이용 · 보전하여야 할 것이다.[46]

2. 습지의 순손실방지 정책의 수립

국내 법률상 아직 명문의 규정으로 습지의 보상 · 완화 규정을 두고 있지 않으며 습지의 복원 또는 대체습지 조성을 의무화하지 않고 있다. 다만 「습지보전법」은 훼손된 습지의 존치 및 인공습지의 조성 등에 대해 규정하고 있고, 「연안관리법」상 훼손된 연안에 대한 자연환경 복원 등을 규정하고 있을 뿐이다.

그 동안 무분별하게 훼손되어 왔던 국내의 습지의 효율적인 보전을 위해서는 이미 훼손된 습지 생태계의 복원이 필수적이다. 더욱이 대규모 습지를 개발하는 경우에는 정책적 고려, 환경영향평가, 지역주민의 의견수렴 등 다양한 제재 수단이 존재하지만, 사실상 소규모 습지의 훼손에 있어서는 습지보호지역이 아닌 경우, 이를 방지할 마땅한 수단이 없는 실정이다.

반면 미국의 경우, 습지의 손실을 막아야 한다는 인식을 전제로 하여 1980년대 후반부터 지속되고 있는 정책으로 습지를 개발하려는 자는 상실되는 습지를 상쇄하기 위하여 개발면적 이상의 습지를 다른 지역에 조성하여야 한다는 정책으로 시행되고 있다. 연방정부 차원에서의 습지총량제의 근거는 청정수질법(Clean Water Act) 제404조이며 습지를 포함한 수로, 호수 등의 준설 또는 매립을 원하는 기관 또는 개인은 미국 육군공병단(US Army Corps of Engineers, US ACE)의 개발허가를 받아야 한다. 습지의 환경에 영향을 줄 수 있는 개발행위에 대한 허가 신청자는 미국의 수역에 대한 영향을 회피하거나 최소화하고 불가피한 경우 보상조치를 취해야 한다. 영향의 회피(Avoidance)는 주로 보상적 완화(Compensatory Mitigation)조치가 고려되기 이전에 행해져야 하고 회피할

45) 염습지, 사구, 석호 등은 「습지보전법」에 의한 보호를 받지 못하고 공유수면으로 분류되어 매립의 대상이 되고 있다는 문제점이 지적된다. 공경자, 앞의 글, 9-10면.

46) 함태성, "한국 습지보전법의 문제점 및 개선방안", 환경법연구, 제30권 제3호, 2008. 11, 348면.

수 없다면 환경에 미치는 영향을 최소화(Minimization)할 수 있는 전략을 수립하도록 하며 불가피한 경우에는 습지의 복원 또는 조성 등을 통하여 보상조치를 취하여야 한다.[47] 습지의 복원 또는 조성 시에는 상실되는 습지의 면적에 대한 것뿐만 아니라 그 기능적 가치를 고려하여 대개 개발면적 이상의 습지를 다른 지역에 조성하여야 한다. 습지훼손에 따른 보상 · 완화조치는 다른 지역(off-site)에 소재하는 습지보다는 동일 지역 내(on-site)의 습지로, 이종(out-of-kind)습지보다는 동종(in-kind)습지로 완화조치 하는 것을 우선시한다. 또한 완화조치는 대체습지를 조성하거나 보전하는 것보다는 대체습지를 복원하는 것을 더욱 우선시한다.[48]

유럽연합의 습지정책은 지역과 기능의 순손실방지를 포괄적으로 지원하는 4가지 원칙을 규정하였다: i) 습지의 손실 방지; ii) 습지의 저감 방지; iii) 습지의 현명한 이용; iv) 습지의 개선과 복원.[49] 특히 습지의 현명한 이용과 관련하여서는 습지의 재생가능한 환경용량(Environmental Capacity)[50] 이상으로 습지 자원을 이용하지 않는 지속가능한 방법으로 이용되어야 함을 규정하고 있으며, 순손실방지정책과 관련하여 잔존 습지는 개선되어야 하고, 이전에 습지였던 지역은 가능한 한 실현가능한 최선의 수준으로 습지의 기능과 가치를 제공할 수 있도록 복원되어야 함을 규정하고 있다.[51]

이러한 습지의 순손실방지정책의 정착을 위해서는 생물학적으로 중요한 습

---

47) Paul D. C et al., Wetlands, Streams, and Other Waters: Regulation·Conservation·Mitigation Planing, Solano Pressbook, 2004, p. 126.

48) 방상원 외, 습지보전 정책방안 연구 - 습지은행(Wetlands Mitigation Banking)을 중심으로 -, 한국환경정책평가연구원, 2006, 47-48면.

49) 보다 자세한 내용은 Commission of the European Communities. 1995. Communication from the Commission to the Council and European Parliament on the Wise Use and Conservation of Wetlands. Com(95) 189 Final, Brussels 29 July 1995 참조.

50) 환경용량(carrying capacity)은 생물학에서 시작된 개념으로 "한 지역에서 동일한 생물종의 서식 능력이 미래에도 감소되지 않는 범위에서 계속적으로 생존할 수 있는 최대 개체수"를 의미한다. 이러한 생물학적인 환경용량의 개념을 인간에게 적용하기 위해 '점용환경용량(appropriated carrying capacity)' 또는 '생태적 발자국(ecological footprint)'이라는 개념을 정립하였다. 그 의미는 "인간이 현재의 기술을 이용하여 소비를 위한 자원추출을 자연이 계속 공급해 줄 수 있고, 또한 추출된 자원으로 재화와 용역을 생산하고 소비하는 과정에서 배출되는 각종 폐기물을 자연이 계속 흡수·처리할 수 있는 토지면적"을 말한다. Wackernagel M et al., How Big is Our Ecological Footprint? : A Handbook of Estimating a Community's Appropriated Carrying Capacity, (Discussion Draft) for the task Force on Planning Health and Sustainable Communities, Vancouver, Canada, p. 10.

51) Clare Shine et al., op. cit., p. 56.

지의 지속가능한 보전과 현명한 이용을 위한 습지 이용의 우선순위를 보장하도록 사안별로 의사결정에 필요한 정보를 제공할 수 있어야 한다.

3. 훼손된 습지의 보상 · 완화조치 신설

(1) 인공 또는 대체습지 조성 의무화

습지의 보상 · 완화는 습지 손실은 완전히 멈출 수 없다는 현실을 반영하고 있다. 다만 습지지역 내에서 이루어지는 행위에 대해서는 그 제한범위를 명확히 해야 하고, 예외적으로 허용되는 행위는 최소화하며 특히 환경적 악영향이 발생하지 않도록 엄격히 관리 · 규제하도록 법제의 개선이 요망된다. 이를 위해서는 미국의 보상 · 완화를 위한 단계적인 조치를 도입할 필요가 있다. 즉 당해 개발사업이나 행위가 회피가능한지 여부, 피해를 최소화하는 방법이 있는지 여부, 회피불가능하다면 이에 대한 보상 · 완화가 가능한지 여부를 반드시 검토하도록 관련 규정을 개정할 필요가 있다.

보상 · 완화와 관련하여 적용가능한 국내 법률 중 우선적으로 고려해볼 수 있는 것이 「습지보전법」상 인공습지의 조성(동법 제18조)에 관한 규정이다.[52] 즉, 습지를 관할하는 기본법인 「습지보전법」상 권고조항에 불과했던 동 조항을 의무화함으로써 기존의 법률체계를 보호하면서 「습지보전법」의 실효성을 보장하고 법률의 명확성을 확보할 수 있다.

다음으로 공유수면관련 법률과 관련하여 동법에는 대체습지의 조성과 관련하여 아무런 규정이 없지만 공유수면을 매립하고자 하는 훼손원인자에게 대체습지 조성의무를 부담하게 할 수 있을 것이다. 이는 오염원인자 책임원칙에 충실하며 무분별한 공유수면개발의 억제도 유도할 수 있을 것이다. 더불어 환경영향평가 대상이 아닌 개발사업에 대해서도 미국의 습지총량관리상의 보상 · 완화의무와 같은 보상 · 완화규정을 신설하여야 할 것이다.

이와 같이 습지의 순손실의 방지 및 습지의 훼손과 손실을 최소화하기 위해서는 대체습지 또는 인공습지의 조성을 의무화해야 할 것이다. 이 경우 습지의 훼손되는 면적 보다는 그 기능적 가치를 고려하여야 하며, 제도적 · 기술적인 문제를 해결하기 위해서 관련 전문가가 사전에 습지를 조성 · 복원하고 이를 통해 발생된 습지권(Credit)를 구매토록 하는 미국의 습지총량제상 습지은행

52) 「습지보전법」 시행령 제2조에 습지보전기본계획을 수립하면서 습지의 훼손원인 분석 및 훼손된 습지의 복원을 포함하도록 하고 있고 동법 제18조에 생태계보전 또는 습지환경 개선을 위한 인공습지의 조성을 명시하고 있다는 점에서 습지보전 체계를 일원화시킬 수 있는 장점이 있다.

(Mitigation Banking)제도와 같은 훼손된 습지의 복원을 대행하는 제도적 장치를 관련 법률에 반영하여야 한다.

(2) 훼손된 습지의 존치와 기준

최근 미국은 예외적인 경우에만 보상·완화에 해당하는 것으로 간주되었던 기존의 습지의 보존(Preservation)을 당해 습지가 중요한 기능을 지니고 있거나, 수변지역의 생물학적 지속가능성에 중대한 기여를 하는 경우에 이를 보상·완화의 일환으로 보도록 개선하였다.[53] 마찬가지로 현행 「습지보전법」상 훼손된 습지의 존치에 관한 규정에 있어 훼손된 습지가 기존 습지의 생물학적 기능과 가치의 전부 또는 일부를 유지하는 경우에는 새로이 습지를 복원·조성하는 의무를 면제시켜 주는 방안도 고려해 볼 수 있을 것이다.

(3) 습지 가치의 왜곡 해소

원칙적으로 습지의 가치는 경제적 관념의 산물이다. 현명한 이용의 관점에서 보다 중요한 것은 습지의 기능적 측면의 제고이다. 이러한 측면에서 자연환경의 독립적 가치와 과학적 가치를 모두 반영한 생태계보전협력금 산정방식[54]으로의 개선을 통해 훼손되는 습지의 가치를 적절히 반영함으로써 습지의 효율적인 보전을 도모할 수 있을 것이다.[55] 또한 「자연환경보전법」상 생태계보전협력금 반환사업에 있어서 훼손된 습지 또는 원습지의 복원에 대해 생태계보전협력금의 반환을 인정하는 것도 하나의 대안으로 고려될 수 있을 것이다.

4. 지역주민의 재산권 및 접근·이용권의 보장

「습지보전법」은 습지조사를 실시하기 위해 관계공무원 또는 습지조사원이 토지소유자에게 사전에 통지하고 습지조사를 실시할 수 있도록 하고 있으며, 이 경우 지상의 입목·토석 기타 장애물을 변경 또는 제거하게 할 수 있다고

---

53) 33 C.F.R. §§332.3(h)(1)(i)-(ⅴ); 40 C.F.R. §§230.93(h)(i)-(ⅴ).

54) 메인주의 해양자연자원보호법(Marine's Natural Resource Protection Act, NRPA) 480조 이하에 따르면 사업자는 승인 또는 허가에 갈음하여 회피할 수 없는 환경적 훼손에 대해서 대체납부금(In Lieu Fee Compensation)을 납부하여야 한다. 예를 들어 습지가 훼손된 경우 (직접적인 습지훼손 면적 × (단위면적당 습지 조성금액 + 토지가치 평가액)) × 자원계수로 산정한 금액을 납부하도록 하고 있는데, 이와 같이 훼손된 습지의 복원에 필요한 비용까지 포함하고 환경적 가치를 고려하여 환경계수를 부과하는 미국의 해양환경보호국(Marine Department of Environmental protection, DEP)의 대체납부금의 산정방식을 참고해 볼 수 있을 것이다. 메인주 In Lieu Fee Compensation Program 참고 〈http://maine.gov/dep/blwq/docstand/nrpa/in_lieu_program.htm〉(최종방문일 2011. 10.).

55) 방상원 외, 앞의 글, 56면.

규정하고 있다(제7조 제1항). 단, 토지소유자 등의 승낙 없이는 일출 전이나 일몰 후에는 담장이나 울로 둘러싸인 타인의 토지를 출입할 수 없는 등 일정한 제한이 부과된다(동조 제3항). 또한, 국가는 습지조사로 인하여 손실을 입은 자에 대하여 그 손실을 보상하여야 한다(제20조 제1항).

그러나 습지지역 내의 행위제한으로 인한 손실보상을 염두에 두고 있지 아니한 것은 헌법 제23조 재산권보장 규정과 관련하여 위헌의 소지가 있다.[56] 더불어 동법은 토지 등 소유자에게 매수청구권을 인정하고 있다(동법 제20조의2). 허나 이 경우에도 소유자가 매수청구권을 행사하는 경우 환경부장관 · 해양수산부장관의 매수를 의무화하고 있는 규정이 없어 매수청구권 행사에는 일정한 한계가 있다.[57]

이러한 관점에서 사인이 소유하고 있는 습지에 대한 매수청구권 행사에 있어 토지소유자가 일단 매수청구권을 행사한다면 환경부장관 · 해양수산부장관의 매수를 의무화하도록 관련 규정을 개선하여야 한다.

5. 재원확보 방안의 신설

국내 습지의 현명한 이용 및 보전을 위해서는 재원확보 방안이 반드시 마련되어야 한다. 또한 「습지보전법」이 규정하고 있는 습지보전사업을 시행하기 위해서 필요한 재원을 조달할 방법으로 특히 연안습지와 관련하여 별도의 습지이용부담금의 신설을 고려해볼 수 있다. 습지와 관련한 이용부담금이란 습지를 간척 또는 매립, 습지에 위해를 줄 수 있는 행위를 하고자 하는 자와 지역 주민들의 생업이나 삶의 질 개선을 위한 사업 이외의 목적을 가지고 습지를 이용하고자 하는 자들에게 부과하는 부담금이라 할 수 있다.[58]

우리나라 서해안에서는 여전히 대규모 간척사업이 활발하게 이루어지고 있는 상태에서 습지의 훼손을 불러오는 간척과 매립 등의 모든 사업을 금지한다는 것은 사실상 불가능하기 때문에 개발자에게 일정한 부담금을 납부하게 하

56) (습지지역)지정으로 말미암아 당해 토지의 이용가능성이 배제되거나 또는 토지소유자가 토지를 종래 허용된 용도대로 사용할 수 없기 때문에 이로 말미암아 현저한 재산적 손실이 발생하는 경우에는 원칙적으로 사회적 제약의 범위를 넘는 수용적 효과를 인정하여 국가나 지방자치단체는 이에 대한 보상을 하여야 한다. 헌재 1999. 10. 21 선고 97헌바26 결정; 헌재 1998. 12. 24 선고 89헌마214 결정.

57) 이는 자연공원법상 토지소유자 등의 매수청구권 행사시 공원관리청이 매수청구를 받은 토지가 대통령령으로 정한 판정기준에 해당되는 때에는 반드시 이를 매수하도록 하고 있는 규정과 구별된다(자연공원법 제77조 제3항 참조).

58) 공경자, 앞의 글, 20-23면.

여 습지의 복원 및 보전사업을 시행하는 기금[59]으로 활용하는 것이 타당성을 갖는다고 본다.

6. 규제 상충의 해소

규제의 상충 문제는 지속가능한 발전 및 녹색성장 등 환경, 사회, 경제의 통합을 추구하는 패러다임이 가속화되고, 습지와 관련한 법제도 개발과 이용, 보전의 측면에서 그 다양성이 강화되고 있는 점에서 무리하게 규제기관의 일원화 또는 별도의 관리기구의 수립을 추진해야 할 문제는 아니라고 생각한다. 다만 문제는 보전을 추구하는 부처와 개발 및 이용을 주된 목적으로 규율하는 부처 간의 습지에 대한 본질적인 인식의 차이를 해소하여야 할 것이다. 습지의 현명한 이용 여부는 결국 사람들이 습지를 어떻게 인식하고, 이용할 것인가에 달려 있기 때문에 습지의 현명한 이용은 정부 부처들뿐만 아니라 일반인들에 있어서 습지의 가치와 기능의 인식을 제고시킴으로써 달성될 수 있을 것이다.

예를 들어 개발지향적일 수밖에 없는 해양수산부와 지방자치단체에 전적으로 습지의 이용·보전에 관한 권한을 일임한다면 그 훼손이 심화되리라는 것은 불 보듯 뻔한 일일 것이다. 이러한 점에서 어떠한 유형의 습지이든 습지의 개발 또는 훼손과 관련된 사업 또는 계획에 대해서는 환경영향평가 대상사업 여부와 상관없이 환경부에 당해 사업에 대한 협의·승인에 관한 권한 또는 거부권을 인정해주는 방안도 고려해볼 수 있을 것이다. 가령 청정수질법(Clean Water Act: CWA) 제404조(c)는 미국환경보호청(Environment Protection Agency: EPA)에 습지의 매립 등에 관한 사업에 대해 물의 공급 또는 어업, 야생동물 또는 레크레이션에 이용되는 지역에 수용할 수 없는 악영향을 준다고 판단되면 미육군공병대(U.S. Army Corps of Engineer: USACE)에 의한 허가를 거부할 수 있는 권한을 부여하고 있다.[60] 이러한 허가 검토 권한은 제404조(q)의 양해각서 하에서 USACE에 의해 제안된 허가결정에 대해 EPA가 관여한다는 것은 아니다. 다만 USACE에 의해 제404조의 허가가 발행된 후에, EPA는 제404조(c)에 의한 허가의 거부권한을 행사할 수 있다는 것이다. EPA가 거부권을 행

59) 미국의 경우에는 물새사냥 시에는 “물새우표(duct stamp)”를 구매하도록 하고 우표의 판매금액을 이동성 물새를 위한 서식처를 보호하는 기금으로 사용한다. Migratory Bird Hunting and Conservation Stamp Act(16 U.S.C. §178), U.S. General According Office, Wetlands Overview: Federal and State Policies, Legislation, and Programs, Washington, 1991, p. 23.

60) Mark A. Chertok and Kate Sinding, Federal Regulation of wetlands, American law Institute, 2005, p. 1276.

사하려면 통지를 하여야 하고 허가의 거부 결정 이전에 공청회를 통한 의견진술의 기회를 제공해야 한다.[61] 그러나 EPA가 제404조에 의해 이미 내려진 허가를 거부하는 것은 극히 예외적인 경우에 해당한다. 따라서 제404조(c)의 거부권은 거의 드물게 일어나지만 그럼에도 EPA가 USACE의 허가에 대해 거부권을 보유하고 있다는 것만으로 EPA는 허가가 이루어지기도 전에 허가절차에 있어서 중요한 역할을 수행하게 된다.[62]

나아가 상반된 이해관계를 지니는 기관들 간에 상충되는 규율의 문제는 계획단계에서부터 고려되어야 한다. 이러한 점에서 습지의 보전과 현명한 이용은 관련 지역계획, 의사결정 그리고 다른 모든 환경관리계획에 통합되어야 한다.[63]

Ⅴ. 맺음말

우리나라는 한정된 국토면적으로 인하여 토지에 대한 수요가 다른 국가들보다 높다. 따라서 상대적으로 낮은 토지가의 국내 자연습지들은 매립, 간척 등의 개발사업에 매우 취약하다. 지난 100여년 간의 산업화과정 중에 요구되었던 높은 토지 수요는 결과적으로 이 땅에서 수많은 자연습지들을 사라지게 하였으며, 산업화를 어느 정도 이룩한 현재에도 이러한 습지의 상실현상은 지속되고 있다. 최근 들어 습지가 지닌 높은 공익적 가치에 대한 과학적 재발견과 인식의 확산으로 인하여 선진국들은 습지의 현명한 이용과 보전을 위한 다양한 제도적 도구와 기반을 마련하였거나 운용 중에 있다.

이러한 점에서 습지의 현명한 이용과 보전에 관한 기본법적 성격을 지닌 「습지보전법」은 중요한 의의를 지니며, 동법상 습지의 보전과 더불어 현명한 이용은 지속가능한 발전의 관점에서 충분한 논의와 재고가 필요하다고 여겨진다. 그러나 현행법상의 한계와 더불어 여전히 갯벌과 같은 연안습지 및 공유수면을 보전 또는 현명한 이용이 아닌 해로운 개발 또는 현명하지 못한 이용을 위한 간척 또는 매립의 대상으로 하고 있고, 「습지보전법」상 불가피한 훼손의 경우 훼손된 습지의 복원 · 복구 조항의 미비 등은 동법의 제정 목적과 목표달성

61) Paul D. C et al., op. cit., pp. 72-73.
62) 1991년까지 EPA는 수 천 건의 허가에 대해서 단 11건만을 거부했다. Schley T. and Winter L. New 404(q) NOA-diluting EPA's role: Washington, D. C., National Wetlands Newsletter, Environmental Law Institute, Vol. 14, 1992, p. 8.
63) Clare Shine et al., op. cit., p. 56.

을 저해하며, 결과적으로 습지의 현명하지 못한 이용을 조장하는 결과를 초래하고 있다.

이러한 인식 하에서 습지의 효율적인 보전을 위해서는 습지의 총량관리를 위한 보호대상 습지의 범위 확대와 선정기준의 마련, 습지총량제의 시행, 습지의 복원을 포함한 보상 · 완화 규정의 신설, 사유지에 속하는 습지에 대한 재산권 보장, 훼손된 습지의 복원을 비롯한 보전 및 현명한 이용에 필요한 재원확보 방안의 마련 등 법적인 문제점들을 해결해야 한다.

이처럼 람사르협약상 현명한 이용이라는 관점은 국내 습지 관련 법제의 개선을 위해 나아가야 할 바를 제시해주고 있다는 점에서 의의를 지닌다고 생각된다. 즉, 일부의 습지보호지역만을 대상으로 하는 것이 아니라 모든 자연습지를 그 보호대상으로 한다는 점, 공공의 이익을 수반한 개발사업에 한하여 습지가 불가피하게 상실 또는 훼손되는 경우에는 그에 대한 보상 · 완화의 책임을 습지개발자에게 부과하여 습지 상실 및 훼손에 의한 영향을 최대한 상쇄시킨다는 점에서 향후 국내 「습지보전법」 개선에 있어 시사하는 바가 크다 할 것이다.

김성수

연세대학교 법과대학 및 동 대학원(법학사, 법학석사)
독일 Tübingen 대학교 법과대학(법학박사)
연세대학교 법학전문대학원 교수
연세대학교 법학연구원 원장
헌법재판소 연구위원
국회입법지원위원
국민권익위원회 정책자문위원

이덕연

연세대학교 법과대학 및 동 대학원(법학사, 법학석사)
독일 Bonn 대학교 법과대학(법학석사)
연세대학교 법학전문대학원 교수
헌법재판연구원 초빙연구위원
국회입법지원위원

김홍균

고려대학교 법과대학(법학사)
미국 위스콘신 주립대학 법학전문대학원(LL.M, S.J.D)
한양대학교 법학전문대학원 교수
한국환경법학회 회장

최진수

연세대학교 법과대학 및 동 대학원(법학사, 법학석사, 법학박사)
연세대학교 법학전문대학원 교수
한국공법학회 부회장
법제처 법제자문관, 법령해석심의위원
전 헌법재판소 헌법연구관

이중교

서울대학교 경제학과
연세대학교 법학전문대학원 교수
국세청 국세심사위원
국회입법지원위원
전 서울행정법원 판사

김홍기

연세대학교 법과대학 및 동 대학원(법학사, 법학석사, 법학박사)
미국 펜실베니아 주립대학 법학전문대학원(LL.M)
연세대학교 법학전문대학원 교수
연세대학교 법학전문대학원 기획대외부원장

조현진

연세대학교 문과대학(문학사)
연세대학교 법과대학 대학원(법학석사, 법학박사)
연세대학교 법학연구원 연구교수

장 욱

연세대학교 법과대학 및 동 대학원(법학사, 법학석사, 법학박사)
미국 인디애나 주립대학 법학전문대학원(LL.M)
미국 시카고 로욜라대학 Beazly for Institute Health Law and Policy Visiting Scholar
연세대학교 법학연구원 연구교수

정영철

연세대학교 법과대학 및 동대학원(법학사, 법학석사)
독일 Jena 대학교 법과대학(법학박사)
광운대학교 법과대학 교수

윤익준

한양대학교 법과대학 및 동 대학원(법학사, 법학석사, 법학박사)
연세대학교 법학연구원 연구교수

〈녹색법학총서〉
기후변화와 법학의 과제

2014년 6월 15일 초 판 제1쇄인쇄
2014년 6월 25일 초 판 제1쇄발행

편저자 김성수
발행인 이명재 · 이종은
발행처 **신 조 사**
서울특별시 마포구 독막로 295 삼부골든타워 212호
전 화 (02) 713-0402 FAX (02) 713-0403
등 록 1994. 7. 4, 제17-179호(倫)
E-mail: sinjosa@sinjosa.co.kr http://www.sinjosa.co.kr

편저자와 협의하여 인지첩부를 생략함

파본은 바꿔드립니다.

정 가 24,000 원
ISBN 978-89-92841-92-4